개정판

회귀분석

기초와 응용

나남
nanam

김두섭

서울대학교 문리대 사회학과 및 동 대학원 졸업
미국 브라운대학 사회학 박사
현재 한양대학교 사회학과 교수,
(사) 한국인구학회 회장 / 인구및고령사회연구소 소장
주요 저서: *Socioeconomic Status, Inequality and Fertility*, 《인구의 이해》(공저), *Cross-border Marriage: Process and Dynamics* (편저), 《IMF 경제위기와 한국 출산력의 변화》, 《질적 연구방법론》(역서) 등

강남준

서울대학교 사범대 교육학과 졸업, 서울대학교 대학원 신문학과 수료
미국 시러큐스대학 언론학 박사
현재 서울대학교 언론정보학과 교수
주요 논문: "텔레비전 프로그램의 효용가치 관점에서 본 LOGIT 선택모형", "커뮤니케이션 연구에서 구조방정식 모형의 활용가능성", "The Future of Movie Attendance" 등

나남신서 · 1348

회귀분석
기초와 응용

2000년 6월 15일 초판 발행
2008년 10월 20일 개정판 발행
2017년 9월 5일 개정판 3쇄

저자	金斗燮 · 姜南俊
발행자	趙相浩
발행처	(주) 나남
주소	10881 경기도 파주시 회동길 193
전화	031) 955-4601 (代)
FAX	031) 955-4555
등록	제 1-71호 (1979. 5. 12)
홈페이지	www.nanam.net
전자우편	post@nanam.net

ISBN 978-89-300-8348-5
ISBN 978-89-300-8001-9 (세트)

책값은 뒤표지에 있습니다.

개정판

회귀분석

기초와 응용

김두섭 · 강남준

나남
nanam

REGRESSION ANALYSIS

Basics and Applications

2nd Edition

Kim Doo-Sub and Kang Nam-Joon

nanam

개정판 머리말

회귀분석은 두 개 이상의 변수들간의 관계식을 추정하고 추정결과의 정확도 및 유의도를 검토하는 통계기법이다. 회귀분석은 개념적으로 비교적 단순하고 방법론적으로 명쾌하기 때문에 다변량분석기법 중에서도 가장 널리 사용된다. 최근에 이르러 회귀분석의 유용성에 대한 인식이 더욱 높아지고, 여러 가지 통계패키지 프로그램들이 널리 보급됨에 따라 학술분야는 물론 실무에서도 회귀분석이 보다 광범하게 활용되고 응용되는 추세에 있다.

이 책의 첫 번째 저자인 김두섭은 《사회과학을 위한 회귀분석》(법문사)이라는 책을 1993년에 출간한 바 있다. 그후 수많은 통계적 분석기법들이 새로 개발되거나 정교화되는 비약적인 발전이 이루어졌다. 아울러 통계패키지 프로그램들도 지속적으로 성능이 강화되었고, 또 과거와는 비교할 수 없을 정도로 편리하게 사용할 수 있도록 개선되었다. 이와 같은 점을 감안하여 《사회과학을 위한 회귀분석》의 개정판을 준비하던 중, 두 번째 저자 강남준의 제의로 공동작업에 착수하게 되었고, 그 결과 《회귀분석: 기초와 응용》이 2000년에 출간되었다. 그리고 2008년에 이르러 SPSS 프로그램의 출력물들을 최신 국문판으로 교체하는 수정작업과 아울러 다층모형에 관한 추가 집필작업이 이루어졌다.

이 책의 집필의도와 기본적인 골격은 《사회과학을 위한 회귀분석》과 유사하다. 이 책은 실제로 자료를 분석하고 그 결과를 논문으로 작성하고자 하는 사람들을 위해서 마련되었다. 즉, 회귀분석의 본질을 이해하고 실제 문제에 응용할 수 있는 능력을 높이는 데 기본 목적을 두고 있다. 아울러 회귀분석이 갖는 허와 실을 올바로 인식시키고, 오용의 가능성을 줄이자는 뜻도 깃들여 있다. 회귀분석 기법은 아주 강력하고 설명력이 높은 통계분석방법이다. 탄탄한 이론에 근거해 잘 만들어진 모형이 실제 자료에 부합하는가를 정확히 판가름할 수 있는 대표적인 통계기법이라고 할 수 있다. 그러나 회귀분석 기법이 규정하고 있는 가정이나 조건들을 충족시키지 못하면, 엉뚱한 결과를 만들어내고 해석의 오류를 범하기 쉽다. 이 책은 회귀분석의 오용과 남용을 방지하기 위해, 이러한 가정과 조건들에 대한 설명에 많은 지면을 할애하였다.

이 책은 전부 열세 개의 장으로 구성되어 있다. 제 1 장은 우선 회귀분석의 본질을 올바로 이해하는 데 필요한 기초개념들을 다룬다. 여기에는 변수의 형태에 따른 분석방법, 통계적 추론, 회귀모형의 정립과 분석절차, 그리고 회귀분석의 기능과 용도에 관한 설명이 포함된다. 그리고 회귀분석을 위해 널리 사용되는 주요 통계패키지 프로그램도 소개된다. 제 2 장에서는 단순선형회귀모형에서 회귀식을 추정하는 방법과 이에 필요한 기본 가정, 그리고 회귀분석에서 얻게 되는 정보들을 통계적으로 평가하고 활용하는 방법에 관한 논의가 이루어진다. 다음, 제 3 장에서는 이러한 논의들이 두 개 이상의 독립변수를 포함하는 중다회귀분석에 적용되어 전개된다.

제 4 장부터 제 10 장까지는 회귀분석의 기본 가정들이 충족되지 않을 때, 이를 검색해내는 방법과 이에 대처하는 방안이 논의된다. 우선 제 4 장에서는 잔차를 도식화하여 분석하는 방법과 극한값을 지닌 이상점으로 인해 회귀분석 결과가 왜곡되는 경우에 대한 설명이 이루어진다.

제 5 장에서는 이분산성이 존재할 때 OLS 방식의 회귀분석에 대한 대안으로서 WLS 방식이 소개된다. 제 6 장에서는 잔차들간에 자기회귀 현상이 존재할 때 이를 검증하는 방법, 그리고 자기회귀의 문제를 제거하는 방법을 다룬다. 다음, 제 7 장에서는 회귀분석과정에서 다중공선성의 존재 여부를 가려내고, 다중공선

성이 분석결과에 미치는 영향을 교정하거나 이에 대처하는 방안에 관한 논의가 이루어진다.

제 8 장에서는 독립변수와 종속변수의 관계는 비선형이지만, 변수의 변환을 통하여 선형성의 가정을 충족시키고 OLS 방식을 적용시킬 수 있는 비선형모형들을 살펴본다. 제 9 장에서는 독립변수가 등간척도의 변수가 아닐 때 가변수를 활용하여 회귀분석을 하는 방법과, 회귀식에 상호작용항을 도입하여 분석하고 그 결과를 통계적으로 검증하는 방법들이 논의된다. 그리고 제 10 장에서는 종속변수가 범주형 변수인 경우에 흔히 활용되는 선형확률모형, 프로빗모형, 로짓모형과 다범주로지스틱모형이 다루어진다.

마지막으로, 제 11 장, 12장과 13장에서는 경로분석, 구조방정식 및 다층모형을 다룬다. 경로분석을 통계적으로 보면 중다회귀분석을 여러 번 행하는 것에 지나지 않는다. 구조방정식 모형의 계산식은 대단히 복잡하지만, 그 기초는 회귀분석의 기본개념만 알면 어렵지 않게 이해할 수 있다. 통계적으로 매우 복잡해 보이는 다층모형 역시 일반 회귀분석을 보다 정교화시킨 모형이라고 할 수 있다. 제 11 장에서는 경로모형의 정립에 필요한 기본가정 및 한계점에 대한 설명이 이루어진다. 아울러 경로분석 과정에서 경로계수를 산출하는 방법과, 공변량을 분해하고 그 결과를 해석하는 방법이 논의된다. 제 12 장에서는 구조방정식 모형의 소개와 함께 계수추정의 방법과 구조방정식 모형을 사용할 때 주의할 점들에 대한 논의가 심도 있게 이루어진다. 제 13 장에서는 회귀분석과 구조방정식 모형에 대한 이해를 토대로, 최근 널리 사용되고 있는 두 가지 유형의 다층모형이 소개된다.

이 책에는 독자들의 이해와 실습을 돕기 위해 주요 주제별로 SPSS 통계패키지의 예시 프로그램과 출력물(output)이 제시되어 있다. 기본적인 훈련을 받은 독자라면 누구나 따라서 실습해볼 수 있도록 프로그램의 작성절차가 단계별로 소개되어 있으며, 출력에 대한 설명도 가급적 상세히 하고자 노력하였다. 통계패키지는 처음에는 SPSSWIN 8.0판과 9.0 영문판을 주로 사용하였다. 그러나 그동안 새로운 버전의 SPSSWIN 프로그램들이 보급되었고, 이들을 활용하면 새로운 분석들이 가능하게 되었다. 이에 따라, 이번 개정판의 예시 프로그램은 SPSSWIN 12.0 국문판으로 작성된 것임을 밝혀둔다. 그리고 제 12 장의 구조방정식 모형에서는 LISREL을 단순화시킨 SIMPLIS 프로그램을 이용한 분석사례가 소개되어 있다. 제 13 장에서는 HLM을 비롯한 다양한 통계패키지를 활용하여 다층모형을 추정하는 과정이 소개된다.

이 책을 공동으로 집필하는 과정에서 저자들은 각기 다른 학문적인 배경과 성향, 그리고 통계등식을 표현하는 방식의 차이 등을 극복하기 위하여 노력을 기울였다. 그러나 이 책의 체제나 내용은 저자들이 공동작업에 착수하면서 가졌던 의욕에 비추어 볼 때 아직 부족한 점이 많음을 시인하지 않을 수 없다. 앞으로 기회가 되는 대로 부족한 내용의 보완과 새롭고 깊이 있는 응용기법을 다시 소개하기로 하고, 이제 지난 몇 달 동안의 개정작업을 마무리하고자 한다.

이 개정판의 집필을 마치면서 그동안 《사회과학을 위한 회귀분석》 및 2000년판 《회귀분석: 기초와 응용》을 사용해 오신 연구자, 대학원생과 학생들에게 감사의 뜻을 전하고자 한다. 아울러 이 책의 개정판 출간에 대한 기대와 격려를 아끼지 않은 분들에게도 이 자리를 빌려 고마움을 표시하고자 한다. 그리고 (주) 나남의 조상호 사장님, 방순영 편집장, 윤인영 씨를 비롯한 편집국 직원들에게 각별한 감사의 마음을 전하고 싶다. 끝으로, 이번 개정판의 작업과정에서 다층모형에 관한 집필과 아울러 편집작업을 도와준 백영민 씨의 도움에 감사드린다.

2008년 8월

金斗燮 · 姜南俊

개정판

회귀분석
기초와 응용

차 례

제 2 장 단순선형회귀모형

제 3 장 중다회귀모형

제 4 장 잔차분석과 이상점의 진단

제 5 장 이분산성

제 6 장 자기회귀

제 7 장 다중공선성

제 8 장 비선형 회귀모형

제 9 장 질적 변수의 활용

제 10 장 범주형 종속변수의 회귀모형

제 11 장 경로분석

제 12 장 구조방정식 모형

제 13 장 다층모형

제 1 장 회귀분석의 기초

1.1 머리말

회귀(回歸, regression)라는 용어는 영국의 Francis Galton에 의하여 처음 사용되었다. Galton은 아버지와 아들 신장간의 관계를 식으로 정립하여 아버지의 신장이 아들의 신장에 미치는 영향을 설명하고자 하였다. 그의 분석결과는 신장이 큰 아버지를 가진 아들은 전체적으로 평균 신장보다는 크지만, 아버지보다는 작아서 평균 신장으로 회귀하는 경향이 있다는 것이었다. 그러나 오늘날에는 회귀분석(回歸分析, regression analysis)이란 2개 이상의 변수들간의 관계식을 추정하고 이 관계식의 정확도 및 유의도(significance)를 검토하는 통계적인 방법을 의미한다.

회귀분석은 오늘날 사회과학분야에서 가장 널리 사용되는 통계기법이라 할 수 있다. 그러나 아직도 상당수의 사회과학도들이 회귀분석에 대해 올바로 이해하지 못하고 있으며, 특히 이 기법을 활용하여 실제로 논문을 작성하는 데 많은 어려움을 겪고 있다고 생각된다. 이 책은 회귀분석의 원리에 대한 상세한 설명과 함께 실제 상황에서 회귀분석을 통한 문제해결능력을 배양하는 데 초점을 맞추고 있다. 필자들은 다음과 같은 세 가지 질문에 대한 대답을 구하고자 하는 노력의 일환으로 이 책의 집필에 착수하였다. 첫째, 회귀분석이란 과연 무엇이고 어떤 경우에 어떠한 전제 밑에서 시행되며, 또 어떻게 응용될 수 있는가? 둘째, 회귀분석과정에서 주로 어떤 문제들이 제기되고, 또 이들을 어떻게 해결해야 하는가? 셋째, 회귀분석의 결과로 제공되는 통계정보를 어떻게 활용하고 해석할 것인가?

이 책에는 수학적으로 매우 어려운 회귀원리나 통계기법에 대한 자세한 설명이 생략된 곳이 간혹 있다. 또한 분석기법이나 이의 응용에 대해 여러 가지 대안이 있는 경우 이들에 대한 상세한 논쟁을 가급적 피하고 단지 가장 바람직하게 생각되거나, 또는 일반적으로 사용되는 방법을 소개하였음을 밝혀둔다. 이에 대한 자세한 논의나 논쟁은 이 책에서보다는 전문저널에서 논문의 형태로 다루는 것이 바람직하다고 생각된다.

오늘날 사회과학도들이 다루는 대부분의 자료들이 방대하고 분석모형 또한 복잡하여 계산을 손으로 할 기회는 별로 없으며, 대부분 이미 개발된 컴퓨터 패키지 프로그램을 이용하여 분석하게 된다. 회귀분석을 위한 컴퓨터 패키지 프로그램은 자동차에 비유될 수 있다. 모든 사람이 자동차를 스스로 제작해 내거나 복잡한 엔진구조에 관한 전문가가 될 필요는 없을 것이다. 단지 자동차를 운전하고 다루는 방법을 잘 알아 편리하게 타고 다닐 수 있으면 그것으로 족하다. 마찬가지로 모든 사회과학도들이 그들의 자료를 분석하기 위한 컴퓨터 프로그램을 직접 만들어내거나, 또는 회귀원리를 구성하는 행렬식이나 기하학, 대수학에 반드시 정통해야하는 것은 아니다. 컴퓨터 패키지 프로그램은 바로 고등수학이나 통계에 정통하지 않은 사람들도 편리하게 이용하여 분석할 수 있도록 개발된 것이다.

그러나 자동차의 구조나 이용법을 잘 터득할수록 안전하게 운전하고 불의의 사고를 예방할 수 있는 것처럼, 컴퓨터 패키지를 사용한 회귀분석 역시 그 본질을 이해하고 사용법을 올바로 익힐 때 비로소 편리한 분석도구로 활용할 수 있다. 따라서 이 책에서는 회귀원리에 대한 이론적인 설명에 추가하여 가급적 많은 분석사례 및 컴퓨터 출력을 소개할 것이다. 또한 회귀식이 산출되는 과정에 대한 이해를 높이는 데 필요한 경우, 간단한 자료를 이용한 계산과정이 직접 제시될 것이다.

1.2 변수의 형태와 분석방법

통계적 기법이나 분석방법의 적용은 자료의 성격에 따라서 크게 좌우된다. 회귀분석을 하기 위해서는 자료가 이에 적합한 상태로 마련되어 있을 때만 가능하다. 이 절에서는 우선 변수(變數, variable)에 관한 기초적인 개념과 종류를 소개하고, 변수의 형태에 따라 어떤 상황에서 어떤 분석방법을 적용할 수 있는가에 대해서 간단히 살펴보고자 한다.

변수란 관찰대상이 갖는 특성으로서 나이, 교육수준, 직업 등과 같이 내적인 다양성에 따라서 여러 하위범주로 나누어지는 값(value)을 갖게 된다. 예를 들어 직업은 변수이고, 전문직·사무직·단순노무직 등 직업의 하위범주들은 변수의 값이다. 사회과학에서는 내적인 다양성이 없어 하위범주가 존재하지 않는 상수(常數, constant)는 분석대상이 되지 않는다.

사회과학의 궁극적인 목적은 사회현상이나 사회관계에 영향을 미치거나 결정짓는 요인을 찾아내는 것이며, 따라서 최소한 둘 이상의 변수가 분석대상이 된다. 가장 간단하게 두 변수가 있을 때, 시간적으로나 논리적으로 선행하는 한 변수의 변화가 다른 변수에 영향을 미쳐 변화를 초래할 수 있다. 여기서 영향을 미치거나 원인이 되는 변수를 독립변수(獨立變數, independent variable)라 하고, 독립변수의 영향을 받아 변화하는 변수를 종속변수(從屬變數, dependent variable)라 한다. 가령 교육수준에 따라 소득에 차이가 있다면 교육은 독립변수이고 소득이 종속변수가 된다. 독립변수는 경우에 따라서 원인변수(causal variable), 설명변수(explaining variable), 예측변수(predictor variable), 회귀변수(regressor)로, 그리고 종속변수는 결과변수(effect variable), 반응변수(response variable), 피예측변수(predicted variable), 피회귀변수(regressand) 등으로 불리기도 하나, 이 책에서는 주로 독립변수와 종속변수로 통일하여 사용할 것이다.

여기서 두 변수로 구성되는 인과관계(因果關係, causal relationship)에 변수를 하나 더 추가하여 보자. 독립변수의 영향을 받아 이를 다시 종속변수에 전달하는 변수가 있을 수 있으며, 이를 매개변수(媒介變數, intermediate variable, intervening variable)라 한다. 즉, 매개변수는 독립변수의 영향을 받아 변화하는 결과변수이지만, 동시에 종속변수에 영향력을 행사하는 원인변수의 성격을 지닌다. 가령 교육과 소득의 인과관계에 직업이라는 변수를 추가하면 다음과 같은 인과적 고리를 생각할 수 있다.

교 육 → 직 업 → 소 득

여기에서 직업은 교육의 수준에 따라 영향을 받아 다시 소득수준에 영향을 미치는 매개변수가 된다.

통계적 기법이나 분석방법의 적용과 연관하여 가장 중요한 것은 독립 및 종속변수가 어떠한 척도(尺度, scale)로 측정되었느냐 하는 것이다. 일반적으로 척도는 다음의 네 가지로 구분된다.

(1) **명목척도**(名目尺度, nominal scale) : 자료가 어떤 질(質)적인 속성에 따라 범주로 분류되는 것을 뜻하며 성별, 인종, 종교 등이 이러한 척도의 예에 속한다. 명목척도의 변수에서 각 범주에 부여된 값은 단순히 식별하기 위한 것일 뿐 아무런 계량적 의미를 지니지 않는다. 즉 남자에 1점이 주어지고 여자에 2점이 주어졌을 때 여자가 남자보다 2배만큼 크거나 좋다는 것을 의미하는 것은 아니다. 따라서 명목척도 변수의 경우에는 수학적인 연산(+ − × ÷)을 적용할 수가 없으며, 단지 =와 ≠의 사용만이 가능하다.

(2) **서열척도**(序列尺度, ordinal scale) : 분류기준에 수량적인 순서는 있으나 그 간격은 동일하지 않은 척도이다. 즉 서열척도에는 명목척도가 지니는 속성에 서열성만이 추가된다. 가령 교육수준을 ① 무학 ② 국졸 ③ 중졸 ④ 고졸 ⑤ 대졸 이상으로 범주화하였을 때 변수의 값이 커질수록 교육수준이 높아진다는 것을 의미한다. 그러나 서열척도에서 각 범주간의 거리가 같은 것은 아니며 따라서 수학적인 연산(+ − × ÷)이 불가능하다. 단지 ≤ 또는 ≥의 사용만이 가능하다.

(3) **등간척도**(等間尺度, interval scale) : 분류기준에 수량적인 순서뿐만이 아니라 각 범주간의 거리가 같은 척도를 뜻한다. 가령 길이, 무게, 온도, 소득 등은 표준화된 등간의 척도로 표시할 수 있는 변수이다. 교육의 경우에도 교육받은 연수를 변수의 값으로 표시하면 등간척도로 간주할 수 있다. 사회과학에서 다루는 자료에서 엄밀한 의미의 등간척도는 많지 않다. 일반적으로

자연과학에서 사용하는 척도에 비해 엄밀성은 떨어지더라도 연속구간에 수량적으로 표시할 수 있는 변수이면 등간척도로 인정하는 경우가 많다. 등간척도에서는 수학적인 연산(+ − × ÷)이 가능하나 곱하거나 나눌 때는 주의를 요한다. 예를 들어 섭씨 10도는 섭씨 5도의 2배만큼 따뜻하다고 할 수 없으며, 이는 섭씨 0도가 편의상 부여된 값일 뿐 절대영점(絶對零點)이 아니기 때문이다.

(4) 비척도(比尺度, ratio scale): 등간척도가 지닌 속성에 추가하여 절대영점이 포함된 척도이다. 따라서 비척도에서는 측정치간의 비에 의미를 부여할 수 있으며, 수학적인 연산(+ − × ÷)이 완전히 가능해진다. 예를 들어 면적, 길이, 무게, 소득, 인구증가율 등은 절대영점이 있는 비척도로 볼 수 있다. 사회과학에서 다루는 자료에서 비척도의 변수는 아주 드물며, 따라서 자료를 분석할 때에는 등간척도와 비척도를 구분하지 않고 동일한 분석방법을 적용하는 것이 보통이다.

이상 살펴본 척도의 종류에 따라, 그리고 분석방법의 적용과 관련하여 변수를 크게 분류변수(分類變數, categorical variable)와 연속변수(連續變數, continuous variable)로 구분할 수 있다. 분류변수는 속성의 종류나 성질에 따라서 범주화되는 것으로 명목척도나 서열척도의 변수가 이에 속한다. 분류변수는 범주의 수에 따라 다시 이분변수(二分變數, dichotomous variable)와 다분변수(多分變數, polytomous variable)로 나누어진다. 이분변수는 남-녀, 찬성-반대, 예-아니오 식의 두 범주만을 갖는 변수를 뜻하며, 다분변수는 종교(기독교, 불교, 기타, 무종교)나 교육수준(무학, 국졸, 중졸, 고졸, 대졸 이상)처럼 셋 이상의 범주로 구성되는 변수이다.

분류변수가 질적인 변수(qualitative variable)이므로 정수(整數)의 값만으로 구성되는 데 비해 연속변수는 연속구간 내에서 소수점 이하의 어떠한 값도 가질 수 있다. 따라서 등간척도와 비척도의 변수가 이에 해당된다. 연령, 교육연수, 자녀수와 같은 변수들은 소수점 이하의 값을 취하지 않고 정수의 값만을 지니나 사회과학에서는 연속변수로 취급하는 것이 보통이다.

연구설계나 자료분석의 초기단계에서 변수가 선정되고 그 형태가 결정되면 분석방법을 선정하게 된다. 분석방법의 올바른 선정은 해당 분석방법의 내용을 익히

그림 1-1 변수의 형태와 분석방법

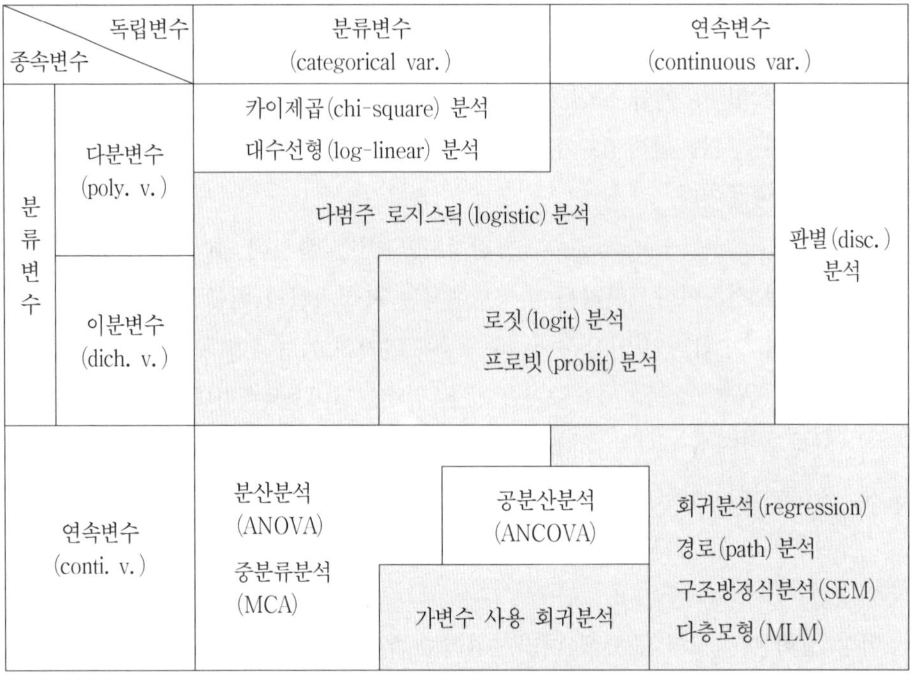

는 것 못지 않게 중요하다. 만약 분석방법이 잘못 선정되면 정보 유실을 초래하거나 심지어는 논리적 오류로 인해 분석결과를 전혀 사용할 수 없게 된다. 〈그림 1-1〉은 독립변수와 종속변수의 형태에 따라서 일반적으로 행해지는 분석방법을 표시한 것이다.

이 책에서 다루고자 하는 회귀분석은 기본적으로 독립변수와 종속변수가 모두 연속변수일 때만 사용할 수 있다. 단지, 독립변수 중의 일부가 분류변수일 때 가변수(dummy variable)를 활용한 회귀분석이 가능하다. 독립변수가 연속변수가 아닌 서열척도인 경우에도 그 범주의 수가 충분히 많으면 회귀분석을 하기도 한다. 그리고 이 책에서는 종속변수가 질적인 선택의 성격을 지니는 범주형 척도(categorical scale)일 때 널리 사용되는 선형로지스틱 모형이 소개될 것이다. 흔히, 선형로지스틱 모형은 종속변수가 두 개의 범주값만을 갖는 이분변수(dichotomous variable)일 때 사용되는 로짓분석(logit analysis)과 프로빗분석(probit analysis), 그리고 종속변수가 여러 개의 범주로 나누어지는 다분변수(polytomous variable)일 때 사용되는 다범주 로지스틱분석(multinomial logistic analysis)으로 구분된다. 선형로지스틱 모형 역시 회귀분석의 방법과 원리를 응용한 것으로 볼 수 있다. 또한, 이 책에서는 경로분석(path analysis)과 구조방정식분석(structural equation analysis)이 논의된다. 경로분석은 회귀분석을 반복적으로 시행하는 것이라고 할 수 있으며, 구조방정식분석 역시 회귀분석의 기본 개념과 원리만 알면 어렵지 않게 이해할 수 있다.

최근 많은 관심과 논의의 대상이 되고 있는 다층모형(multi-level modeling)의 경우도 회귀분석의 가정을 정확하게 이해하고 있다면 위계적으로 구성된 데이터(hierarchical data structure)를 분석하고 결과를 도출하는 것이 어렵지 않다. 다층모형(multi-level modeling)은 복수(複數)의 독립변수들이 서로 다른 수준에서 측정되었을 경우에 주로 사용된다. 이를테면, 학생들의 공부시간을 학교별로 측정한 경우 공부시간은 개인수준(individual level)에서, 그리고 학교는 집단수준(group level)에서 측정된 것으로 간주할 수 있다.

이 책에서 논의되는 분석방법은 〈그림 1-1〉에서 음영처리된 영역에 국한된다. 음영처리된 영역 밖에 제시된 대수선형분석(對數線型分析, log-linear analysis), 판별분석(判別分析, discriminant analysis), 공분산분석(共分散分析, ANCOVA), 분산분석(分散分析, ANOVA), 중분류분석(重分類分析, MCA) 등 다른 분석방법은 해당 전문서적을 참고하기 바란다.

1.3 추리통계

회귀분석은 모형에 포함된 독립변수와 종속변수의 관계를 규명하고, 회귀식을 통해서 독립변수의 변화에 따른 종속변수의 변화를 설명하거나 예측하는 통계적 기법이라고 할 수 있다. 그런데 일단 회귀식이 추정되면 여러 변수간의 관계에 대한 적합성과 합의성 여부를 규명하는 일련의 절차와 과정을 거치게 된다. 이 단계에서 중요한 것은 회귀모형의 설정을 위해 사용된 자료가 모집단(母集團, population) 전체의 자료인지 혹은 모집단의 일부를 표집하여 얻은 표본(標本, sample)

의 자료인지를 확인하는 일이다.

일반적으로 사회조사에서는 시간, 경비, 인력 등의 제약으로 인하여 모집단 전체를 조사하기 힘들다. 대신 모집단의 일부를 표집하여 얻은 표본 자료를 가지고 자료 내에서 신뢰할 만한 차이나 관계를 밝힌 다음, 이 표본통계량(標本統計量, statistics)을 가지고 모집단의 모수(母數, parameters)를 추정하거나 모수에 대한 가설을 검증하게 된다. 통계는 흔히 기술통계(記述統計, descriptive statistics)와 추리통계(推理統計, inferential statistics)의 두 범주로 나누어질 수 있다. 〈그림 1-2〉에서 보는 것처럼, 단순히 표본의 속성을 기술하는 데 사용되는 기법들을 통칭하여 기술통계라 하며, 표본에서 얻어진 자료를 가지고 모집단의 속성에 대한 추측을 하거나 모집단의 차이에 대한 가설을 검증하는 데 사용되는 기법들을 추리통계라 한다.

표본 자료를 이용한 회귀분석에서 회귀모형을 구성하는 여러 변수들의 함수관계를 규정하는 모수의 추정은 필수적이다. 표본이란 모집단에 대한 일반화를 위해 선택된 소수의 집단에 불과하며, 궁극적인 관심 대상은 표본이 아닌 모집단의 속성이기 때문이다. 따라서 회귀모형의 정립 및 평가과정에서 표본통계량을 이용하여 모집단의 모수 및 모수의 신뢰구간(信賴區間, confidence interval)을 추정하고, 모수에 대한 가설검증(假說檢證, test of hypothesis)과 통계적인 유의도(statistical significance)를 확인하는 데 추리통계의 여러 이론과 방법을 동원하게 된다. 물론, 통계적 추론에는 많은 제약이 뒤따른다. 뒤에 소개될 회귀분석에 관한 많은 가정들은 주로 통계적 추론을 위해 필요한 것이라 할 수 있다.

표본의 통계량을 이용하여 모집단의 모수를 추정하기 위해서는 우선 표집분포(sampling distribution)를 이해하고 모집단과 표본의 속성을 알아야 한다. 통계적 추론의 적합성은 다음의 네 가지 조건에 따라 크게 좌우되게 된다.

(1) 무작위확률표본(random probability sample)의 여부
(2) 모집단이 정규분포(normal distribution)를 이루는가의 여부
(3) 표본의 크기
(4) 모집단의 표준편차(standard deviation)를 알고 있는가의 여부

그림 1-2 추리통계와 기술통계

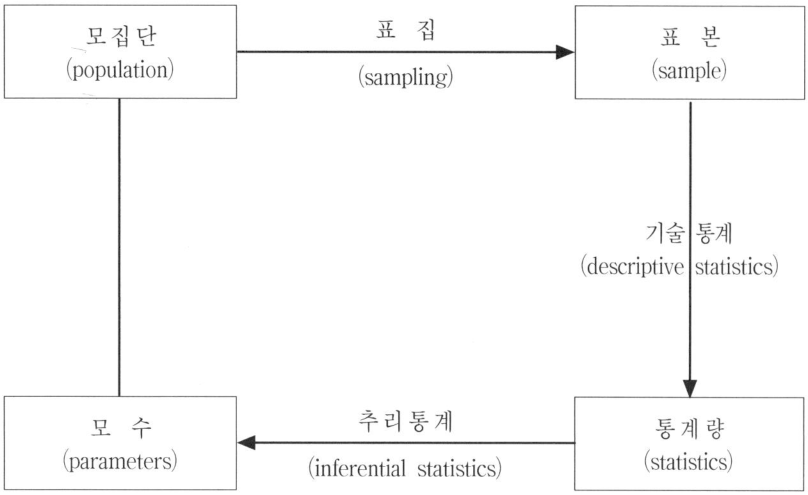

첫째로, 통계적 추론을 통한 모수의 추정은 표본이 무작위확률표집 방법으로 추출되었을 때만 가능하다. 즉 표집과정에 무작위성(randomness)이 보장되어야 하고 모집단의 개별 구성요소가 표본에 포함될 확률이 얼마인가를 알 수 있어야 한다. 일반적으로 단순무작위표집(simple random sampling), 계통표집(systematic sampling), 층화표집(stratified sampling), 집락표집(cluster sampling)의 방법으로 추출된 표본은 이러한 조건을 만족시킨다. 그러나 편의표집(convenience sampling), 판별표집(judgemental sampling) 등 비확률표집방법으로 추출된 표본의 경우에는 추정값의 수정과 같은 특별한 과정을 거치지 않는 한 통계적 추론이 불가능하다고 할 수 있다.

둘째로, 모집단이 정규분포를 이루면 표집분포(sampling distribution)와 정규분포의 일반적 속성을 이용해서 모집단에 대한 통계적 추론이 가능해진다. 이에 대한 설명을 위해 우선 표집분포를 이해할 필요가 있다. 표집분포란 한 모집단에서 같은 크기의 표본을 계속 반복하여 추출했을 때 표본의 통계량들이 이루는 확률분포(probability distribution)를 의미한다. 그 중에서도 평균의 표집분포(sampling distribution of the mean)는 기본이 되는데, 다음의 두 가지 속성을 지닌다. 즉 모집단으로부터 일정한 크기의 표본을 반복해서 추출하여 얻은 표본평균($\bar{X}$)들의 분포에서 표본평균의 기대값은 모집단의 평균과 같다.

$$\mathrm{E}(\bar{X}) = \mu \tag{1.3.1}$$

또한 표본평균들의 분산(分散, variance)은 모집단의 분산(σ^2)을 표본의 크기(n)로 나눈 값과 같다.

$$\mathrm{Var}(\bar{X}) = \frac{\sigma^2}{n} \tag{1.3.2}$$

단, 모집단의 크기가 작을 때에는 다음과 같이 된다.

$$\mathrm{Var}(\bar{X}) = \frac{\sigma^2}{n} \cdot \frac{N-n}{N-1} \tag{1.3.3}$$

여기서 N은 모집단의 크기이다.

이러한 표집분포의 속성을 이용하면 표본의 평균과 분산으로부터 모집단의 평균과 분산을 추정할 수 있다. 그리고 여기에 표본의 정규성(正規性, normality)이 확보되면 z분포, 또는 t분포, F분포의 속성을 이용하여 모수의 신뢰구간 추정이나 가설검증을 할 수 있다. 그런데 모집단이 정규분포를 이루면 여기에서 추출된 표본은 그 크기에 관계없이 항상 정규분포를 이루게 되므로, 이러한 조건을 모두 만족시켜 모집단에 대한 통계적 추론이 가능해지는 것이다.

만약 모집단이 정규분포를 이루지 않는다면 세 번째 조건인 표본의 크기가 문제가 된다. 즉 평균의 표집분포는 표본의 크기(n)가 증가하면 모집단이 정규분포를 이루는 여부에 관계없이 평균이 μ이고 분산이 σ^2/n인 정규분포에 접근하게 된다. 이를 중심극한정리(中心極限定理, central limit theorem)라고 한다. 일반적으로 표본의 크기가 30 이상이면 평균의 표집분포는 정규성(正規性)을 확보하게 되고, 따라서 위에 설명한 대로 모집단의 평균과 그 신뢰구간 추정이 가능해지고 가설검증을 할 수 있게 된다. 단지, 모집단의 분산에 대한 통계적 추론은 모집단이 정규분포를 이룬다는 조건이 반드시 전제되어야 한다.

넷째로, 모집단에 대한 통계적 추론이 문제가 되는 것은 모집단이 정규분포를 이루지도 않고 표본의 크기가 크지도 않은 경우이다. 그러나 이 경우에도 모집단의 표준편차(σ)를 알면 체비셰프 부등식(Tchebychev inequality)을 이용하여 모집단의 평균에 대한 추정이 가능하다. Tchebychev에 의하면 표본의 평균($\bar{X}$)이 $\mu \pm K\sigma$의 범위 안에 존재할 확률은 $1-(1/K^2)$보다 크거나 같다.

$$\Pr(\mu - K\sigma \leq \bar{X} \leq \mu + K\sigma) \geq 1 - \frac{1}{K^2} \quad (1.3.4)$$

여기서 K는 0보다 큰 값을 갖는 상수(constant)이다. 그런데 이는 바꾸어 말하면 모집단의 평균이 표본의 평균을 중심으로 $\pm K\sigma$의 범위 안에 존재할 확률이 $1-(1/K^2)$보다 크거나 같다는 뜻도 된다.

$$\Pr(|\bar{X} - \mu| \leq K\sigma) \geq 1 - \frac{1}{K^2} \quad (1.3.5)$$

따라서 표본의 평균과 모집단의 표준편차가 주어지면 K의 값을 계산하여 사용함으로써 모집단의 평균 및 신뢰구간의 측정, 그리고 가설검증을 할 수 있게 된다. 그러나 이 경우 역시 모집단의 정규성이 전제되지 않는 한 모집단의 분산에 대한 통계적 추론은 곤란하다.

마지막으로, 만약 모집단이 정규분포를 이루지 않고, 표본의 크기도 크지 않으며, 모집단의 표준편차도 알려지지 않은 경우에는 모집단에 대한 통계적 추론이 불가능하다는 것이 일반적인 견해이다. 이 경우에는 표본통계량을 이용하여 단순히 표본의 속성을 기술하는 것만이 가능하다.

지금까지 추리통계의 기본 개념과 통계적 추론의 조건 및 이론적인 근거에 대해서 간단히 살펴보았다. 회귀모형의 설정과 평가과정에서 통계적 추론에 대한 이해는 아주 중요하다. 이에 대한 이해가 부족한 독자는 별도의 기초 통계학 서적을 참고하기 바란다.

1.4 회귀모형의 정립과 분석

사회과학에서 조사연구의 궁극적인 목적은 관심의 대상이 되는 현상이나 사건을 기술(記述, describe), 설명(說明, explain), 예측(豫測, predict) 또는 통제(統制, control)하는 데 있다고 할 수 있다. 우선 기술이란 알고자 하는 대상인 현상이나 사건에 대한 사전지식이 충분하지 않을 때, 이들을 주의 깊게 관찰하고 그 결과를 요약 제시하는 것을 뜻한다. 따라서 조사연구의 가장 초보적인 단계에 해당된다고 할 수 있다. 이에 비해 설명은 단순한 기술에서 더 나아가 어떤 현상이나 사건을 인과관계의 메커니즘으로 풀어가는 것이다. 엄밀한 의미에서의 학술적 연구는 단순한 기술에 그치기보다는 설명의 수준에서 이루어지는 것이 바람직하다. 체계적 지식이 축적되고 학문이 발전하는 것은 많은 연구가 설명의 수준에서 이루어질 때 비로소 가능하기 때문이다. 인과관계의 메커니즘이 파악되면 설명뿐만이 아니라 현상이나 사건의 전개방향에 대해 어느 정도 예측을 할 수 있게 된다. 그리고 만약 전개방향이 바람직하지 않을 때에는 인과관계 메커니즘을 통제하여 특정한 방향으로 유도해 나갈 수도 있으며, 바로 여기에 조사연구하는 실용적인 목적이 있다.

오늘날 대부분의 사회는 그 구조가 다양하고 복합적이며 또한 빠르게 변화하기 때문에 어떤 현상이나 사건의 인과관계 메커니즘을 사변적으로만 파악하여 설명해 내기란 매우 어렵다. 특히 관련된 요인이 많을 때에는 더욱 그러하다. 따라서 대부분 사회조사를 통해서 자료를 수집하고 이의 분석을 통해 인과관계를 설명하는 절차를 밟게 된다. 회귀분석은 자료를 분석할 때 인과관계를 찾아내기 위하여 적용되는 다변량분석(多變量分析, multivariate analysis) 기법의 하나이다.

그런데 회귀분석의 구체적인 기법에 관한 지식은 있으면서도, 실제로 회귀모형을 사용하는 연구설계나 논문의 작성에 어려움을 겪는 연구자들을 흔히 보게 된다. 회귀분석을 포함한 다변량분석 기법은 매우 유용한 분석도구이지만 만약 부적절하게 사용되거나 분석과정이 잘못되면 그릇된 판단을 초래하는 위험한 분석도구로 전락하게 된다. 따라서 연구의 계획 및 설계단계에서 연구문제가 분명하게 명시되고 가설(假說, hypothesis)과 변수 사이의 관계모형이 명확히 설정된 후 가장 적절한 분석기법이 채택되어야 한다. 또한 점검목록을 마련하고 자료수집과 분석과정에서 이에 따른 점검을 수시로 행하는 것이 바람직하다. 회귀분석에 대한 통계적인 설명을 하기에 앞서 이 절에서는 연구설계 및 분석의 일반적인 절차에 대해 생각해보고, 이어서 회귀분석의 기능과 용도에 관한 논의를 하고자 한다.

1.4.1 연구의 설계 및 분석절차

연구의 올바른 방향설정과 전개를 위해서는 연구설계가 치밀하고 명확하게 이루어져야 한다. 건물을 짓기 위해서 설계청사진이 필요하듯이 사회과학분야의 연구 역시 미리 조직적으로 짜여진 절차에 따라 단계적으로 이루어질 때 좋은 연구결과를 기대할 수 있다. 회귀모형을 사용하는 연구의 설계와 분석은 일반적으로 〈그림 1-3〉에 제시된 절차에 따라서 진행된다.

연구설계의 출발은 적절한 연구주제의 선정에서부터 비롯된다. 우선 어떠한 목적으로 '무엇을' 연구대상으로 할 것인가를 결정하여야 한다. 연구주제는 기존의 이론으로부터 도출되는 경우도 있고, 또는 현실적인 문제의 해결을 위해 경험적인 관찰에서 비롯되기도 한다.

일단 연구주제가 설정되면 이를 구체적으로 발전시켜 연구문제화하게 된다. 연구문제는 보다 구체화된 연구거리를 뜻하며, 따라서 주어진 시간, 예산, 인력을 고려하여 현실적으로 가능한 수준의 것이어야 한다. 아무리 좋은 연구주제라 할지라도 현실적으로 수행이 불가능하면 중도에 포기하는 낭비를 초래하게 된다. 또한 연구문제는 이론적으로나 현실적인 문제해결을 위해 충분히 가치있는 내용을 담고 있어야 한다. 만약 연구결과가 해당 분야의 지식축적이나 문제해결에 기여하지 못할 성격의 것이라면 그 연구의 의의는 크게 상실된다고 할 수 있다.

연구설계의 다음 단계는 설정된 연구문제를 분석하기 위한 틀을 마련하는 것이다. 분석틀은 일반적으로 이론적인 틀과 가설, 그리고 이를 집약한 회귀모형으로 구성되며, 따라서 연구설계의 핵심을 이룬다고 할 수 있다. 이론적인 틀(theoretical framework)에서는 연구문제에 대한 이론적인 배경을 논의하고, 이에 기초하여 연구자 자신의 이론을 제시하게 된다. 여기서 연구자 자신의 이론이란 대부분 기존의 이론으로부터 논리적인 연역을 통하여 연구자가 도출해낸 명제(命題, proposition) 또는 명제들의 체계라고 할 수 있다. 명제란 개념(concept)과 개념 간의 인

그림 1-3 연구의 설계 및 분석절차

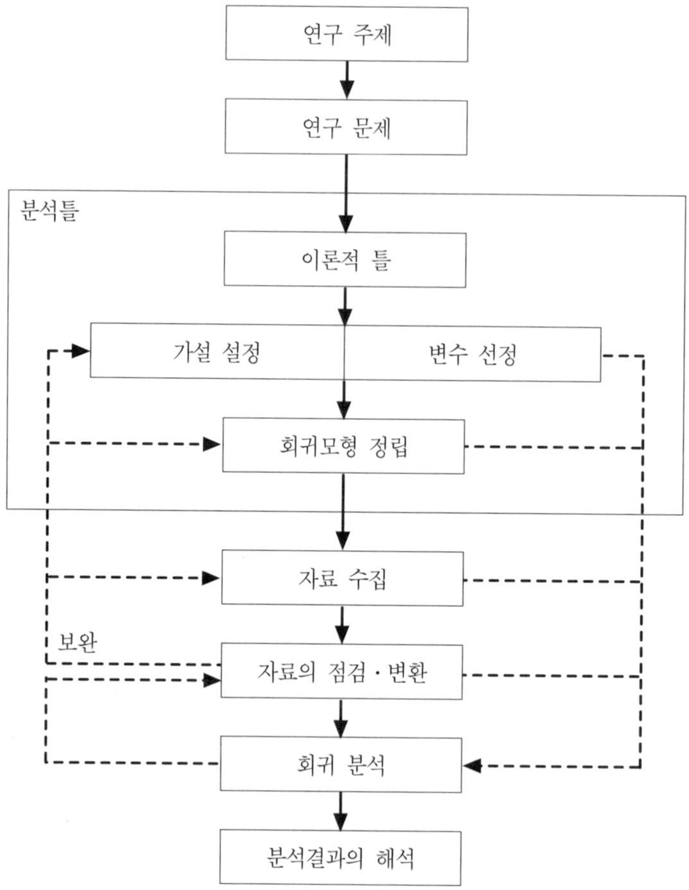

과관계를 논리적으로 서술한 것이다. 가령 '교육을 많이 받은 사람일수록 높은 임금을 받을 것이다'라는 서술문은 교육과 임금이라는 두 개념간 관계의 방향을 가정적으로 규정한 명제라 할 수 있다.

그런데 명제는 추상적이고 관념적인 개념들의 연결로 이루어져 있기 때문에 경험적인 검증이 곤란하다. 따라서 〈그림 1-4〉에 제시된 것처럼 개념들을 조작적으로 정의(operational definition)하여 경험적으로 측정 가능한 수준의 변수(variable)들로 전환시키게 된다. 그러면 명제는 변수와 변수의 관계를 규정한 서술문으로 대체될 수 있다. 예를 들어 '교육연수가 긴 사람일수록 월 급여액이 많을 것이다'

그림 1-4 명제와 가설

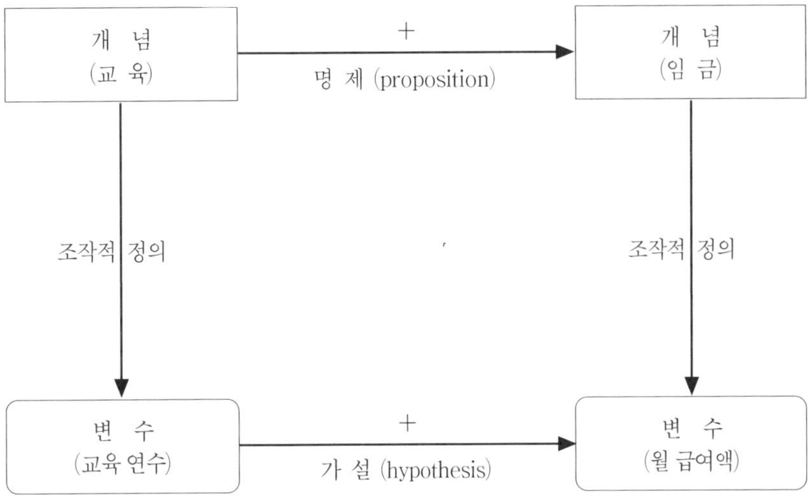

라는 서술문은 위의 명제를 측정 가능한 수준으로 끌어내린 것이며, 이를 가설(假說, hypothesis)이라고 한다. 이 가설이 바로 경험적인 자료를 통한 검증의 대상이 되며 분석틀의 핵심을 이루게 된다. 문제해결 지향의 성격을 지닌 연구에서는 명제설정의 단계를 거치지 않고 바로 가설이 도출되는 경우도 있다. 또한 학자에 따라서는 가설을 넓은 의미로 해석하여 명제와 가설을 모두 포괄하는 개념으로 사용하기도 한다. 명제와 가설을 각각 가설과 작업가설(working hypothesis)로 호칭하는 경우도 있다.

여기서 한 가지 강조할 것은 가설은 이론적인 틀로부터 논리적으로 도출되어야 한다는 사실이다. 가설이란 특정 변수들간의 관계에 대한 단순한 호기심에서 설정되는 것이 아니다. 변수들간의 인과관계를 특정 방향으로 상정하는 이유에 대해 충분한 이론적인 논의가 이루어지고 나서 가설이 도출되는 것이 바람직하다. 간혹 일부 연구자들이 적절한 이론적 근거나 설명 없이 바로 가설을 설정하는 것을 보게 되는데 이는 올바른 방법이라고 볼 수 없다.

가설과 인과모형을 정립하는 과정에서 연구자는 분석에 포함시킬 변수들을 선정하게 된다. 물론 설명하고자 하는 현상이나 사건의 원인으로 삼을 수 있는 변수는 수없이 많을 것이다. 그러나 현실적으로 모든 변수들을 포함시켜 인과모형을 구성할 수는 없다. 통계적 분석작업은 가급적 적은 수의 변수를 사용하여 인과관계의 핵심을 간결하게 설명하는 데 그 목적이 있는 것이다. 회귀분석의 경우 역시 인과모형에 포함되는 변수의 수를 적게 유지하면서 설명력을 높이는 것이 바람직하다. 독립변수가 늘어나게 되면 종속변수의 변동을 설명하거나 예측하는 능력은 조금씩 향상되지만, 한편으로는 자유도(自由度, degree of freedom) 역시 증가하게 되어 경우에 따라서는 분석력이 오히려 약해질 수도 있다. 또한 표본의 크기에 비해서 변수의 수가 너무 많으면 표본을 분석하여 얻은 결과를 모집단의 수준으로 일반화시키기가 어려워진다.

〈그림 1-4〉에서는 가장 간단한 예로 독립변수와 종속변수를 각각 하나씩만 사용하여 가설을 설정하였으나 실제로 대부분의 연구에서는 여러 개의 독립변수, 그리고 경우에 따라서는 매개변수들을 사용하여 가설들을 설정하고 회귀모형을 정립하게 된다. 회귀모형이란 회귀분석기법을 적용할 수 있도록 가설들을 연결하여 만든 인과관계의 체계를 말한다. 한 예로 〈그림 1-5〉는 공장 근로자들의 임금수준을 결정하는 요인으로 교육, 경력 그리고 생산성을 설정하고 이들을 변수화하여 인과모형을 상정한 것이다. 이 그림에서 +는 화살표로 연결되는 변수들간의 정(正, positive)의 관계를, 그리고 −는 부(負, negative)의 관계를 의미한다. 따라서 이 인과모형은 다음과 같은 가설들이 설정되었음을 시사하는 것이다.

(1) 교육연수가 긴 근로자일수록 근무연수가 짧을 것이다.
(2) 교육연수가 긴 근로자일수록 작업실적이 높을 것이다.
(3) 교육연수가 긴 근로자일수록 월 급여액이 많을 것이다.
(4) 근무연수가 긴 근로자일수록 작업실적이 높을 것이다.
(5) 근무연수가 긴 근로자일수록 월 급여액이 많을 것이다.
(6) 작업실적이 높은 근로자일수록 월 급여액이 많을 것이다.

물론 이러한 기본적인 가설 이외에도 교육연수, 근무연수, 작업실적이 종속변수인 월 급여액에 미치는 상대적인 영향력에 관한 가설이 설정될 수도 있다.

가설이 설정되고 회귀모형이 확정되면 이를 검증하기 위한 자료를 수집하게 된

그림 1-5 명제와 가설임금수준의 가상적 결정구조 및 가설

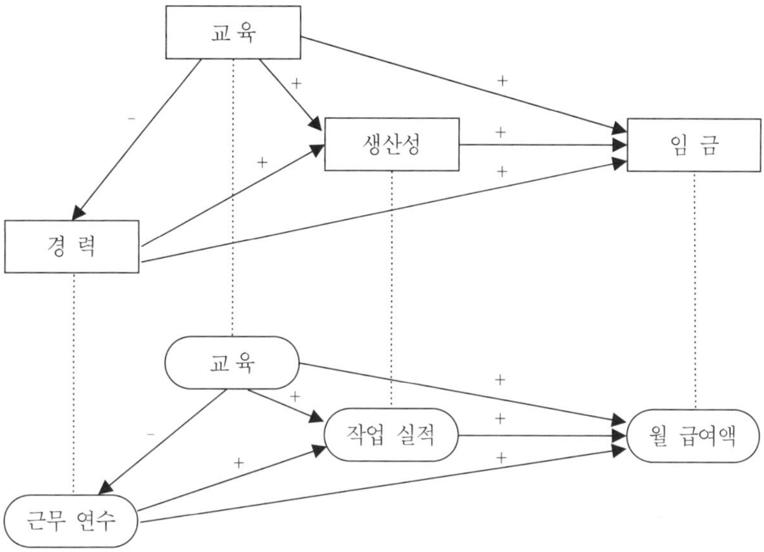

다. 대부분의 조사연구에서 자료수집은 모집단에 대한 전수조사를 통해서보다는 표본을 대상으로 이루어진다. 회귀모형을 검증하기 위한 자료의 수집은 대체로 질문지(questionnaire)나 조사표(schedule)를 이용한 우편조사, 전화조사, 면접조사의 형태로 이루어지는 경우가 많다. 연구의 성격에 따라서는 기존의 수집된 자료를 이용하는 경우도 있다. 표본추출방법이나 질문지 및 조사표의 작성법, 그리고 자료의 수집과정에 관한 자세한 논의는 조사방법에 관한 서적을 참조하기 바란다.

자료의 수집이 완료되면 본격적인 회귀분석에 들어가기 전에 일단 수집된 자료의 질(質)을 점검하는 것이 바람직하다. 표본이 과연 모집단의 속성을 잘 반영하고 있는가와 회귀모형에 포함된 모든 변수들이 빠짐없이, 그리고 정확하게 측정되었는지를 확인하여야 한다. 회귀분석에 사용될 변수들은 가급적 등간척도로 측정되는 것이 바람직하다는 점에도 주의할 필요가 있다. 만약 표본 추출이 잘못되어 대표성을 지니지 못하거나 누락된 변수가 있으면 이를 보완하기 위한 자료의 재수집이 필요하게 된다. 측정이 곤란하거나 준거틀(frame of reference)이 불분명하여 해석상 오해의 여지가 있는 변수들도 다른 변수로 대체하여야 한다. 또한 분석에 사용될 변수들은 신뢰도(reliability)가 높아야 한다. 신뢰도가 낮은 변수들을 사용

하면 분석력이 약화된다. 신뢰할 수 있는 적은 수의 변수를 사용하는 것이 신뢰도가 낮은 변수를 많이 사용하는 것보다 의미 있는 회귀모형을 가능케 한다. 신뢰도가 낮은 변수를 사용해 얻은 회귀분석 결과는 측정오차(measurement error)를 반영하는 것에 불과하다고 할 수 있다. 이 단계에서 만약 변수가 누락되거나 부적절하게 측정되어 사용이 곤란하고, 자료의 보완 또한 현실적으로 어렵다고 판단되면 가설과 회귀모형에 약간의 수정을 가하는 경우도 간혹 있으나 이는 물론 바람직한 것은 아니다.

회귀분석에 들어가기 전에 일반적으로 행해지는 자료의 질에 대한 구체적인 점검목록은 〈표 1-1〉에 제시된 바와 같다. 우선 개별 변수의 기술통계량을 점검하여 비정상적인 값이나 분포의 유무를 확인한다. 아울러 결측자료(missing data)의 양과 분포를 조사하고 이에 대한 처리방침을 세운다. 또한 편포(偏布, skewness), 첨도(尖度, kurtosis) 및 산점도(散點圖, scatter plots)를 점검하여 비정상적인 변수

표 1-1 자료의 예비점검 목록

1. 개별 변수의 기술통계(descriptive statistics) 점검
   a. 비정상적인 값
   b. 평균과 표준편차
   c. 변동계수(coefficient of variation)
2. 결측자료(missing data)의 양과 분포 점검
3. 비정상적 변수의 검색과 처리
   a. 편포(偏布, skewness), 첨도(尖度, kurtosis) 및 산점도(散點圖, scatter plots) 점검
   b. 필요한 경우, 변수의 변환(transformation)
   c. 변환(transformation)의 결과 확인
4. 이상점(異常點, outlier)의 검색 및 처리
   a. 일변량 이상점(一變量 異常點, univariate outlier)
   b. 다변량 이상점(多變量 異常點, multivariate outlier)
5. 변수를 2개씩 짝지은 후 산점도(散點圖)를 이용하여 비선형성(非線型性, non-linearity) 및 이분산성(異分散性, heteroscedasticity) 점검
6. 변수들간의 다중공선성(多重共線性, multicollinearity) 점검

출처: Tabachnick and Fidell(1989: 89).

를 가려낸다. 필요에 따라서는 비정상적인 변수를 회귀분석을 적용할 수 있도록 변환(transformation)시켜야 한다. 이외에도 이 단계에서 이상점(異常點, outlier)의 검색과 비선형성(非線型性, non-linearity), 이분산성(異分散性, heteroscedasticity), 다중공선성(多重共線性, multicollinearity) 등을 점검하는 것도 바람직한 일이다. 이들에 대한 구체적인 설명은 뒤로 미루기로 한다.

자료에 대한 점검이 완료되면 회귀분석을 하게 된다. 오늘날 사회과학도들이 다루는 대부분의 자료들은 그 양이 방대하고 회귀모형 또한 복잡하여 손으로 계산을 할 기회는 별로 없으며, 이미 개발된 컴퓨터 프로그램을 활용하여 분석이 이루어진다. 분석의 결과로 일단 회귀식이 추정되고 나면 같이 제시되는 통계량들을 점검하고 잔차(殘差, residual)의 분석을 통해서 반드시 회귀식의 정확도와 타당성을 평가하여야 한다. 이 과정에서 자료가 회귀분석의 기본 전제를 충족시키지 못하거나 이상점의 포함, 또는 분석과정에서의 예기치 않은 문제로 인하여 추정된 회귀식이 결과적으로 부적절한 것으로 판명될 수도 있다. 이 경우에는 자료의 변환이나 보완 또는 적절한 통계적 기법을 활용하여 문제점들을 제거하고 올바른 회귀식을 추정해 가는 작업이 반복되어야 한다. 그리고 최종적으로, 추정된 회귀식이 적절한 것으로 판정되면 회귀계수(regression coefficient)에 근거하여 설정된 가설의 채택 여부를 결정하고 분석결과에 대한 해석을 하게 된다.

연구의 성패에 대한 평가는 최종단계에서 이루어지는 분석결과의 해석에 의하여 좌우되는 경우가 많다. 연구자는 이론적인 안목과 통찰력을 가지고 분석결과로 주어지는 통계정보를 해석하고 그 이론적 의미나 정책적 함의를 찾으려고 노력하여야 한다. 통계량들의 단순한 나열이나 기계적인 설명만으로는 곤란하다. 또한 분석결과가 가설을 지지하지 않는 것으로 판명되면 이미 설정된 가설에 수정을 가하는 경우를 간혹 보게 되는데 이는 결코 옳은 방법이 못된다. 가설이란 반드시 채택되어야만 하는 것은 아니다. 기존 이론에서 연역적으로 도출되거나 논리적인 사고에 근거하여 설정된 가설이 기각되었을 때 그 이유를 찾고자 노력하는 과정에서 새로운 이론형성이나 문제해결의 돌파구가 마련되는 경우도 종종 있다.

마지막으로 한 가지 지적해둘 것은 회귀분석이란 어디까지나 연구대상을 체계적으로 파악하기 위한 보조수단에 불과하며 회귀분석을 행하는 것 자체가 연구의 목적이 아니라는 사실이다. 연구자의 이론적인 안목이나 통찰력이 결여된 상태에서는 회귀분석이란 도구만으로는 연구대상의 본질에 접근하기 어렵다는 사실을 명심해야 할 것이다.

1.4.2 회귀분석의 기능과 용도

회귀분석의 기능과 용도는 크게 두 가지로 구분될 수 있다. 회귀분석은 독립변수와 종속변수의 선형관계(linear relationship)를 요약하여 제시하는 기술의 도구로서 사용될 수 있으며, 또한 표본에서 발견된 변수들간의 관계를 모집단의 수준으로 일반화시키는 통계적 추론의 도구도 된다. 물론 이 두 가지 용도는 상호 밀접히 연관된 것이나 개념적으로는 분리하여 생각할 필요가 있다.

〈표 1-2〉에 제시된 바와 같이, 기술도구로서 회귀분석의 가장 중요한 기능은 회귀모형에 포함된 변수들로 구성되는 가장 적합한 회귀식을 찾아내고 추정된 회귀식의 정확도를 평가하는 것이다. 다시 앞의 예를 들어 어떤 연구자가 공장근로자들의 임금수준을 결정하는 요인으로 교육, 경력 그리고 생산성을 설정하고 이들을 모두 등간척도의 변수로 측정했다 가정하자. 연구자는 우선 회귀분석을 통하여 교육, 경력 및 생산성과 임금수준의 관계를 압축한 회귀식을 얻을 수 있다. 또한 추정된 회귀식이 얼마나 정확한지를 판단할 수 있는 통계량들(statistics)과, 임금수준의 분산이 교육, 경력 그리고 생산성으로 얼마만큼 설명되었는가를 나타내는 통계량을 얻게 된다. 그리고 만약 종속변수의 설명 또는 예측에 크게 도움이 되지 않는 독립변수가 발견되면 이를 제거하여 회귀식을 간단하게 수정할 수도 있다.

둘째로, 회귀분석에서는 다른 독립변수들이 고정된 상태에서 특정 독립변수가 종속변수에 독립적으로 미치는 영향력의 측정이 가능하다. '다른 모든 변수들이 동일하다면'(*ceteris paribus*)이라는 단서를 붙여, 복합적으로 얽혀 있는 인과관계의 메커니즘 속에서 관련된 다른 변수들의 영향력을 배제하고 특정 변수의 중요성을 파악하게 해준다. 가령 교육이 임금수준에 미치는 영향력에 관심이 있다 하자. 이 경우 교육정도에 따른 임금수준의 단순한 차이나 단순상관관계의 분석은 만족스러운 대답이 될 수 없다. 교육은 경력 및 생산성과 밀접히 연계되어 있기 때문이다. 즉 교육수준이 높을수록 경력이 짧아지는 반면에 생산성이 높아질 가능성이 있다. 따라서 경력과 생산성의 영향력을 고정시킨 상태에서 교육이 임금수준에 미치는

표 1-2 회귀분석의 기능과 용도

1. 기술 도구
   a. 회귀식 추정 및 추정된 회귀식의 정확도 평가
   b. 특정 독립변수의 종속변수에 대한 독립적 영향력 측정
   c. 변수들간의 복잡한 인과관계 메커니즘 파악
2. 추리 도구
   a. 모수 추정 및 신뢰구간 측정
   b. 모집단에 관한 가설검증

독립적인 효과를 분리해서 측정할 수 있다는 것은 큰 의미를 지닌다.

셋째로, 회귀분석은 변수들간의 복잡한 인과관계 메커니즘을 파악하는 도구가 된다. 경로분석(經路分析, path analysis)은 회귀분석을 기술의 도구로서 활용하는 좋은 예가 될 수 있다. 경로분석은 회귀분석을 여러 번 시행하여 이루어진다. 경로분석에서는 독립변수들 사이에도 인과관계를 설정하고 종속변수에 미치는 영향력을 분석하며, 인과적 고리로 연결되는 변수들간의 직접 및 간접적인 효과를 측정하는 것이 가능하다. 예를 들어 〈그림 1-5〉에 제시된 것과 같은 인과모형의 설정은 변수들간의 인과관계 메커니즘을 시각적으로 빨리 파악할 수 있게 해준다.

회귀분석은 기술의 도구로서뿐만이 아니라 통계적 추리의 목적으로도 쓰인다. 표본의 자료에서 얻은 분석결과를 모집단의 수준으로 일반화시키는 통계적 추리는 크게 모수추정과 가설검증의 두 가지로 구분된다. 회귀분석에서는 모수를 추정하고 신뢰구간을 구하여 이를 모집단의 수준으로 승격시켜 일반화할 수 있으며, 또한 모집단에 관한 다양한 가설들을 검증할 수도 있다.

가설검증은 주로 연구가설에 대립되는 영가설(零假說, null hypothesis)을 설정하여 이를 부정하는 형태로 이루어지며, 많이 사용되는 영가설은 주로 다음과 같은 것들이다.

(1) 종속변수와 독립변수들 간에 아무런 선형관계가 없다. 위의 예를 들면, 임금수준은 교육, 경력이나 생산성과 아무런 관계가 없다.
(2) 다른 독립변수들의 영향력을 통제하고 나면 특정 독립변수가 종속변수에 의

미있는 영향력을 행사하지 않는다. 예를 들면 생산성과 임금수준은 아무런 관계가 없으며 관찰되는 외견상의 관계는 단지 표집상의 오차에 의하여 나타나는 것일 뿐이다.

(3) 독립변수와 종속변수의 관계는 비선형(非線型, non-linear)이고, 두 개 이상의 독립변수가 종속변수에 미치는 효과는 가법성(加法性, additivity)을 지니지 않는다.

1.5 주요 컴퓨터 프로그램

오늘날 복잡한 통계분석기법의 광범한 활용은 컴퓨터의 일반화로 인해 가능해졌다고 해도 과언이 아니다. 회귀분석을 위한 패키지 프로그램도 이미 여러 가지가 개발되어 프로그램 작성 전문가가 아니라도 기초적인 훈련만 받으면 손쉽게 활용할 수 있다. 물론 이들 패키지 프로그램은 학문분야에 따라 활용도가 다르고 각기 장단점이 있을 것이나, 오늘날 사회과학 분야에서 가장 널리 사용되고 표준화된 통계패키지 프로그램으로 SPSS, BMDP, SAS, 그리고 STATA를 꼽을 수 있을 것이다. 우리나라에서도 이들 통계 패키지 프로그램은 대부분의 대학이나 연구단체에서 사용이 가능하다. 또한 이들은 대형컴퓨터(mainframe computer)뿐만 아니라 퍼스널 컴퓨터로도 편리하게 이용할 수 있다. 특히 BMDP와 SAS는 퍼스널 컴퓨터를 위한 프로그램의 작성이나 출력(output)이 대형컴퓨터를 위한 프로그램과 상당히 유사하여 별도의 훈련을 크게 필요로 하지 않는다. SPSS의 윈도용 프로그램인 SPSSWIN의 경우에는 프로그램 작성과정이 윈도 메뉴를 사용한다는 데에서 조금 다르지만, 이 역시 직접 수행하는 프로그램 명령어(commands)는 예전의 SPSS/PC와 같기 때문에 별로 어렵지 않게 익힐 수 있다. SPSS, BMDP 및 SAS는 모두 상세하게 작성된 지침서(manual)들이 있어 매우 편리하게 활용할 수 있다. 이들 지침서에는 프로그램의 작성기법뿐만이 아니라 연관된 통계기법이나 개념에 대한 명쾌한 설명이 수록되어 있어 그 자체만으로도 매우 훌륭한 통계학 참고서가 될 수 있다.

만약 이 네 가지 패키지 프로그램을 모두 사용할 수 있다면 어느 것을 활용하더

표 1-3 주요 컴퓨터 패키지의 표준중다회귀분석(standard multiple regression)[1] 프로그램 비교

주요 사양	SPSS REGRESSION	BMDP1R	SAS REG
자료의 입력 (INPUT)			
상관관계 행렬(correlation matrix) 입력	○	○	○
공분산 행렬(covariance matrix) 입력	○	○	○
결측(缺測) 자료 선택사양	○	○	×
허용값(tolerance) 선택사양	○	○	○
부차표본(subsample)의 동질성 검증	×	○	×
가중최소제곱(weighted least squares)	○	○	○
회귀분석결과의 출력 (OUTPUT)			
변수이름 표시의 확대(expanded label)	○	×	×
분산분석(ANOVA for regression)	○	○	○
중다상관계수(multiple R)	○	○	×
중다결정계수(R^2)	○	○	○
추정값의 표준오차(SEE)	STD. ERROR OF THE ESTIMATE	STD. ERROR OF ESTIMATE	ROOT MSE
수정결정계수(adjusted R^2)	○	○	○
변동계수(coefficient of variation)	×	×	○
상관관계 행렬(correlation matrix)	○	○	○
상관관계 행렬의 유의도 수준	○	×	×
제곱합과 교차승적(sum of squares and cross-products[SSCP]) 행렬	○	×	○
역 SSCP 행렬	×	×	○
공분산 행렬(covariance matrix)	○	○	×
평균 및 표준편차	○	○	○
상관계수의 해당 사례수(N)	○	×	×
변수의 최소 및 최대값	×	○	×
각 변수의 총합(Σ)	×	×	○
각 변수의 변동계수(coeff. of variation)	×	○	×
비표준화회귀계수(β)	B	COEFFICIENT	PARAMETER ESTIMATE

표 1-3 주요 컴퓨터 패키지의 표준중다회귀분석(standard multiple regression)[1] 프로그램 비교 (계속)

주요 사양	SPSS REGRESSION	BMDP1R	SAS REG
회귀계수의 표준오차	STD. ERROR	STD. ERROR	STANDARD ERROR
회귀계수의 F 또는 t 검증	t(F 선택사양)	t	t
상수항(절편)	○	○	○
표준화회귀계수	BETA	STD. REG. COEFF.	STANGARDIZED ESTIMATE
표준화회귀계수의 표준오차	○	×	×
부분상관(partial correlation)	○	×	○
준부분상관(semipartial correlation)	PART COR	×	○
허용값(tolerance)	○	○	○
β의 제곱합(sum of squares)	×	×	○
분산팽창계수(variance inflation factors)	○	×	○
β의 분산-공분산 행렬	○	×	○
β의 상관행렬	×	○	○
β의 95% 신뢰구간(confidence interval)	○	×	×
일소 행렬(sweep matrix)	○	×	×
고유근(eigen value)	○	×	○
상태지수(condition index)	○	×	○
분산분해비율(variance proportion)	○	×	○
가설행렬(hypothesis matrix)	×	×	○
잔차(RESIDUAL) 분석의 출력			
기대값, 잔차 및 표준화 잔차	○	○	○
기대값의 95% 신뢰구간	×	×	○
기대값에 따른 표준화 잔차의 산점도(plots)	○	○	×[2]
잔차의 정규 산점도	○	○	×[2]
더빈-왓슨(Durbin-Watson)의 d 통계량	○	○	○
기대값의 표준오차	○	×	○
마할라노비스(Mahalanobis) 및 쿡(Cook)의 거리(distance)	○	×[3]	○
영향력 진단(influence diagnostics)	○	×	○
이분산성(heteroscedasticity) 검증	×	×	○

표 1-3 주요 컴퓨터 패키지의 표준중다회귀분석(standard multiple regression)[1] 프로그램 비교 (계속)

주요 사양	SPSS REGRESSION	BMDP1R	SAS REG
막대그래프(histogram)	○	×[4]	×
사례별 산점도(casewise plots)	○	×	○
부분 산점도(partial plots)	○	○	○
기타 가용 산점도(other plots available)	○	○	○
지렛점(leverage)	○	×	×
잔차의 요약통계(summary statistics)	○	×	○
기대값 및 잔차의 저장(save)	○	○	○

주: 1) 이 표는 표준중다회귀분석 프로그램만을 비교한 것임. 단계적(stepwise) 및 계층적(hierarchical) 회귀분석 프로그램은 비교대상에서 제외되었음.
2) SAS PLOT 프로그램으로 가능함.
3) BMDPAM, BMDP4M 및 BMDP2R 프로그램으로 가능함.
4) BMDP5D 프로그램으로 가능함.
출처: Tabachnick and Fidell(1996: 167~171)을 참조하여 재구성.

라도 회귀분석에 있어 큰 차이는 없다. 또한 이들은 프로그램의 작성과정이나 출력이 서로 상당한 유사점을 지니고 있기 때문에 어느 한 패키지 프로그램에 익숙해지면 나머지도 지침서만 가지고 쉽게 익힐 수 있다. 〈표 1-3〉은 최근의 개정판이라 할 수 있는 SPSSWIN 12.0과, BMDP 1992년판, 그리고 SAS 6.12에 포함된 회귀분석 프로그램의 내용을 비교하여 제시한 것이다. 그러나 이 절에서는 〈표 1-3〉의 구체적인 내용에 대한 설명은 생략하기로 하고, 단지 이들 세 가지 패키지 프로그램에 대한 개괄적인 소개만을 하고자 한다.

1.5.1 SPSS 프로그램

SPSS(Statistical Package for the Social Science)는 BMDP나 SAS와는 달리 사회과학 분야의 자료분석을 위해 작성되었으며, 현재 사회과학 분야에서 가장 널리 사용되는 통계 패키지 프로그램이다. 이 프로그램은 1968년 미국 시카고대학교의 국민여론연구소(National Opinion Research Center)에서 사회과학 자료의 분석을 위하여 정치학자인 Norman Nie의 주도 아래 개발되었다. SPSS의 최초 지침서(Nie et al., 1975)는 동일한 분석을 행하는 다양한 프로그램 기법들과 이에 따른 출력의 예시, 해석방법, 그리고 통계적인 설명을 아주 상세하게 수록하고 있어 훌륭한 통계 교과서로도 활용될 수 있다. 이는 특히 회귀분석과 그 응용에 관한 부분의 경우 그러하다. SPSS는 그후 다양한 형태의 자료분석에 적합하도록 지속적으로 확대 개편되어 오늘날에는 거의 모든 학문분야에서의 통계분석, 그리고 일반 회사나 증권회사, 은행 등의 기관에서 각종 자료의 정리 및 보고서 작성 등을 할 수 있는 기능을 갖게 되었다.

SPSS의 Window용 프로그램인 SPSSWIN은 기존의 SPSS/PC 프로그램보다 훨씬 쉽게 사용할 수 있도록 개발되어, 연구자들이 직접 프로그램을 짤 필요 없이 마우스를 이용하여 원하는 메뉴 옵션(menu option)을 누르면 빠르게 결과를 얻을 수 있다. SPSSWIN의 가장 큰 장점은 프로그램 작성절차가 간결하고 출력(output)이 매우 조직적으로 짜여 있을 뿐만 아니라 연구자들이 원하는 분석결과를 신속하고 용이하게 얻을 수 있다는 것이다. 프로그램이 원래 사회과학자들에 의해 쓰여졌기 때문에 출력형태가 알아보기 쉽고 문자편집기(word processor)에 직접 복사해 인용하기 좋도록 만들어져 있다.

SPSSWIN은 기본적인 빈도분석, 기술통계량, 교차분석에서부터 다변량분석인 판별분석, 군집분석, 요인분석 등과 그밖에 다차원척도법, 로짓분석 등과 같은 복잡한 프로그램 등도 비교적 쉽게 결과를 얻을 수 있는 장점을 지닌다. SPSSWIN은 1993년에 5.0판이 처음 만들어졌고, 2008년 현재 SPSS 16.0판까지 개발되어 시중에 나와 있다.

SPSSWIN에는 다음의 7가지 메뉴 창(menu windows)이 있다: ① 자료 편집기 창(data editor window), ② 출력결과 처리 창(output navigator window), ③ 중심 테이블 편집기 창(pivot table editor window), ④ 도표 편집기 창(plot editor window), ⑤ 텍스트 출력결과 편집기 창(text output editor window), ⑥ 명령문 편집기 창(syntax editor window), 그리고 ⑦ 스크립트 편집기 창(script editor window) 등이다.

SPSSWIN에서 제공하는 회귀분석의 기법들은 선형회귀분석(linear regression analysis)을 포함하여 다항회귀분석(polynomial regression analysis), 로지스틱 회귀분석(logistic regression analysis), 다범주 로지스틱분석(multinomial logistic analysis), 프로빗분석(probit analysis), 비선형 회귀분석(non-linear regression analysis), 가중최소제곱 회귀분석(weighted least square regression analysis), 2단계 최소제곱분석(2-stage least square analysis), 단계적 회귀분석(stepwise regression analysis) 등 그 범위가 상당히 넓다고 할 수 있다.

만약 통계 패키지 프로그램을 처음 배우는 사람에게는 BMDP, SAS나 STATA보다는 SPSSWIN을 권하고 싶다. 프로그램의 입력과 출력이 한층 간결하고 조직적이며, 찾아보기(index)의 활용도 훨씬 편리하게 되어있기 때문이다. 또한 SPSSWIN이 사회과학 연구자들에게 가장 널리 보급되어 있다는 점도 장점으로 지적할 수 있을 것이다. 따라서 이 책에서도 독자들의 이해를 돕기 위해 필요한 경우, SPSSWIN을 사용하는 구체적 예제 프로그램과 출력들이 제시될 것이다.

1.5.2 BMDP 프로그램

BMDP는 원래 생의학 자료(bio-medical data)의 분석을 위하여 미국의 버클리 대학에서 작성된 것이나, 요즘은 사회과학을 비롯한 다른 분야에서도 널리 이용된다. BMDP는 프로그램들이 대부분 표준화되어 있고 입력과 출력이 많은 예와 함께 매우 상세하게 설명되어 있는 것이 장점이다(Dixon, 1985). 고도로 복잡한 통계적인 분석을 위해서는 BMDP가 SPSS보다 조금 더 포괄적인 패키지 프로그램이라고 할 수 있다. 단지 찾아보기(index)가 유용하게 구성되어 있지 못한 것을 단점으로 지적할 수 있다.

편의상 〈표 1-3〉에는 BMDP1R에 포함되어 있는 회귀분석 프로그램의 내용만을 요약하여 SPSS 및 SAS와 비교하였으나 BMDP 패키지에는 이외에도 BMDP2R, BMDP9R 등 회귀분석을 위해 작성된 프로그램들이 여러 가지가 있다. 우선 BMDP1R은 가장 간편하게 표준중다회귀분석(standard multiple regression analysis)을 행하도록 작성된 프로그램이다. 이 프로그램은 일부의 사례만을 선택하여 회귀분석을 행할 수 있고, 또한 사례들을 몇 개의 부차표본(subsample)으로 범주화하여 그 동질성을 검증할 수도 있다. 〈표 1-3〉에서 BMDP1R 프로그램은 특히 분석결과의 출력이 SPSS 특히 SAS에 비해 상대적으로 미흡한 것처럼 보이나, 대부분의 사용자들은 BMDP1R만 이용해도 의도하는 회귀분석을 충분히 행할 수 있다.

통계적 또는 계층적 회귀분석(statistical/hierarchical regression analysis)에는 BMDP2R을 사용하면 편리하다. BMDP2R은 BMDP 패키지 내에서 가장 치밀하게 짜여진 회귀분석 프로그램이다. 이 프로그램은 회귀모형에 변수를 추가하거나 제거할 때 이미 내장되어 있는 통계적 기준에 추가하여 사용자 스스로가 허용값(tolerance)이나 F값을 임의로 선정하여 적용시킬 수 있다. 또한 잔차의 분석이나 산점도를 작성하는 프로그램이 BMDP1R보다 훨씬 복잡하고 정교하게 짜여 있다. BMDP2R의 출력에는 변수가 추가 또는 제거되는 각 단계마다 상수항, 회귀계수, F값, 부분상관계수 등 회귀식에 관한 모든 정보가 상세하게 제시된다.

BMDP9R은 분석대상이 되는 변수들을 여러 가지로 조합하여 가장 적절한, 즉 가장 높은 R^2값을 지니는 회귀모형을 찾아낼 수 있게 작성되어 있다. 이 프로그램 역시 잔차의 분석이나 진단, 그리고 저장이 BMDP1R에 비해 보다 포괄적으로 가능하며, 특히 몇 개 변수들의 조합으로 생기는 이상점(outlier)들을 검색해내는 데 유용하다.

BMDP 패키지에는 이상 언급한 세 가지 회귀분석 프로그램 이외에도 비선형회귀분석(non-linear regression analysis), 분산 및 공분산분석(analysis of variance and covariance), 주기회귀분석(periodic regression analysis), 점근회귀분석(asymptotic regression analysis)을 위한 프로그램들이 포함되어 있다.

1.5.3 SAS 프로그램

SAS는 미국의 노스 캐롤라이나 대학에서 최초로 개발되었으며, 사회과학 분야에서뿐만이 아니라 자연과학 분야에서도 광범하게 이용된다. SAS는 자료의 전환이나 처리, 기초적인 기술통계(descriptive statistics)로부터 고도의 통계적인 지식을 요하는 기법에 이르기까지 가장 광범하게 포괄하는 패키지 프로그램이다. SAS의 지침서는 그 양이 무척 방대하여 여러 권으로 구성되어 있으며, 입력 및 출력의 다양한 예가 상세한 설명과 함께 제시되어 있다. SAS는 일단 익숙해지면 프로그램 작성에 융통성이 많아 특히 통계분석 전문가들이 즐겨 사용한다. 그러나 통계나 수학적인 지식이 부족한 사용자에게는 SPSS나 BMDP에 비해서 활용하기가 어렵다고 할 수 있다. 또한 출력이 시각적으로 볼 때 SPSS나 BMDP보다 덜 조직적으로 구성되어 있다는 것을 단점으로 지적할 수 있다.

SAS 패키지에는 회귀분석을 위한 프로그램으로 REG, STEPWISE, RSQUARE 등이 포함되어 있다. 그러나 일반적으로 표준중다회귀분석(standard multiple regression analysis)과 계층적 회귀분석(hierarchical regression analysis)이 가능한 REG가 주로 이용된다. 〈표 1-3〉에 제시된 SAS 패키지의 회귀분석 기능은 REG에 포함된 내용만을 요약한 것이다. REG에는 결측자료에 대한 선택사양이 없어, 결측값(missing value)을 지닌 사례는 분석에서 일괄적으로 제거된다. 따라서 표본에 포함된 사례수가 적고 결측값이 많을 때는 취약점을 지닌다. 또한 잔차의 분석이나 진단이 REG만으로도 일부 가능하지만, 대부분의 산점도(scattergram)는 별도의 프로그램인 PLOT를 이용하여 그리게 된다. 활용도가 매우 제한되어 있기는 하지만 단계적 회귀분석(stepwise regression analysis)을 위해서는 STEPWISE를 이용할 수 있다. 그러나 이 프로그램은 REG에 비해 많은 정보가 생략된 채 분석결과가 제시되며 잔차의 분석도 매우 제한적으로 이루어진다.

1.5.4 STATA 프로그램

STATA 프로그램은 다른 통계분석 프로그램에 비해 비교적 최근에 개발되었다. 미국 캘리포니아 로스앤젤레스 대학(UCLA)의 대학원생, William Gould에 의해 1985년 STATA 초판이 시작된 이후 2008년 현재 10판이 발매된 상태이다. 초판 STATA 프로그램이 오직 회귀분석만 가능했다는 사실로 짐작할 수 있듯이, 다른 프로그램에 비해 회귀분석 명령어가 단순하고 다양한 옵션선택이 가능하다. 특히 시계열자료나 패널서베이 조사자료를 분석할 때 다른 통계프로그램보다 장점이 많은 것으로 널리 인정된다. 이러한 이유로 시계열 분석이 주된 연구관심사인 경제학에서 많은 사용자를 보유하고 있다.

STATA 프로그램은 C언어에 기반하고 있으며, 명령어 체계가 비교적 단순하며 다른 통계분석 프로그램에 비해서 가격이 싸다는 장점을 갖고 있다. 특히 STATA 프로그램은 타 프로그램들에 비해서 그래프나 차트 등의 시각적 기능이 뛰어나며 자료의 효율적 제시가 가능하다는 점, 그리고 무엇보다 인터넷을 통하여 업그레이드 속도가 매우 빠르다는 점에서 최근 사용자 수가 급격하게 늘고 있다. 그러나 개인용 STATA인 Intercooled의 경우 분석자료가 방대할수록 계산에 많은 시간이 소요된다는 점, 그리고 원하는 통계값들을 얻기 위해서는 짧고 다양한 명령문들을 반복적으로 입력해야 한다는 점 등에서 몇 가지 단점을 갖고 있다.

STATA 프로그램의 회귀분석을 위한 프로그램은 -regress-를 기본으로 하고 있으며, 잔차의 분석(-rvfplot-), 예측값의 도출 및 저장(-predict-), 그리고 모델 적합도의 분석(-lrtest-/-test-) 등은 부가명령문들을 선택적으로 입력함으로써 분석할 수 있다. 자세한 추가적 회귀분석은 명령어창(command window)에 -help regress postestimation-을 입력하면 쉽게 확인할 수 있다.

제 2 장 단순선형회귀모형

2.1 머리말

우리는 일상생활에서 종종 두 변수간의 함수관계에 대하여 의문을 갖게 된다. 교육수준에 따라 소득은 어떻게 달라지는가? 교육수준이 높은 사람일수록 국회의원 선거투표에 적극적으로 참가하는가? 사회경제적 지위가 높은 사람일수록 보수적 성향을 지니는가? 교육수준에 따라 실업률은 어떻게 변하는가? 인구증가 속도가 빨라지면 경제성장률은 둔화되는가? 이러한 의문들은 모두 "변수 X와 변수 Y 간의 관계는 무엇인가?"로 일반화시킬 수 있다. 그리고 이에 대한 가장 명료한 해답은 두 변수간의 함수관계를 회귀식으로 추정하는 방법을 통해서 얻을 수 있다. 이 경우, 회귀식은 단 하나의 독립변수와 종속변수를 포함하는 가장 간단한 형태가 되므로 단순선형회귀모형(單純線型回歸模型, simple linear regression model) 또는 단순회귀모형(單純回歸模型, simple regression model)으로 불린다. 여기서 선형(線型, linear)이라는 용어는 회귀식에 포함된 독립변수와 종속변수가 선형관계(線型關係, linear relationship)를 지닌다는 것을 의미한다.

단순회귀분석을 통하여 구해진 회귀식은 몇 가지 목적을 위해 사용될 수 있다. 즉 독립변수의 변화에 따른 종속변수의 변화를 분석할 수 있으며, 독립변수의 값이 알려졌을 때 종속변수의 값을 예측하는 데 이용될 수 있다. 따라서 회귀식의 명확한 추정은 가장 기본적인 작업이며, 동시에 분석의 최종적인 목표라고 할 수 있다. 이 장에서는 우선 단순선형회귀모형에서 회귀식을 추정하는 방법과, 이에 필요한 기본가정들에 대하여 소개하고자 한다. 회귀식을 추정하는 과정에서 우리는 많은 정보를 얻게 되며, 이 정보들은 변수들간의 관계를 올바로 파악하는 데 매우 중요하다. 이 장에서는 구해진 회귀식, 회귀계수는 물론 이러한 정보들을 통계적으로 평가하고 그 결과들을 활용하는 방법에 대해 논의할 것이다.

2.2 회귀식의 추정과 최소제곱법

두 변수간의 함수관계를 밝히고자 하는 단순회귀분석에서 첫 단계로 해야 하는 작업이 회귀식의 올바른 추정이다. 일단 두 변수가 선형관계를 지닌다고 가정하자. 그러면 두 변수의 관계는 다음과 같은 방정식으로 표현될 수 있다.

$$Y = \alpha + \beta X \tag{2.2.1}$$

이 회귀식은 X의 어떤 값이 주어질 때 Y를 예측할 수 있게 해준다. 그러나 Y의 모든 관찰값이 (2.2.1)의 회귀식에 의해 설명되는 것은 아니다. 여기서 i번째 관측에서 X로부터 Y값을 예측하는 데 따르는 오차를 인정하면, (2.2.1)의 회귀식은

$$Y_i = \alpha + \beta X_i + \varepsilon_i \tag{2.2.2}$$

으로 되어야 한다. 이 경우 예측회귀식은

$$\widehat{Y}_i = \alpha + \beta X_i \tag{2.2.3}$$

으로 표시될 수 있다.

회귀분석에서 가장 중요한 것은 이론적 모형에 적합하고 동시에 정확한 회귀식을 추정하는 일이다. 여기서 정확한 회귀식이란 주어진 사례 i에 대하여 얻어진 예측값 $\widehat{Y}_i$와 실제관측값 Y_i 사이에 오차가 작음을 의미한다. 물론 $\widehat{Y}_i$와 Y_i가 항

상 일치하는 회귀식을 구할 수 있다면 가장 이상적일 것이나, 현실적으로는 오차가 존재하기 마련이다. 결국 (2.2.3)의 회귀식을 추정할 때 가장 바람직한 방법은 오차항(또는 잔차)

$$\varepsilon_i = Y_i - \widehat{Y}_i \qquad (2.2.4)$$

를 가장 작게 하는 것이라 할 수 있다. 오차항을 줄이는 방법으로는 여러 가지를 생각할 수 있으나 여기서는 우선 세 가지 경우를 생각해 보기로 하자.

첫째로, 오차항의 합을 최소화하는 회귀선을 구하는 방법이다. 즉,

$$\text{Minimize } \sum \varepsilon_i \quad \text{또는} \quad \text{Minimize } \sum (Y_i - \widehat{Y}_i).$$

이 방법은 우선 정(+)과 부(−)의 오차가 상쇄되어 오차항의 합계에는 반영되지 않는 결점이 있다. 또한 이 방법에 의하면 $\widehat{Y}_i$가 클수록 $\sum \varepsilon_i$가 작아지게 되어, 〈그림 2-1〉의 (a)와 같이 $\widehat{Y}_i$를 크게 하는 회귀선을 구하게 된다. 아울러 〈그림 2-1〉의 (b)에서 보는 것처럼, 같은 자료에서 두 개의 회귀선이 존재하는 문제점도 생기게 된다. 따라서 오차항의 합을 최소화하여 회귀선을 구하는 방법은 받아들여질 수 없다.

둘째로, 오차항의 부호를 무시하고 그 절대값들의 합을 최소화하는 회귀선을 구하는 방법이다. 즉,

$$\text{Minimize } \sum |\varepsilon_i| \quad \text{또는} \quad \text{Minimize } \sum |Y_i - \widehat{Y}_i|.$$

그러나 이 방법에 의하면 관측사례를 모두 고려하지 않고 어떤 사례는 무시된 채 회귀선이 구해지는 결점을 지니게 된다. 〈그림 2-2〉를 보면 (a)의 경우는 $\sum|\varepsilon_i| = 3$으로 (b)의 경우인 $\sum|\varepsilon_i| = 4$보다 더 좋은 회귀선임을 제시하고 있으나, 이 방법이 옳지 않음은 시각적으로도 쉽게 알 수 있다. 또한 (a)에서 가운데 사례의 존재 여부에 관계없이 동일한 회귀선을 얻게 되어 이 사례가 지닌 정보를 활용하지 못하는 점을 지적할 수 있다. 결국 오차항의 절대값들의 합을 최소화하여 회귀선을 구하는 방법도 바람직하지 않은 것으로 판단된다.

그림 2-1 $\sum \varepsilon_i$를 최소화하여 회귀선을 추정하는 경우의 예시

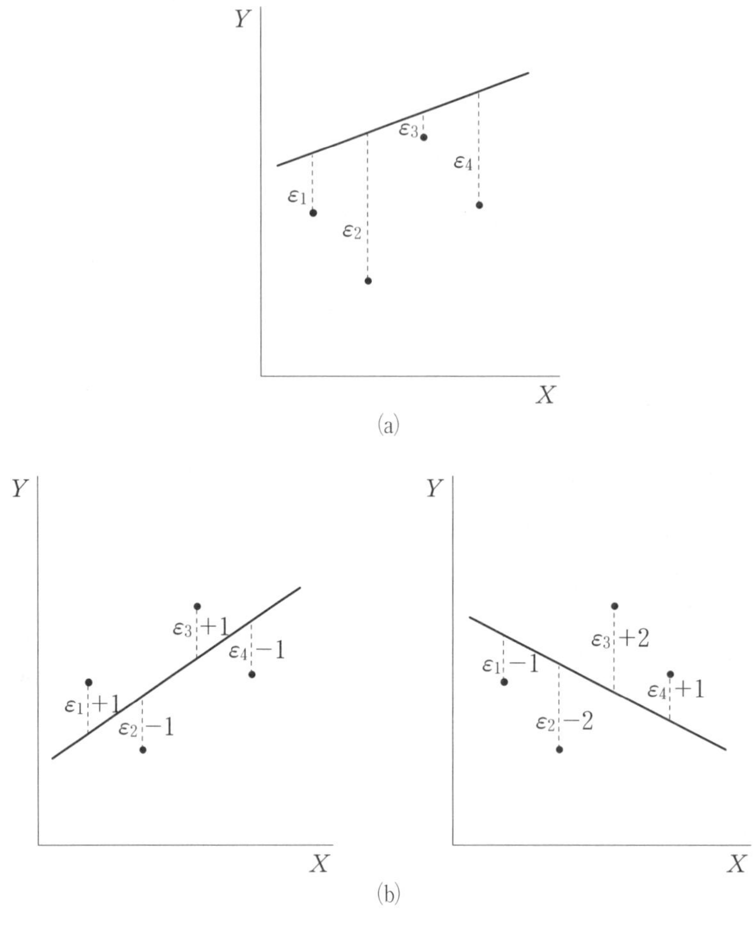

셋째로, 오차항의 제곱의 합을 최소화하는 회귀선을 구하는 방법이다. 즉,

$$\text{Minimize} \sum \varepsilon_i^2 \quad \text{또는} \quad \text{Minimize} \sum (Y_i - \widehat{Y}_i)^2 .$$

이 방법은 흔히 최소제곱법(ordinary least squares method: OLS; 이후로는 'OLS 방식'과 혼용하여 사용하기로 한다)으로 불리며, 앞에서 언급한 두 가지 방법의 문제점들이 해결되기 때문에 가장 널리 사용된다. 이 방법에 대하여 좀더 구체적으로 알아보자.

그림 2-2 $\sum|\varepsilon_i|$를 최소화하여 회귀선을 추정하는 경우의 예시

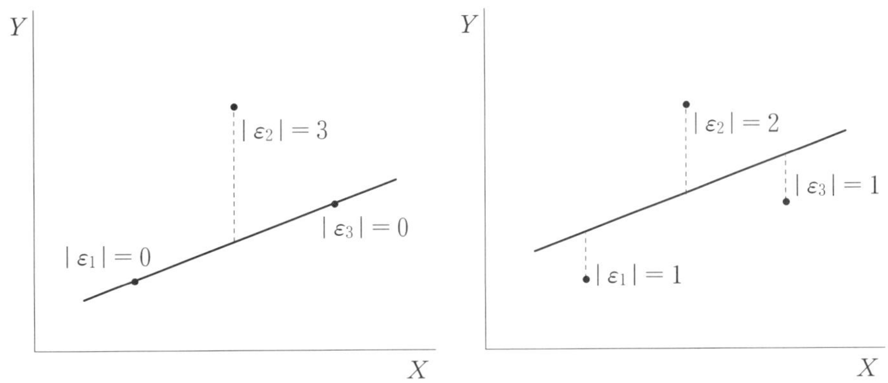

(a) $\sum|\varepsilon_i| = 3$　　(b) $\sum|\varepsilon_i| = 4$

최소제곱법(OLS 방식)에 의한 회귀식 추정의 기본 원리는 오차항의 제곱합을 최

$$S = \sum \varepsilon_i^2 = \sum (Y_i - \widehat{Y}_i)^2 = \sum (Y_i - \widehat{\alpha} - \widehat{\beta} X_i)^2 \tag{2.2.5}$$

소로 하는 α와 β의 추정값을 구하는 것이다. 이를 위해서 S를 α와 β로 각각 편미분하여 그 값이 0이 되게 한다. 즉,

$$\begin{aligned} \frac{\delta S}{\delta \alpha} &= -2 \sum (Y_i - \widehat{\alpha} - \widehat{\beta} X_i) = 0 \\ \frac{\delta S}{\delta \beta} &= -2 \sum X_i (Y_i - \widehat{\alpha} - \widehat{\beta} X_i) = 0 \end{aligned} \tag{2.2.6}$$

이다. 그런데 (2.2.6)의 등식들을 정리하면

$$\begin{aligned} n\widehat{\alpha} + \widehat{\beta} \sum X_i &= \sum Y_i \\ \widehat{\alpha} \sum X_i + \widehat{\beta} \sum X_i^2 &= \sum X_i Y_i \end{aligned} \tag{2.2.7}$$

로 된다. 여기서 (2.2.7)의 첫 번째 방정식을 표본의 크기인 n으로 나누면

$$\widehat{\alpha} = \frac{\sum Y_i}{n} - \widehat{\beta} \frac{\sum X_i}{n} = \overline{Y} - \widehat{\beta} \overline{X} \tag{2.2.8}$$

가 된다. 그러면 (2. 2. 4)의 오차항에 (2. 2. 8)의 결과를 대입하여 보자.

$$\begin{aligned}\varepsilon_i &= Y_i - \hat{Y}_i \\ &= Y_i - (\hat{\alpha} + \hat{\beta}X_i) \\ &= Y_i - \{(\bar{Y} - \hat{\beta}\bar{X}) + \hat{\beta}X_i\} \\ &= (Y_i - \bar{Y}) - \hat{\beta}(X_i - \bar{X})\,.\end{aligned} \tag{2.2.9}$$

이제 오차항의 제곱합을 최소로 하기 위하여

$$\sum \varepsilon_i^2 = \sum \{(Y_i - \bar{Y}) - \hat{\beta}(X_i - \bar{X})\}^2 \tag{2.2.10}$$

을 β에 대하여 편미분하여 0으로 두면

$$-2\sum [(X_i - \bar{X})\{(Y_i - \bar{Y}) - \hat{\beta}(X_i - \bar{X})\}] = 0 \tag{2.2.11}$$

이 되고, 따라서

$$\hat{\beta} = \frac{\sum (X_i - \bar{X})(Y_i - \bar{Y})}{\sum (X_i - \bar{X})^2} \tag{2.2.12}$$

이 된다.

그런데 X와 Y의 공분산(covariance)이

$$S_{xy} = \frac{\sum (X_i - \bar{X})(Y_i - \bar{Y})}{n-1} \tag{2.2.13}$$

이고, X의 분산(variance)이

$$S_x^2 = \frac{\sum (X_i - \bar{X})^2}{n-1} \tag{2.2.14}$$

이므로, 결국 등식 (2. 2. 12)는

$$\hat{\beta} = \frac{S_{xy}}{S_x^2} \tag{2.2.15}$$

로 표시될 수도 있다.

마지막으로, 구해진 $\hat{\alpha}$와 $\hat{\beta}$의 값을 회귀식에 대입하여 정리하여 보자. 등식 (2.2.8)과 (2.2.12)를 회귀식 (2.2.3)에 대입시키면

$$\begin{aligned}\hat{Y}_i &= (\bar{Y} - \hat{\beta}\bar{X}) + \hat{\beta}X_i \\ &= \bar{Y} + \hat{\beta}(X_i - \bar{X}) \\ &= \bar{Y} + \frac{\sum (X_i - \bar{X})(Y_i - \bar{Y})}{\sum (X_i - \bar{X})^2}(X_i - \bar{X}) \\ &= \bar{Y} + \frac{\sum \{Y_i(X_i - \bar{X}) - \bar{Y}(X_i - \bar{X})\}}{\sum (X_i - \bar{X})^2}(X_i - \bar{X}) \qquad (2.2.16)\end{aligned}$$

이 된다. 여기서 X_i와 $\bar{X}$의 편차를 취하여 새로운 변수 χ_i를 만들어 보자. 즉, $\chi_i = X_i - \bar{X}$. 이를 (2.2.16)의 등식에 대입하면

$$\hat{Y}_i = \bar{Y} + \frac{\sum \chi_i Y_i - \bar{Y}\sum \chi_i}{\sum \chi_i^2}\chi_i \qquad (2.2.17)$$

이 된다. 그런데 $\sum \chi_i = \sum (X_i - \bar{X}) = 0$ 이므로 이 회귀식은

$$\hat{Y}_i = \bar{Y} + \frac{\sum \chi_i Y_i}{\sum \chi_i^2}\chi_i \qquad (2.2.18)$$

로 보다 간편하게 정리될 수 있다.

그러면 이제 가상적인 자료를 가지고 회귀식을 실제로 추정하여 보자. 〈표 2-1〉에는 X와 Y의 11개 값을 자료로 하고 (2.2.18)의 등식을 이용하여 회귀식을 추정하는 과정이 소개되어 있다. 그리고 그 결과를 그림으로 표시하면 〈그림 2-3〉과 같다. 또한 〈표 2-2〉에 제시된 SPSSWIN 8.0 프로그램을 컴퓨터에 입력시켜 회귀분석을 하면 〈표 2-3〉과 같은 출력(output)을 얻게 된다. 편의상 이 출력의 불필요한 부분들은 편집, 삭제되었다. 〈그림 2-4〉에는 SPSSWIN의 대화상자를 이용한 단순회귀분석의 절차가 단계별로 예시되어 있다.

표 2-1 단순회귀분석에서 회귀식의 계산

(1) X_i	(2) Y_i	(3) $\chi_i = X_i - \overline{X}$	(4) $\chi_i Y_i$	(5) χ_i^2	(6) $\widehat{Y}_i = 43 + 0.6\chi_i$
5	34	−25	−850	625	28
10	25	−20	−500	400	31
15	28	−15	−420	225	34
20	43	−10	−430	100	37
25	38	−5	−190	25	40
30	39	0	0	0	43
35	52	5	260	25	46
40	54	10	540	100	49
45	50	15	750	225	52
50	52	20	1,040	400	55
55	58	25	1,450	625	58
$\sum X_i = 330$ $\overline{X} = 30$	$\sum Y_i = 473$ $\overline{Y} = 43$	$\sum \chi_i = 0$	$\sum \chi_i Y_i$ $=1,650$	$\sum \chi_i^2$ $=2,750$	

$$\widehat{Y}_i = \overline{Y} + \frac{\sum \chi_i Y_i}{\sum \chi_i^2}\chi_i = 43 + \frac{1,650}{2,750}\chi_i$$
$$= 43 + 0.6(X_i - 30) = 25 + 0.6X_i$$

그림 2-3 단순회귀의 예시 (〈표 2-1〉의 자료)

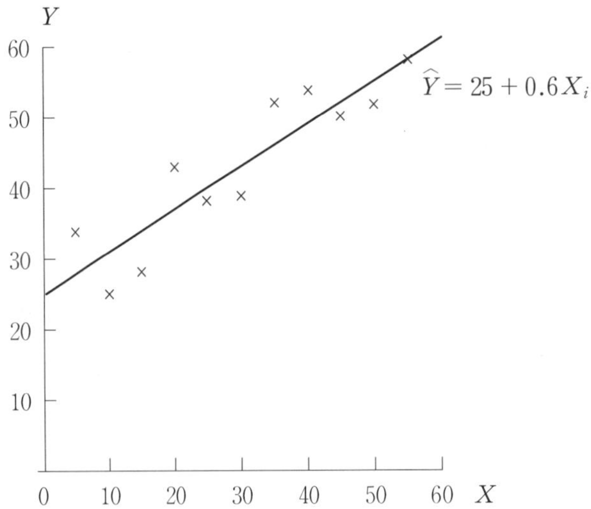

표 2-2 SPSSWIN의 명령문을 이용한 단순회귀분석 프로그램의 예시 (〈표 2-1〉의 자료)

```
DATA LIST / x 2-3 y 9-10 .
BEGIN DATA .
  5     34
 10     25
 15     28
 20     43
 25     38
 30     39
 35     52
 40     54
 45     50
 50     52
 55     58
END DATA .

REGRESSION
  /DESCRIPTIVES MEAN STDDEV CORR SIG N
  /MISSING LISTWISE
  /STATISTICS COEFF OUTS R ANOVA
  /CRITERIA=PIN(.05) POUT(.10)
  /NOORIGIN
  /DEPENDENT y
  /METHOD=ENTER x  .
```

그림 2-4 SPSSWIN의 대화상자를 이용한 단순회귀분석의 절차

(1) 변수정의 및 자료입력

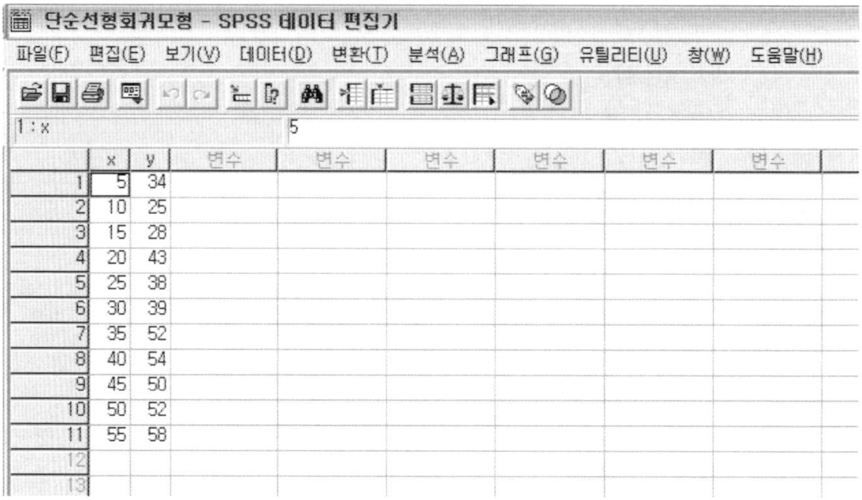

(2) 분석(A) →회귀분석(R) →선형(L)을 선택

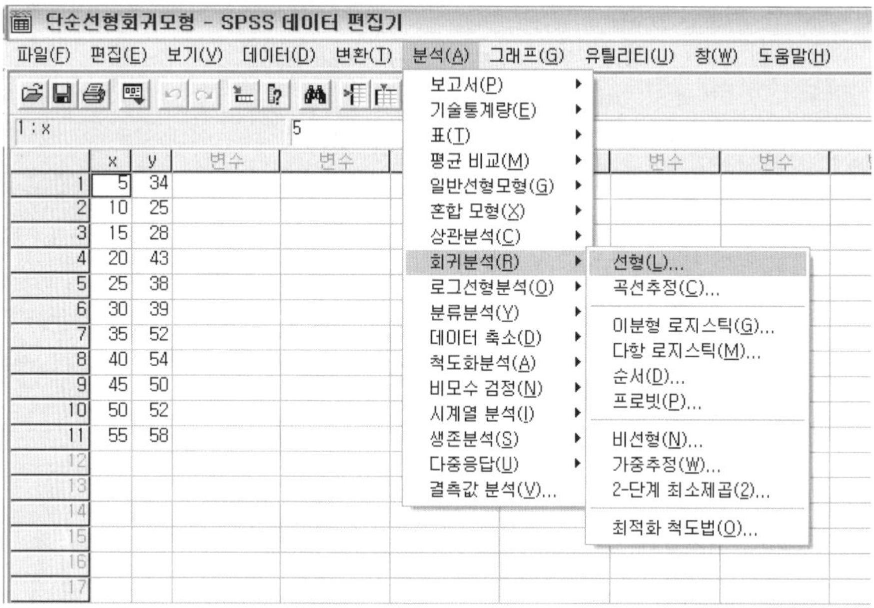

그림 2-4 SPSSWIN의 대화상자를 이용한 단순회귀분석의 절차 (계속)

(3) 종속변수 및 독립변수 선택, 그리고 독립변수 투입방법 〈방법(M)〉에서 "입력"을 선택

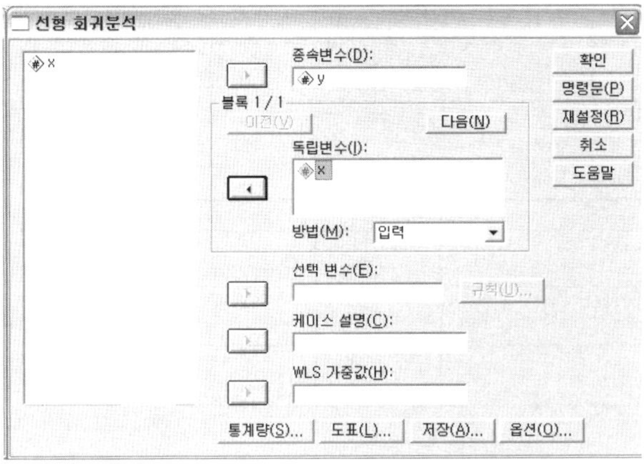

(4) 기술통계값 선택: 통계량(S) → 기술통계(D) 선택한 후 〈계속〉 클릭

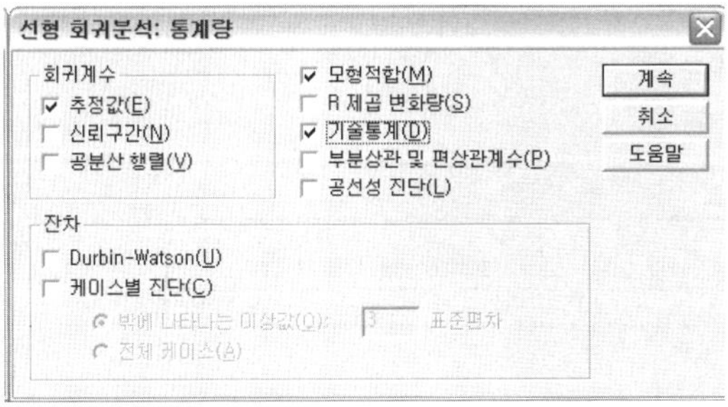

(5) 단순회귀분석의 실행: 〈확인〉 클릭

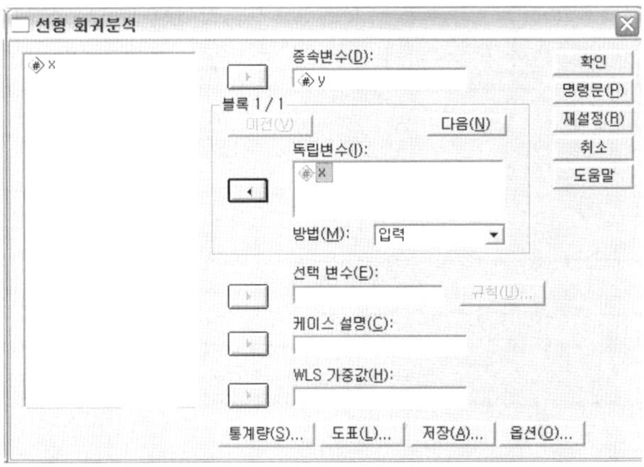

표 2-3 SPSSWIN(〈표 2-2〉)을 이용한 단순회귀분석의 결과

기술통계량

	평균	표준편차	N
y	43.00	11.082	11
x	30.00	16.583	11

상관계수

		y	x
Pearson 상관	y	1.000	.898
	x	.898	1.000
유의확률(단측)	y	.	.000
	x	.000	.
N	y	11	11
	x	11	11

진입/제거된 변수[b]

모형	진입된 변수	제거된 변수	방법
1	x[a]	.	입력

a. 요청된 모든 변수가 입력되었습니다.

b. 종속변수: y

모형 요약

모형	R	R 제곱	수정된 R 제곱	추정값의 표준오차
1	.898[a]	.806	.785	5.142

a. 예측값: (상수), x

분산분석[b]

모형		제곱합	자유도	평균제곱	F	유의확률
1	선형회귀분석	990.000	1	990.000	37.437	.000[a]
	잔차	238.000	9	26.444		
	합계	1228.000	10			

a. 예측값: (상수), x

b. 종속변수: y

계수[a]

모형		비표준화 계수		표준화 계수	t	유의확률
		B	표준오차	베타		
1	(상수)	25.000	3.325		7.518	.000
	x	.600	.098	.898	6.119	.000

a. 종속변수: y

2.3 회귀계수

우리는 이미 앞에서 회귀모형 (2.2.3)의 α와 β를 최소제곱법(OLS 방식)으로 추정하여 다음과 같은 회귀식을 얻은 바 있다.

$$\widehat{Y}_i = 25 + 0.6\,X_i \tag{2.3.1}$$

회귀모형 (2.2.3)에서 α는 상수항(constant) 또는 Y절편이라고 불리며, 회귀선이 Y축과 만나는 점의 값을 의미한다. 이 경우에는 $X=0$일 때 Y의 기대값은 25가 된다. 회귀모형 (2.2.3)에서 β는 비표준화회귀계수(unstandardized regression coefficient)이다. 이는 회귀식의 기울기가 되며 독립변수 X의 값이 1단위 변할 때 결과적으로 초래되는 종속변수 Y값의 변화량을 가리킨다. 회귀식 (2.3.1)의 경우에는 X의 값이 1만큼 증가하면 Y는 0.6만큼 증가하게 된다.

상수항과 비표준화회귀계수가 일단 구해지면 회귀식은 몇 가지 용도로 사용될 수 있다. 우선 첫째로, 관측사례에 대하여 독립변수의 값이 주어지면 회귀식을 이용하여 종속변수의 값을 추측해낼 수 있다. 물론, 반대로 종속변수의 값을 알면 독립변수의 값을 추정하는 것도 가능하다. 둘째로, 독립변수의 가상적인 값을 회귀식에 대입하여 종속변수의 값을 예측할 수 있다. 셋째로, 독립변수의 변화에 따라 초래되는 종속변수의 변화량과 그 방향을 알 수 있다.

그러나 비표준화회귀계수를 독립변수의 종속변수에 대한 영향력의 지표로 사용하는 경우에는 다음과 같은 사실에 유의할 필요가 있다. 비표준화회귀계수는 독립변수의 측정척도에 따라 좌우되는 불안전성을 지닌다. 가령 회귀식 (2.3.1)에서 독립변수 X가 센티미터(cm) 단위로 재어졌다 가정하자. 이 독립변수의 척도를 미터(m)로 바꾸면 비표준화회귀계수의 값은 0.6에서 60으로 100배 증가하게 된다. 그러나 이 경우 독립변수의 척도가 바뀌거나 비표준화회귀계수가 변화한다고 해서 변수들간의 관계의 본질이 변하는 것은 아니다.

비표준화회귀계수의 이같은 불안전성은 중다회귀모형(multiple regression model)에서 특히 심각한 문제를 야기시킨다. 즉 독립변수가 둘 이상인 회귀식에서 종속변수에 대한 독립변수의 상대적인 영향력을 비표준화회귀계수 값의 크기에 근거하여 판단할 수 없게 된다.

이러한 문제점들을 해소시키는 방안의 하나는 독립변수와 종속변수를 모두 z점수로 표준화시켜 측정척도의 영향을 받지 않게 하는 것이다. X와 Y가 모두 z점수로 변환되어 0의 평균값, 1의 표준편차를 지니게 되면, 등식 (2.2.8)의 상수항은

$$\begin{aligned} \alpha &= \bar{Y} - \beta\bar{X} \\ &= 0 - \beta \cdot 0 \\ &= 0 \end{aligned} \tag{2.3.2}$$

이 되고, 따라서 회귀방정식은

$$Z_y = \beta^* \cdot Z_x \tag{2.3.3}$$

로 원점을 지나는 직선이 된다. 이때 β^*를 표준화회귀계수(standardized regression coefficient) 또는 *Beta*라고 한다. 〈표 2-3〉에서 확인할 수 있는 것처럼 단순회귀분석에서 표준화회귀계수(*Beta*)는 X와 Y의 상관계수 r과 같아지고, 중다상관계수(Multiple R)와도 같은 절대값을 지니게 된다. 표준화회귀계수(*Beta*)를 구하기 위해서는 비표준화회귀계수에 독립변수 X의 표준편차를 곱하고 이를 종속변수 Y의 표준편차로 나누면 된다.

$$\beta^* = \beta \cdot \frac{S_x}{S_y} \tag{2.3.4}$$

이 식에서 $\frac{S_x}{S_y}$는 항상 양(+)의 값을 지닌다. 따라서 표준화회귀계수(*Beta*)의 값은 비표준화회귀계수와 항상 같은 부호를 지니게 된다.

표준화회귀계수(*Beta*)는 Y의 값을 직접 추정하는 데 사용될 수는 없으나 다음과 같은 장점을 지닌다. 첫째로, 표준화회귀계수(*Beta*)를 사용하면 상수항이 항상 0의 값을 갖게 되어 회귀식에서 빠지므로 간단한 형태로 된다. 둘째로, 중다회귀모형에서 독립변수가 2개 이상인 경우 독립변수의 종속변수에 대한 상대적인 영향력의 크기는 표준화회귀계수(*Beta*)에 비례하게 된다. 셋째로, 표준화회귀계수(*Beta*)는 X와 Y 변수의 표준편차 값만 알면 항상 원래의 비표준화회귀계수로 환

원시킬 수 있다.

$$\beta = \beta^* \cdot \frac{S_y}{S_x} \tag{2.3.5}$$

〈표 2-3〉에는 비표준화회귀계수와 표준화회귀계수(*Beta*)의 값이 각각 0.6과 0.898로 나타나 있으며, X와 Y 변수의 표준편차도 제시되어 있다. 여기서 표준화회귀계수(*Beta*)는 (2.3.4)의 등식을 이용하여

$$\begin{aligned}\beta^* &= 0.6 \cdot \frac{16.58}{11.08} \\ &= 0.898\end{aligned} \tag{2.3.6}$$

로 계산된 것이다. 이 표준화회귀계수(*Beta*)의 값은 독립변수 X가 X의 표준편차로 1단위 증가하면 종속변수 Y는 Y의 표준편차로 0.898단위만큼 증가하게 됨을 의미한다.

2.4 모회귀계수에 대한 신뢰구간 추정과 가설검증

회귀모형 (2.2.3)에서 상수항 α와 비표준화회귀계수 β는 표본의 자료로부터 구해진다. 따라서 이들의 값은 표본에 따라 달라지게 마련이다. 일단 모집단의 회귀모형을

$$\widehat{Y}_i = \alpha + \beta X_i \tag{2.4.1}$$

와 같이 설정하고, 여기서 여러 개의 표본을 반복하여 추출하였다고 가정하자. 그러면 추정값 $\widehat{\alpha}$와 $\widehat{\beta}$의 표집분포(sampling distribution)는 중심극한정리(中心極限定理, central limit theorem)에 의하여 정규성을 확보하게 되고, $\widehat{\alpha}$ 및 $\widehat{\beta}$ 값들의 평균은 각각 모수인 α 및 β의 값과 같아지게 된다. 따라서 이 표집분포들의 표준오차를 구해내면 α와 β의 신뢰구간(confidence interval)을 추정하거나, $\widehat{\alpha}$와 $\widehat{\beta}$의 통계적 유의도를 검증하는 것이 가능해진다. $\widehat{\alpha}$와 $\widehat{\beta}$의 표준오차는 각각 다음과 같이

구할 수 있다.

$$S_{\hat{\alpha}} = \sqrt{\frac{\sum(Y_i - \hat{Y}_i)^2}{(n-2)} \cdot \frac{\sum X_i^2 / n}{\sum(X_i - \bar{X})^2}}$$

$$= \sqrt{\frac{\text{SSE}}{(n-2)} \cdot \frac{\sum X_i^2 / n}{\sum(X_i - \bar{X})^2}} \quad (2.4.2)$$

$$S_{\hat{\beta}} = \sqrt{\frac{\sum(Y_i - \hat{Y}_i)^2 / (n-2)}{\sum(X_i - \bar{X})^2}}$$

$$= \sqrt{\frac{\text{SSE} / (n-2)}{\sum(X_i - \bar{X})^2}} \quad (2.4.3)$$

표본의 크기가 충분히 큰 경우(예를 들어 200 이상) 여러 번 반복하여 표집한 $\hat{\alpha}$와 $\hat{\beta}$의 값들은 정규분포의 형태를 지니게 된다. 따라서 표본으로부터 추출한 $\hat{\alpha}$와 $\hat{\beta}$로부터 모수인 α와 β의 신뢰구간을 추정해낼 수 있다. 즉 $(1-\alpha)$의 확률(예를 들어 95%; 이 α는 회귀식의 상수항 α와는 관계없음) 로 α와 β가 존재할 범위는 각각

$$\hat{\alpha} - Z_{\alpha/2} \cdot S_{\hat{\alpha}} \le \alpha \le \hat{\alpha} + Z_{\alpha/2} \cdot S_{\hat{\alpha}} \quad (2.4.4)$$

$$\hat{\beta} - Z_{\alpha/2} \cdot S_{\hat{\beta}} \le \beta \le \hat{\beta} + Z_{\alpha/2} \cdot S_{\hat{\beta}} \quad (2.4.5)$$

이다. 그리고 만약에 표본의 크기가 작은 경우에는 z 점수 대신 자유도 $(n-2)$의 t 분포의 값을 취하면 된다.

$$\hat{\alpha} - t_{(\alpha/2, n-2)} \cdot S_{\hat{\alpha}} \le \alpha \le \hat{\alpha} + t_{(\alpha/2, n-2)} \cdot S_{\hat{\alpha}} \quad (2.4.6)$$

$$\hat{\beta} - t_{(\alpha/2, n-2)} \cdot S_{\hat{\beta}} \le \beta \le \hat{\beta} + t_{(\alpha/2, n-2)} \cdot S_{\hat{\beta}} \quad (2.4.7)$$

일단 α와 β의 신뢰구간을 추정하고 나면 영가설(零假說, null hypothesis)의 부정(否定) 여부를 확인할 수 있다. 즉, 위에서 구해진 α와 β의 신뢰구간이 만약에 0의 값을 포함하게 되면 표본에서 얻어진 상수항 $\hat{\alpha}$와 비표준화회귀계수 $\hat{\beta}$는 통계적인 유의성을 상실하게 된다. 반대로 α와 β의 신뢰구간이 0의 값을 배제하는 것으로 밝혀지면, 주어진 유의도 수준에서 영가설을 부정하게 되고 추정된 회귀식은

통계적으로 의미있는 것으로 받아들일 수 있다. 여기서 통계적으로 의미있다는 것은 변수들간의 관계를 모집단의 수준으로 일반화시켜 결론지을 수 있음을 의미한다.

모집단의 모수 α와 β에 대한 가설검증은 이 값들이 0인가의 여부를 검증하는 경우뿐만 아니라 이 모수들이 특정값과 같은지, 또는 크거나 작은지를 검증할 수도 있다.

모집단의 모수인 α와 β가 0이라는 영가설의 검증은 t의 값을 직접 구하는 방법으로도 가능하다. t의 값은 다음과 같이 구한다.

$$t_{\hat{\alpha}} = \frac{\hat{\alpha}}{S_{\hat{\alpha}}} \tag{2.4.8}$$

$$t_{\hat{\beta}} = \frac{\hat{\beta}}{S_{\hat{\beta}}} \tag{2.4.9}$$

t의 값들이 계산되고 나면, t분포표를 가지고 이 값들이 $(n-2)$ 자유도에서 어떤 유의도(α) 수준에 해당되는가를 확인하여 영가설의 부정 여부를 결정하게 된다.

표본에서 얻어진 비표준화회귀계수 $\hat{\beta}$의 통계적인 유의도 수준은 F비의 값을 계산하는 방법으로도 판단할 수 있다. 기본적으로 F비의 값은 특정변수(들)로 설명된 분산과 설명 안된 분산의 비(比, ratio)를 취하여 구해진다.

$$F = \frac{\text{회귀분산(설명된 분산)}}{\text{오차분산(설명 안된 분산)}} \tag{2.4.10}$$

구체적으로, $\hat{\beta}$의 통계적인 유의도를 검증하기 위해서 F비의 값은

$$\begin{aligned} F &= \frac{\sum(\hat{Y}_i - \bar{Y})^2 / 1}{\sum(Y_i - \hat{Y}_i)^2 / (n-2)} \\ &= \frac{\text{SSR}}{\text{SSE} / (n-2)} \end{aligned} \tag{2.4.11}$$

와 같이 계산한다. 여기서 분자와 분모의 자유도는 각각 1과 $(n-2)$이다. 이렇게 구해진 F비의 값이 주어진 유의도(α) 수준에서 F비의 임계값보다 크면 $\beta = 0$이라는 영가설을 부정할 수 있게 된다. 만약 이 임계값보다 작으면 $\hat{\beta}$는 주어진 유의

도(α) 수준에서 통계적으로 유의하지 않은 것으로 결론지어야 한다.

한 가지 참고로 알아두면 편리한 것은, F비 값의 계산등식에서 분자의 자유도가 1이면

$$F = t^2 \tag{2.4.12}$$

의 관계가 성립한다는 사실이다.

지금까지 우리는 상수항 $\hat{\alpha}$와 비표준화회귀계수 $\hat{\beta}$의 표준오차를 구하여 신뢰구간과 통계적인 유의도를 검증하는 방법에 대하여 살펴보았다. 표본의 자료를 이용하여 회귀선이 추정되었을 때 우리는 일차적으로 〈그림 2-5〉의 (a)에 제시된 것처럼 기울기 $\hat{\beta}$의 오차를 생각할 수 있다. 아울러 〈그림 2-5〉의 (b)와 같은 상수항 $\hat{\alpha}$의 오차도 개입되기 마련이다. 그러면 이제 $\hat{\alpha}$와 $\hat{\beta}$의 오차를 결합시켰을 때 추정회귀선이 모집단의 회귀모형에 대하여 궁극적으로 어떠한 오차와 신뢰구간을 지니게 되는가를 생각해 보자.

표본의 회귀모형 (2.2.3)에서 X_0가 주어졌을 때 Y확률분포의 평균값을 추정하는 경우의 표준오차는

$$S_{\hat{y}} = S \cdot \sqrt{\frac{1}{n} + \frac{(X_0 - \bar{X})^2}{\sum (X_i - \bar{X})^2}} \tag{2.4.13}$$

이 된다. 이 식을 보면 표준오차는 $X_0 = \bar{X}$일 때 가장 작은 값을 지니고, X의 평균값에서 멀어질수록 표준오차의 값은 커지게 된다. 그리고 일단 표준오차를 구하고 나면 다음과 같이 모집단의 기대평균값 μ_{y/x_0}의 신뢰구간을 구할 수 있다.

$$\mu_{y/x_0} = \hat{Y}_0 \pm t_{(\alpha/2,\, n-2)} \cdot S_{\hat{y}} \tag{2.4.14}$$

이렇게 구해진 신뢰구간은 〈그림 2-5〉의 (c)에서 점선으로 둘러싸인 부분에 해당된다.

회귀모형을 정립하는 목적의 하나는 회귀모형을 통하여 종속변수에 대한 예측을 하는 데 있다. 독립변수의 가상적인 특정값을 표본회귀식 (2.2.3)의 독립변수에 대입하면 종속변수의 예측값(predicted value)을 얻을 수 있다. 이 같은 개별사

그림 2-5 추정회귀선의 오차와 신뢰구간

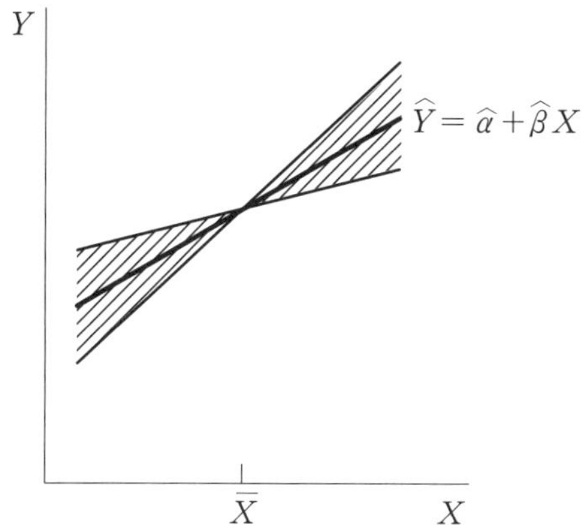

(a) 기울기 $\widehat{\beta}$의 오차

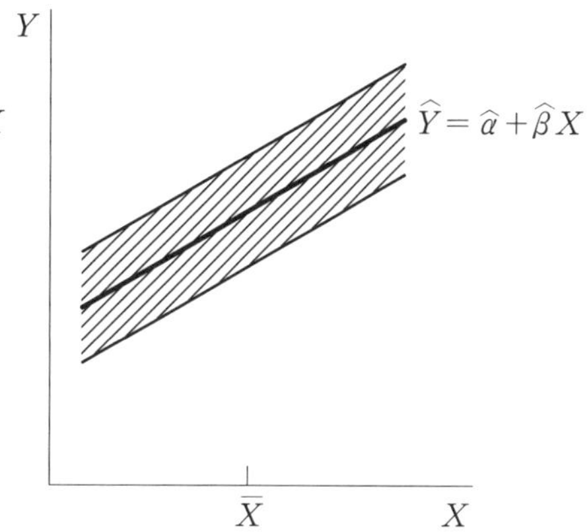

(b) 상수항 $\widehat{\alpha}$의 오차

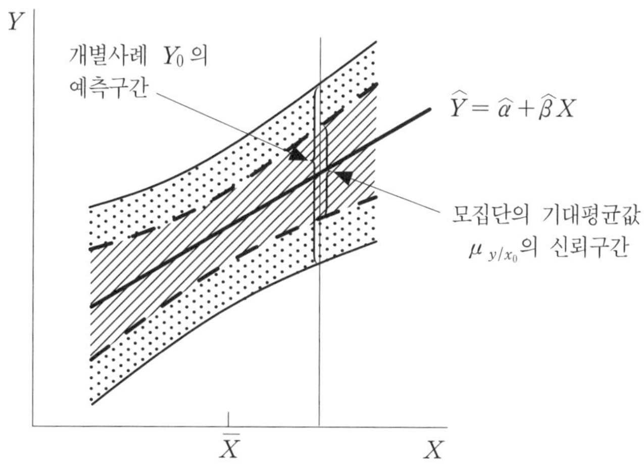

(c) $\widehat{\alpha}$와 $\widehat{\beta}$의 결합오차

그림 2-6 추정회귀선의 오차와 신뢰구간개별사례 예측오차의 분해

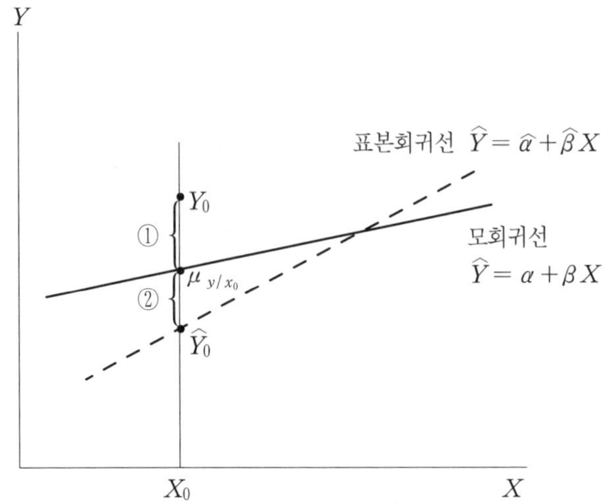

례의 Y 예측값은 독립변수의 특정값 X_0 에 해당되는 모든 표본사례들로부터 구해지는 $\hat{Y}_0$와 같다.

그러나 중요한 것은 두 경우의 표준편차가 서로 다르다는 사실이다. 개별사례의 예측오차는 〈그림 2-6〉에 예시된 것과 같이 두 가지로 분해될 수 있다. 즉,

① 개별사례의 값 Y_0 과 모회귀선의 평균값 μ_{y/x_0}과의 차이.
② 표본회귀선의 $\hat{Y}_0$ 과 모회귀선의 평균값 μ_{y/x_0}과의 차이.

등식 (2.4.14) 에서 모집단의 기대평균값 μ_{y/x_0}를 구할 때는 두 번째의 오차만이 문제가 된다. 그러나 개별사례를 예측하는 경우의 분산(variance) 은 여기에 주어진 X_0 에서의 Y 분산이 추가된다. 따라서 이때의 분산은

$$\begin{aligned} S^2_{ind.\hat{y}} &= S^2_{\hat{y}} + S^2 \\ &= S^2 \cdot \left\{ 1 + \frac{1}{n} + \frac{(X_0 - \bar{X})^2}{\sum (X_i - \bar{X})^2} \right\} \end{aligned} \tag{2.4.15}$$

로 표시될 수 있으며, 표준오차는 여기에 제곱근의 값을 취하여

$$S_{ind.\hat{y}} = S \cdot \sqrt{1 + \frac{1}{n} + \frac{(X_0 - \bar{X})^2}{\sum (X_i - \bar{X})^2}} \tag{2.4.16}$$

이 된다.

이제 개별사례 Y_0의 예측구간(prediction interval)을 구하기 위해서는 (2.4.14)의 등식을 이용하되, $S_{\hat{y}}$를 (2.4.16)에서 얻은 표준오차 $S_{ind.\hat{y}}$로 대치시키면 된다. 이렇게 하여 구해진 개별사례 Y_0의 예측구간은 〈그림 2-5〉의 (c)에서 실선으로 둘러싸인 부분으로 표시되어 있다. 그런데 〈그림 2-5〉의 (c)에서 개별사례 Y_0의 예측구간이 넓으면 이 예측값이 갖는 예측력(predicting power)이 낮고, 반대로 예측구간이 좁으면 예측값의 예측력이 크다는 것을 의미한다. 예측값의 예측력은 $X_0 = \bar{X}$일 때 가장 크며, X가 평균값으로부터 멀어질수록 예측력은 점점 낮아지게 된다.

그러면 컴퓨터 출력(output)에 나타난 실제의 단순회귀분석 결과를 살펴보자. 〈표 2-3〉을 보면 회귀계수 및 이와 관련된 정보들이 다음과 같이 제시되어 있다.

계수a

모형		비표준화 계수		표준화 계수	t	유의확률
		B	표준오차	베타		
1	(상수)	25.000	3.325		7.518	.000
	x	.600	.098	.898	6.119	.000

a. 종속변수: y

위에서 (2.4.2)와 (2.4.3)의 등식에 의하여 계산된 상수항 $\hat{\alpha}$와 비표준화회귀계수 $\hat{\beta}$의 표준오차는 각각 3.325와 0.098이다. 그러면 이제 (2.4.6)과 (2.4.7)의 공식을 이용하여 모수인 α와 β의 95% 신뢰구간을 구하여 보자. 여기서는 분석에 사용된 표본의 사례수가 11개에 불과하기 때문에 t의 값은 $t_{0.025\,(df:\,9)} = 2.262$를 취하면 된다.

$$\hat{\alpha} - t_{(\alpha/2,\,n-2)} \cdot S_{\hat{\alpha}} \le \alpha \le \hat{\alpha} + t_{(\alpha/2,\,n-2)} \cdot S_{\hat{\alpha}}$$

$$25 - 2.262(3.325) \le \alpha \le 25 + 2.262(3.325)$$

$$17.479 \le \alpha \le 32.521 \tag{2.4.17}$$

$$\hat{\beta} - t_{(\alpha/2,\, n-2)} \cdot S_{\hat{\beta}} \leq \beta \leq \hat{\beta} + t_{(\alpha/2,\, n-2)} \cdot S_{\hat{\beta}}$$

$$0.6 - 2.262(0.098) \leq \beta \leq 0.6 + 2.262(0.098)$$

$$0.378 \leq \beta \leq 0.822 \tag{2.4.18}$$

계산 결과 α와 β의 95% 신뢰구간에는 0의 값이 배제되어 있음을 확인할 수 있다. 따라서 $\alpha = 0$, $\beta = 0$ 라는 영가설은 부정되며, 표본의 자료에서 추정된 $\hat{\alpha}$와 $\hat{\beta}$의 값은 0.05 수준에서 통계적으로 유의한 것으로 결론지을 수 있게 된다.

또한 앞에서 언급한 것처럼, t 또는 F비의 값을 직접 구하여 영가설을 검증하는 방법도 있다. 위에 제시된 t의 값들은 (2.4.8)과 (2.4.9)의 공식에 따라 $\hat{\alpha}$와 $\hat{\beta}$를 각각의 표준오차로 나누어 계산되었다. 즉,

$$t_{\hat{\alpha}} = \frac{\hat{\alpha}}{S_{\hat{\alpha}}} = \frac{25}{3.325} = 7.518 \tag{2.4.19}$$

$$t_{\hat{\beta}} = \frac{\hat{\beta}}{S_{\hat{\beta}}} = \frac{0.6}{0.098} = 6.119 \tag{2.4.20}$$

이렇게 구해진 t의 값들과 그리고 함께 제시된 유의도 수준(Sig.)을 보면, 표본의 자료로 추정된 회귀식이 0.01 수준에서 통계적으로 유의한 것임을 확인할 수 있다. 그리고 위에서는 제시되지 않았으나, (2.4.11)의 공식을 이용하여 F비의 값을 구하여도 통계적인 유의도 수준은 동일하게 나타나기 마련이다.

2.5 결정계수

최소제곱법(OLS 방식)에 의하여 회귀방정식 (2.2.3)의 $\widehat{\alpha}$와 $\widehat{\beta}$의 값을 추정한 다음에는 추정회귀식이 얼마나 적합한 것인가를 확인해볼 필요가 있다. 앞에서 살펴본 것처럼 최소제곱법(OLS 방식)은 오차항의 제곱합 즉, $\sum \varepsilon_i^2$ 또는 $\sum(Y_i - \widehat{Y}_i)^2$을 최소로 하는 회귀식을 구하는 것이다. 그러나 같은 추정회귀식이라도 관측사례들이 얼마나 그 주위에 밀집되어 있는가에 따라 그 의미와 활용도는 크게 달라진다. 일반적으로 추정회귀식의 적합도(goodness-of-fit)는 결정계수(R^2), 회귀식에 의한 추정값의 표준오차(standard error of the estimate: SEE), 그리고 F비의 값으로 측정할 수 있다.

결정계수(決定係數, coefficient of determination)는 독립변수의 종속변수에 대한 설명력(explanatory power)의 크기를 나타내는 척도로 다음과 같이 정의된다.

$$R^2 = \frac{\sum(\widehat{Y}_i - \overline{Y})^2}{\sum(Y_i - \overline{Y})^2} \tag{2.5.1}$$

결정계수는 Y편차의 구성요소에 대한 이해를 전제로 한다. 〈그림 2-7〉을 보면 (X_1, Y_1)의 총편차 $(Y_1 - \overline{Y})$는 회귀식으로 설명된 편차 $(\widehat{Y}_1 - \overline{Y})$와 설명 안된 편차 $(Y_1 - \widehat{Y}_1)$로 분해할 수 있다. 즉,

$$(Y_1 - \overline{Y}) = (\widehat{Y}_1 - \overline{Y}) + (Y_1 - \widehat{Y}_1) \tag{2.5.2}$$

만약 (X_1, Y_1)이 추정회귀선의 아래에 위치하게 되면 편차의 부호가 바뀌게 되지만 그 구성내용은 같다.

$$(Y_1 - \overline{Y}) = (\widehat{Y}_1 - \overline{Y}) - (Y_1 - \widehat{Y}_1) \tag{2.5.3}$$

이제 (X_1, Y_1)을 (X_i, Y_i)로 일반화시키고 모든 관찰사례들에 대하여 총편차의 제곱합을 구하여 보자.

그림 2-7 회귀분석에서 Y편차의 구성요소

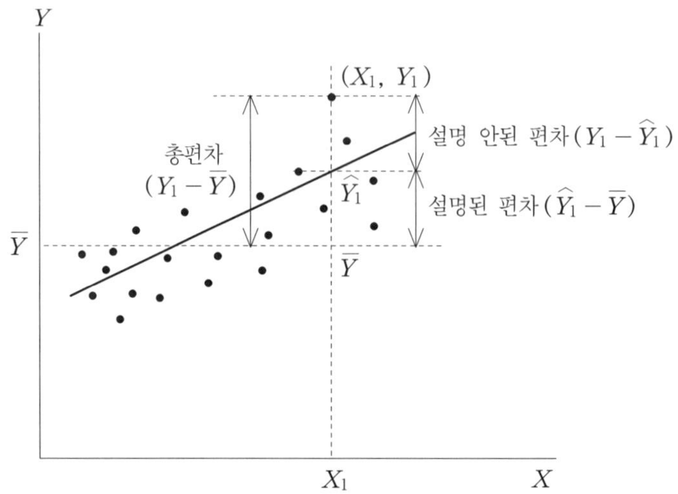

$$\sum(Y_i - \overline{Y})^2 = \sum(\widehat{Y}_i - \overline{Y})^2 + \sum(Y_i - \widehat{Y}_i)^2 + 2\sum(\widehat{Y}_i - \overline{Y})(Y_i - \widehat{Y}_i) \qquad (2.5.4)$$

그런데 $2\sum(\widehat{Y}_i - \overline{Y})(Y_i - \widehat{Y}_i) = 0$으로 정리되며, 따라서

$$\sum(Y_i - \overline{Y})^2 = \sum(\widehat{Y}_i - \overline{Y})^2 + \sum(Y_i - \widehat{Y}_i)^2 \qquad (2.5.5)$$

이 된다. 여기서 총편차의 제곱합을 총제곱합(SST: sum of squares of total), 회귀식으로 설명된 편차의 제곱합을 회귀제곱합(SSR: sum of squares of regression), 그리고 설명안된 편차의 제곱합을 오차제곱합(SSE: sum of squares error)으로 표기하면

(총제곱합)	=	(회귀제곱합)	+	(오차제곱합)	
SST	=	SSR	+	SSE	(2.5.6)

이다.

이제 등식 (2.5.5)의 양변을 $(n-1)$로 나누면

$$\frac{\sum(Y_i-\overline{Y})^2}{n-1}=\frac{\sum(\widehat{Y}_i-\overline{Y})^2}{n-1}+\frac{\sum(Y_i-\widehat{Y}_i)^2}{n-1} \tag{2.5.7}$$

이 되는데, 이는

(총분산) = (회귀분산) + (오차분산)

(total variance) = (explained variance) + (unexplained variance) (2.5.8)

로 표시할 수 있다. 즉 총분산은 회귀식으로 설명이 되는 회귀분산과 설명이 안되는 오차분산으로 분해된다.

이상을 요약하면 결정계수 R^2 는 다음과 같이 여러 가지로 표현하는 것이 가능해진다.

$$\begin{aligned} R^2 &= \frac{\sum(\widehat{Y}_i-\overline{Y})^2}{\sum(Y_i-\overline{Y})^2} \\ &= \frac{\text{SSR}}{\text{SST}} = \frac{\text{SST}-\text{SSE}}{\text{SST}} = 1-\frac{\text{SSE}}{\text{SST}} \\ &= 1-\frac{\sum(Y_i-\widehat{Y}_i)^2}{\sum(Y_i-\overline{Y})^2} \end{aligned} \tag{2.5.9}$$

또는

$$\begin{aligned} R^2 &= \frac{\text{회귀분산}}{\text{총분산}} \\ &= \frac{\text{총분산}-\text{오차분산}}{\text{총분산}} \\ &= 1-\frac{\text{오차분산}}{\text{총분산}} \end{aligned} \tag{2.5.10}$$

결국 결정계수 R^2 는 종속변수의 총분산 중에서 회귀식으로 설명되는 분산의 비율을 의미한다. 즉 독립변수에 의해서 종속변수의 분산이 얼마나 설명되는가를 나타내는 척도라 할 수 있다.

그림 2-8 결정계수(R^2)의 예시

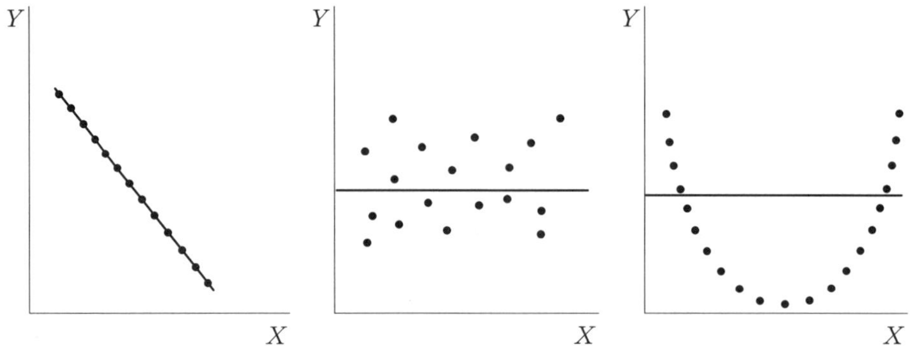

(a) $R^2 = 1.0$ (b) $R^2 = 0$ (c) $R^2 = 0$

결정계수는 독립변수의 종속변수에 대한 설명력의 크기를 나타내는 척도이기 때문에 $0 \leq R^2 \leq 1$의 범위를 갖게 된다. 〈그림 2-8〉의 (a)에서 보는 것처럼 만약 $R^2 = 1.0$이면 $\hat{Y} = Y$로 모든 관측사례들이 추정회귀선 위에 위치하게 되어 SST= SSR가 된다. 이는 주어진 독립변수로서 종속변수의 분산이 100% 설명됨을 의미한다. 한편 〈그림 2-8〉의 (b)와 (c)의 경우처럼 $R^2 = 0$이면 $\hat{Y} = \overline{Y}$, 그리고 SST= SSE를 의미하며, 주어진 독립변수로 종속변수의 분산이 전혀 설명되지 않고 종속변수는 오직 $\overline{Y}$에 의하여 설명됨을 뜻한다. 그러나 한 가지 지적할 것은 $R^2 = 0$이 무조건 두 변수간에 아무런 관계가 없다는 뜻은 아니다. 단지 두 변수간에 회귀모형에서 설정된 직선의 관계가 존재하지 않는다는 것을 의미할 뿐이다.

결론적으로 결정계수 R^2의 값이 1에 가까울수록 독립변수의 설명력이 크고 추정된 회귀식의 적합도가 높은 것으로 평가할 수 있으며, 반대로 0에 가까워질수록 설명력이 약화되고 적합도도 떨어지게 된다.

일반적으로 표본의 자료에서 얻어진 결정계수의 값은 모집단을 대상으로 한 모결정계수보다 약간 커지는 경향이 있다. 이에 따라 회귀모형의 모집단에 대한 적합도를 고려하여 자유도를 반영시키면 보다 정확한 추정값을 얻을 수 있는데, 이를 수정결정계수(adjusted R^2)라 한다. 단순회귀분석에서 수정결정계수는 다음과 같이 구해진다.

$$\text{Adj. } R^2 = R^2 - \frac{1-R^2}{n-2} \tag{2.5.11}$$

또는

$$= 1 - \frac{\sum(Y_i - \widehat{Y}_i)^2/(n-2)}{\sum(Y_i - \overline{Y})^2/(n-1)}$$

$$= 1 - \frac{\text{오차제곱합}/(n-2)}{\text{총제곱합}/(n-1)}$$

$$= 1 - \frac{\text{SSE}/(n-2)}{\text{SST}/(n-1)} \tag{2.5.12}$$

수정결정계수는 결정계수보다 항상 작은 값을 지니게 되나, 표본의 크기가 크면 실제 분석과정에서 그 차이는 무시할 수 있을 정도로 작은 경우가 많다.

〈표 2-3〉을 보면 결정계수 및 이와 연관된 자료들이 다음과 같이 제시되어 있다.

모형 요약

모형	R	R 제곱	수정된 R 제곱	추정값의 표준오차
1	.898[a]	.806	.785	5.142

a. 예측값: (상수), x

위에서 R 제곱이 바로 결정계수이며, 0.806의 값은 주어진 독립변수 X로 종속변수 Y분산의 약 80.6%가 설명됨을 의미한다. 수정된 R 제곱(Adjusted R Square)은 앞에서 설명한 대로 결정계수 R 제곱보다 약간 작은 값을 지니기는 하지만 그 의미는 마찬가지 방법으로 해석될 수 있다. 중다상관계수라 불리는 R은 결정계수 R 제곱의 제곱근 값을 취한 것이다. 그러나 단순회귀분석에서는 독립변수가 하나이므로 실제로는 '중다'(multiple)의 의미가 없으며, 표준화회귀계수(*Beta*)와 같은 절대값을 지니게 된다. 또한 독립변수가 하나이면 중다상관계수 R과 상관계수 r의 절대값도 같아진다. 〈표 2-3〉에서 X와 Y의 상관계수 r은 0.898인데, 이는 중다상관계수 R의 값인 0.898과 같다. 그러나 이들 두 계수의 의미는 분명히 다르다는 사실에 유의할 필요가 있다. 이미 지적한 것처럼 중다상관계수 R은 주어진 독립변수(들)의 종속변수에 대한 설명력(explanatory power)의 지표인 데 비해,

상관계수 r은 인과관계를 상정하지 않은 상태에서 두 변수간의 연관의 강도(strength of association)를 의미할 뿐이다.

추정회귀식의 적합도는 설명 안된 편차의 절대적 크기를 계산해내는 방법으로도 측정될 수 있다. 이러한 목적을 위해 흔히 회귀식에 의한 추정값의 표준오차(SEE: standard error of the estimate)를 계산하게 되는데, 이는 회귀식으로 설명 안된 편차 $(Y_i - \widehat{Y}_i)$의 표준편차를 구하는 것이다. 추정값의 표준오차(SEE)는 다음과 같이 정의된다.

$$\begin{aligned} \text{SEE} &= \sqrt{\sum (Y_i - \widehat{Y}_i)^2 / (n-2)} \\ &= \sqrt{\text{오차제곱합} / (n-2)} \\ &= \sqrt{\text{SSE} / (n-2)} \end{aligned} \tag{2.5.13}$$

오차의 제곱합(SSE)을 자유도의 개념을 적용한 표본의 크기 $(n-2)$로 나누어 주면 잔차의 제곱의 평균값을 얻게 된다. 추정값의 표준오차(SEE)는 그 제곱근의 값을 취한 것이므로 '평균 잔차'(average residual) 또는 '회귀식으로 종속변수의 기대값($\widehat{Y}$)을 추정하는 과정에서 발생하는 평균 오차'의 의미로 해석할 수 있다. 그리고 만약에 종속변수의 실제값이 추정회귀선 주위에 정규분포한다고 가정한다면 추정값의 표준오차(SEE)를 이용하여 일정범위, 예를 들어 (추정값 ±1 표준오차)의 범위 안에 포함되는 사례의 비율 등을 계산할 수 있게 된다. 위의 예에서 추정값의 표준오차(SEE), 즉 잔차의 평균 크기는 5.142이다.

2.6 회귀식의 통계적 유의도 검증

앞절에서는 추정회귀식의 적합도를 측정하는 방법으로 결정계수 R^2와 회귀식에 의한 추정값의 표준오차(SEE)에 대하여 살펴보았다. 그런데 이 지표들은 구해진 회귀식의 통계적 유의도 수준을 직접 판단하는 기준으로는 사용하기 어렵다는 제약을 지닌다. 가령 이들 지표가 얼마 이상의 값을 나타내면 추정된 회귀식에 통계적 의미를 부여할 수 있다는 식으로 활용하기는 곤란하다.

추정된 회귀식에 대한 통계적 의미의 부여는 회귀모형에 포함된 독립변수와 종속변수 사이에 직선의 관계가 성립하지 않는다는 영가설을 부정하는 방식으로 이루어진다. 여기서 영가설은 모집단의 수준에서 결정계수가 0, 즉

$$\rho^2 = 0 \tag{2.6.1}$$

이라는 의미이다. 물론 이 영가설은 독립변수가 하나인 경우, (2.4.1)의 모회귀모형에서 기울기인 β가 0의 값을 지닌다는 뜻도 된다. 우리는 이미 앞 절(2.4)에서 모회귀계수에 대한 신뢰구간 추정과 가설검증에 대하여 논의한 바 있다.

영가설 $\rho^2 = 0$ 은 분산분석(ANOVA)표를 작성하여 F비의 값을 구하는 방법으로 검증할 수 있다. F비는 독립변수로 설명된 회귀분산과 설명 안된 오차분산의 비를 취하여 구해진다. 〈표 2-4〉의 분산분석표에는 F비를 계산하기 위하여 필요한 제곱합(SS: sum of squares), 제곱평균(MS: mean square), 그리고 자유도 (df: degree of freedom)가 제시되어 있다. 그러면 F비의 계산과정에 대하여 알아보자.

회귀제곱합(SSR)과 오차제곱합(SSE)은 앞 절에서 결정계수를 산출하는 과정에서 이미 설명된 바 있다. 회귀제곱합(SSR)과 오차제곱합(SSE)을 각각의 자유도로 나누면 회귀제곱평균(MSR: mean square regression)과 오차제곱평균(MSE: mean square error)이 된다. 그런데 총제곱합(SST)의 자유도는 $(n-1)$이고, 단순회귀분석에서 회귀제곱합(SSR)의 자유도는 1이므로

$$\text{총자유도} = \text{회귀자유도} + \text{오차자유도} \tag{2.6.2}$$

에서 오차자유도를 구하면 $(n-2)$가 된다. 따라서 회귀제곱평균(MSR)과 오차제곱평균(MSE)은 각각

$$\text{회귀제곱평균 (MSR)} = \frac{\text{회귀제곱합 (SSR)}}{1} \tag{2.6.3}$$

$$\text{오차제곱평균 (MSE)} = \frac{\text{오차제곱합 (SSE)}}{n-2} \tag{2.6.4}$$

표 2-4 단순회귀분석에서 분산분석(ANOVA)표의 기본 구성

편차의 구분	자유도(df) degrees of freedom	제곱합(SS) sum of squares	제곱평균(MS) mean square	F
회귀 결과 (regression)	1	$SSR = \sum_{i=1}^{n} (\hat{Y}_i - \bar{Y})^2$	$MSR = \frac{SSR}{1}$	$\frac{MSR}{MSE}$
잔 차 (residual)	$n-2$	$SSE = \sum_{i=1}^{n} (Y_i - \hat{Y}_i)^2$	$MSE = \frac{SSE}{n-2}$	
합 계	$n-1$	$SST = \sum_{i=1}^{n} (Y_i - \bar{Y})^2$		

로 계산된다. 회귀제곱평균(MSR)은 표현을 달리하면 추정된 회귀식으로 설명된 회귀분산을 의미하고, 오차제곱평균(MSE)은 오차분산을 뜻한다. 따라서 이제 분산분석(ANOVA)에서와 마찬가지 방법으로 F비를 산출할 수 있다. 즉,

$$F_{(1,\, n-2)} = \frac{\text{회귀제곱평균 (MSR)}}{\text{오차제곱평균 (MSE)}} \tag{2.6.5}$$

이 된다.

이렇게 하여 구해진 F비의 값이 만약 α 수준의 임계값과 같거나 크다면, 우리는 모집단의 수준에서 결정계수가 0, 즉 $\rho^2 = 0$이라는 영가설을 거부할 수 있게 된다. 반대로 F비의 값이 α 수준의 임계값보다 작으면 표본의 자료로부터 추정된 회귀식은 모집단의 수준에서 통계적인 의미를 상실하게 된다.

〈표 2-3〉의 회귀분석 결과 출력에는 다음과 같은 분산분석(ANOVA)표가 포함되어 있다.

분산분석[b]

모형		제곱합	자유도	평균제곱	F	유의확률
1	선형회귀분석	990.000	1	990.000	37.437	.000[a]
	잔차	238.000	9	26.444		
	합계	1228.000	10			

a. 예측값: (상수), x

b. 종속변수: y

위에 제시된 회귀제곱합(SSR)의 값은 990이다. 이를 단순회귀분석의 회귀자유도

1로 나누면 회귀제곱평균(MSR)도 역시 990의 값을 지닌다. 한편 오차제곱합(SSE)은 238이며, 이를 오차자유도 9로 나누면 오차제곱평균(MSE)은 26.444가 된다. 그리고 이에 따라 F 비는 (2.6.5)의 등식에 의거하여

$$F = \frac{\text{회귀제곱평균 (MSR)}}{\text{오차제곱평균 (MSE)}} = \frac{990}{26.444} = 37.437 \qquad (2.6.6)$$

로 계산되었다. 이 F비의 값은 0.01 유의도 수준에서 분자와 분모의 자유도가 각각 1과 9인 F비의 임계값 10.6보다 월등히 크다. 따라서 $\rho^2 = 0$ 이라는 영가설은 부정되고 추정된 회귀식은 통계적으로 유의한 것으로 결론지을 수 있다. 실제로 위에 제시된 출력에서는 F비의 임계값을 수표에서 찾는 번거로움을 피하도록 정확한 유의도 수준을 0.000으로 계산하여 제시하고 있다.

단순회귀분석에서 F비의 분자의 자유도는 항상 1이 된다. 따라서 (2.4.12)의 등식에서 제시된 것처럼 F비의 제곱근의 값을 취하면 t의 값과 같아진다. 위의 예에서도 F비 37.437의 제곱근은 6.119로 비표준화회귀계수 β의 t값과 일치함을 확인할 수 있다. 물론 단순회귀분석에서 F와 t검증의 결과로 나타나는 통계적 유의도 수준은 같아진다. 그러나 t검증이 모회귀계수의 신뢰구간이 0의 값을 포함하는가의 여부를 검증하는 데 비해, F검증은 종속변수에 따른 추정회귀식의 설명력을 검증한다는 점에서 다르다고 할 수 있다.

우리는 종종 추정된 회귀식이 통계적으로 유의하지 않은 것으로 판명되는 경우를 보게 된다. 여기서 일단 자료가 확률표집되었고, 또한 모든 변수들이 정확히 측정되었다고 가정하자. 그러면 그 원인을 찾아내기 위해서 다음의 몇 가지 사항을 확인해볼 필요가 있다. 우선 첫째로, 회귀모형의 독립변수와 종속변수의 관계가 적절히 설정되었는가를 점검한다. 그리고 설사 두 변수 사이에 인과관계가 존재한다 하더라도 그 관계가 직선의 관계가 아닌 곡선의 관계(nonlinear relationship)라면 단순회귀분석 결과는 통계적인 유의성을 상실하게 된다. 곡선의 관계를 검증하기 위해서는 변수의 변환(transformation)과 같은 일련의 절차를 거쳐 회귀

분석을 하여야 한다. 둘째로, 표본의 크기가 너무 작지 않은지 확인한다. 표본의 크기가 지나치게 작으면 분석을 통하여 일정한 인과관계의 형태를 찾아내기가 어려워지고, 따라서 영가설을 부정할 수 있는 가능성이 적어지게 된다. 셋째로, 독립변수와 종속변수의 값의 범위를 점검한다. 표본의 자료에서 독립변수나 종속변수가 지극히 제한된 범위의 값을 지니게 되면 설정된 회귀모형은 그 적절성 여부에 관계없이 통계적인 유의성을 확보하기가 어려워진다.

2.7 단순회귀분석에서의 기본가정

회귀분석이 표본에서 발견된 변수들간의 관계를 모집단의 수준으로 일반화시키는 통계적 추론의 도구임은 이미 앞에서 언급되었다. 그런데 표본의 통계량으로부터 모수를 통계적으로 추리하기 위해서는 몇 가지 기본가정이 전제되어야 한다. 여기서는 단순선형회귀모형(simple linear regression model)의 정립에 필요한 가정에 대하여 생각해 보기로 하자.

우선 모집단의 회귀모형이 다음과 같이 설정되었다 하자.

$$Y_i = \alpha + \beta X_i + \varepsilon_i \tag{2.7.1}$$

그런데 대부분의 경우, 회귀분석에서는 표본에서 얻어진 통계량 $\hat{\alpha}$와 $\hat{\beta}$로부터 모수인 α와 β를 통계적으로 추리하게 되는데, 이를 위해서 〈표 2-5〉에 제시된 것과 같은 가정을 하게 된다. 만약 〈표 2-5〉에 제시된 1에서 3d까지의 가정들이 충족되면 모수인 α와 β의 추정값이 얻어질 수 있으며, 이들은 최적선형불편추정량(最適線型不偏推定量, BLUE: best linear unbiased estimator; 이후로는 BLUE라는 약자를 사용하기로 한다)이 된다. 여기서 불편추정량이란 $E(\beta) = \hat{\beta}$가 성립됨을 의미한다. 즉 모집단에서 표본을 여러 번 추출하여 매번 $\hat{\beta}$의 값을 계산해내면 이들 $\hat{\beta}$의 평균값은 β와 같아진다. 그리고 3e까지 〈표 2-5〉에 제시된 모든 가정들이 충족되면 BLUE를 얻을 수 있고, 유의도 검증을 통하여 모수의 값이 과연 0이 아닌가의 여부를 판단할 수 있게 된다. 그러면 각각의 가정들에 대하여 자세히 검

표 2-5 단순회귀분석의 기본가정

1. 회귀모형 설정에 오류가 없다.
   a. 독립변수와 종속변수는 선형관계를 지닌다.
   b. 회귀모형에 포함된 독립변수는 적절한 것이다.
   c. 회귀모형에서 누락된 독립변수가 없다.
2. 독립변수와 종속변수가 모두 등간척도의 변수이고 측정오차가 없다.
3. 오차항(잔차)에 대한 다음의 가정들이 충족된다.
   a. 오차항의 기대값은 0이다. $E(\varepsilon_i) = 0$
   b. 오차항들은 동분산성(homoscedasticity)을 지닌다. $Var(\varepsilon_i) = \sigma^2$
   c. 오차항간에는 자기상관(autocorrelation)이 없다. $Cov(\varepsilon_i \cdot \varepsilon_j) = 0$, $(i \neq j)$
   d. 오차항은 독립변수와 선형독립(linearly independent)이다. $Cov(\varepsilon_i \cdot X_i) = 0$
   e. 오차항들은 정규분포를 이룬다.

출처: Lewis-Beck(1980).

토하여 보기로 하자.

회귀모형을 설정하는 과정에 오류(specification error)가 없다는 첫 번째 가정은 가장 기본적이고 중요한 것이다. 설정된 모형이 이론적으로 결함이 있다면 회귀분석의 의미가 상실된다. 회귀분석을 시행하기 위해서는 회귀모형에 포함된 변수들이 선형관계를 이루고, 종속변수의 설명에 필요한 변수가 누락되거나 또는 부적절한 변수가 포함되지 않았다는 가정이 필요하다. 만약 종속변수의 설명에 이론적으로 필요불가결한 변수들이 누락되었다면, 이들을 회귀모형에 포함시킬 때 비로소 기존의 독립변수의 영향력을 정확히 파악할 수 있게 된다(이 작업은 중다회귀분석에 해당되며, 다음 장에서 다룰 것이다). 반대로 부적절한 변수가 회귀모형에 포함되었다면, 이는 통계적인 유의도 검증을 통해서 가려낼 수 있다.

두 번째의 가정은 독립변수와 종속변수가 모두 등간척도의 변수이고 측정오차가 없다는 것이다. 간혹, 독립변수가 서열척도의 변수인 경우에도 그 범주의 수가 충분히 많으면 회귀분석을 하기도 하지만, 기본적으로 회귀분석의 모든 추정과정과 절차는 모형에 포함되는 변수들이 등간척도의 변수라는 전제 위에서 고안된 것이다. 측정오차가 없다는 가정 역시 매우 자명한 것이다. 만약 변수들이 부정확하게 측정되었다면 회귀분석을 통한 추정량 역시 부정확해질 것이다. 만약 종속변수만이 측정에 오차가 있고, 이 오차가 무작위적인 것이라면 최소제곱법(OLS 방식)에 의한 추정량은 불편성(不偏性, unbiasedness)을 유지하게 된다. 그러나 독립변수의 측정에 오차가 있으면 추정량은 불편성을 상실하게 되어 문제는 더욱 심각해진다. 이 경우에 도구변수(道具變數, instrumental variable)를 활용하여 추정량을 계산해내는 방법이 있으나, 이 방법 역시 추정량의 불편성을 보장할 수는 없다.

〈표 2-5〉에 제시된 나머지 가정들은 오차항(error term)에 관한 것들이다. 그 중 첫째로 오차항의 기대값이 0이라는 가정 즉,

$$E(\varepsilon_i) = 0 \tag{2.7.2}$$

는 추정회귀선(estimated regression line)과 실제회귀선(true regression line)이 일치하도록 Y절편의 편의(偏倚, bias)를 없애기 위하여 필요하다. 회귀모형 (2.7.1)에서 X_i의 특정값에 대해 오차들이 무수히 있어 확률분포를 이루고 이 확률분포의 평균이 0이라는 가정이 충족될 때, X의 모든 값에 대한 확률분포의 평균을 연결하면 실제회귀선이 된다. 그런데 최소제곱법(OLS 방식)에 의한 추정회귀선 $\widehat{Y}_i = \widehat{\alpha} + \widehat{\beta} X_i$도 역시 오차들의 확률분포의 평균을 지나도록 유도되기 때문에 $E(\varepsilon_i) = 0$의 조건이 충족되면 추정회귀선은 실제회귀선에 일치하게 된다. 만약 이 가정이 충족되지 않으면 상수항 $\widehat{\alpha}$의 값은 편의추정되어 기대값이 모수 α와 일치하지 않게 되고 $(\alpha - \widehat{\alpha})$만큼의 편의(bias)를 지니게 된다. 그러나 이 경우에도 기울기의 추정량 $\widehat{\beta}$는 변하지 않는다. 사회과학 분야의 연구에서는 대부분 기울기의 추정이 일차적인 관심의 대상이 되며 상수항의 추정은 부차적인 것이기 때문에, 이 가정은 간혹 상대적으로 덜 중요한 것으로 취급되기도 한다.

오차항에 관한 두번째 가정은 오차항이 동분산성(同分散性, homoscedasticity)을 지닌다는 것이다. 이는 독립변수 X의 값이 변할 때 오차의 확률분포의 분산이 항상 균일함을 의미한다. 즉,

$$\mathrm{Var}(\varepsilon_i) = \sigma^2 \tag{2.7.3}$$

그림 2-9 동분산성과 이분산성

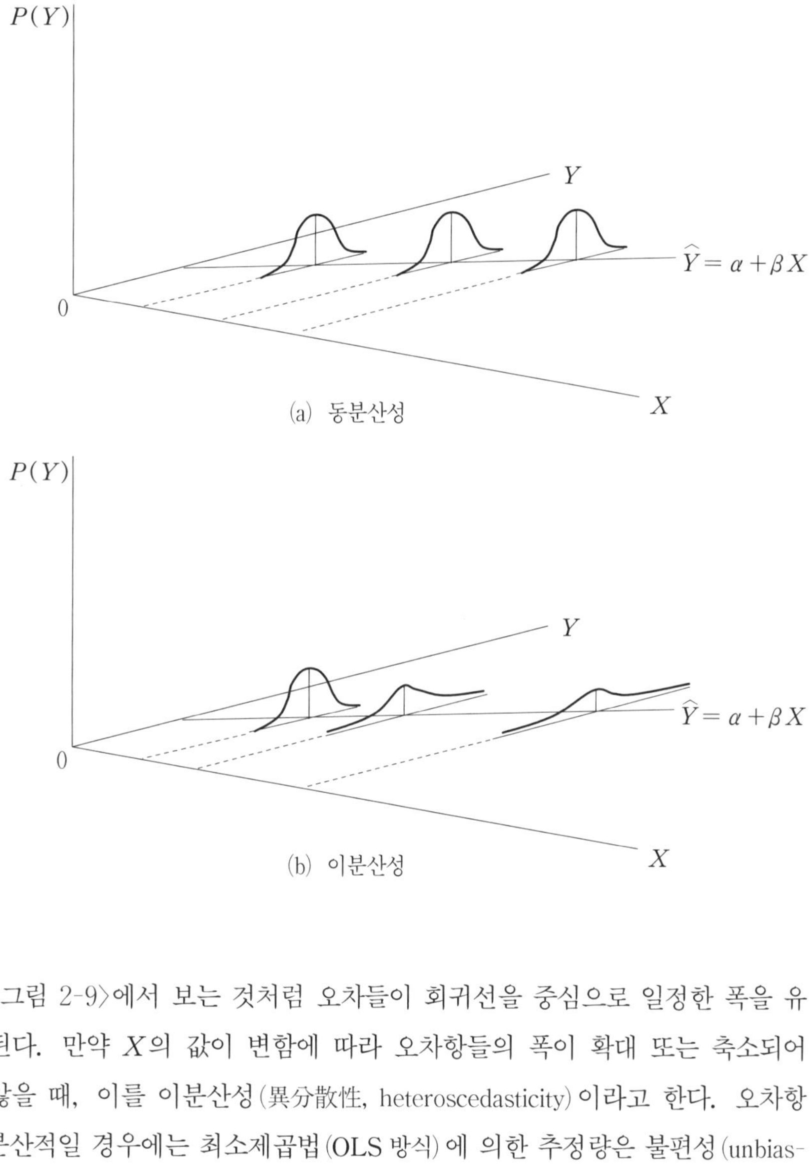

따라서 〈그림 2-9〉에서 보는 것처럼 오차들이 회귀선을 중심으로 일정한 폭을 유지하게 된다. 만약 X의 값이 변함에 따라 오차항들의 폭이 확대 또는 축소되어 일정치 않을 때, 이를 이분산성(異分散性, heteroscedasticity)이라고 한다. 오차항들이 이분산적일 경우에는 최소제곱법(OLS 방식)에 의한 추정량은 불편성(unbiasedness)을 유지하지만 β의 추정값 $\widehat{\beta}$에 대한 표집분포의 분산은 편의(bias)를 지니게 되어 통계적인 유의도 검증과 신뢰구간 추정을 할 수 없게 된다. 이 경우에는 최소제곱법(OLS 방식) 대신 가중최소제곱법(WLS 방식: weighted least squares method)으로 회귀선을 추정할 수 있다. 이분산성의 징후나 처리방법에 대한 자세한 설명은 제 5 장에 이루어져 있다.

다음 가정은 오차항간에 자기상관(autocorrelation)이 존재하지 않는다는 것이다. 이는 특정(i번째) 오차항 ε_i가 바로 앞의 오차항이나 다음 오차항은 물론 어떤 다른(j번째) 오차항 ε_j과도 독립적이라는 것을 의미한다. 또는 ε_i나 ε_j의 공분산(共分散, covariance)이 0이다 라고도 표현된다.

$$\text{Cov}(\varepsilon_i \cdot \varepsilon_j) = 0 \qquad (i \neq j) \tag{2.7.4}$$

오차항간에 자기상관이 존재하면 최소제곱법(OLS 방식)으로 추정된 회귀계수는 불편성(unbiasedness)과 일치성(consistency)을 유지하지만 통계적 유의도 검증이나 신뢰구간의 측정은 타당성을 잃게 된다. 일반적으로 자기상관은 추정된 회귀계수를 실제보다 더 정확하게 인식하도록 유도하며, 따라서 통계적으로 유의미한 것으로 잘못 판단할 가능성이 높아진다. 자기상관은 시간의 흐름에 따라 연속적으로 측정된 시계열자료(time-series data)에서 자주 나타나며, 측정간격이 짧을수록 그 가능성이 높아진다. 자기상관의 검색은 주로 잔차의 도식화나 통계적 분석을 통해서 이루어지는데 이에 대한 자세한 설명은 제 6 장을 참조하기 바란다.

오차항에 관한 네 번째 가정은 회귀모형에 포함된 독립변수로부터 선형독립(linearly independent)이라는 것이다.

$$\text{Cov}(\varepsilon_i \cdot X_i) = 0 \tag{2.7.5}$$

이 가정은 비실험연구(non-experimental research)에서는 충족되기가 매우 어렵다. 독립변수 X의 값이 실험실적인 상황에서 통제되는 것이 아니라 있는 대로 관측된 것이기 때문이다. 관측된 독립변수가 오차항으로부터 독립적이 아니면 최소제곱법(OLS 방식)에 의해서 추정된 회귀계수는 불편성을 상실하게 된다. 이 가정의 검색을 위한 가장 간단한 방법은 표본의 자료를 이용하여 잔차를 계산하고

$$\begin{aligned}\varepsilon_i &= Y_i - \widehat{Y}_i \\ &= Y_i - (\widehat{\alpha} + \widehat{\beta} X_i) \\ &= Y_i - \widehat{\alpha} - \widehat{\beta} X_i\end{aligned} \tag{2.7.6}$$

이를 별도의 변수로 간주하여 회귀모형의 독립변수 X와의 상관계수를 구해보는 것이다. 일반적으로, 회귀모형에서 적절한 독립변수가 배제되면 이 상관계수는 높아지게 된다. 이 경우 추정된 회귀계수는 회귀모형에서 배제된 변수의 영향력까지 대변하게 되어 과다추정되는 경향이 있다. 따라서 이 가정을 충족시키기 위해서는 이러한 변수들을 찾아내어 회귀모형에 포함시키도록 노력해야 한다. 그리고 만약 회귀모형에 포함시킬 수 없는 상황일 때, 최종적으로 이 변수가 오차항의 일부로서 회귀모형에 포함된 독립변수와 서로 독립적이라는 가정을 하게 된다.

회귀분석을 위한 마지막 가정은 오차들이 회귀선을 중심으로 정규분포(normal distribution)를 이룬다는 것이다. 정규분포는 종모양의 좌우대칭형 분포로서 평균으로부터 ±2 표준편차의 범위 안에 약 95%의 사례를 포함하게 된다. 정규분포는 가우스분포(Gaussian distribution)로 불리기도 한다. 오차항의 정규성 가정은 단순히 종속변수 Y_i의 분포를 점검함으로서 확인될 수 있다. 종속변수와 오차항은 평균값만 다를 뿐 분포의 형태는 같기 때문이다. 이 가정은 회귀식의 추정값 $\hat{\alpha}$, $\hat{\beta}$로부터 모수 α, β에 대한 통계적 추리를 위해서 필요한 것이다. 그러나 표본의 크기가 충분히 커지면 이 가정에 대해서는 크게 염려하지 않아도 된다. 앞 장에서 이미 언급한 대로 표본의 크기가 30 이상이면 중심극한정리(central limit theorem)에 의해 평균의 표집분포는 정규성을 확보하게 되고, 따라서 모집단의 평균과 신뢰구간 추정 그리고 가설검증이 가능해진다.

회귀분석에서는 이상 살펴본 가정들이 충족되었다는 전제하에 표본자료를 이용하여 최소제곱법(OLS 방식)으로 표본회귀식을 계산해내고, 그리고 이로부터 모회귀식 (2.7.1)을 추정하게 된다. 따라서 일단 표본회귀식이 산출되면 이 가정들의 충족 여부를 반드시 확인하여야 한다. 학자들에 따라서 견해의 차이가 있기는 하지만, 이상의 회귀가정들이 지켜지지 못할 때 회귀결과는 타당성 또는 정확성을 상실하게 되어 활용할 수 없게 된다. 대체로 사회과학 분야의 연구에서는 이러한 회귀가정들이 전부 지켜지기 힘든 것이 사실이다. 회귀분석을 시도하는 연구자들은 이 가정들의 전부 또는 일부가 위반되었을 때 이를 검색해내고, 이로 인하여 제기되는 문제들을 극복하는 방법을 익혀두어야 한다. 이들에 관한 자세한 논의는 주제에 따라 별도로 다루어져 있으니 참조하기 바란다.

제 3 장 중다회귀모형

3.1 머리말

제 2 장에서 논의한 단순회귀모형은 하나의 독립변수와 종속변수로 구성된다. 그러나 실제로 단일 요인에 의해서 결정되는 사회현상은 매우 드물다. 대부분의 인과관계구조는 여러 요인들로 복잡하게 얽혀 있기 마련이며, 따라서 다수의 독립변수를 모형에 포함시키는 중다회귀분석(重多回歸分析, multiple regression analysis)이 불가피해진다. 그래야만 예측오차를 줄이고 종속변수에 대한 보다 충실한 설명이나 예견이 가능해진다. 중다회귀분석의 또 다른 강점은 다른 독립변수의 값을 통제한 상태에서 특정 독립변수가 종속변수에 독립적으로 행사하는 영향력을 측정할 수 있다는 것이다. 따라서 각 독립변수가 종속변수에 미치는 효과의 상대적인 비교와 보다 정밀한 인과관계의 파악이 가능해진다.

방법론적으로 볼 때, 중다회귀분석의 모든 추정과정과 절차는 단순회귀분석의 연장선상에 있는 것에 불과하다. 모수의 추정이나 해석, 유의도 검증, R^2의 산출 등이 단순회귀분석에서와 같은 원칙에 의거하여 이루어진다. 또한 BLUE(最適線型不偏推定量)를 얻기 위해 필요한 단순회귀분석의 기본가정들도 역시 충족되어야 한다. 단지 중다회귀모형에서는 독립변수의 수가 늘어남에 따라 표본의 크기도 충분히 크고, 아울러 독립변수간에 다중공선성(多重共線性, multicollinearity)과 상호작용효과(相互作用效果, interaction effect)가 존재하지 않는다는 가정 등이 추가될 뿐이다.

이 장에서는 중다회귀모형의 정립과 이를 위해 충족되어야 할 전제조건들을 소개할 것이다. 또한 최소제곱법(OLS 방식)에 의해 회귀식을 추정하고 그 결과를 검증 및 해석하는 방법, 그리고 중다결정계수 R^2에 대한 논의가 이루어질 것이다. 이 장에서 대부분의 논의는 단순회귀모형에 관하여 충분히 이해하였다는 것을 전제로 하여 이루어진다. 그리고 단순회귀모형과 중다회귀모형에 공통되는 사항이나 기초 개념들은 다시 반복해 설명하지 않을 것이다. 이들에 대한 자세한 설명을 필요로 하는 독자들은 제 2 장을 참조하기 바란다.

3.2 중다회귀모형의 정립

모집단의 중다회귀모형은 일반적으로 다음과 같은 형태를 지닌다(이 책에서는 앞으로 회귀식을 표기할 때, 편의상 아래첨자를 빼어버리는 경우가 간혹 있을 것이다. 여기서는 Y_i를 Y로, X_{ki}를 X_k로, 그리고 ε_i를 ε으로 표기하기로 한다).

$$Y = \alpha + \beta_1 X_1 + \beta_2 X_2 + \cdots + \beta_k X_k + \varepsilon \qquad (3.2.1)$$

그러면 중다회귀모형의 가장 간단한 형태로 독립변수가 두 개인 경우를 생각해 보자.

$$Y = \alpha + \beta_1 X_1 + \beta_2 X_2 + \varepsilon \qquad (3.2.2)$$

제 2 장에서 이미 살펴본 것처럼, 독립변수가 하나이면 회귀선을 구하게 된다. 그러나 독립변수가 두 개가 되면, Y, X_1, X_2 세 변수의 관계는 평면이 아닌 3차원의 공간에서 이루어지고 선(line)이 아닌 면(plane)으로 나타난다. 만약 회귀모형에 포함되는 변수가 종속변수를 포함하여 네 개 이상이 되면 3차원의 공간에서는 이를 기하학적으로 표현하기가 매우 곤란해진다.

〈그림 3-1〉은 세 변수로 구성되는 중다회귀모형을 기하학적으로 표현한 것이다. 이 그림에서 주어진 (X_{1i}, X_{2i})의 기대값 $\hat{Y}_i$는 회귀면(regression plane) 상의

그림 3-1 독립변수가 두 개인 중다회귀모형에서의 회귀면

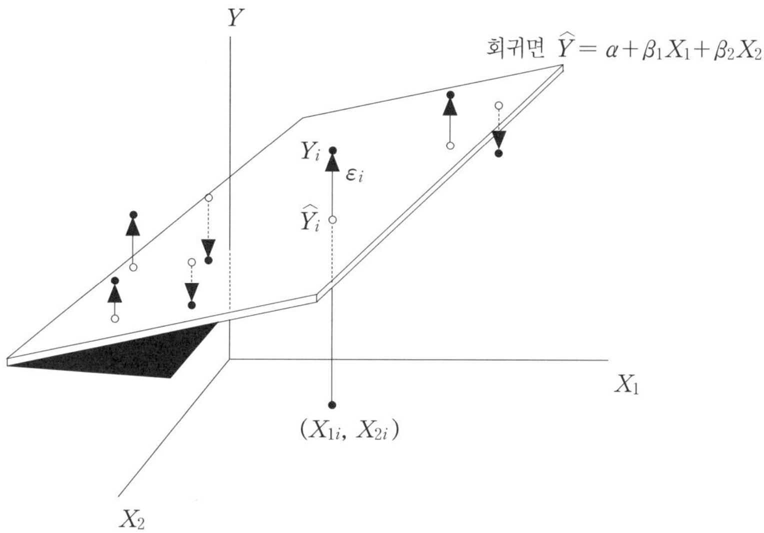

참조: Wonnacott and Wonnacott(1977: 362).

흰 점으로 표시되었다. 그리고 검은 점들은 Y_i의 관찰값들인데, 이들이 정확히 회귀면상에 위치하는 것은 아니다. 따라서 ε_i는 Y_i의 관찰값과 기대값의 차이를 의미한다.

회귀모형 (3.2.2)에서 α는 Y 절편을 의미한다. 회귀계수 β_1은, X_2를 고정시킨 상태에서, X_1 값의 변화에 따른 회귀식의 기울기로 해석된다. 따라서 β_1은 X_1이 Y에 미치는 독립적인 효과를 반영하는 것이다. 마찬가지로 회귀계수 β_2는 X_1을 고정시키고 X_2의 값을 변화시킬 때의 회귀식의 기울기가 되며, X_2의 Y에 대한 독립적인 효과를 나타낸다. 한편, 오차항(잔차) ε은 회귀식에 포함되지 않은 변수들이 종속변수 Y에 미치는 영향력과 Y의 무작위 잔여요소(random residual element)들을 반영하는 것으로 볼 수 있다.

중다회귀모형을 정립하는 과정에서 연구자는 분석에 포함시킬 변수를 선정하게 된다. 여기서 한 가지 강조할 것은 인과모형이나 가설이 이론적인 틀로부터 논리연역적으로 도출되어야 한다는 사실이다. 간혹 적절한 이론적 근거나 설명 없이 바로 변수가 선정되고 인과모형이 정립되는 것을 보게 되는데 이는 올바른 방법이

라고 할 수 없다. 회귀모형에 어떤 변수를 얼마나 많이 포함시키는가 하는 것은 결국 연구자의 논리적인 판단, 자료의 성격, 그리고 적용할 통계기법의 가정과 한계에 대한 이해에 달려 있는 문제라 할 수 있다.

물론 종속변수와 공변량(共變量, covariation)을 지녀 독립변수로 삼을 수 있는 요인은 수없이 많을 것이다. 그러나 현실적으로 회귀모형에 모든 변수를 포함시킬 수는 없으며, 가급적 적은 수의 독립변수로 인과관계의 핵심을 간결하게 설명하는 것이 바람직하다. 종속변수와의 공변량이 다소간 관찰되더라도 인과관계에 논리적인 의미부여가 곤란한 변수들은 회귀모형에서 제외시켜야 한다.

중다회귀모형에서 독립변수의 수가 지나치게 많아지면 종속변수의 분산을 설명하거나 예측하는 능력은 향상되겠지만, 한편으로는 자유도(degree of freedom) 역시 증가하게 되어 분석력과 통계적 유의도는 오히려 약해지는 결과를 초래할 수도 있다. 그리고 이는 회귀분석의 결과를 모집단의 수준으로 일반화시키기가 어려워짐을 의미한다.

3.3 최소제곱법에 의한 회귀식의 추정

중다회귀분석에서 회귀식의 추정은 단순회귀분석에서와 마찬가지로 최소제곱법(OLS 방식)으로 이루어진다. 예를 들면, 중다회귀모형 (3.2.2)에서 최소제곱법(OLS 방식)에 의한 회귀식 추정의 기본 원리는 오차항의 제곱합

$$\begin{aligned} S &= \sum \varepsilon^2 \\ &= \sum (Y - \hat{Y})^2 \\ &= \sum (Y - \hat{\alpha} - \hat{\beta}_1 X_1 - \hat{\beta}_2 X_2)^2 \end{aligned} \qquad (3.3.1)$$

을 최소로 하는 α, β_1, β_2의 추정값을 구하는 것이다. 그 구체적인 추정절차는 제2장의 단순회귀모형에서 소개된 방법과 유사하다(Pindyck and Rubinfeld, 1981: 96~97; Nie et al., 1975: 328~329). 즉, S를 α, β_1 및 β_2로 각각 편미분하여 그 값이 0이 되게 하면, 결과적으로 다음의 세 등식을 얻게 된다.

$$\sum x_1 Y = \widehat{\beta}_1 \sum x_1^2 + \widehat{\beta}_2 \sum x_1 x_2$$
$$\sum x_2 Y = \widehat{\beta}_1 \sum x_1 x_2 + \widehat{\beta}_2 \sum x_2^2$$
$$\overline{Y} = \widehat{\alpha} + \widehat{\beta}_1 \overline{X}_1 + \widehat{\beta}_2 \overline{X}_2 \qquad (3.3.2)$$

단 $x_1 = X_1 - \overline{X}_1$, $x_2 = X_2 - \overline{X}_2$. 그리고 이를 정리하면 다음과 같다.

$$\widehat{\beta}_1 = \frac{\sum x_1 Y(\sum x_2^2) - \sum x_2 Y(\sum x_1 x_2)}{\sum x_1^2(\sum x_2^2) - (\sum x_1 x_2)^2}$$
$$\widehat{\beta}_2 = \frac{\sum x_2 Y(\sum x_1^2) - \sum x_1 Y(\sum x_1 x_2)}{\sum x_1^2(\sum x_2^2) - (\sum x_1 x_2)^2}$$
$$\widehat{\alpha} = \overline{Y} - \widehat{\beta}_1 \overline{X}_1 - \widehat{\beta}_2 \overline{X}_2 \qquad (3.3.3)$$

그러면 이제 가상적인 자료를 사용하여 회귀식을 실제로 추정하는 작업을 하여 보자. 〈표 3-1〉에는 X_1, X_2와 Y의 10개 값을 자료로 하고 (3.3.2)의 등식을 이용하여 회귀식을 추정하는 과정이 소개되어 있다. 〈표 3-1〉에 제시된 (4)에서 (10)까지의 계산과정은 종속변수 Y를 X_1과 X_2에 회귀시키는 중다회귀모형을 풀어가는 표준화된 절차이다. 이 계산의 결과를 (3.3.2)의 세 추정등식에 대입하면 다음과 같다.

$$4,406 = \widehat{\beta}_1(6,360) + \widehat{\beta}_2(400)$$
$$371 = \widehat{\beta}_1(400) + \widehat{\beta}_2(94)$$
$$67.8 = \widehat{\alpha} + \widehat{\beta}_1(48) + \widehat{\beta}_2(10) \qquad (3.3.4)$$

그리고 이 세 방정식을 풀면 회귀계수와 회귀상수는 다음의 추정값을 지니게 된다.

$$\widehat{\beta}_1 = 0.61$$
$$\widehat{\beta}_2 = 1.36$$
$$\widehat{\alpha} = 24.92 \qquad (3.3.5)$$

표 3-1 중다회귀분석에서 회귀식의 계산

(1)	(2)	(3)	(4)	(5)	(6)	(7)	(8)	(9)	(10)	(11)
X_1	X_2	Y	$x_1 = X_1 - \bar{X}_1$	$x_2 = X_2 - \bar{X}_2$	$x_1 Y$	$x_2 Y$	x_1^2	x_2^2	$x_1 x_2$	$\hat{Y} = 67.8 + 0.61x_1 + 1.36x_2$
10	6	40	−38	−4	−1,520	−160	1,444	16	152	39.18
20	7	48	−28	−3	−1,344	−144	784	9	84	46.64
30	10	55	−18	0	−990	0	324	0	0	56.82
30	12	58	−18	2	−1,044	116	324	4	−36	59.54
40	10	64	−8	0	−512	0	64	0	0	62.92
50	8	66	2	−2	132	−132	4	4	−4	66.30
60	15	83	12	5	996	415	144	25	60	81.92
70	6	75	22	−4	1,650	−300	484	16	−88	75.78
80	12	90	32	2	2,880	180	1,024	4	64	90.04
90	14	99	42	4	4,158	396	1,764	16	168	98.86
$\Sigma X_1 = 480$ $\bar{X}_1 = 48$	$\Sigma X_2 = 100$ $\bar{X}_2 = 10$	$\Sigma Y = 678$ $\bar{Y} = 67.8$	$\Sigma x_1 = 0$	$\Sigma x_2 = 0$	$\Sigma x_1 Y =$ 4,406	$\Sigma x_2 Y =$ 371	$\Sigma x_1^2 =$ 6,360	$\Sigma x_2^2 =$ 94	$\Sigma x_1 x_2 =$ 400	

$$\begin{aligned}\hat{Y} &= 67.8 + 0.61(X_1 - \bar{X}_1) + 1.36(X_2 - \bar{X}_2)\\ &= 67.8 + 0.61(X_1 - 48) + 1.36(X_2 - 10)\\ &= 24.92 + 0.61X_1 + 1.36X_2\end{aligned}$$

따라서 최종적으로 얻게 되는 회귀식은 다음과 같다.

$$\widehat{Y} = 24.92 + 0.61X_1 + 1.36X_2 \tag{3.3.6}$$

마지막으로 〈표 3-1〉의 (11)은 산출된 회귀식을 이용하여 주어진 X_1과 X_2 값에 대한 Y의 기대값을 계산한 것이다.

〈표 3-2〉는 이러한 계산과정을 손으로 직접 하는 대신에 컴퓨터로 회귀분석을 하기 위한 SPSSWIN 프로그램이다. 〈그림 3-2〉에는 SPSSWIN의 대화상자를 이용한 중다회귀분석의 절차가 단계별로 예시되어 있다. 그리고 그 결과로 얻게 되는 출력(output)은 〈표 3-3〉과 같다(이 출력에서도 불필요한 부분들은 편집 또는 삭제되었다). 〈표 3-1〉과 〈표 3-3〉의 회귀분석 결과를 비교해 보면, 회귀계수 β_1과 β_2의 추정값은 서로 일치하나 회귀상수 α의 추정값에서 약간의 차이를 발견할 수 있다. 그러나 이는 계산과정에서 반올림 등 사소한 차이에 의하여 초래되는 결과에 불과하다.

표 3-2 SPSSWIN의 명령문을 이용한 중다회귀분석 프로그램의 예시 (〈표 3-1〉의 자료)

```
DATA LIST/ x1 3-4 x2 7-8 y 11-12 .
BEGIN DATA .
  10   6  40
  20   7  48
  30  10  55
  30  12  58
  40  10  64
  50   8  66
  60  15  83
  70   6  75
  80  12  90
  90  14  99
END DATA .

REGRESSION
  /MISSING LISTWISE
  /STATISTICS COEFF OUTS R ANOVA
  /CRITERIA=PIN(.05) POUT(.10)
  /NOORIGIN
  /DEPENDENT y
  /METHOD=ENTER x1 x2  .
```

그림 3-2 SPSSWIN의 대화상자를 이용한 중다회귀분석의 절차

(1) 변수정의 및 자료입력

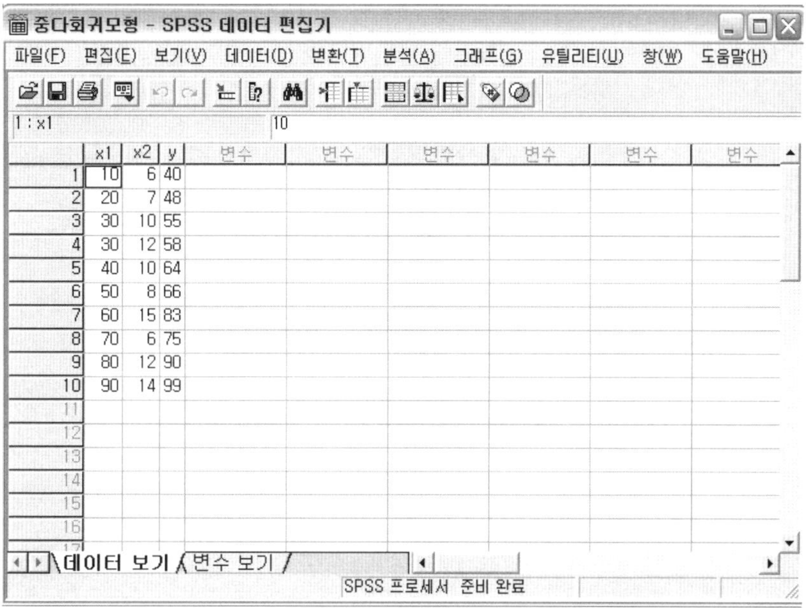

(2) 분석(A) → 회귀분석(R) → 선형(L)을 선택

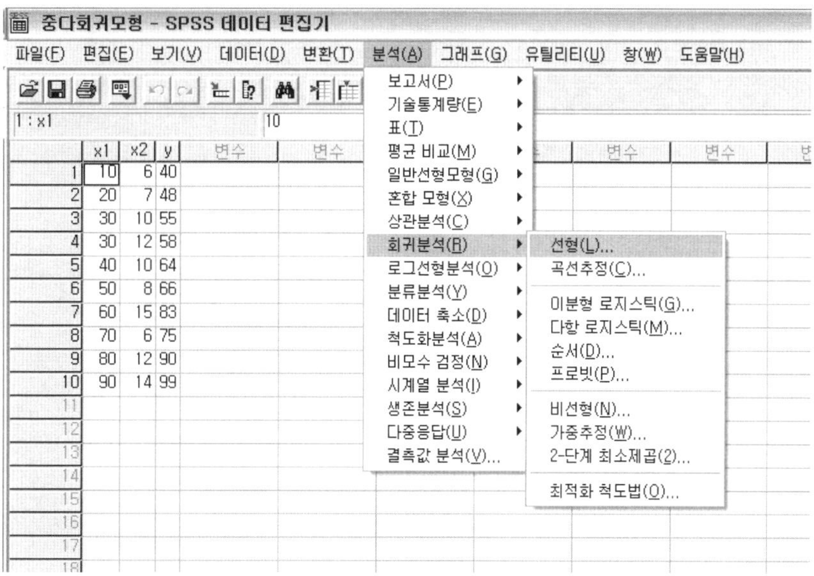

그림 3-2 SPSSWIN의 대화상자를 이용한 중다회귀분석의 절차 (계속)

(3) 종속변수 및 독립변수 선택, 그리고 독립변수 투입방법 〈방법(M)〉에서 "입력"을 선택

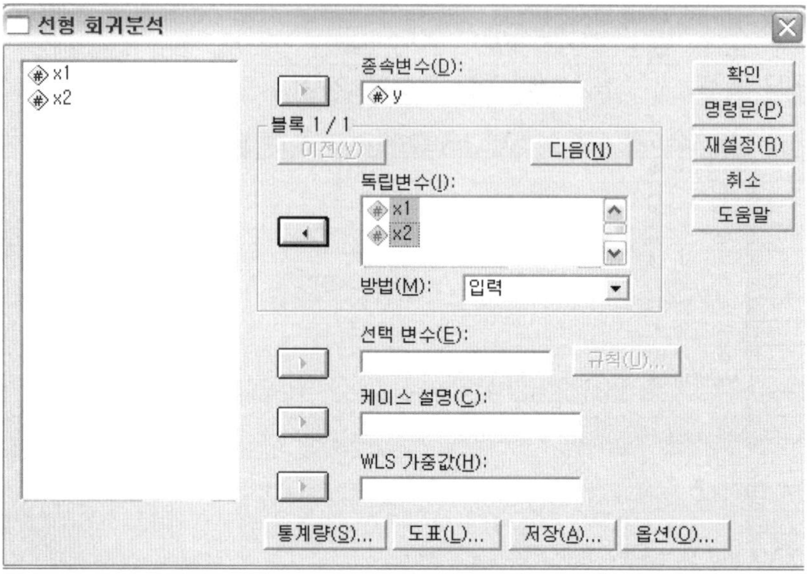

(4) 중다회귀분석의 실행: 〈확인〉 클릭

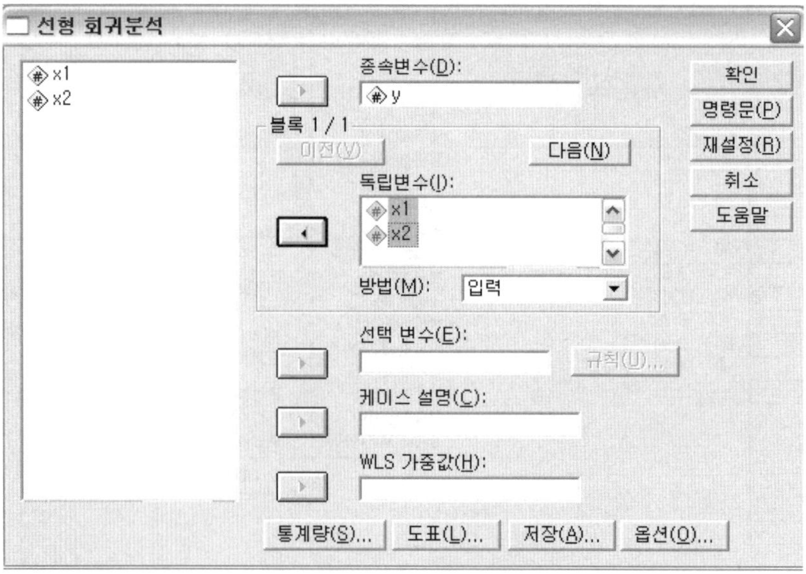

표 3-3 SPSSWIN(〈표 3-2〉)을 이용한 중다회귀분석의 결과

진입/제거된 변수 b

모형	진입된 변수	제거된 변수	방법
1	x2, x1[a]	.	입력

a. 요청된 모든 변수가 입력되었습니다.

b. 종속변수: y

모형 요약

모형	R	R 제곱	수정된 R 제곱	추정값의 표준오차
1	.998[a]	.996	.995	1.265

a. 예측값: (상수), x2, x1

분산분석b

모형		제곱합	자유도	평균제곱	F	유의확률
1	선형회귀분석	3180.391	2	1590.196	993.104	.000[a]
	잔차	11.209	7	1.601		
	합계	3191.600	9			

a. 예측값: (상수), x2, x1

b. 종속변수: y

계수a

모형		비표준화 계수		표준화 계수	t	유의확률
		B	표준오차	베타		
1	(상수)	25.026	1.369		18.282	.000
	x1	.607	.019	.857	32.738	.000
	x2	1.364	.153	.234	8.943	.000

a. 종속변수: y

3.4 회귀계수의 해석과 검증

우리는 앞의 회귀모형 (3.2.2)에서 α, β_1 및 β_2를 최소제곱법(OLS 방식)으로 추정하여 다음과 같은 회귀식을 얻은 바 있다.

$$\widehat{Y} = 24.92 + 0.61X_1 + 1.36X_2 \tag{3.4.1}$$

회귀모형 (3.2.2)에서 α는 회귀상수, 상수항(constant) 또는 Y 절편이라고 불리며, 회귀선이 Y축과 만나는 점의 값을 의미한다. 이 경우에는 $X_1 = X_2 = 0$일 때 Y의 기대값은 24.92가 된다. 회귀모형 (3.2.2)에서 β_1과 β_2는 비표준화부분회귀계수(非標準化部分回歸係數, unstandardized partial regression coefficient)이다. 여기서 β_1은 회귀식의 부분기울기(partial slope)가 되며 다른 독립변수, 즉 X_2의 값을 고정시킨 상태에서 X_1 변수의 값이 1단위 증가할 때 결과적으로 초래되는 종속변수 Y값의 변화량을 가리킨다. 즉,

$$\begin{array}{ll} \text{원래의} & Y = \alpha + \beta_1 X_1 + \beta_2 X_2 \\ \text{새로운} & Y = \alpha + \beta_1 (X_1 + 1) + \beta_2 X_2 \\ \hline Y\text{의 증가분} & = \beta_1 \end{array} \tag{3.4.2}$$

회귀식 (3.4.1)의 경우에는, X_2를 고정시킨 상태에서, X_1의 값이 1만큼 증가하면 Y는 0.61만큼 증가하게 된다. 물론 β_2 역시 마찬가지 방법으로 해석이 가능하다. 그리고 이를 회귀모형 (3.2.1)의 경우로 일반화시키면, 부분회귀계수 β_k는, 다른 모든 독립변수를 고정시킨 상태에서, X_k의 값이 1단위 증가할 때 기대되는 종속변수 Y의 증가분을 의미한다.

여기서 한 가지 지적할 것은 중다회귀모형에서 특정 독립변수의 부분회귀계수는 이 변수만을 독립변수로 하는 단순회귀모형에서의 회귀계수와는 다른 값을 나타낸다는 사실이다. 왜냐하면 단순회귀모형에서의 회귀계수는 해당 독립변수가 종속변수에 미치는 효과뿐만이 아니라, 이 독립변수와 연관되었으나 회귀모형에 포함되지 않은 다른 요인들이 종속변수에 미치는 효과도 반영하고 있기 때문이다.

그러면 〈표 3-1〉의 자료를 이용하여 X_1 만을 독립변수로 하는 단순회귀분석과

X_2 만을 독립변수로 하는 단순회귀분석을 하여 보자. 두 회귀식의 추정결과는 다음과 같다.

$$Y = 34.55 + 0.69X_1 \tag{3.4.3}$$

$$Y = 28.33 + 3.95X_2 \tag{3.4.4}$$

이 두 단순회귀식의 회귀계수들을 중다회귀식 (3.4.1)의 부분회귀계수들과 비교해 보면 차이를 확인할 수 있다. 이 경우에는 단지 회귀계수의 크기만 다를 뿐이지만, 상황에 따라서는 같은 독립변수의 종속변수에 대한 회귀계수의 부호가 서로 달라져 해석의 오류를 초래할 수도 있다. 가령 단순회귀식 (3.4.3)에서 X_1의 회귀계수 0.69는 X_1과 Y의 단순상관관계를 측정한 것에 불과하다. 만약 X_1과 X_2가 상관관계를 지니고 X_2 역시 Y에 영향을 미치는 요인 중의 하나라면, 이 회귀계수 0.69는 X_1이 Y에 직접 미치는 효과뿐만 아니라, X_2를 통해서 Y에 간접적으로 미치는 효과까지 반영하는 셈이 된다. 이에 비해 중다회귀식 (3.4.1)에서 X_1의 부분회귀계수 0.61은 X_2의 값을 고정시킨 상태, 즉 X_2가 Y에 미치는 영향력을 통제한 상태에서 X_1이 Y에 행사하는 독립적인 효과만을 반영시킨 보다 정확한 측정값이라 할 수 있다. 이는 결국 중다회귀분석이 단순회귀분석에 비해 편의(偏倚, bias)를 줄이고, 보다 정밀한 인과관계를 밝혀낼 수 있음을 시사하는 것이다.

그러면 중다회귀분석에서 다른 독립변수들의 값을 고정시키거나 영향력을 통제한다는 것은 과연 구체적으로 무엇을 의미하며, 또한 어떻게 가능해지는가? 중다회귀분석에서 다른 독립변수들의 값을 고정시킨다는 것은 실험적 통제(experimental control)가 아닌 통계적 통제(statistical control)를 의미한다. 사회과학분야의 분석을 위해 실험실적인 통제를 할 수 있는 경우는 거의 없다고 해도 과언이 아니다.

중다회귀분석에서 특정 독립변수의 독립적인 효과를 측정하기 위해 다른 독립변수들의 영향력을 통계적으로 통제하는 것은 다음과 같이 설명될 수 있다. 가령 회귀모형 (3.2.2)에서 X_1의 부분회귀계수 β_1을 예로 들어보자. 우선 두 독립변수 X_1과 X_2이 상관관계를 지닌다고 가정한다. 즉, $r_{12} \neq 0$. 그러면 X_1은 X_2의 선형함수로 다음과 같이 표시될 수 있다.

$$X_1 = c_1 + c_2 X_2 + u \tag{3.4.5}$$

여기서 u는 X_2로 X_1을 설명하고자 할 때의 오차를 의미한다. 따라서

$$X_1 = \widehat{X}_1 + u \tag{3.4.6}$$

가 된다. 단, $\widehat{X}_1 = c_1 + c_2 X_2$. 이제 u는 X_2로 설명이 안되는 X_1의 부분이라고 할 수 있다. 즉 u는 X_2로부터 완전히 독립적인 것이다.

$$u = X_1 - \widehat{X}_1 \tag{3.4.7}$$

마찬가지 방법으로 우리는 종속변수 Y의 구성부분 중에서 X_2로부터 선형독립(linearly independent)인 부분을 분리해낼 수 있다.

$$\begin{aligned} Y &= d_1 + d_2 X_2 + v \\ &= (d_1 + d_2 X_2) + v \\ &= \widehat{Y} + v \end{aligned} \tag{3.4.8}$$

여기서 오차항 v 역시 X_2로부터 완전히 독립적인 Y의 구성부분이라고 할 수 있다.

$$v = Y - \widehat{Y} \tag{3.4.9}$$

그런데 회귀모형 (3.2.2)의 부분회귀계수 β_1은 다음과 같이 두 오차구성요소 u와 v의 합성형태로 표시될 수 있다(Lewis-Beck, 1980: 50).

$$\begin{aligned} \beta_1 &= \frac{\sum (u \cdot v)}{\sum u^2} \\ &= \frac{\sum (X_1 - \widehat{X}_1)(Y - \widehat{Y})}{\sum (X_1 - \widehat{X}_1)^2} \end{aligned} \tag{3.4.10}$$

이는 부분회귀계수 β_1이 X_2로부터 독립적인 X_1 및 Y의 구성부분에 의하여 결정지어짐을 시사하는 것이다. 따라서 회귀모형 (3.2.2)에서 부분회귀계수 β_1은, X_2

의 영향력을 통제한 상태에서, X_1의 Y에 대한 독립적인 영향력을 측정하는 것으로 결론지을 수 있다.

제 2 장에서 우리는 단순회귀식의 상수항과 비표준화회귀계수가 일단 구해지면 다음의 몇 가지 용도로 사용될 수 있음을 논의한 바 있다. 즉 첫째로, 독립변수의 값이 주어지면 회귀식을 이용하여 종속변수의 값을 추측해낼 수 있다. 물론, 종속변수의 값을 알면 독립변수의 값을 추정하는 것도 역시 가능하다. 둘째로, 독립변수의 가상적인 값을 회귀식에 대입하여 종속변수의 기대값을 구할 수 있다. 셋째로, 독립변수의 변화에 따라 초래되는 종속변수의 변화량과 그 방향을 알 수 있다. 이는 중다회귀모형에도 그대로 적용된다. 단지 첫 번째와 두 번째의 용도에서 '독립변수'를 '독립변수들'로 바꾸면 된다. 그리고 세 번째의 용도를 '다른 모든 독립변수의 값을 고정시킨 상태에서 특정 독립변수의 변화에 따라 초래되는 종속변수의 변화량과 그 방향을 알 수 있다'로 하는 것이 보다 정확한 표현이 된다.

그러나 비표준화회귀계수의 크기는 독립변수의 측정척도에 따라 좌우되는 불안전성을 지닌다. 비표준화회귀계수의 이러한 불안전성은 중다회귀모형에서 특히 심각한 문제를 야기한다. 즉 독립변수가 두 개 이상인 회귀식에서 종속변수에 대한 독립변수의 상대적인 영향력을 비표준화회귀계수 값의 크기에 근거하여 판단할 수 없게 된다.

이러한 문제점들을 해소시키기 위해서는 회귀식에 포함되는 변수들을 모두 z 점수로 표준화시켜 0의 평균값과 1의 표준편차를 갖게 하면 된다. 그러면 회귀계수가 측정척도의 영향을 받지 않게 되는데, 이것을 표준화회귀계수(standardized regression coefficient) 또는 *Beta*라고 한다. 표준화회귀계수(*Beta*)를 구하기 위해서는 비표준화회귀계수에 해당 독립변수 X_k의 표준편차를 곱하고 이를 종속변수 Y의 표준편차로 나누면 된다. 즉, 표준화회귀계수(*Beta*)와 비표준화회귀계수를 각각 β^*와 β로 표시하면

$$\beta_k^* = \beta_k \cdot \frac{S_{x_k}}{S_y}$$

$$\beta_k = \beta_k^* \cdot \frac{S_y}{S_{x_k}} \quad (3.4.11)$$

의 관계가 성립한다. 이 식에서 $\frac{S_{x_k}}{S_y}$ 은 항상 양(+)의 값을 지닌다. 따라서 표준화회귀계수(*Beta*)는 비표준화회귀계수와 항상 같은 부호를 지니게 된다. 표준화회귀계수(*Beta*)가 지니는 장점과 속성은 제 2 장에서 이미 논의된 바 있다.

우리는 제 2 장의 단순회귀모형에서 표준화회귀계수(*Beta*)가 X와 Y의 상관계수 r과 같은 값을 지니게 됨을 알았다. 독립변수가 두 개인 중다회귀모형 (3.2.2)에서 표준화회귀계수(*Beta*)와 상관계수 r은 다음과 같은 관계를 지닌다.

$$\begin{aligned} \beta_1^* + \beta_2^* r_{12} &= r_{y1} \\ \beta_1^* r_{12} + \beta_2^* &= r_{y2} \end{aligned} \qquad (3.4.12)$$

그리고 표준화회귀계수(*Beta*)는 다음과 같이 표시될 수 있다.

$$\begin{aligned} \beta_1^* &= \frac{r_{y1} - r_{y2} \cdot r_{12}}{1 - r_{12}^2} \\ \beta_2^* &= \frac{r_{y2} - r_{y1} \cdot r_{12}}{1 - r_{12}^2} \end{aligned} \qquad (3.4.13)$$

여기서 만약 X_1과 X_2의 상관계수가 1이면, 즉 $r_{12} = 1$이면, 분모가 0이 되고 따라서 표준화회귀계수(*Beta*)를 계산할 수 없다. 또한 $r_{12} = 0$인 경우에는, $\beta_1^* = r_{y1}$, $\beta_2^* = r_{y2}$가 되어 표준화회귀계수(*Beta*)는 단순회귀모형에서처럼 상관계수와 같아진다. 이때는 중다회귀분석을 할 필요가 없어진다.

지금까지 중다회귀모형에 관한 논의는 편의상 가장 간단한 형태, 즉 독립변수가 두 개인 경우를 중심으로 이루어졌다. 오늘날, 대부분의 계산은 컴퓨터로 이루어지게 되며 손으로 직접 계산할 기회는 거의 없어졌다. 또한 회귀모형에 포함되는 독립변수의 수가 늘어나는 경우에도 모든 계산과정이 동일한 논리의 연장선상에서 이루어지기 때문에 여기서 일일이 소개할 필요는 없을 것이다. 가령, (3.4.12)에 제시된 표준화회귀계수(*Beta*)와 상관계수의 관계는 독립변수가 세 개로 늘어나면 다음과 같이 바뀌게 된다.

$$\beta_1^* + \beta_2^* r_{12} + \beta_3^* r_{13} = r_{y1}$$

$$\beta_1^* r_{12} + \beta_2^* + \beta_3^* r_{23} = r_{y2}$$

$$\beta_1^* r_{13} + \beta_2^* r_{23} + \beta_3^* = r_{y3} \quad (3.4.14)$$

일단 회귀상수와 회귀계수가 추정되고 나면, 이로부터 회귀모수의 신뢰구간(信賴區間, confidence interval)을 추정하거나, 추정된 회귀계수의 통계적 유의도를 검증하게 된다. 가령, 회귀식 (3.4.1)은 10개의 사례로 구성된 표본의 자료로부터 구해진 것이다. 따라서 이 회귀식의 상수항과 회귀계수의 값은 표본에 따라 달라질 수 있다. 표본의 자료로부터 추출해낸 변수들간의 관계를 모집단의 수준으로 일반화시키기 위해서는 모수인 α, β_1, β_2의 신뢰구간을 추정하여 영가설(零假說, null hypothesis)의 부정(否定) 여부를 확인해볼 필요가 있다. 만약에 추정된 신뢰구간이 0의 값을 포함하게 되면 표본에서 얻어진 상수항이나 비표준화회귀계수는 통계적인 유의성을 상실하게 된다. 반대로 추정된 신뢰구간이 0의 값을 배제하는 것으로 밝혀지면, 주어진 유의도 수준에서 영가설을 부정하게 되고 추정된 회귀계수는 통계적으로 의미있는 것으로 받아들일 수 있다.

모집단의 모수인 α, β_1, β_2가 0이라는 영가설의 검증은 t나 F비의 값을 직접 구하는 방법으로도 가능하다. t검증에서 t의 값들이 계산되고 나면, t분포표를 가지고 이 값들이 $(n-2)$ 자유도에서 어떤 유의도 수준에 해당되는가를 확인하여 영가설의 부정 여부를 결정하게 된다. 또한 F검증에서는, 구해진 F비의 값이 주어진 유의도 수준에서 F비의 임계값보다 크면 영가설을 부정할 수 있게 된다. 만약 이 임계값보다 작으면, 추정된 회귀상수 또는 회귀계수는 주어진 유의도 수준에서 통계적으로 유의하지 않은 것으로 결론지어야 한다.

중다회귀모형에서 신뢰구간의 추정이나 통계적 유의도의 검증은 단순회귀모형에서와 동일한 논리와 절차에 의해서 이루어지므로 여기서는 반복설명을 생략하기로 한다. 이에 대한 자세한 논의는 제 2 장을 참조하기 바란다.

그러면 컴퓨터 출력(output)에 나타난 실제의 중다회귀분석 결과를 살펴보자. 〈표 3-3〉을 보면 회귀계수 및 이와 관련된 정보들이 다음과 같이 제시되어 있다.

계수[a]

모형		비표준화 계수 B	표준오차	표준화 계수 베타	t	유의확률
1	(상수)	25.026	1.369		18.282	.000
	x1	.607	.019	.857	32.738	.000
	x2	1.364	.153	.234	8.943	.000

a. 종속변수: y

여기서 X_1의 표준화회귀계수(*Beta*)를 보면 그 값이 0.857로 나타나 있다. 이는, X_2의 값을 고정시킨 상태에서, X_1이 자신의 표준편차로 1단위 증가할 때, 종속변수 Y는 Y의 표준편차로 0.857단위만큼 증가하게 됨을 의미한다. 물론 X_2의 표준화회귀계수(*Beta*)도 같은 방법으로 해석이 가능하다. 따라서 이 회귀모형에서는 독립변수 X_1의 종속변수 Y에 대한 영향력이 X_2의 영향력보다 약 4배 (0.857/0.234) 가까이 강력함을 알 수 있다.

그러면 이제 제 2 장에 제시된 공식 (2.4.6)과 (2.4.7)을 이용하여 모수인 α, β_1 및 β_2의 95% 신뢰구간을 구하여 보자. 여기서는 분석에 사용된 표본의 사례수가 10개에 불과하기 때문에 t의 값은 $t_{0.025\,(df:\,8)} = 2.306$을 취하면 된다.

$$\hat{\alpha} - t_{(\alpha/2,\, n-2)} \cdot S_{\hat{\alpha}} \le \alpha \le \hat{\alpha} + t_{(\alpha/2,\, n-2)} \cdot S_{\hat{\alpha}}$$

$$25.026 - 2.306(1.369) \le \alpha \le 25.026 + 2.306(1.369)$$

$$21.869 \le \alpha \le 28.183 \tag{3.4.15}$$

$$\hat{\beta}_1 - t_{(\alpha/2,\, n-2)} \cdot S_{\hat{\beta}_1} \le \beta_1 \le \hat{\beta}_1 + t_{(\alpha/2,\, n-2)} \cdot S_{\hat{\beta}_1}$$

$$0.607 - 2.306(0.019) \le \beta_1 \le 0.607 + 2.306(0.019)$$

$$0.563 \le \beta_1 \le 0.651 \tag{3.4.16}$$

$$\hat{\beta}_2 - t_{(\alpha/2,\, n-2)} \cdot S_{\hat{\beta}_2} \le \beta_2 \le \hat{\beta}_2 + t_{(\alpha/2,\, n-2)} \cdot S_{\hat{\beta}_2}$$

$$1.364 - 2.306(0.153) \le \beta_2 \le 1.364 + 2.306(0.153)$$

$$1.011 \le \beta_2 \le 1.717 \tag{3.4.17}$$

계산 결과, α, β_1 및 β_2 의 95% 신뢰구간에는 0의 값이 배제되어 있음을 확인할 수 있다. 따라서 $\alpha = 0$, $\hat{\beta}_1 = 0$, $\hat{\beta}_2 = 0$ 이라는 영가설은 모두 부정되며, 표본의 자료에서 추정된 $\hat{\alpha}$, β_1 및 β_2 의 값은 0.05 수준에서 통계적으로 유의한 것으로 결론지을 수 있게 된다.

또한 앞에서 언급한 것처럼, t의 값을 직접 구하여 영가설을 검증할 수도 있다. 위에 제시된 t의 값들은 제 2 장의 공식 (2.4.8)과 (2.4.9)에 따라 $\hat{\alpha}$, $\hat{\beta}_1$ 및 $\hat{\beta}_2$를 각각의 표준오차로 나누어 계산된 것이다. 즉,

$$t_{\hat{\alpha}} = \frac{\hat{\alpha}}{S_{\hat{\alpha}}} = \frac{25.026}{1.369} = 18.282 \qquad (3.4.18)$$

$$t_{\hat{\beta}_1} = \frac{\hat{\beta}_1}{S_{\hat{\beta}_1}} = \frac{0.607}{0.019} = 32.738 \qquad (3.4.19)$$

$$t_{\hat{\beta}_2} = \frac{\hat{\beta}_2}{S_{\hat{\beta}_2}} = \frac{1.364}{0.153} = 8.943 \qquad (3.4.20)$$

이렇게 구해진 t의 값들과 그리고 함께 제시된 유의도 수준(Sig.)을 보면, 표본의 자료로부터 추정된 회귀식 (3.4.1)이 0.01 수준에서 통계적으로 유의한 것임을 확인할 수 있다.

그리고 여기서는 제시되지 않았으나, 모집단의 회귀모수가 0의 값을 지닌다는 영가설의 검증은 t값 대신 F비의 값을 사용하여 시행할 수도 있다. 이 F검증은 주어진 독립변수로 인하여 추가로 설명되는 종속변수의 분산의 수준을 확인하여, 추정된 해당 회귀계수가 통계적으로 유의한가를 판단하는 것이다. 그런데 F비의 값을 구하는 공식은 SSR(회귀제곱합)을 분해하는 방법에 따라 달라지게 되며, 여기서는 소개를 생략하기로 한다. 이 F검증을 위한 공식이나 과정에 관한 자세한 설명은 Nie et al. (1975: 336~340)을 참조하기 바란다.

3.5 중다결정계수

제 2 장의 단순회귀분석에서와 마찬가지로 중다회귀분석에서 추정회귀식의 적합도(goodness-of-fit)는 중다결정계수(R^2), 회귀식에 의한 추정값의 표준오차(SEE), 그리고 F비의 값으로 측정할 수 있다. 단순회귀분석의 결정계수는 중다회귀분석에서는 중다결정계수로 불린다.

중다결정계수(重多決定係數, multiple coefficient of determination)는 독립변수의 종속변수에 대한 설명력(explanatory power)의 크기를 나타낸다. 즉, 종속변수의 총분산 중에서 회귀식으로 설명되는 분산의 비율을 의미한다. 중다결정계수는 다음과 같이 여러 가지로 표현할 수 있다.

$$\begin{aligned} R^2 &= \frac{\sum(\hat{Y}_i - \bar{Y})^2}{\sum(Y_i - \bar{Y})^2} \\ &= \frac{\text{SSR}}{\text{SST}} = \frac{\text{SST} - \text{SSE}}{\text{SST}} = 1 - \frac{\text{SSE}}{\text{SST}} \\ &= 1 - \frac{\sum(Y_i - \hat{Y}_i)^2}{\sum(Y_i - \bar{Y})^2} \end{aligned} \qquad \begin{matrix}(2.5.9)\\(3.5.1)\end{matrix}$$

여기서 SST(sum of squares of total)는 편차의 총제곱합을, SSR(sum of squares of regression)은 회귀식으로 설명된 회귀제곱합을, 그리고 SSE(sum of squares error)는 설명 안된 오차의 제곱합을 의미한다. 중다결정계수는 또한 다음과 같이 표시될 수도 있다.

$$\begin{aligned} R^2 &= \frac{\text{회귀분산}}{\text{총분산}} \\ &= \frac{\text{총분산} - \text{오차분산}}{\text{총분산}} \\ &= 1 - \frac{\text{오차분산}}{\text{총분산}} \end{aligned} \qquad \begin{matrix}(2.5.10)\\(3.5.2)\end{matrix}$$

중다결정계수는 중다회귀식에서, 종속변수의 총변동에 대한 독립변수들의 설명력의 크기를 나타내는 척도이기 때문에 $0 \le R^2 \le 1$의 범위를 갖게 된다. 중다결정계수 R^2의 값이 1에 가까울수록 독립변수의 설명력이 크고 추정된 회귀식의 적합도가 높다는 것을 의미하며, 반대로 0에 가까워질수록 설명력이 약해지고 적합도도 떨어지게 된다. 중다회귀분석에서는 회귀식에 포함되는 독립변수의 수가 늘어나면 중다결정계수 R^2의 값은 높아지게 마련이다. 독립변수가 추가됨에 따라 공식 (3.5.1)에서 회귀제곱합(SSR)의 값이 증가하는 한편, 총제곱합(SST)은 변하지 않기 때문이다. 중다결정계수의 기타 특징이나 해석하는 방법은 단순회귀모형에서의 결정계수와 마찬가지이다.

중다회귀분석에서 수정결정계수(adjusted R^2)는 단순회귀분석에서와 거의 동일한 방법에 의해 구해진다.

$$\text{Adj. } R^2 = R^2 - \frac{k(1-R^2)}{n-k-1} \tag{3.5.3}$$

또는

$$= 1 - \frac{\sum(Y_i - \hat{Y}_i)^2 / (n-k-1)}{\sum(Y_i - \bar{Y})^2 / (n-1)}$$

$$= 1 - \frac{\text{오차제곱합} / (n-k-1)}{\text{총제곱합} / (n-1)}$$

$$= 1 - \frac{\text{SSE} / (n-k-1)}{\text{SST} / (n-1)} \tag{3.5.4}$$

여기서 k는 회귀모형에 포함된 독립변수의 수이다. 이 수정결정계수는 단순회귀분석에서와 마찬가지로 해석된다. 수정결정계수의 기타 속성이나 특징에 관한 논의는 제 2 장을 참조하기 바란다.

〈표 3-3〉을 보면 결정계수 및 이와 연관된 자료들이 다음과 같이 제시되어 있다.

모형 요약

모형	R	R 제곱	수정된 R 제곱	추정값의 표준오차
1	.998[a]	.996	.995	1.265

a. 예측값: (상수), x2, x1

여기에서 R 제곱이 바로 중다결정계수이며, 0.996의 값은 추정된 회귀식에 포함된 독립변수 X_1과 X_2를 가지고 종속변수 Y의 분산의 약 99.6%를 설명할 수 있음을 의미한다. 수정된 R 제곱(Adjusted R Square)은 중다결정계수(R Square)보다 약간 작은 0.995의 값을 나타내고 있는데, 그 의미는 마찬가지 방법으로 해석될 수 있다. 단지, 제 2 장에서 설명한 대로 회귀모형의 모집단에 대한 적합도를 고려하여 자유도(degree of freedom)를 반영시켰기 때문에 보다 정확한 추정값이라 할 수 있다.

위에서 중다상관계수(重多相關係數, multiple correlation coefficient)라 불리는 R의 값은 0.998이다. 이는 중다결정계수(R Square)의 제곱근의 값을 취한 것이다. 따라서 피어슨(Pearson)의 상관계수 r이 -1에서 $+1$까지의 값을 지니는 데 비해, 중다상관계수는 0에서 $+1$ 범위의 값을 갖게 된다. 독립변수가 하나인 단순회귀분석에서는 중다상관계수 R이 표준화회귀계수(*Beta*) 및 상관계수 r의 절대값과 같아진다는 것은 제 2 장에서 설명된 바 있다.

마지막으로, 표준오차의 값 1.265는 중다회귀식에 의한 추정값의 표준오차(SEE: standard error of the estimate)이다. 이는 회귀모형에 포함된 독립변수 X_1과 X_2로 설명 안된 편차의 절대적 크기를 의미하며, 따라서 추정된 중다회귀식의 적합도를 평가하는 도구로 사용될 수 있다. 추정값의 표준오차(SEE)는 다음과 같이 계산된다.

$$
\begin{aligned}
\text{SEE} &= \sqrt{\sum (Y_i - \widehat{Y}_i)^2 / (n-k-1)} \\
&= \sqrt{\text{오차제곱합} / (n-k-1)} \\
&= \sqrt{\text{SSE} / (\text{n}-\text{k}-1)} \qquad (3.5.5)
\end{aligned}
$$

이 식에서 보는 것처럼, 추정값의 표준오차(SEE)는 오차의 제곱합(SSE)을 자유도의 개념을 적용한 표본의 크기 $(n-k-1)$로 나누고, 그 제곱근의 값을 취한 것이다. 여기서 k는 회귀모형에 포함된 독립변수의 수이다. 따라서 '평균 잔차'(average residual) 또는 '중다회귀식으로 종속변수의 기대값($\widehat{Y}$)을 추정하는 과정에서 발생하는 평균 오차'의 의미로 해석할 수 있다. 추정값의 표준오차(SEE)는, 분포의 정규성(normality)이 충족된다는 전제하에, 일정 구간(예를 들면, 추정값

±1 표준오차)의 범위 안에 포함되는 사례의 비율 등을 계산할 때 흔히 이용된다.

3.6 부분상관계수

중다회귀모형에서 부분회귀계수들은, 다른 독립변수들을 통제한 상태에서, 주어진 독립변수의 변화에 따라 초래되는 종속변수의 변화량을 나타낸다. 그러나 이 부분회귀계수들은 단순회귀모형의 회귀계수와는 달리 해당 독립변수와 종속변수의 관계의 강도를 보여주는 것은 아니다. 중다회귀식의 다른 독립변수들을 통제한 상태에서 특정 독립변수와 종속변수 간의 관계를 알아보기 위해서는 흔히 부분상관계수(部分相關係數, partial correlation coefficient)가 사용된다. 부분상관계수는 다른 독립변수들이 통제되었다는 것만 제외하면 단순상관계수와 같은 성격을 지닌다.

일단 아래와 같이 두 개의 독립변수로 구성된 중다회귀모형을 가정하자.

$$Y = \alpha + \beta_1 X_1 + \beta_2 X_2 + \varepsilon \tag{3.6.1}$$

이 모형에서 Y와 X_1 간의 부분회귀계수는 X_1이 Y에 미치는 효과 중에서 이 회귀모형에 포함된 다른 변수들에 의해서 설명되지 않는 부분을 측정하는 것이다. 좀 더 구체적으로, 이 부분회귀계수는 X_2가 Y에 미치는 선형효과(linear effect)와 X_2가 X_1에 미치는 선형효과를 배제시킨 상태에서 회귀분석을 시행하여 얻어지는 것으로 생각할 수 있다. 이를 위해서는 다음과 같은 과정을 거치면 된다.

(1) Y를 X_2에 회귀시켜 추정회귀식을 구한다.

$$\widehat{Y} = c_1 + c_2 X_2 \tag{3.6.2}$$

(2) X_1을 X_2에 회귀시켜 추정회귀식을 구한다.

$$\widehat{X}_1 = d_1 + d_2 X_2 \tag{3.6.3}$$

(3) X_2가 Y 및 X_1에 미치는 선형효과를 배제시켜 다음을 구한다.

$$Y^* = Y - \widehat{Y} \tag{3.6.4}$$

$$X_1^* = X_1 - \widehat{X}_1 \tag{3.6.5}$$

(4) Y와 X_1 간의 부분상관계수는 이제 Y^*와 X_1^* 간의 단순상관계수와 같아진다.

여기서 두 변수 i와 j 간의 부분상관계수를 단순상관계수들의 형태로 표시하면 다음과 같다.

$$r_{ij.k} = \frac{r_{ij} - r_{ik} \cdot r_{jk}}{\sqrt{1 - r_{ik}^2}\ \sqrt{1 - r_{jk}^2}} \tag{3.6.6}$$

단, 부분상관계수 $r_{ij.k}$에서 점 다음에 나오는 k는 통제된 변수를 의미한다. 일반적으로, 하나의 변수를 통제한 상태에서의 부분상관계수를 1차부분상관계수(first-order correlation coefficient)라 하고, 아무 변수도 통제되지 않은 단순상관계수를 무차상관계수(無次相關係數, zero-order correlation coefficient), 그리고 두 개의 변수가 통제된 상태에서의 부분상관계수를 2차부분상관계수(second-order correlation coefficient)라 부른다.

중다회귀모형 (3.6.1)에서 X_2를 통제한 상태에서 Y와 X_1의 부분상관관계를 보고자 할 때, 그리고 X_1을 통제한 상태에서 Y와 X_2의 부분상관관계를 보고자 할 때 부분상관계수는 (3.6.6)의 공식에 따라 다음과 같이 구해진다.

$$r_{YX_1.X_2} = \frac{r_{YX_1} - r_{YX_2} \cdot r_{X_1X_2}}{\sqrt{1 - r_{X_1X_2}^2}\ \sqrt{1 - r_{YX_2}^2}} \tag{3.6.7}$$

$$r_{YX_2.X_1} = \frac{r_{YX_2} - r_{YX_1} \cdot r_{X_1X_2}}{\sqrt{1 - r_{X_1X_2}^2}\ \sqrt{1 - r_{YX_1}^2}} \tag{3.6.8}$$

부분상관계수의 속성에 관해서는 다음과 같은 언급이 가능하다. 우선, 부분상관계수는 단순상관계수와 마찬가지로 -1에서 $+1$ 사이의 값을 지닌다. 만약 두 변수 Y와 X_1 간의 부분상관이 0의 값을 지닌다 하자. 이는 X_2가 이 두 변수에 미치는 선형효과를 통제하고 나면, Y와 X_1 간에는 아무런 선형관계가 존재하지 않는다는 것을 의미한다. 즉 이 경우, X_1은 Y에 직접적인 효과를 미치지 못하는 것으로 결론지을 수 있다. 따라서 부분상관계수는 중다회귀모형에서 변수들간의 상대적인 중요도를 판단하는 도구로 사용될 수 있다.

또한, 부분상관계수의 제곱은 다른 독립변수를 통제한 상태에서의 설명력, 즉 종속변수의 변동 중에서 해당 변수에 의해 설명되는 부분을 나타낸다. 따라서 부분상관계수는 중다상관계수를 회귀제곱합(SSR)에 기여하는 구성요소에 따라 분해하여 나눈 것으로 해석될 수 있다. 일반적으로, 부분상관계수와 중다상관계수(중다결정계수)의 관계는 다음과 같이 표시된다.

$$r^2_{YX_1.X_2} = \frac{R^2 - r^2_{YX_2}}{1 - r^2_{YX_2}} \tag{3.6.9}$$

$$1 - R^2 = (1 - r^2_{YX_2})(1 - r^2_{YX_1.X_2})$$

여기서 등식 (3.6.9)는 Y와 X_1 간의 부분상관이, X_2에 의하여는 설명될 수 없고, X_2와 관련 없는 X_1의 부분에 의해서만 설명가능한 Y 분산 비율의 제곱근의 값으로 결정됨을 시사하는 것이다.

이상 살펴본 부분상관계수는 단계적 회귀분석(stepwise regression analysis)을 시행할 때 가장 흔히 사용된다. 단계적 회귀분석에서는 독립변수를 단계적으로 회귀모형에 포함시켜 가며, R^2의 값을 최대로 하고 동시에 오차제곱합(SSE)을 최소로 하는 회귀모형을 구하게 된다. 대부분의 통계 패키지 프로그램들이 이 과정에서 부분상관계수를 출력(output)에 포함시키는데, 이 부분상관계수는 회귀모형에 이미 포함된 독립변수들의 효과가 제거된 후, 해당 독립변수가 종속변수에 미치는 효과가 얼마나 되는지를 알려준다.

3.7 중다회귀식의 통계적 유의도 검증

표본의 자료를 이용하여 중다회귀식이 일단 추정되고 나면, 이 추정값들이 모집단의 모수(population parameter)에 얼마나 근접하는가를 확인할 필요가 생긴다. 이 확인은 주로 통계적인 유의도 검증을 통해서 이루어진다. 추정된 중다회귀식에 대한 통계적 의미의 부여는 중다회귀모형에 포함된 어느 독립변수도 종속변수의 변화를 설명할 수 없다는 영가설을 부정하는 방식으로 이루어진다. 여기서 영가설은 모집단의 수준에서 중다결정계수가 0, 즉

$$\rho^2 = 0 \tag{3.7.1}$$

이라는 의미이다. 또한 이 영가설은 (3.2.1)의 모회귀모형에서 모든 부분회귀계수들이 0의 값을 지닌다는 뜻도 된다.

$$\beta_1 = \beta_2 = \beta_3 = \cdots = \beta_k = 0 \tag{3.7.2}$$

위의 두 영가설은 분산분석(ANOVA)표를 작성하여 F비의 값을 구하는 방법으로 검증할 수 있다. 그리고 F비는 독립변수로 설명된 회귀분산과 설명안된 오차분산의 비를 취하여 구해진다. 〈표 3-4〉의 분산분석표에는 F비를 계산하기 위하여 필요한 제곱합(SS: sum of squares), 제곱평균(MS: mean square), 그리고 자유도(df: degree of freedom)가 제시되어 있다. 중다회귀분석에서 F비의 계산과정은 다음과 같다.

제 2 장에서 이미 설명된 바 있는 회귀제곱합(SSR)과 오차제곱합(SSE)을 각각의 자유도로 나누면 회귀제곱평균(MSR: mean square regression)과 오차제곱평균(MSE: mean square error)이 된다. 그런데 총제곱합(SST)의 자유도는 $(n-1)$이고, 중다회귀분석에서 회귀제곱합(SSR)의 자유도는 k이므로

$$\text{총자유도} = \text{회귀자유도} + \text{오차자유도} \tag{3.7.3}$$

에서 오차자유도를 구하면 $(n-k-1)$이 된다. 따라서 회귀제곱평균(MSR)과 오차

표 3-4 중다회귀분석에서 분산분석(ANOVA)표의 기본 구성

편차의 구분	자유도(df) degrees of freedom	제곱합(SS) sum of squares	제곱평균(MS) mean square	F
회귀 결과 (regression)	k	$\text{SSR} = \sum_{i=1}^{n}(\widehat{Y}_i - \overline{Y})^2$	$\text{MSR} = \frac{\text{SSR}}{k}$	$\frac{\text{MSR}}{\text{MSE}}$
잔 차 (residual)	$n-k-1$	$\text{SSE} = \sum_{i=1}^{n}(Y_i - \widehat{Y}_i)^2$	$\text{MSE} = \frac{\text{SSE}}{n-k-1}$	
합 계	$n-1$	$\text{SST} = \sum_{i=1}^{n}(Y_i - \overline{Y})^2$		

제곱평균(MSE)은 각각

$$\text{회귀제곱평균(MSR)} = \frac{\text{회귀제곱합(SSR)}}{k} \tag{3.7.4}$$

$$\text{오차제곱평균(MSE)} = \frac{\text{오차제곱합(SSE)}}{n-k-1} \tag{3.7.5}$$

로 계산된다. 회귀제곱평균(MSR)은 추정된 회귀식으로 설명된 회귀분산을 의미하고, 오차제곱평균(MSE)은 오차분산을 뜻한다. 따라서 이제 분산분석(ANOVA)에서와 마찬가지 방법으로 F비를 산출할 수 있다. 즉,

$$\begin{aligned} F_{(k,\, n-k-1)} &= \frac{\text{SSR}/k}{\text{SSE}/(n-k-1)} \\ &= \frac{\text{회귀제곱평균(MSR)}}{\text{오차제곱평균(MSE)}} \\ &= \frac{R^2/k}{(1-R^2)/(n-k-1)} \end{aligned} \tag{3.7.6}$$

이 된다.

이렇게 하여 구해진 F비의 값이 분자의 자유도 k, 분모의 자유도 $(n-k-1)$에서 만약 α 수준의 임계값과 같거나 크다면, 우리는 모집단의 수준에서 (3.7.1)과

(3.7.2)의 두 영가설을 거부할 수 있게 된다. 그리고 이는 모집단의 수준에서 중다회귀모형에 포함된 하나 또는 둘 이상의 부분회귀계수가 0이 아닌 값을 지닌다는 것을 의미한다. 물론 이 경우에 어느 특정 부분회귀계수가 0이 아닌 값을 지니는가를 확인하기 위해서는 앞의 3.4절에서 살펴본바 각 계수에 대한 t 또는 F검증을 시행하면 된다. 또한 반대로, F비의 검증 결과 그 값이 α수준의 임계값보다 작으면 표본의 자료로부터 추정된 회귀식은 모집단의 수준에서 통계적인 의미를 상실하게 된다.

우리는 또한 이러한 F검증의 원리를 응용하여 중다회귀식에 포함된 각각의 독립변수의 개별적인 효과는 물론, 부분적으로 일단의 독립변수들의 통합효과(joint effects)가 통계적으로 유의한 것인가를 검증할 수 있다. 가령 중다회귀모형을 다음과 같이 가정하자.

$$Y = \alpha + \beta_1 X_1 + \beta_2 X_2 + \cdots + \beta_k X_k + \beta_{k+1} X_{k+1} + \cdots + \beta_{k+r} X_{k+r} + \varepsilon \qquad (3.7.7)$$

그리고 검증해야 할 영가설은 다음과 같이 설정한다.

$$\beta_{k+1} = \beta_{k+2} = \cdots = \beta_{k+r} = 0 \qquad (3.7.8)$$

그러면 F비의 값을 계산하기 위한 공식은 다음과 같이 된다.

$$F = \frac{(R^2 - R_m^2)/r}{(1 - R^2)/(n-k-r-1)} \qquad (3.7.9)$$

단, R^2은 중다회귀모형 (3.7.7)에서 얻어진 중다결정계수이고, R_m^2은 r개의 독립변수($X_{k+1}, X_{k+2}, \ldots, X_{k+r}$)를 제거시킨 회귀모형에서 얻어진 중다결정계수를 의미한다. 이 F검증에서 분자와 분모의 자유도는 각각 r과 $(n-k-r-1)$이 된다.

〈표 3-3〉의 회귀분석결과 출력에는 다음과 같은 분산분석(ANOVA)표가 포함되어 있다.

분산분석[b]

모형		제곱합	자유도	평균제곱	F	유의확률
1	선형회귀분석	3180.391	2	1590.196	993.104	.000[a]
	잔차	11.209	7	1.601		
	합계	3191.600	9			

a. 예측값: (상수), x2, x1

b. 종속변수: y

위에 제시된 회귀제곱합(SSR)의 값은 3180.391이다. 이를 회귀자유도 2로 나누면 회귀제곱평균(MSR)은 1590.196이 된다. 한편 오차제곱합(SSE)은 11.209이며, 이를 오차자유도인 7로 나누면 오차제곱평균(MSE)은 1.601이 된다. 그리고 이에 따라 F비는 (3.7.6)의 등식에 의거하여

$$F_{(2,7)} = \frac{\text{회귀제곱평균(MSR)}}{\text{오차제곱평균(MSE)}} = \frac{1590.196}{1.601} = 993.104 \qquad (3.7.10)$$

또는

$$F_{(2,7)} = \frac{R^2/k}{(1-R^2)/(n-k-1)} = \frac{0.996/2}{(1-0.996)/(10-2-1)} = 993.104 \qquad (3.7.11)$$

로 계산되었다. 여기서 공식 (3.7.10)과 (3.7.11)에 따라 계산을 실제로 하여 보면 위의 계산결과와는 약간의 차이가 나는 것을 확인할 수 있는데, 이는 계산 프로그램 작성시의 반올림 등 사소한 원인에 기인하는 것이므로 무시하여도 좋을 것이다. 어쨌든 계산된 F비의 값은 0.01 유의도 수준에서 분자와 분모의 자유도가 각각 2와 7인 F비의 임계값 9.55보다 월등히 크다. 따라서 (3.7.1)과 (3.7.2)의 두 영가설은 부정되고 추정된 회귀식은 통계적으로 유의한 것으로 결론지을 수 있다. 위에 제시된 출력에서는 F비의 임계값을 수표에서 찾는 번거로움을 피하도록

정확한 유의도 수준을 0.000으로 계산하여 제시하고 있다.

추정된 회귀식의 유의도 검증과 관련된 논의는 이미 제 2 장에서 상세히 이루어진 바 있다. 여기서는 중다회귀모형에 적용될 수 있는 두 가지 사항만을 추가하고자 한다. 첫째로, 중다회귀모형에 포함되는 독립변수의 수가 늘어난다고 하여 반드시 F비의 값이 높아지는 것은 아니다. 물론, 독립변수가 많아지면 R^2의 값은 높아지게 마련이다. 그러나 동시에 공식 (3.7.6)에서 k의 값도 커지게 된다. 만약 독립변수가 추가됨에 따라 증가되는 R^2의 수준이 충분하지 못하면 F비의 값은 오히려 감소할 수도 있으며, 통계적인 유의도도 떨어지게 된다.

둘째로, 추정된 중다회귀식에 포함된 모든 부분회귀계수들이 t검증 또는 F검증 결과 통계적으로 유의하지 않은 것으로 판명된다 하더라도, 전체 추정회귀식의 R^2에 대한 유의도 검증 결과 (3.7.1)과 (3.7.2)의 두 영가설이 부정될 수도 있다는 사실이다. 이러한 현상은 독립변수들간에 높은 상관관계가 존재하는 경우에 간혹 일어날 수 있다(Pindyck and Rubinfeld, 1981: 81). 이러한 경우에는 대체로 부분회귀계수들의 표준오차의 값들이 커지고 t 또는 F비의 값이 낮아지게 되지만, 그렇다고 하여 설정된 회귀모형이 전체적으로 자료에 적합할 수 있다는 가능성을 완전히 배제할 수는 없다.

3.8 중다회귀분석에서의 기본가정

제 2 장에서 논의된 단순회귀분석의 기본가정들은 중다회귀분석에도 그대로 적용된다. 〈표 3-5〉에는 이 가정들과 아울러 중다회귀모형에 포함되는 독립변수가 늘어남에 따라 새로이 추가되어야 할 가정들이 제시되어 있다. 여기서는 제 2 장에서 이미 논의된 가정들에 관한 반복설명을 생략하기로 하고 네 번째, 다섯 번째, 여섯 번째 가정들에 대해서만 살펴보기로 한다.

〈표 3-5〉에서 중다회귀분석을 위한 네 번째의 가정은 독립변수간에 공선성(共線性, collinearity) 또는 다중공선성(多重共線性, multicollinearity)이 존재하지 않는다는 것이다. 공선성은 독립변수간의 비직교성(非直交性, non-orthogonality) 즉 강한 선형관계(linear relationship)를 의미하며, 다중공선성은 세 개 이상의 독립변수

표 3-5 중다회귀분석의 기본가정

1. 회귀모형 설정에 오류가 없다.
   a. 독립변수와 종속변수는 선형관계를 지닌다.
   b. 회귀모형에 포함된 독립변수는 적절한 것이다.
   c. 회귀모형에서 누락된 독립변수가 없다.
2. 독립변수와 종속변수가 모두 등간척도의 변수이고 측정오차가 없다.
3. 오차항(잔차)에 대한 다음의 가정들이 충족된다.
   a. 오차항의 기대값은 0이다. $E(\varepsilon_i) = 0$
   b. 오차항들은 동분산성(homoscedasticity)을 지닌다. $Var(\varepsilon_i) = \sigma^2$
   c. 오차항간에는 자기상관(autocorrelation)이 없다. $Cov(\varepsilon_i \cdot \varepsilon_j) = 0$, $(i \neq j)$
   d. 오차항은 독립변수와 선형독립(linearly independent)이다. $Cov(\varepsilon_i \cdot X_i) = 0$
   e. 오차항들은 정규분포를 이룬다.
4. 독립변수간에 다중공선성(multicollinearity)이 존재하지 않는다.
5. 독립변수간에 상호작용효과(interaction effect)가 존재하지 않는다.
6. 표본의 수가 회귀식에 포함되는 변수의 수보다 크다.

들간의 강한 선형관계를 뜻한다. 만약 독립변수들간에 매우 강한 선형관계가 존재하면 회귀계수의 통상적인 해석은 심각한 문제를 야기시킨다. 회귀계수는 자료나 회귀식의 미세한 변화에 매우 민감하게 반응하여 커다란 표준오차를 가지게 되고 통계적인 유의미도를 감소시킨다. 또한 (다중) 공선성의 문제가 심각하면 다른 독립변수들을 통제한 상태에서 특정 독립변수가 종속변수에 대하여 행사하는 영향력을 측정하는 것이 어렵거나 불가능해진다. 다중공선성에 대한 자세한 설명과 이에 대처하는 방안은 제 7 장에 소개되어 있다.

다섯 번째의 가정은 중다회귀모형에 포함되는 독립변수간에 상호작용효과(相互作用效果, interaction effect)가 존재하지 않는다는 것이다. 이는 특정 독립변수가 종속변수에 미치는 영향이 다른 독립변수와 복합되어 일어나지 않고 가법성(加法性, additivity)이 충족된다는 것을 의미한다. 예를 들면, 회귀모형 (3.2.2)에서 독립변수 X_1과 X_2의 값이 1단위씩 증가하면 종속변수 Y의 기대값은 $(\beta_1+\beta_2)$ 만큼 증가하게 된다. 이를 달리 표현하면, 주어진 독립변수의 단위변화량에 따라 초래되는 종속변수의 변화량, 또는 독립변수와 종속변수 기대값의 기울기가 회귀식에 포함된 다른 독립변수의 값에 관계없이 항상 동일하다는 것을 뜻한다. 만약 이 가정이 충족되지 않는 경우에는 가변수(假變數, dummy variable)를 도입하여 상호작용모형(相互作用模型, interactive model)을 구성하든지, 또는 상호작용항(相互作用項, interaction term)을 회귀식에 포함시켜 승법적 모형(乘法的 模型, multiplicative model)을 구성하지 않으면 안된다. 이에 대한 자세한 논의는 제 9 장을 참조하기 바란다.

〈표 3-5〉에서 마지막으로 제시된 가정은 표본의 수가 회귀모형에 포함되는 변수의 수보다 커야 한다는 것이다. 이 가정이 충족되지 않으면 회귀식의 추정이 불가능해진다. 일반적으로, 표본의 크기에 비해서 변수의 수가 너무 많으면 표본을 분석하여 얻은 결과를 모집단의 수준으로 일반화시키기가 어려워진다. 독립변수의 수가 늘어나면 종속변수에 대한 설명력이나 예측력은 조금씩 향상되겠지만, 다른 한편으로는 자유도(degree of freedom) 역시 증가하게 되어 회귀모형의 분석력이나 통계적 유의도가 오히려 떨어질 수도 있기 때문이다. 중다회귀분석에서는 인과모형에 포함되는 변수의 수를 적게 유지하면서 종속변수에 대한 설명력이나 예측력을 높이는 것이 바람직하다.

중다회귀분석에서는 이상의 가정들이 충족되었다는 전제하에 최소제곱법(OLS 방식)에 따라 회귀식을 추정하게 된다. 그러나 실제 상황에서 〈표 3-5〉에 제시된 가정들이 전부 엄격히 충족되는 경우는 매우 드물다고 할 수 있다. 따라서 이 가정들이 충족되는가의 여부를 확인하고, 만약 충족되지 않는 경우, 이에 대처하는 방법을 익혀두어야 한다. 이 책에서 이에 관한 자세한 논의는 주제에 따라 별도의 장으로 구성되어 있다.

제 4 장 잔차분석과 이상점의 진단

4.1 머리말

어떤 형태의 회귀분석에서건 주어진 독립변수를 가지고 종속변수의 변화를 완벽히 설명하거나 예측해낼 수는 없다. 종속변수의 실제값(Y_i)과 회귀식에 의한 기대값($\widehat{Y}_i$)과는 차이가 있기 마련이며, 이 차이를 우리는 잔차(殘差, residual: $\varepsilon_i = Y_i - \widehat{Y}_i$)라고 부른다. 잔차는 회귀모형이 올바르게 설정되었다는 가정하에 관찰되는 오류 또는 회귀식을 통해서는 설명할 수 없는 편차라고 할 수 있다. 잔차는 오차항의 추정량으로서 〈표 2-5〉와 〈표 3-5〉에 설명되어 있는 회귀모형의 여러 가지 가정들에 대한 많은 정보를 갖고 있다. 따라서 잔차의 분석은 이러한 가정들이 성립하는가를 검토하는 것을 포함하여, 회귀모형을 진단하고 적합성을 검증하는 데 가장 간단하고도 효과적인 방법이 된다.

회귀분석을 행하는 연구자들이 저지르는 대부분의 실수는 잔차의 분석을 게을리하는 데서 비롯된다. 회귀분석과정에서 회귀식이 추정되면 그 결과를 받아들이기에 앞서 잔차에 대한 다음의 몇 가지 가정이 성립하는지 확인하는 것이 필요하다.

(1) 잔차의 평균은 0의 값을 지닌다. $E(\varepsilon_i) = 0$

(2) 잔차는 균질적 분산, 즉 동분산성(同分散性, homoscedasticity)을 지닌다.
$\mathrm{Var}(\varepsilon_i) = \sigma^2$

(3) 잔차들은 서로 독립적이어야 한다. 즉 자기상관(自己相關)을 보이지 않아야 한다. $\mathrm{Cov}(\varepsilon_i \cdot \varepsilon_j) = 0$, 단 $i \neq j$

(4) 잔차는 독립변수로부터 선형독립(linearly independent)을 이룬다.
$\mathrm{Cov}(\varepsilon_i \cdot X_i) = 0$

(5) 잔차는 정규분포의 형태를 취한다.

잔차에 관한 이상의 가정들은 이미 제 2 장과 제 3 장에서 논의된 바 있다. 컴퓨터를 이용하여 OLS 방식(ordinary least squares; 편의상 앞으로는 '최소제곱법' 대신이 용어를 주로 사용하게 될 것이다)으로 회귀분석을 행하는 경우 첫 번째 가정에 대해 크게 염려할 필요는 없을 것이다. 한편, 네 번째 가정은 비실험연구(non-experimental research)에서는 완전하게 충족되기가 어려운 것이 사실이다. 적절한 독립변수를 회귀모형에 모두 포함시킬 수 없는 상황일 때, OLS 방식으로 추정된 회귀계수의 불편성(不偏性, unbiasedness)을 유지하기 위해서는, 이 변수들이 잔차의 일부로서 회귀모형에 포함된 다른 독립변수로부터 독립적이라는 가정이 필요하게 된다. 그리고 다섯 번째 가정은 단지 중심극한정리(中心極限定理, central limit theorem)를 적용하여 t 검증이나 F 검증을 행하고 회귀계수의 신뢰구간을 계산하는 데 필요하다.

이 장에서는 우선 잔차를 도식화하여 분석하는 방법과 극한값을 지닌 이상점(異常點, outlier)으로 인해 회귀분석 결과가 왜곡되는 경우에 대해서 설명할 것이다. 제 5 장에서는 이분산성(異分散性, heteroscedasticity)에 대한 설명과, 이러한 현상이 존재할 때 OLS 방식의 회귀분석에 대한 대안으로서 WLS(weighted least squares, 加重最小제곱법) 방식이 소개될 것이다. 잔차들간에 자기회귀(自己回歸, autoregression) 현상이 존재하여 세 번째 가정에 위반되는 경우에 대한 논의는 제 6 장에서 이루어지게 된다.

4.2 잔차의 도식화

잔차들의 형태가 위에 언급한 가정들에 위배되는지 여부를 알아보는 가장 편리하고 일반적인 방법은 잔차를 도표로 표시해 분석하는 것이다. 대부분의 컴퓨터 통계패키지에는 잔차분석을 위한 도표 프로그램이 포함되어 있어 잔차를 일일이 손으로 그려야 할 필요는 없다. 그러나 이 프로그램들은 모두 일반화된 형태를 취하고 있기 때문에 컴퓨터 출력의 올바른 활용을 위해서는 잔차분석에 대한 이해가 필요하다.

여기서는 〈표 4-1〉에 제시된 키, 나이, 몸무게에 관한 자료를 바탕으로 잔차를 시각적으로 알아보기 쉽게 표시하는 몇 가지 방법을 살펴보고자 한다. 우선, 이 표에 제시된 자료를 바탕으로 다음과 같은 회귀모형을 구성하였다.

$$Y(\text{몸무게}) = \alpha + \beta_1 X_1(\text{나이}) + \beta_2 X_2(\text{키}) + \varepsilon \tag{4.2.1}$$

그리고 회귀식을 추정한 결과로 계산된 종속변수의 기대값($\widehat{Y}_i$)과 잔차(ε_i)는 〈표 4-1〉에 제시되어 있다. 이제 우리는 〈표 4-1〉에 제시된 19개의 잔차를 〈그림 4-1〉과 같이 단순한 막대그래프(histogram)로 표시할 수 있다. 여기서 만약 회귀모형이 정상적인 것이라면 이 19개 잔차의 평균은 0에 근접하는 값을 지니게 된다. 즉,

$$\sum (Y_i - \widehat{Y}_i) = 0$$

$$\sum \varepsilon_i = 0$$

따라서

$$\frac{1}{n} \sum \varepsilon_i = 0 \tag{4.2.2}$$

또한 회귀모형이 올바르게 만들어졌다면 잔차들은 정규분포에 가까운 형태를 보이게 된다. 물론 잔차들의 형태가 정규분포에 근접하는가의 여부를 판단하는 특별한 기준이 있는 것은 아니다. 〈그림 4-1〉을 보면 막대그래프(histogram)의 형태가 정규분포의 종모양과 차이가 나는 것을 확인할 수 있다. 그러나 이러한 막대그래프의 형태가 절대적인 판단기준을 제공하지는 않는다.

표 4-1 키, 나이, 몸무게에 관한 회귀분석 자료

No.	키(inch)	나이	몸무게(pound)	기대값($\widehat{Y}_i$)	잔차(ε_i)
1	69.0	14	112.5	124.87	−12.37
2	56.5	13	84.0	78.63	5.37
3	65.3	13	98.0	110.28	−12.28
4	62.8	14	102.5	102.57	−0.07
5	63.5	14	102.5	105.08	−2.58
6	57.3	12	83.0	80.23	2.77
7	59.8	12	84.5	89.22	−4.72
8	62.5	15	112.5	102.77	9.73
9	62.5	13	84.0	100.21	−16.21
10	59.0	12	99.5	86.34	13.16
11	51.3	11	50.5	57.37	−6.87
12	64.3	14	90.0	107.96	−17.96
13	56.3	12	77.0	76.63	0.37
14	66.5	15	112.0	117.15	−5.15
15	72.0	16	150.0	138.22	11.78
16	64.8	12	128.0	107.20	20.80
17	67.0	15	133.0	118.95	14.05
18	57.5	11	85.0	79.67	5.33
19	66.5	15	112.0	117.15	−5.15

보다 공식적인 잔차의 정규성(normality) 판단은 정규확률도(normal probability plot)를 그려보면 알 수 있다. 〈그림 4-2〉에는 잔차의 정규확률도가 제시되어 있다. SPSSWIN에서 그려주는 잔차의 정규확률도는 Y축이 누적확률의 기대값이고, X축은 잔차의 관측된 누적확률을 나타낸다. 잔차가 그래프의 가운데 45도 대각선을 따라 균등하게 퍼져 있으면 이것은 분포가 정상적이라는 것을 나타낸다. 따라서 45도 기울기의 대각선 밑에 위치하는 관찰값들은 자료의 밀도가 정규분포의 그것보다 낮은(희소한) 구간을, 그리고 대각선 위에 찍힌 점들은 정규분포보다 높은(밀집된) 구간을 의미한다. 예를 들어, 표준화 점수(Z score) 0~1 사이의 정규분포 누적확률의 범위는 50~84%이므로, 이 구간은 34%의 자료 밀도(density)를 가져야 한다. 만약, 이 구간에서 실제 관측값이 차지하고 있는 비율이 이보다

그림 4-1 잔차의 단순 도식화 (〈표 4-1〉의 자료)

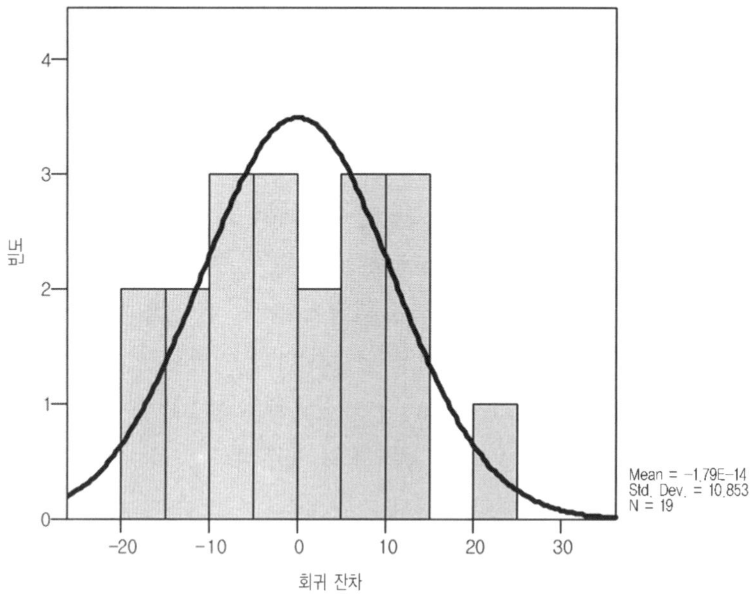

그림 4-2 잔차의 정규확률도

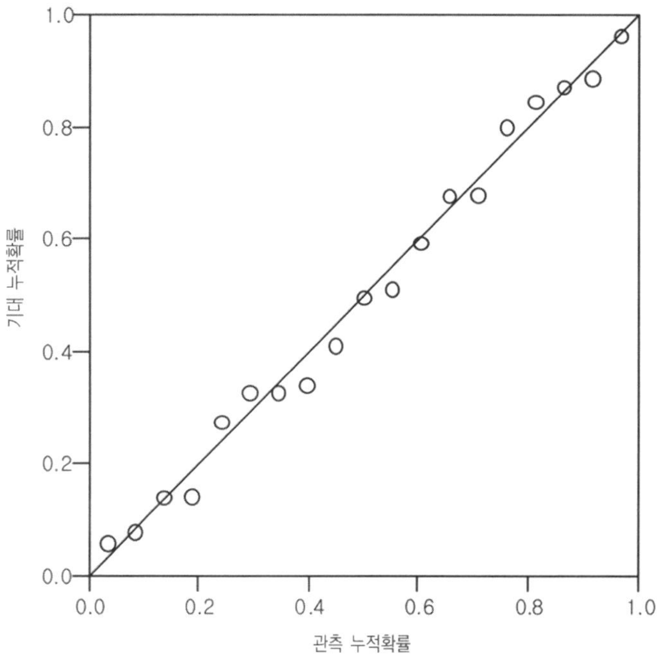

적으면(즉, 밀도가 희소하면) 정규확률도에서 45도 대각선 밑에 위치하고, 반대의 경우에는(즉, 밀집되어 있으면) 대각선 위로 표시된다는 의미이다. 〈그림 4-2〉를 보면, 잔차가 대각선의 중앙부에서 위, 아래로 약간 벗어난 것을 제외하고는 대체적으로 정규분포를 따르고 있음을 확인할 수 있다.

그러나 정규분포로부터 얻은 표본을 정규확률도로 나타내도 반드시 직선이 되는 것은 아니기 때문에 정규확률도를 해석하는 데는 주의를 요한다. Gnanadesikan (1977)은 잔차들이 정규분포를 따르지 않을 경우에도 정규확률도는 종종 정상적 모형, 즉 직선 형태를 보여준다고 지적하였다. 이런 문제는 잔차가 단순무작위표본의 결과가 아니고, 회귀계수를 추정하는 과정에서 계산된 값이기 때문에 발생하는 것이다. 따라서 잔차 분포의 정규성을 검증하는 데 정규확률도에 전적으로 의존하는 것은 바람직하지 않다. SPSSWIN 프로그램을 사용해 〈그림 4-1〉과 〈그림 4-2〉를 그리는 방법은 이 장의 마지막 절에 설명되어 있다.

〈표 4-2〉에는 시간(X)의 흐름에 따라 종속변수(Y)의 값을 측정한 가상적인 시계열 자료가 제시되어 있다. 이 경우 잔차는 일정 시간간격(t)으로 발생하고, 잔차들의 산포형태를 시간에 따라 그려주면 〈그림 4-3〉과 같이 될 것이다. 여기서 만약 〈그림 4-3〉의 잔차들을 모두 포괄하는 띠(envelop)로 감싸준다면 가운데 부분이 약간 볼록한 타원형 형태가 된다. 잔차의 이러한 형태는 〈그림 4-4〉에 바람직한 형태로 제시된 수평적인 띠와는 거리가 있다. 〈그림 4-4〉의 잔차는 모든 X에서 잔차의 분산이 균일하다. 즉, 잔차의 동분산성이 보장된다. 그러나 〈그림 4-3〉의 잔차형태는 양끝 부분의 잔차분산(residual variance)이 중앙부에 비해 작아 이분산성을 지니고 있는 것처럼 보인다.

회귀분석은 추정방법의 특성상, 표본의 수가 적을 때에는, 회귀선(regression line) 양극단 부분의 잔차가 작아지는 경향이 있다(Rao and Miller, 1971). 따라서 표본의 수가 적을 때에는, 잔차의 산포형태가 〈그림 4-3〉처럼 중앙부가 약간 볼록하게 부풀려져 있다고 해서 이분산성이 반드시 존재한다고 결론지을 수 없다. 그러나 만약 잔차들이 〈그림 4-5〉의 (a)에 제시된 형태 중의 하나, 또는 이들의 복합적인 형태를 보인다면, 잔차의 분포가 이분산성의 특성을 가지고 있는 것으로 결론지어야 할 것이다.

우리는 〈그림 4-3〉에서 잔차들의 왜곡된 형태가 시간의 장기적인 흐름에 따라

표 4-2 가상적인 15개의 시계열 자료

X_t	1	2	3	4	5	6	7	8	9	10	11	12	13	14	15
Y_i	48	5	4	66	22	43	64	28	17	19	32	52	68	43	50
$\widehat{Y}_i$	44	8	10	60	22	48	56	30	24	16	34	56	63	40	50
ε_i	4	−3	−6	6	0	−5	8	−2	−7	3	−2	−4	5	3	0

그림 4-3 시간의 흐름에 따른 잔차의 표시

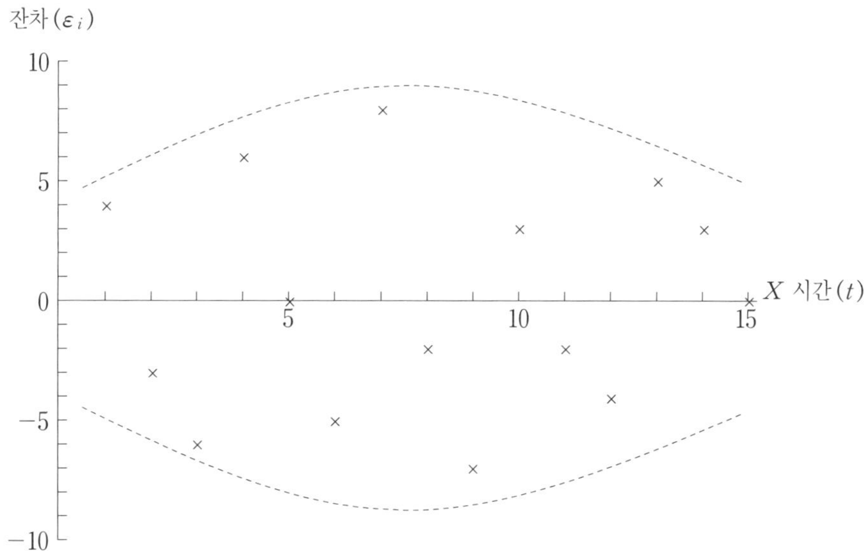

서 이분산성을 나타내기보다는, 단지 표본의 크기가 작기 때문에 발생한 것이라고 판단하였다. 그러나 〈그림 4-3〉을 좀더 자세히 관찰해 보면 시간의 단기적인 흐름에 따라서는 변화가 있음을 알 수 있다. 즉 잔차들을 (4, −3, −6), (6, 0, −5), (8, −2, −7), (3, −2, −4), (5, 3, 0)으로 3개씩 범주화시키면, 시간이 경과함에 따라 각 집단 내에서 잔차들의 값이 감소하는 것을 발견할 수 있다. 여기서 일단 각 집단 내의 감소추세가 같은 기울기를 지닌다고 잠정적으로 가정하자. 이 경우 우리는 〈표 4-3〉에서 보는 것처럼 $(t-1)$을 3으로 나눈 나머지 값을 새로운 변수로 모델에 추가시킴으로써 이 문제를 해결할 수 있다.

그림 4-4 바람직한 잔차의 형태

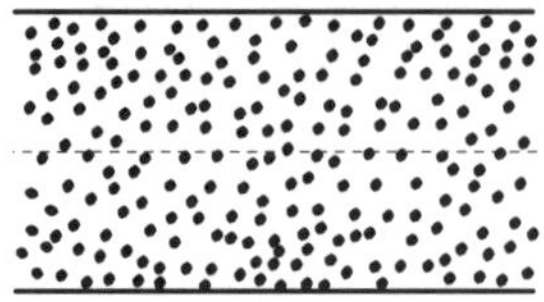

그림 4-5 비정상적인 잔차의 형태

(a) 이분산성

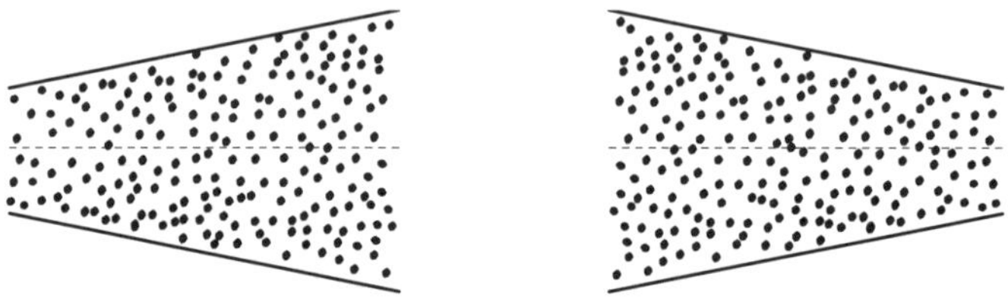

(b) 잔차와 수평축의 변수 간의 상관관계

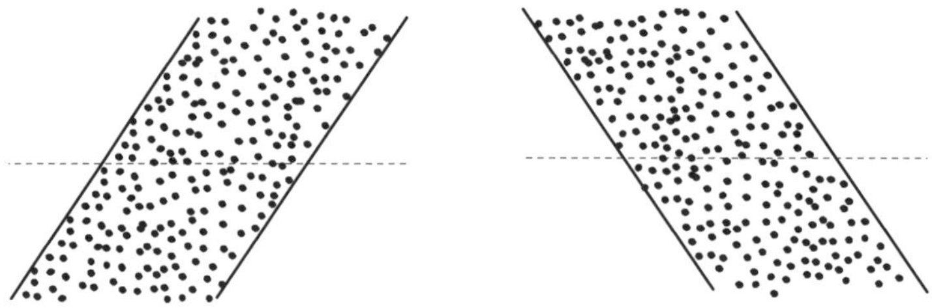

(c) 곡선성

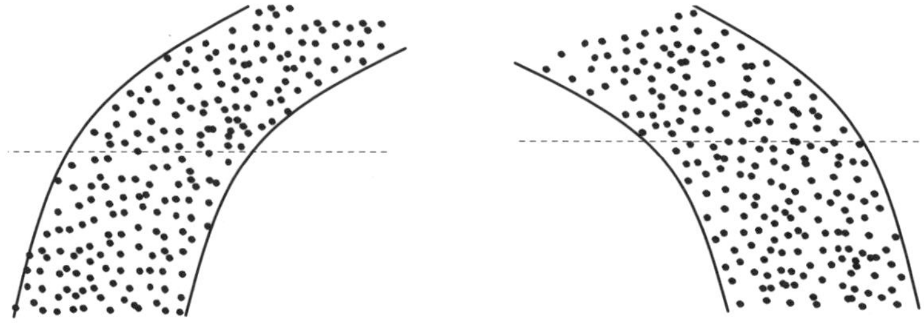

표 4-3 시간에 따른 잔차의 변화를 제거하기 위한 새로운 변수의 도입

원래의 변수 t:	1	2	3	4	5	6	7	8	9	10	11	12	13	14	15
$(t-1)/3$한 나머지:	0	1	2	0	1	2	0	1	2	0	1	2	0	1	2

주: 경우에 따라서는 $(t-1)$을 $(3-1)$로 나눈 나머지 값을 택하여 0, 1, 2의 값 대신 −1, 0, 1의 값을 갖도록 하는 것이 편리한 경우도 있다.

이는 결국 가변수(dummy variable)를 활용하여 시간의 흐름에 따른 변화를 회귀모형에 반영시키는 것을 의미한다. 그러나 여기서 중요한 것은 잔차의 특정 패턴을 반영하기 위하여 가변수를 활용하는 경우, 가변수의 사용이 정당화될 수 있는 근거가 반드시 제시되어야 한다는 것이다.

잔차를 분석하는 대부분의 연구자들이 시도하는 가장 일반적인 방법의 하나는 종속변수의 기대값($\hat{Y}_i$)에 대하여 잔차를 표시해 보는 것이다. 다시 〈표 4-2〉의 자료를 이용하여 잔차가 어떤 특별한 형태를 지니는지를 살펴보자.

〈그림 4-6〉에서 잔차들은 〈그림 4-4〉와 같은 수평적인 띠의 형태를 보이며, 이는 OLS 방식으로 산출된 회귀식에서 특별한 문제점이 발견되지 않았음을 시사하는 것이다. 만약 〈그림 4-5〉에서 보는 것과 같이 잔차들의 비정상적인 형태가 발견된다면 이는 다음과 같이 해석될 수 있다.

(1) 이분산성(heteroscedasticity): 이질적인 분산을 제거하기 위해서는 OLS 방식 대신 WLS 방식을 취하든지 종속변수(Y_i)의 값을 변환(transformation)시켜 회귀분석을 하는 것이 바람직하다.

(2) 분석의 오류: 종속변수의 기대값($\hat{Y}_i$)에 따라 잔차의 값이 +에서 −로 또는 −에서 +로 체계적으로 변하는 것은 회귀식이 잘못 산출되었음을 시사한다. 이는 극한값을 지닌 사례가 분석에 포함되어 회귀계수를 왜곡시키거나 회귀식에서 상수(constant)가 잘못 누락된 경우에 종종 나타난다.

(3) 부적절한 회귀모형 설정: 회귀식에 2차항(quadratic term)이나 상호작용항(interaction term)을 포함시키거나 종속변수(Y_i)의 변환을 시도해 보는 것이 바람직하다.

그림 4-6 $\widehat{Y}_i$에 대한 잔차의 표시

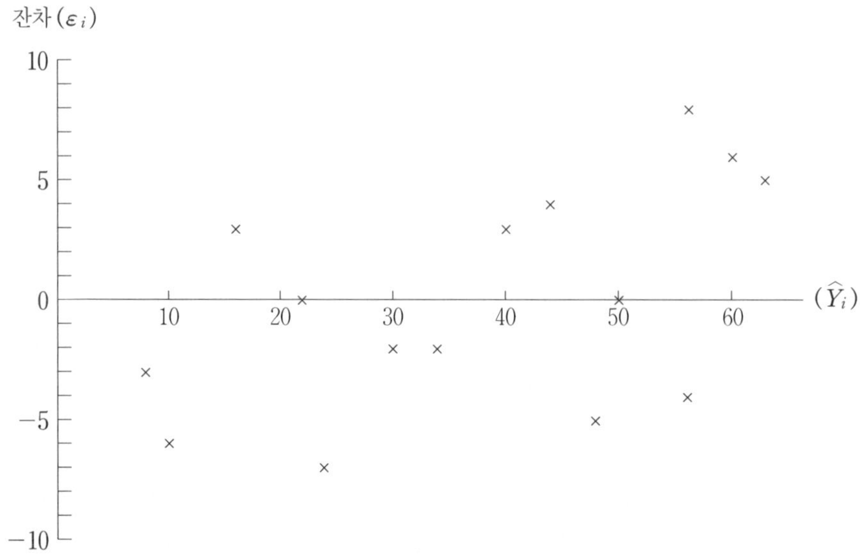

간혹 일부 연구자들이 잔차를 종속변수의 기대값($\widehat{Y}_i$)이 아닌 실제값(Y_i)에 따라 표시해 보는 경우가 있는데 이는 좋은 방법이 아니다. 잔차는 일반적으로 Y_i와 상관관계를 지니는 반면 $\widehat{Y}_i$와는 그렇지 않기 때문이다. 참고로 잔차를 Y_i에 따라 표시한 후 OLS 방식으로 직선을 그으면 그 기울기는 $(1-R^2)$의 값을 지니는 데 비해, 잔차를 $\widehat{Y}_i$에 따라 표시하면 그 기울기는 0이 된다(Draper and Smith, 1981).

잔차의 분석에서 빠뜨릴 수 없는 과정의 하나는 종속변수의 기대값($\widehat{Y}_i$)에 대하여 분석하는 것과 마찬가지로 잔차의 값이 독립변수(X_{ji}) 즉 $X_{j1}, X_{j2}, \ldots, X_{jn}$에 따라 체계적인 변화를 보이는가를 확인하는 것이다. 역시 마찬가지로 잔차들이 〈그림 4-4〉의 형태를 보이면 만족스러운 것으로 간주할 수 있는 반면, 〈그림 4-5〉처럼 비정상적인 형태를 띠면 다음의 문제를 시사하는 것으로 보아야 할 것이다.

(1) 이분산성: WLS 방식 또는 종속변수(Y_i)의 변환이 필요하다.

(2) 계산의 오류: 독립변수(X_{ji})의 선형효과(linear effect)가 제거되지 않았다.

(3) 부적절한 회귀모형 설정: 회귀식에 독립변수(X_{ji})의 2차항 등을 추가하거나 종속변수(Y_i)의 변환이 필요하다.

그림 4-7 종속변수를 X_1과 X_3에 회귀시켰을 때의 잔차의 표시

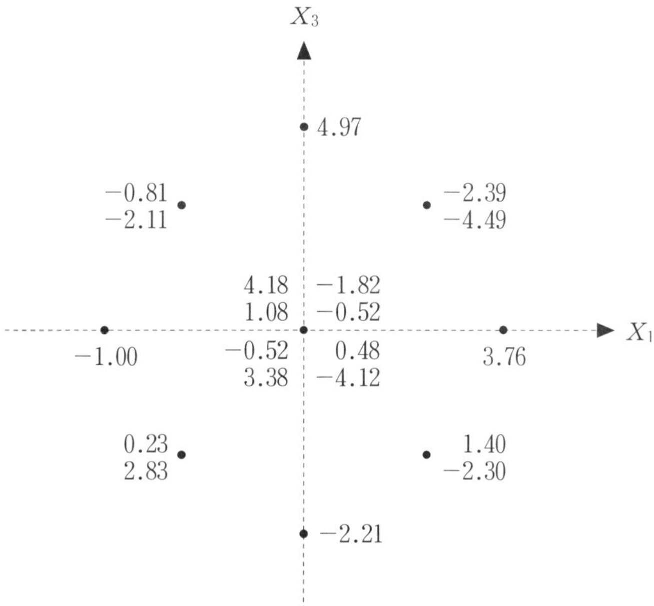

자료: Draper and Smith (1981: 401).

독립변수의 수가 3개 이내의 회귀모형에서는 자료를 2차 평면이나 3차 공간에 표시하는 것이 가능하다. 이 경우 독립변수에 따른 잔차의 변화를 분석할 때 〈그림 4-7〉에서 보는 것처럼 점으로 표시된 자료 옆에 잔차의 값을 표시하는 것도 상황을 시각적으로 잘 파악할 수 있게 해주는 한 방법이 될 것이다. 그러나 이러한 방법은 3개 이상의 독립변수가 포함된 회귀모형에서는 활용하기 어렵다.

여기서 한 가지 지적해둘 것은 잔차분석을 위한 많은 통계 프로그램들이 잔차의 실제값(ε_i) 대신에 여러 종류의 표준화된 잔차(standardized residual)를 사용하기도 한다는 점이다. 이들 중 가장 간단한 방식으로 표준화된 잔차가 표준화 잔차(ε_{is})로, 이는 잔차를 오차제곱평균(MSE)의 제곱근 값으로 나눈 것이다.

$$\varepsilon_{is} = \frac{\varepsilon_i}{\sqrt{\text{MSE}}} \tag{4.2.3}$$

따라서 표준화된 잔차(ε_{is})는 평균값 0과 표준편차 1의 값을 지니며, 이를 도표로 표시할 때 X축, Y축의 척도에 구애받지 않기 때문에 잔차산점도를 서로 비교하기에 편리하다. 그밖에는 잔차의 실제값(ε_i)을 사용하는 것과 비교할 때 별다른 차이점이 없는 것으로 간주하여도 무방하다. 이밖에도 다른 방식으로 잔차를 표준화시킬 수 있는데, 이에 대한 자세한 설명과 예시는 다음 절의 이상점에 대한 논의에서 제시할 것이다.

이상 살펴본 것처럼 잔차를 그림으로 표시해 보는 방법 이외에도 회귀분석의 기본 전제에 대한 위반 여부를 검증하기 위하여 개발된 몇 가지 통계적인 기법들이 있다(Draper and Smith, 1981; Anscombe and Tukey, 1963; Farebrother, 1976; Cox and Snell, 1971). 그러나 이 방법들은 매우 복잡하고 고도의 통계적인 지식을 요하는 것이므로 여기서는 생략하기로 한다.

4. 3 회귀모형의 진단

Box(1980)는 통계적 모형구축 과정을 〈그림 4-8〉과 같은 순환적 절차로 설명하고 있다. 일반적으로, 수집된 자료에 대한 통계분석을 실시하는 것이 (1), (2), (3)의 과정만을 포함하는 것으로 생각하기 쉽다. 그러나 이러한 분석과정은 자료가 사용된 통계기법의 모든 가정을 충족한다는 전제하에서만 정당성을 확보할 수 있다. 실제 상황에서는 그러한 경우가 매우 드물기 때문에 (4)의 검토과정을 거치지 않는 경우에는 분석결과를 신뢰할 수 없게 된다.

그림 4-8 통계분석의 순환적 절차

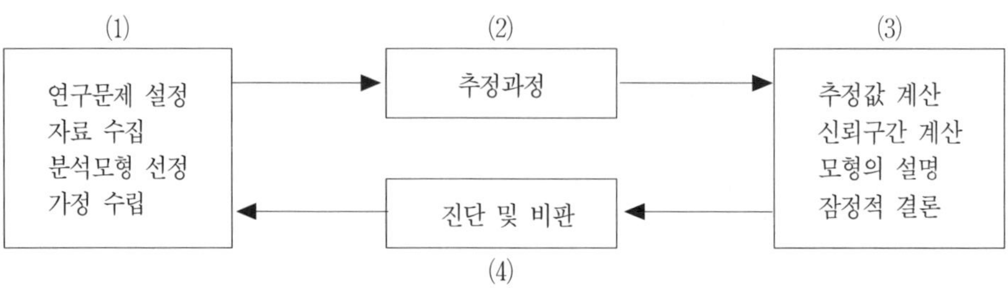

표 4-4 4개의 가상적 자료

I		II		III		IV	
X	Y	X	Y	X	Y	X	Y
10.00	8.04	10.00	9.14	10.00	7.46	8.00	6.58
8.00	6.95	8.00	8.14	8.00	6.77	8.00	5.76
13.00	7.58	13.00	8.74	13.00	12.74	8.00	7.71
9.00	8.81	9.00	8.77	9.00	7.11	8.00	8.84
11.00	8.33	11.00	9.26	11.00	7.81	8.00	8.47
14.00	9.96	14.00	8.10	14.00	8.84	8.00	7.04
6.00	7.24	6.00	6.13	6.00	6.08	8.00	5.28
4.00	4.26	4.00	3.10	4.00	5.39	19.00	12.50
12.00	10.84	12.00	9.13	12.00	8.15	8.00	5.56
7.00	4.82	7.00	7.26	7.00	6.42	8.00	7.91
5.00	5.68	5.00	4.74	5.00	5.73	8.00	6.89

위의 4 자료는 모두 다음과 같은 동일한 통계값을 가지고 있다.

$n = 11$, $\bar{X} = 9.0$, $\bar{Y} = 7.5$

추정 회귀식: $Y = 3 + 0.5X$

β의 표준오차: 0.118, $t = 4.24$

상관계수 $r = 0.82$, 결정계수 $R^2 = 0.67$

회귀모형의 진단(regression diagnostics)이란 주어진 자료로부터 추정된 회귀모형과 그 자료 간에 서로 일치되지 않는 사항들을 찾아내는 과정을 말한다. 이러한 과정은 크게 두 부분으로 나눌 수 있다. 첫째는 자료에 관한 진단이고, 둘째는 모형에 관한 진단이다. 자료 진단은 각 관찰값(observation)이 추정된 회귀모형과 계수 추정값에 얼마나 영향을 미치는지를 알아보는 과정이다. 자료 진단과정에서는 주로 다음과 같은 사항들을 각각의 관찰값에 대해 구하고 그 영향의 크기를 판단한다: 이상점(outlier) 여부, 지렛점(leverage)의 크기, 추정값 계산에 끼친 영향 등.

한두 개의 관찰값이 회귀분석 결과에 미치는 영향에 대해서는 Anscombe(1973)가 만든 〈표 4-4〉의 가상적 자료를 사용하여 작성된 〈그림 4-9〉의 산점도(scatterplot)를 보면 잘 알 수 있다. 이 4개의 산점도 자료를 회귀분석하여 얻은 결과는

그림 4-9 동일한 통계값을 가진 4개 자료의 산점도 (<표 4-4>의 자료)

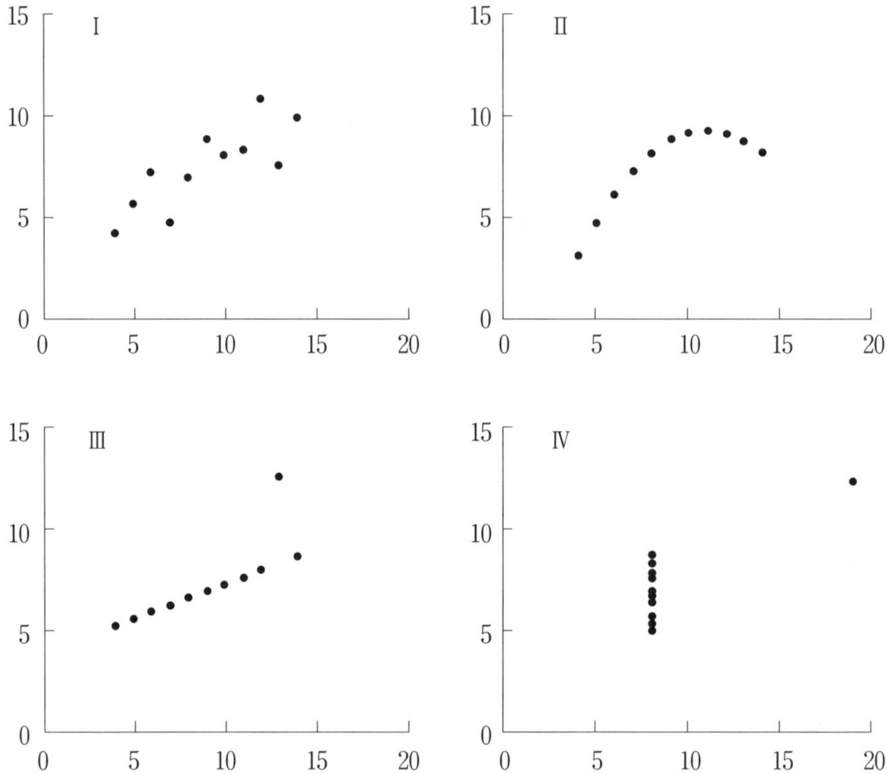

모두 같다. 서로 다른 형태를 가진 4개의 자료에서 잔차의 분포만 제외하고는 회귀계수, 상수항, 결정계수, 회귀계수의 표준오차 등이 모두 똑같이 계산된다. 그러나 각 산점도가 보여주는 것처럼 독립변수와 종속변수 사이의 관계는 서로 다르다. 따라서 이러한 경우, 회귀분석의 결과를 <그림 4-8>의 네 번째 단계, 즉 '진단 및 비판'의 과정 없이 제시하게 되면 변수 사이의 관계의 본질을 왜곡할 가능성이 커진다.

4.4 이상점(outlier)의 진단

최근 PC를 사용한 통계 패키지가 널리 보급됨에 따라 회귀분석 기법은 통계에 전문적인 지식이 없는 사람들도 손쉽게 사용할 수 있게 되었다. 컴퓨터는 말 그대로 GIGO(garbage in, garbage out), 즉 쓰레기 같은 자료가 입력되면 형편없는 결과가 산출된다. 따라서 자료를 회귀모형으로 분석하기 전에 입력된 자료의 질(quality)을 유심히 살펴보아야 한다. 특히 회귀모형의 가정에 맞지 않는 엉뚱한 자료를 입력하였을 때는 분석결과를 믿을 수 없다.

자료의 질을 떨어뜨리는 대표적인 사례로 이상점(outlier)을 들 수 있다. 이상점이란 한 변수 또는 둘 이상의 변수에 대해 정상범위 밖으로 아주 동떨어진 관측값을 지녀 잔차의 값이 매우 커진 사례를 의미한다. 이상점은 회귀식을 추정하는 과정에서 다른 평범한 사례들에 비해 훨씬 강한 영향을 미친다. 이는 독립변수나 종속변수에서 모두 발견될 수 있으며, 종종 제1종 오류(type Ⅰ error)나 제2종 오류(type Ⅱ error)를 유발시키는 원인이 된다.

이러한 이상점이 생기는 원인으로는 일반적으로 다음의 네 가지 경우를 생각할 수 있다.

(1) 부정확한 자료를 입력했을 경우.
(2) 컴퓨터 프로그램을 작성하는 과정에서 결측값(missing value)을 규정하지 못하여 이것이 실제값으로 읽혔을 경우.
(3) 표집과정에서의 착오로 모집단에 포함되지 않는 사례가 표본으로 선택되었을 경우.
(4) 모집단이 정규분포가 아니라 편포(skewed distribution)를 이루어 극한값들이 존재하는 경우.

회귀분석 과정에서 발견된 이상점에 대한 대처방안은 이들이 어떠한 요인에 의해서 생겼느냐에 따라 달라진다. 이상점이 자료수집이나 처리과정에서의 오류에 기인하는 것이라면 자료를 재점검하여 정정하면 된다. 만약 자료가 정확한 것으로 확인되면, 우선 이상점들을 많이 수반하는 변수의 속성을 살펴볼 필요가 있다. 그 결과 회귀모형에 필요불가결한 변수가 아니면 변수를 회귀모형에서 제거하거나 다른 변수로 대체하여 이상점의 수를 줄이는 것도 한 가지 방안이 될 것이다. 또한 다른 모집단에 속하는 사례들이 표본으로 잘못 선택되어 이상점으로 나타났을 경우 역시 이들을 제외시키고 분석하면 된다. 마지막으로, 이상점으로 나타난 극한값이 편포를 이루는 모집단에서의 실제값으로 판명되면, 이 값을 변환(transform)시켜 정규분포에 가까운 형태로 바꾸거나 또는 다른 적절한 값을 부여하여 이상점들이 회귀식의 추정에 미치는 영향력을 축소시킨다. 다른 값을 부여하는 방법은, 임의로 상한과 하한을 설정하고 그 한계를 벗어나는 극한적인 값들을 상한과 하한값으로 정정하여 분석에 포함시킨다.

그런데 이상점을 제외시키거나 변형시키는 경우에는 매우 세심한 주의가 필요하다. 이들이 측정상의 오류나 자료처리 과정에서의 오류에서 비롯된 것이 아니라면 그 존재이유를 철저히 규명하고 이론적인 근거를 찾으려고 노력해야 한다. 이상점들은 일반적으로 간과되기 쉬운 자료의 유의미한 특성에 기인하는 것일 수도 있으며, 이 경우 분석대상에 대한 매우 중요한 정보의 실마리를 제공하게 된다는 것을 항상 염두에 두어야 한다. 또한 이상점이 모집단의 특성을 적절히 나타내는 것이라면 그대로 포함시키는 것이 오히려 바람직할 경우도 있다.

그러면 이제 회귀분석에서 이상점을 진단하는 구체적인 방법에 대해서 살펴보기로 하자. 여기서는 진단방법을 크게 다음의 여섯 가지로 나누어 소개하고자 한다.

4.4.1 잔차의 크기에 의한 검색

X와 Y 변수간의 함수관계를 밝히고자 하는 회귀분석에서 첫 단계로 해야 하는 작업이 회귀식의 올바른 추정이다. 일단 X, Y 두 변수가 선형관계를 지닌다고 가정하면 두 변수의 관계는 다음과 같은 방정식으로 나타낼 수 있다.

$$Y = \alpha + \beta X \tag{4.4.1}$$

이 회귀식을 사용하면 X의 어떤 값이 주어질 때 Y값의 변화나 크기를 예측할 수 있다. 그러나 Y의 모든 관찰값이 (4.4.1)의 회귀식에 의해 설명되는 것은 아니다. 여기서 i번째 관측에서 X로부터 Y의 값을 예측하는 데 따르는 오차를 인정하면, 실제 회귀식은 다음과 같이 쓸 수 있다.

$$Y = \alpha + \beta X + \varepsilon \tag{4.4.2}$$

이 경우 예측된 회귀식은

$$\widehat{Y} = \alpha + \beta X \tag{4.4.3}$$

이 되고 회귀식에 의한 예측값과 실제 관찰값과의 차이, 즉 잔차 ε은 다음과 같이 표시된다.

$$\varepsilon = Y - \widehat{Y} \tag{4.4.4}$$

회귀분석에서 가장 중요한 것은 제안된 이론적 모형이 실제 자료를 잘 추정해내는 것이다. 여기서 잘 추정한다는 것은 실제 관찰값 Y와 회귀식에 의해 추정된 기대값 $\widehat{Y}$와의 차이, 즉 $Y-\widehat{Y}$이 작음을 의미한다. 이것은 (4.4.2)에서 (4.4.3)을 뺀 것으로 $Y-\widehat{Y}$은 $(\alpha+\beta X+\varepsilon)-(\alpha+\beta X)$로 $Y-\widehat{Y}=\varepsilon$의 관계를 갖는다. 따라서 잔차항 ε의 크기를 최소화화는 형태로 회귀식을 구하는 것이 OLS 방식이다. n개의 관찰값에서 이것을 수식으로 표시하면,

$$\text{Minimize} \sum_{i=1}^{n} \varepsilon_i^2 = \text{Minimize} \sum_{i=1}^{n} (Y_i - \widehat{Y}_i)^2 \tag{4.4.5}$$

등식 (4.4.5)에 의하면 ε_i가 클 경우 관찰값(Y_i)이 회귀식의 기대값($\widehat{Y}_i$)에서 많이 벗어나게 되어 이상점일 가능성이 높다. 따라서 ε_i의 크기를 비교하면 이상점의 존재 여부를 판단할 수 있다. 그러나 이 ε_i값을 써서 이상점을 찾을 경우, 잘못된 결론을 내릴 가능성도 있다. 왜냐하면 각 관찰값에서의 ε_i가 갖는 분산이 서로 다르기 때문이다. 일반적으로 X값이 양극단으로 갈수록 ε_i의 분산 $\text{Var}(\varepsilon_i)$가 작아지는 경향이 있다. 그 결과 회귀식에서 직접 계산한 ε_i를 사용해 이상점을 찾을 경우 분포의 양극단에 있는 관찰값들보다 X값들의 평균 근처에 있는 관찰값들의 분산이 커지기 때문에 일반적으로 회귀선에서 많이 떨어져 있게 되어, 이들

을 이상점으로 판정하게 되는 모순이 생긴다. 역으로, 양극단에서의 잔차분산은 작아져 실제로는 이상점일지라도 식별하지 못하는 경우가 생긴다. 그러므로 ε_i의 분산을 서로 같게 표준화시켜 비교할 필요가 생긴다. 이것이 표준화 잔차 ε_{is}값(standardized ε_i)이다. 이것은 등식 (4.2.3)에서와 같이 관찰된 잔차 ε_i를 잔차의 오차제곱평균(MSE)의 제곱근 값으로 나누어준 것이다.

표준화된 ε_{is}값을 기대값 Y와 서로 대응시켜 잔차산점도로 그려주면 이상점을 손쉽게 발견할 수 있다. 이 표준화 ε_{is}값은 평균이 0이고 표준편차(SD)가 1로 표준화되어 있기 때문에 ±2의 값 안에 약 95%의 잔차들이 위치하게 된다. 따라서 표준화 ε_{is}의 절대값이 2보다 큰 관찰값은 왜 추정된 잔차가 큰가를 유심히 살펴볼 필요가 있고, 이것이 이상점일 가능성이 높다.

그러나 표준화 ε_{is}는 모든 잔차항의 분산을 $\sqrt{\text{MSE}}$로 같다고 규정하는데, 앞에서 설명한 것처럼 잔차의 분산은 실제 서로 같지 않다(등식 (4.4.8) 참조). 따라서 i번째 잔차의 실제분산을 계산해 이것으로 각 잔차를 표준화시킨 것이 스튜던트화 잔차 ε^*_{is}(studentized ε_i)이다. 이 스튜던트화 잔차는 ε_{is}를 다음에 설명할 지렛점값(h_{ii})을 사용해 수정한 것이다($\varepsilon_{is}/\sqrt{1-h_{ii}}$). 따라서 스튜던트화 잔차는 표준화 잔차에 비해 이상점을 판정하는 데 더 좋은 통계값으로 여겨진다. 일반적으로 자료의 수(number of observations)가 많아지면 표준화 잔차와 스튜던트화 잔차의 차이는 작아진다. ε_{is}의 값과 ε^*_{is}값과의 관계는 다음과 같다(Belsley et al., 1980).

$$\varepsilon^*_{is} = \frac{\varepsilon_{is}}{\{[(n-k)/(n-k-1)] - [\varepsilon^2_{is} - (n-k-1)]\}^{\frac{1}{2}}} \qquad (4.4.6)$$

그런데 표준화 잔차 또는 스튜던트화 잔차의 계산 공식을 보면 분모, 분자에 모두 i번째 잔차(ε_i) 항이 포함되어 있어 서로 독립적(independent)이지 않다. 그러므로 t분포(t-distribution)에 의한 통계값을 정확히 계산할 수 없다(Hoaglin and Welsch, 1978). 이러한 문제를 해결하기 위해 i번째 관찰값을 제외하고 $(n-1)$개의 표본만 사용해 회귀식 $Q_{(-1)}$를 추정한 후 이 회귀식의 잔차분산을 분모에 적용해 구한 것이 삭제된 스튜던트화 잔차($\varepsilon^*_{(-i)}$) 값이다. ( ) 안 $-i$는 i번째 항을 삭제하고(with observation i-th deleted)라는 뜻이다. 경우에 따라서 이렇게 i번째 관찰값을 제외하고 얻은 잔차를 외적 잔차(external residual), 그리고 모든 자료를 다 사용해 계산한 것을 내적 잔차(internal residual)라고도 부른다. 이렇게 변환된 잔차값들은 t분포를 따르게 되어, 일반 t검증과 마찬가지로 관찰값의 잔차항이 평균(0)으로부터 얼마나 떨어져 있는가에 대한 통계적 유의도 검증(significance test)을 할 수 있다. 그러나 자료에 있는 n개의 값들에 대해 모두 t검증을 할 경우 제1 종 오류(type I error)가 누적될 수 있다. 이러한 경우에는 Bonferroni 방법을 사용해 제1종 오류의 누적을 통제할 수 있다.

4.4.2 회귀식의 지렛점 값(leverage point)에 의한 검색

등식 (4. 4. 5)의 오차항 ε_i 계산을 행렬식(matrix)을 써 표시하면 다음과 같다.

$$\begin{aligned}\varepsilon_i &= Y_i - \widehat{Y}_i \\ &= (\mathbf{I} - \mathbf{H})Y \qquad (4.4.7)\end{aligned}$$

여기서 **I**는 단위행렬(identity matrix)이고 **H**는 해트행렬(hat matrix)로 $\widehat{Y} = \mathbf{H}Y$의 관계를 갖는다. 행렬식으로는 $\mathbf{H} = \mathbf{X}(\mathbf{X}'\mathbf{X})^{-1}\mathbf{X}'$로 나타낸다. 다시 말해 **H**는 원래 관찰값 Y(raw data)를 회귀식에 의한 기대값 $\widehat{Y}$로 투사해 주는 행렬(projection matrix)이 된다. 따라서 i번째 관찰값에 대응하는 **H** 행렬의 값이 회귀식의 잔차 ε_i를 최소제곱법으로 최소화하는 데 커다란 역할을 한다. 예를 들어, 10번째 **H** 행렬의 값이 가장 크면 이 관찰값은 등식 (4. 4. 5)를 최소화하여 회귀식을 구하는 과정에서 가장 큰 영향을 미친 것이다. 따라서 가장 큰 **H** 행렬 값이 어느 것인가를 살펴보면 몇 번째 관찰값이 회귀식을 계산하는 데 가장 커다란 작용을 했는가를 알 수 있다. 이 **H** 행렬 중 대각항(diagonal) h_{ii}는 회귀식을 추정하는 데 i번째 관찰값의 지렛점(leverage value) 값이다. h_{ii}값의 범위는 $0 \le h_{ii} < 1$로, 만약 그 값이 0이면 회귀식을 추정하는 데 아무런 영향을 미치지 않으며, 1일 때는 회귀식의 추정이 전적으로 i번째 관찰값에 의해 결정되는 것을 말한다. h_{ii}의 평균값은 $(k+1)/n$으로 k는 회귀식에서 사용한 X변수의 수이고 n은 사용된 표본의 수이다(Chatterjee and Hadi, 1988). 그러므로 h_{ii}의 값이 평균값보다 상

당히 클 때는 이 관찰값이 회귀식을 추정하는 데 큰 영향을 미친 이상점일 가능성이 높다고 본다.

그리고 i번째 관찰값의 잔차항 ε_i의 분산(variance)은 등식 (4.4.7)에서와 같이 회귀식의 평균분산(σ^2)을 **H** 행렬로 투사(mapping)한 것으로 나타낼 수 있다(Cook and Weisberg, 1982). 따라서 분산 $\mathrm{Var}(\varepsilon_i)$는 다음과 같다.

$$\mathrm{Var}(\varepsilon_i) = \sigma^2(1 - h_{ii}) \tag{4.4.8}$$

우리는 등식 (4.4.8)에서 잔차항의 분산이 h_{ii}값과 직접적으로 연관되어 있다는 것을 알 수 있다. 즉, h_{ii}가 크면 $\mathrm{Var}(\varepsilon_i)$가 작아지는데, h_{ii}가 최대일 때 $\mathrm{Var}(\varepsilon_i)$가 최소로 된다. 이것은 회귀식을 추정하는 데 가장 큰 영향을 미친 i번째 관찰값의 잔차가 가장 적어지는 방식으로 회귀식이 계산된다는 것이다. 따라서 지렛점이 큰 관찰값의 잔차는 상대적으로 작아져 우리가 일반적으로 생각하는 이상점의 개념과 괴리가 생긴다. 분포의 양쪽 끝에 위치한 극한값들은 회귀식의 추정에는 커다란 영향을 미치지만, 반대로 잔차는 작아져 ε_{is}^* 값이 통계적으로 유의미하지 않게 나올 가능성이 있다. 반면에 X변수의 평균값 근처에 있는 경우에는 기대값($\widehat{Y}_i$)에서 멀리 떨어져 있어 잔차가 크더라도 회귀식을 계산하는 데 미치는 영향은 상대적으로 크지 않다. 이 때는 ε_{is}^*가 통계적으로 유의미하게 크지만 회귀식 추정에는 영향을 별로 미치지 않는다는 것이다. 〈그림 4-10〉이 이러한 점을 잘 설명해 주고 있다.

이 그림에는 A, B, C 세 종류의 동떨어진 관찰값이 표시되어 있다. A, B, C 모두 다른 점들의 집단에서는 멀리 떨어져 있어 이상점일 가능성이 높다. A, B, C를 자료에서 제외하면 가운데 회귀선이 그려질 것이고, 이것이 자료를 가장 잘 대표하는 회귀선이 될 것이다. 그러나 X값의 양극단에 있는 B나 C 값이 포함되면 회귀선은 맨 위 또는 아래쪽으로 변하게 되어 엉뚱한 해석을 할 가능성이 있다. 여기서 관심 있게 보아야 할 점은 세 개의 회귀선이 모두 한 점(L)을 지렛대 삼아 상, 하로 움직인다는 것이다. 이 L점은 X와 Y값의 평균점이다. 우리가 시소를 탈 때 시소가 지렛대 점을 중심으로 상하로 움직이는 것과 같은 원리이다. 또한 중심에서 먼 곳에서는 조금만 움직여도 시소의 균형이 급격히 변하는 것처럼

그림 4-10 가상적 이상점을 포함한 자료의 산점도

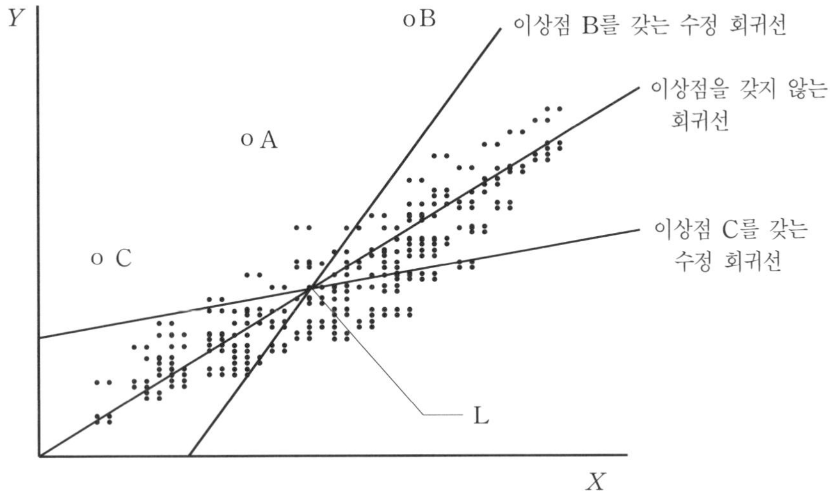

X값의 양극단에 위치하는 관찰값들은 회귀식 계산에 커다란 영향을 미친다. 같은 원리로 지렛대 중심 근처에서는 아무리 무거운 사람이 타도 별로 시소의 균형에 영향을 주지 않는다. 이것이 〈그림 4-10〉의 A점으로 회귀식에 의한 기대값에서는 멀리 떨어져 있지만 중심점 근처에 위치하고 있어 회귀식 계산에 별다른 영향을 끼치지 않는다. 따라서 B와 C점은 지렛점 값(h_{ii})으로는 영향력이 크지만 회귀 기대값과의 잔차는 작아, 계산된 회귀모형에 의해 잘 설명되는 관찰값이라 볼 수 있다. 그리고, A점은 잔차가 커서 회귀식과 잘 맞지는 않지만 추정에 영향을 미칠 수 없고, 회귀식에 의해 설명이 잘 안되는 관찰값이라 볼 수 있다. 그러므로 관찰값과 회귀식 기대값의 편차인 ε_i를 사용해 이상점을 찾거나, 회귀식 계산에 영향을 주는 지렛점의 크기만으로 이상점을 발견하는 것에는 문제가 있다. 결론적으로 회귀식에서 이상점을 발견하기 위해서는 잔차 ε_i와 지렛점 값(leverage point)을 함께 고려하는 방법을 사용해 종합적으로 분석하는 것이 바람직하다(Cook and Weisberg, 1982).

4.4.3 회귀계수에 미치는 영향력 분석

앞에서 회귀식의 이상점을 발견하기 위해서는 회귀식 계산에 영향을 미치는 지렛점과 ε_i를 함께 고려해야 한다고 하였다. 이 두 가지를 함께 고려하여 회귀식의 회귀계수(β) 계산에 영향을 주는 관찰값을 찾아내는 방식 중 가장 간단한 것은 $\varepsilon^*_{(-i)}$ 계산에서 사용한 것과 마찬가지 방법인 $(-i)$, 즉 i번째 관찰값을 제거했을 때 회귀계수 β가 얼마나 변하는가를 계산해, 그 차이가 큰 점을 영향력이 가장 큰 이상점으로 간주하는 방법이다. 모든 관찰값을 포함한 회귀식의 회귀계수 β와 i번째 관찰값을 뺀 회귀식의 회귀계수 $\beta_{(-1)}$의 차이 d_i는 다음과 같다.

$$d_i = \beta - \beta_{(-i)} \tag{4.4.9}$$

그리고 등식 (4.4.9)는 Var(β)에 의해 표준화(standardized)시킬 수 있는데, 여기서 i번째 관찰값을 제거한 후 분산의 제곱근으로 나누어주면 다음 등식을 얻을 수 있다.

$$d_i^* = \frac{d_i}{\sqrt{\mathrm{Var}(\beta_{(-i)})}} \tag{4.4.10}$$

Belsley 등(1980)은 등식 (4.4.9)의 값을 DFBETA라고 부르고, 등식 (4.4.10)에 의해 계산된 값을 DFBETAS로 명명하였다. DFBETA와 DFBETAS는 i번째 관찰값의 영향이 회귀계수 계산에 직접적으로 미친 영향을 고려한 것으로 많은 양의 계산이 필요하다. k개의 X변수를 사용한 회귀식의 경우 상수항 α를 포함하면 $n(k+1)$개의 DFBETA나 DFBETAS의 값을 계산해야 한다. 표본의 크기(n)가 과도하게 크지 않은 한, PC를 사용해도 $n(k+1)$개의 DFBETA나 DFBETAS 값을 짧은 시간 안에 계산할 수 있다. 그러나 문제는 $n(k+1)$개의 값들을 해석해야 하는 데 있다. 예를 들어, 500개의 표본과 5개의 X변수를 사용해 회귀식을 계산할 경우 $500\times(5+1)=3000$개의 DFBETA나 DFBETAS를 들여다보아야 한다. 따라서 DFBETA나 DFBETAS는 실용적인 면에서 사용에 제한이 따른다.

Cook(1977)은 DFBETA 값이 지니는 이러한 문제점을 보완하고, β와 $\beta_{(-i)}$의 차이에 대한 통계적 F검증 방법을 원용하여 i번째 관찰값이 회귀계수의 계산에 미치는 영향계수 Cook's D_i (Cook의 거리)를 제안하였다. Cook's D_i의 계산 공식은 다음과 같다.

$$D_i = \frac{\varepsilon_{is}^{*2}}{k+1} \cdot \frac{h_{ii}}{1-h_{ii}} \qquad (4.4.11)$$

등식 (4.4.11)의 전반부는 i번째 스튜던트화 잔차를 포함하고 있고, 후반부는 지렛점의 값(h_{ii})의 비율로 표시되었다. 따라서 D_i는 잔차 ε_i와 지렛점 h_{ii}도 함께 고려해 회귀식 계산에서 어떤 관찰값이 진정으로 영향을 미쳤는가를 알 수 있게 해준다. DFBETA 값에 비해 D_i는 n개의 값만 계산되어 해석에도 노력이 훨씬 덜 든다. 이 D_i 값은 i번째 관찰값이 회귀계수 계산에 미친 집합적 효과(aggregate influence)를 나타낸다. 비슷한 맥락에서 Belsley 등(1980)도 DFFITS 계수를 제안하였다. 자료가 아주 이상하게 분포되지 않는 한, $D_i = \text{DFFITS}^2 / (k+1)$의 관계를 갖는다(Fox, 1991). SPSSWIN에서는 DFFITS를 Standardized DFFIT로 표시하고, 이것의 비표준화계수인 DFFIT도 함께 계산해 준다(〈그림 4-16〉 참조).

4.4.4 공분산 팽창비(ratio of covariance inflation)의 활용

회귀방정식에서 추정된 회귀계수($\hat{\beta}$)들은 각각 고유한 표준오차를 갖는다. 표준오차가 클 경우 신뢰구간(confidence interval)이 넓어져 $\beta = 0$의 값을 포함할 확률이 커진다. 따라서 회귀계수의 표준오차의 크기에 커다란 영향을 미치는 관찰값은 문제의 소지가 있는 이상점일 가능성이 있다. 제 2 장에서 이미 설명한 것처럼, 회귀계수의 표준오차는 다음과 같은 공식을 써서 계산한다.

$$S_{\hat{\beta}} = \sqrt{\frac{\text{MSE}}{\sum (X_i - \bar{X})^2}} \qquad \begin{matrix}(2.4.3)\\(4.4.12)\end{matrix}$$

등식 (4.4.12)를 보면, X의 값이 평균에서 양극단으로 멀리 떨어진 관찰값이 많을수록 분모가 커져 회귀계수의 표준오차가 작아진다. 즉, 〈그림 4-10〉의 B나

C 형태의 관찰값들은 X변수의 입장에서는 극한값이나, 회귀계수의 추정에서는 표준오차의 값을 작게 만들어 오히려 도움이 된다는 것이다. 이는 회귀선의 양극단에 있는 이상점들은 회귀식 추정에 미치는 지렛점(h_{ii})은 대단히 크지만, 그 결과 회귀선이 자신들의 값 근처에까지 접근하게 되어 잔차 ε_i가 작아지기 때문이다. 그러나 〈그림 4-10〉의 A와 같은 이상점들은 $\bar{X}$ 근처에 위치해 있기 때문에 (4.4.12)에서 회귀계수 표준오차의 값을 크게 만든다. 따라서 이러한 특성을 이용하면 A 유형의 이상점을 쉽게 발견할 수 있다. Belsley 등(1980)은 회귀계수간의 공분산이 집합적으로 얼마나 부풀어지느냐(ratio of covariance inflation)를 측정해 이러한 형태의 이상점을 밝히는 방안을 제시하였다. Belsley 등이 제안한 공분산 팽창비(공분산 비율, COVRATIO)의 계산식은 다음과 같다.

$$\text{COVRATIO}_i = \frac{1}{(1-h_{ii})\left(\dfrac{n-k-2+\varepsilon_{is}^{*2}}{n-k-1}\right)^{k+1}} \qquad (4.4.13)$$

등식 (4.4.13)은 i번째 관찰값이 회귀계수의 공분산 추정에 미치는 영향을 지렛점 값(h_{ii})과 스튜던트화 잔차(ε_{is}^*) 값의 함수로 나타내었다. 따라서 h_{ii}가 클 경우 분모의 $(1-h_{ii})$가 작아져 COVRATIO의 값을 크게 하는 방향으로 작용하나, ε_{is}^* 값은 이것의 제곱이 다시 X 변수의 수 (k) 더하기 1, 즉 $(k+1)$의 승수로 곱해 주기 때문에 ε_{is}^* 값이 아주 작을 경우에는 전체적으로 COVRATIO의 값이 작아진다. 앞에서도 설명한 것과 같이, 극한값의 경우 h_{ii}의 크기는 크지만 추정 회귀선이 자신 근처로 당겨지기 때문에 잔차(ε_i)는 작아진다. 반면에, $\bar{X}$ 근처에서는 잔차가 커지더라도 회귀식이 따라서 움직여주지 않아 회귀식 추정에는 별 영향이 없지만(작은 h_{ii}값), ε_{is}^* 값은 그대로 큰 값을 유지한다. 따라서 등식 (4.4.13)에서 분모의 전반부 $(1-h_{ii})$는 커지고 COVRATIO 값을 끌어내리는 방향으로 작용하지만, 후반부의 ε_{is}^* 값이 승수(power) 형태로 곱해 주기 때문에 전체적으로는 COVRATIO의 값을 끌어올려 준다. 따라서 COVRATIO 값은 〈그림 4-10〉의 A 유형의 이상점을 발견하는 데 아주 유용하게 활용될 수 있다.

4.4.5 부분회귀(편회귀) 산점도의 활용

지금까지 논의한 이상점의 진단기법들은 이상점이 여러 집단으로 있을 경우에는 적용하기 힘들다. 일반적으로 자료에서 이상점은 여럿이 한꺼번에 집단적으로 나타나는 때가 많다. 이상점을 하나하나씩 단계적으로 발견해 처리하는 방식은 번거롭기도 하려니와, 정확하지도 않다(Chatterjee and Hadi, 1988). 그리고 이상점을 순차적으로 처리할 때, 순서상 복잡한 양상이 나타날 수 있다. 예를 들어, 첫 번째 단계에서 제일 큰 Cook's D값을 가진 관찰값 i를 제외한 후 $(n-1)$의 표본을 사용해 회귀식을 다시 추정하면 첫 단계에서 두 번째로 큰 Cook's D값을 가졌던 관찰값이 이번에는 제일 큰 값으로 나타나지 않고 엉뚱한 값이 튀어나오는 경우가 있다. 왜냐하면 i번째 이상점을 제외한 후 새로 계산한 회귀식은 전혀 새로운 형태의 관계를 나타낼 수도 있기 때문이다.

또한 여러 개의 이상점이 있을 경우 가장효과(masking effect)의 문제가 발생할 수도 있다(Barnett and Lewis, 1978). 가장효과 문제는 여러 개의 이상점이 집단적으로 회귀식 추정에 작용하여 그 근처의 지렛점 값(h_{ii})이나 잔차(ε_i)의 크기를 상대적으로 작게 만드는 것을 말한다. 다시 말해, 회귀식 추정에 큰 영향을 미치는 점이 하나 있을 때는 홀로 영향력을 행사하지만, 여러 개(p)가 주위에 밀집되어 있을 경우에는 그 영향력이 $1/p$만큼으로 줄어든다는 것이다.

여러 개의 관찰값이 집단적으로 회귀계수 β의 추정에 영향을 미치는 것을 알아보기 위해서는 부분회귀 잔차산점도(partial regression residual scatterplot)를 사용한다(Fox, 1991). 이것을 SPSSWIN에서는 편회귀 잔차산점도라고 부른다. n개의 표본 관찰값에서 p개의 하위 그룹 표본(subset sample)을 일일이 분석하는 것은 실제로 불가능하다. $n!/[p!\cdot(n-p)!]$개만큼의 하위 그룹 표본이 가능하기 때문에 이 모든 사례를 하나하나 분석한다는 것은 실제로 컴퓨터를 사용해도 계산량이 너무 많아진다. 따라서 X변수 중 X_1 변수를 제외하고 나머지 변수를 사용한 회귀모형의 잔차(ε_i)를 Y축으로 놓고, 이 모형에서 제외한 X_1 변수를 피예측변수(predicted variable)로 삼고 나머지 X변수들을 예측변수(predictor variable)로 하여 만든 새로운 회귀식의 잔차(ε_j)를 X축으로 한 잔차의 산점도를 그리면 모든 하위 그룹 표본을 만들지 않고도 여러 개의 관찰값이 집단적으로 β의 추정에 미친 영향을 알아낼 수 있다. 아래의 등식 (4. 4. 14)는 X_1 변수를 제외한 회귀식이고, 등식 (4. 4. 15)는 X_1에 나머지 X변수들을 회귀시킨 수식이다.

$$Y_i = b_0 + b_2 X_{2i} + \cdots + b_k X_{ki} + Y_i + \varepsilon_i \qquad (4.4.14)$$

$$X_{1i} = c_0 + c_2 X_{2i} + \cdots + c_k X_{ki} + X_i + \varepsilon_j \qquad (4.4.15)$$

등식 (4. 4. 14)와 (4. 4. 15)에서 알 수 있는 것은, 각 등식이 나타내는 회귀식에서 계산된 잔차는 X변수 중 X_1을 제외한 다른 변수들의 영향(effects)이 제거된 것이란 점이다. 또한 등식 (4. 4. 14)의 잔차 ε_i와 등식 (4. 4. 15)의 잔차 ε_j를 각각 Y축, X축으로 놓고 만든 산점도의 기울기(slope)는 X_1을 포함한 전체 회귀모형(full model)의 β_1의 값과 같다는 것을 알 수 있다(Fox, 1991). 따라서 이 잔차산점도에는 β_1 계수 추정에 집합적으로 영향을 미친 관찰값들이 나타나게 된다. 이 경우 산점도에 나타난 잔차값들은 모두 X_2, X_3, ..., X_k의 영향을 제거한 후 계산된 것이다. 이와 같은 방법으로 X_1, X_2, X_3, ..., X_k까지 각각 부분회귀 잔차산점도를 그려보면 이상점들의 집단을 발견할 수 있을 것이다.

4.4.6 이상점 판단의 통계적 임계값

이상점을 발견해내기 위한 통계값에 대해 학자들은 통계적 가설검증에서와 같이 이상점이 일반 자료의 중심영역에서 얼마나 떨어져야 과연 그것이 정말 '이상'(abnormal)하다고 보는가에 대한 판단을 할 수 있는 임계값들을 제시하였다. 일반적으로, 임계값은 가설검증에서 가장 많이 쓰이는 5% 수준을 사용하는 경우가 대부분이다.

(1) 지렛점(h_{ii}) 값: 지렛점 값이 $(k+1)/n$보다 2배 이상 크면, 회귀식 추정에 미치는 영향력이 너무 커지기 때문에 이상점일 가능성이 높다(Belsley et al., 1980). 이 지렛점(h_{ii})의 임계값은 X변수들이 다변량 정규분포(multivariate normal distribution)를 이룬다는 가정하에서 성립된다(Chatterjee and Hadi, 1988).

(2) ε_{is}^{*}(studentized ε_i): ε_{is}^{*}는 t분포를 따르기 때문에 5%의 극한값이 존재하는 범위는 대략적으로 $\pm 2 < |\varepsilon_{is}^{*}|$가 된다. 따라서 ε_{is}^{*}의 값이 ±2보다 크면 이상점이라고 의심할 수 있다.

(3) DFBETAS: 일반적으로 DFBETAS의 값이 크면, 해당 β 계수의 추정에 영향을 많이 끼친 관찰값이다. Belsley 등(1980)은 표본의 크기를 고려한 임계값을 $2/\sqrt{n}$으로 제안하고 있는데, DFBETAS의 절대값이 $2/\sqrt{n}$보다 크면 이 관측값은 주의깊게 살펴보아야 한다.

(4) Cook's D_i와 DFFITS: Chatterjee와 Hadi(1988)는 DFFITS의 임계값이 $2 \times \sqrt{(k+1)/(n-k-1)}$이며, 이보다 큰 값을 가진 사례는 이상점으로 보아야 한다고 주장하였다. D_i와 DFFITS가 거의 유사하기 때문에 Chatterjee와 Hadi의 임계값을 D_i로 환산하면 $D_i = 4/(n-k-1)$이 된다.

(5) COVRATIO: COVRATIO에 대한 임계값은 쉽게 구하기 어렵다는 약점을 지닌다. Belsley 등(1980)은 COVRATIO의 값이 $1 + [3(k+1)/n]$보다 크거나, $1 - [3(k+1)/n]$보다 작으면 이상점일 가능성이 높다고 하였다. COVRATIO의 하한값은 $n > 3(k+1)$일 경우에만 구할 수 있다.

이상에서 예로 든 임계값들은 대략적 값으로 하나의 지침이지 통계적 가설검증에서처럼 절대적인 임계값(cutoff point)은 아니다. 특히 표본의 크기가 클 때는 이러한 통계값들은 극단적인 이상점일 경우에도 앞에서 제시한 임계값보다 작아지는 경향이 있다. 회귀분석에서의 이상점이 전체 자료의 주된 영역에서 벗어나 있는 것이라는 관점에서 보면 이러한 통계값들에만 의존하기보다는 산점도와 같은 그래픽 기법을 사용해 상호 보완적으로 판정하는 것이 더 타당하다(Fox, 1991).

4. 5 산점도에 의한 이상점 분석사례

그러면 잔차산점도를 사용한 이상점의 실제 분석사례를 살펴보자. 김두섭(Kim, 1985)은 국제교차자료(cross-national data)를 이용하여 도시화 수준을 산업화 수준에 회귀시키고 〈그림 4-11〉에 점선으로 표시된 회귀식을 추정해냈다. 그리고 종속변수의 실제값과 기대값의 편차를 취하여 과잉도시화(over-urbanization)라는 새로운 변수를 창출하였다. 그러나 추정된 회귀식이 적절한 것인지를 확인하기 위하여 잔차를 분석하는 과정에서 4개의 이상점들이 발견되었다. 〈그림 4-12〉에서 산업화의 수준이 높아짐에 따라 잔차의 크기가 증가하는 경향을 발견할 수 있으며, 이는 이들 4개의 이상점들의 영향으로 인하여 회귀식의 상수항(Y절편)이 실제보다 과대추정되고, 반면에 기울기는 과소추정되었음을 시사하는 것이다. 그 결과 〈그림 4-11〉에서 보는 것처럼 추정된 회귀점선은 대부분의 점들을 잘 대변하지 못하

그림 4-11 도시화와 산업화의 관계에 관한 회귀분석

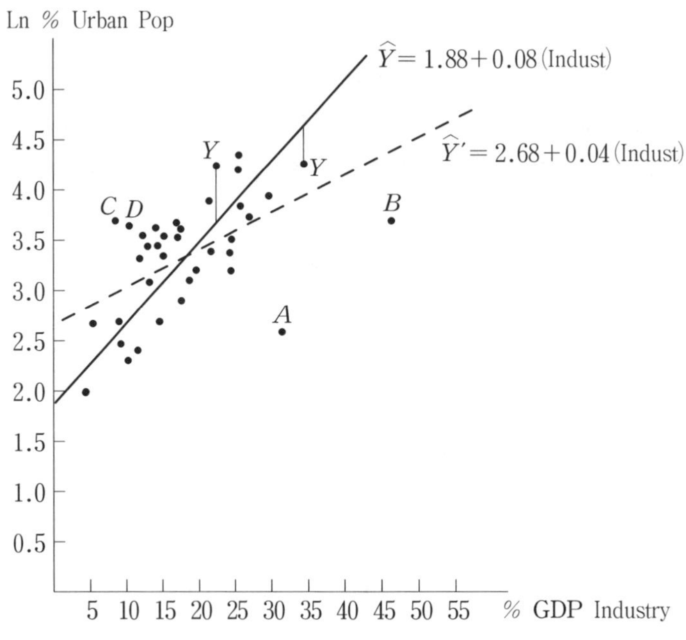

자료: Kim(1985: 171).

그림 4-12 산업화수준에 따른 비표준화 잔차 I: 회귀점선의 경우

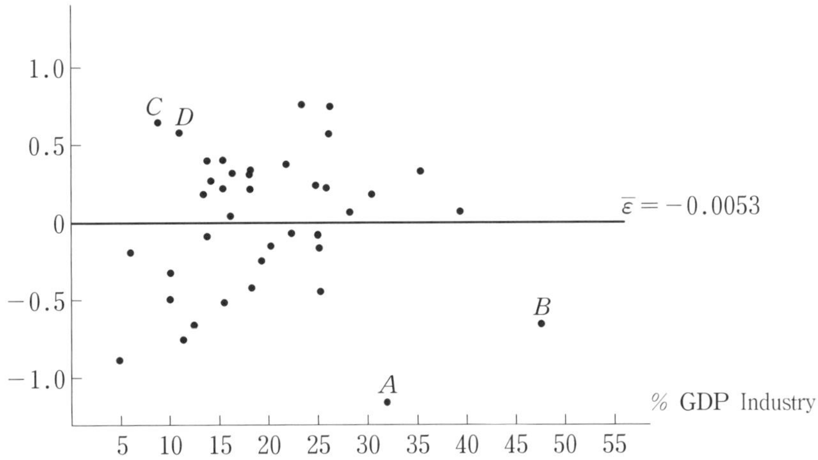

자료: Kim(1985: 172).

그림 4-13 산업화수준에 따른 비표준화 잔차 II: 회귀실선의 경우

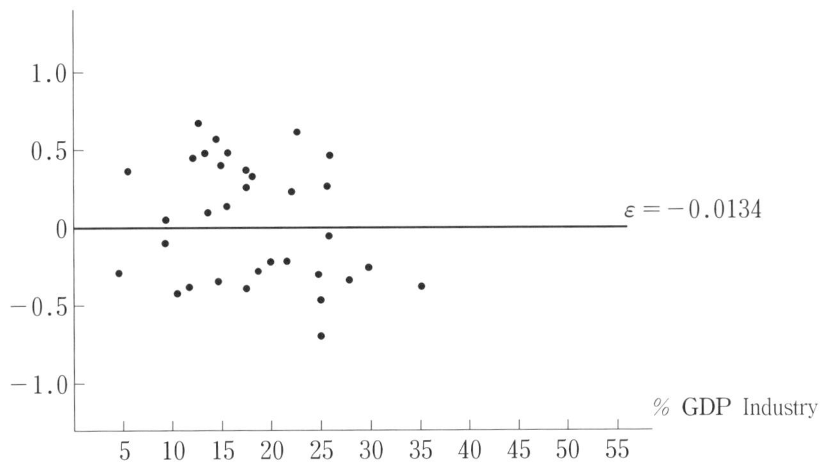

자료: Kim(1985: 173).

고 있다. 이들 4개의 이상점들은 자이레(A), 이라크(B), 요르단(C), 엘살바도르(D)로 밝혀졌으며, 이 나라들은 모두 국토나 인구규모가 매우 작거나 발전수준이 낮아 도시화와 산업화의 관계에 대한 일반화된 이론을 정립하는 데는 도움이 되지 않는 것으로 판단되어 분석대상에서 제외되었다. 〈그림 4-11〉에 실선으로 표시된 회귀선은 이들 4개의 이상점들을 제거하고 다시 회귀분석을 하여 얻은 것이다. 우리는 이 회귀실선이 점선으로 표시된 회귀선보다 더 적합한 것임을 시각적으로 쉽게 확인할 수 있다. 그리고 〈그림 4-13〉에 제시된 잔차의 새로운 산점도에서도 더 이상의 이상점이나 회귀분석의 기본 가정에 위배되는 현상이 발견되지 않고 있다.

4.6 SPSSWIN을 이용한 잔차분석

우리는 이미 〈그림 2-4〉와 〈그림 3-2〉에서 회귀분석 대화상자를 소개한 바 있다. SPSSWIN을 이용한 잔차분석은 회귀분석을 위한 대화상자를 사용해 수행할 수 있다. 〈그림 4-14〉에는 SPSSWIN 12.0(한글판)을 활용하여 이루어지는 잔차분석의 과정이 소개되어 있다. 이 그림에서 (1)의 대화상자를 살펴보면 왼쪽에 자료의 변수들이 제시되어 있다. 이 변수들은 〈표 4-1〉의 자료에서 발췌한 weight(몸무게)를 종속변수로, 그리고 height(키)와 age(나이)를 독립변수로 삼아 회귀분석을 하기 위한 것이다. 이 대화상자에 표시된 Method는 독립변수를 어떤 방식으로 회귀모형에 첨가하는가에 대한 선택사양이다. WLS Weight는 가중최소제곱모형을 산출하기 위한 것으로 가중변수를 선택할 수 있다.

회귀모형에 대한 잔차를 구하기 위해서 (1)에서 〈저장(A)〉 버튼을 클릭하면 (2)와 같은 잔차분석을 위한 대화상자가 열린다. (2)의 우측 상단에 있는 〈잔차〉에는 잔차와 관련된 메뉴가 제시되어 있다. 이 메뉴에서 필요한 잔차의 종류를 선택하여 마우스로 표시해주면 된다.

잔차분석을 실행시키면, (3)에 제시된 것처럼, 모든 사례에 대하여 선택된 잔차값들이 자료편집기 창(data edit window)에 뜨게 된다. 여기서 (2)의 좌측 상단에 있는 〈예측값〉 부분을 표시해 주면 원하는 기대값을 구할 수 있다. 〈거리〉에서는 〈Cook의 거리(H)〉와 〈Mahalanobis의 거리(K)〉, 그리고 〈레버리지값(G)〉

그림 4-14 SPSSWIN 회귀분석 대화상자를 이용한 잔차분석의 절차

(1) 회귀분석의 대화상자

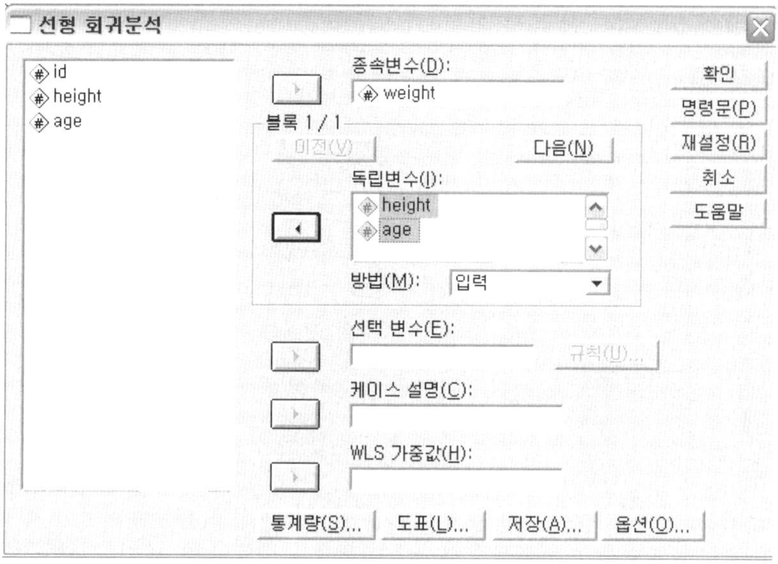

(2) 잔차분석을 위한 대화상자

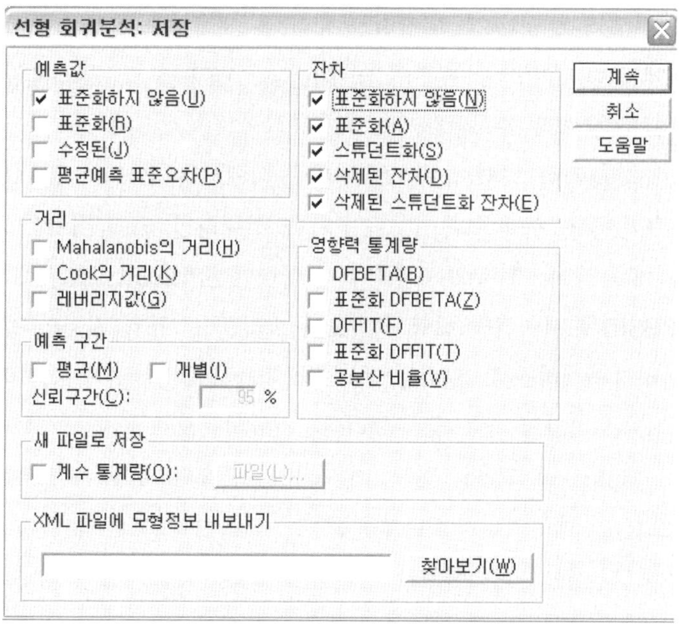

그림 4-14 SPSSWIN 회귀분석 대화상자를 이용한 잔차분석의 절차 (계속)

(3) 자료편집기 창에 제시된 잔차분석의 결과

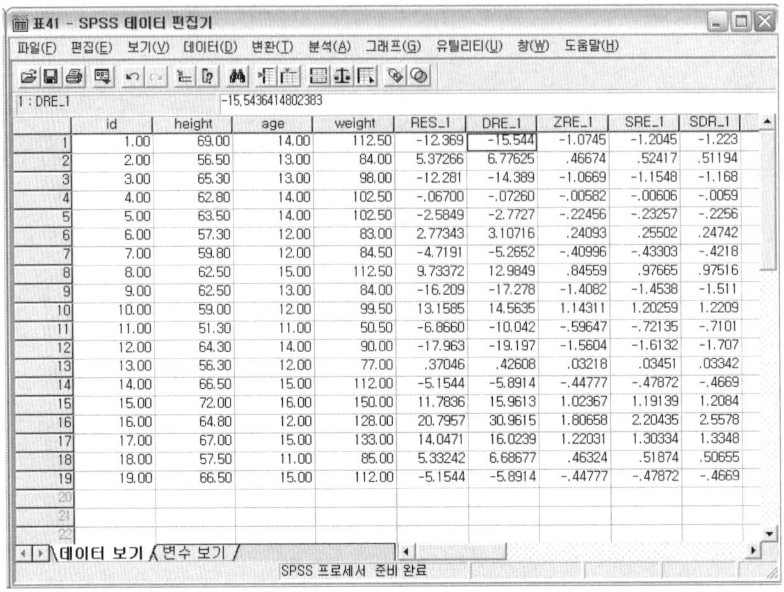

	id	height	age	weight	RES_1	DRE_1	ZRE_1	SRE_1	SDR_1
1	1.00	69.00	14.00	112.50	-12.369	-15.544	-1.0745	-1.2045	-1.223
2	2.00	56.50	13.00	84.00	5.37266	6.77625	.46674	.52417	.51194
3	3.00	65.30	13.00	98.00	-12.281	-14.389	-1.0669	-1.1548	-1.168
4	4.00	62.80	14.00	102.50	-.06700	-.07260	-.00582	-.00606	-.0059
5	5.00	63.50	14.00	102.50	-2.5849	-2.7727	-.22456	-.23257	-.2256
6	6.00	57.30	12.00	83.00	2.77343	3.10716	.24093	.25502	.24742
7	7.00	59.80	12.00	84.50	-4.7191	-5.2652	-.40996	-.43303	-.4218
8	8.00	62.50	15.00	112.50	9.73372	12.9849	.84559	.97665	.97516
9	9.00	62.50	13.00	84.00	-16.209	-17.278	-1.4082	-1.4538	-1.511
10	10.00	59.00	12.00	99.50	13.1585	14.5635	1.14311	1.20259	1.2209
11	11.00	51.30	11.00	50.50	-6.8660	-10.042	-.59647	-.72135	-.7101
12	12.00	64.30	14.00	90.00	-17.963	-19.197	-1.5604	-1.6132	-1.707
13	13.00	56.30	12.00	77.00	.37046	.42608	.03218	.03451	.03342
14	14.00	66.50	15.00	112.00	-5.1544	-5.8914	-.44777	-.47872	-.4669
15	15.00	72.00	16.00	150.00	11.7836	15.9613	1.02367	1.19139	1.2084
16	16.00	64.80	12.00	128.00	20.7957	30.9615	1.80658	2.20435	2.5578
17	17.00	67.00	15.00	133.00	14.0471	16.0239	1.22031	1.30334	1.3348
18	18.00	57.50	11.00	85.00	5.33242	6.68677	.46324	.51874	.50655
19	19.00	66.50	15.00	112.00	-5.1544	-5.8914	-.44777	-.47872	-.4669
20									
21									
22									

h_{ii}을 계산할 수 있고, 우측 하단의 〈영향력 통계량〉을 표시하면 앞장에서 설명한 영향점에 관한 통계값 DFBETA, 표준화 DFBETA, DFFIT, 표준화 DFFIT와 공분산비율의 값들을 얻을 수 있다.

잔차산점도(residual plot)에 의한 회귀모형 진단을 위해서는 〈그림 4-14〉의 (1) 대화상자에서 〈도표(L)〉을 선택한다. 〈도표(L)〉을 선택하면 〈그림 4-15〉의 대화상자가 열린다. 예를 들어, Y축에 표준화된 기대값인 ZPRED를, X축에는 표준화된 잔차항 ZRESID를 선택하면 해당 산점도를 그려준다. 또한 잔차의 정규성을 그래프로 확인하려면 〈히스토그램(H)〉과 〈정규확률도표(R)〉을 선택하면 된다. 〈히스토그램(H)〉은 〈그림 4-1〉을, 그리고 〈정규확률도표(R)〉는 〈그림 4-2〉를 그려준다. 그러나 이 장의 앞에 제시되었던 〈그림 4-1〉은 실제로는 SPSSWIN 〈그래프(G)〉 메뉴의 〈히스토그램(I)〉을 선택하여 그린 것이다. 〈그림 4-15〉의 〈히스토그램(H)〉 선택사양을 선택하면 〈그림 4-1〉과는 달리 표준화된 잔차를 사용해 막대그래프를 그려준다.

그림 4-15 SPSSWIN의 잔차산점도 작성절차와 출력

(1) 잔차산점도용 대화상자

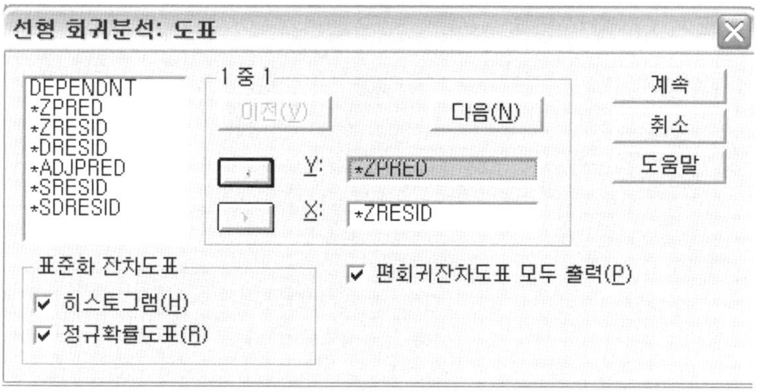

〈그림 4-15〉의 (1) 대화상자에서 제공하는 다양한 잔차들에 대하여 여러 가지 산점도를 모두 다 그리고자 하는 경우에는 첫 번째 산점도의 수평축과 수직축을 지정한 후 〈다음(N)〉 버튼을 누르면 대화상자 속의 X와 Y가 비게 되고, 〈2 중 2〉로 바뀌게 된다. 그러면 그리고자 하는 잔차산점도를 위해 다시 X와 Y를 지정하는 식으로 반복하면 된다.

〈그림 4-15〉의 (2)와 (3)은 기대값$(\hat{Y}_i)$을 Y축으로 하고 표준화된 잔차와 스튜던트화 잔차를 각각 X축으로 하여 그린 산점도이다. 앞서 설명한 것처럼, Y축에는 Y_i 값보다는 기대값$(\hat{Y}_i)$을 사용하는 것이 바람직하다. 〈그림 4-15〉의 (2)와 (3)에서 ●로 표시되어 있는 점은 〈표 4-1〉의 16번째 관찰값으로 잔차가 20.80으로 가장 크다. 이 사례의 표준화 잔차값은 1.81이고 스튜던트화 잔차값은 2.20이다. 이미 설명한 것처럼, 스튜던트화 잔차의 분포는 t 분포를 따르기 때문에 대략 ±2.0이 넘으면 이상점으로 판정할 수 있다. 〈그림 4-15〉의 (3)에서는 16번째 관찰값의 잔차가 다른 잔차들에 비해 오른쪽으로 튀어나와 있음을 확인할 수 있다. 〈그림 4-15〉의 (2)와 (3)을 비교해 보면, 16번째의 이상점이 (2)에서는 그렇게 두드러지게 나타나지 않는 반면, (3)에서는 다른 잔차들과 상대적으로 더 뚜렷하게 구별된다. 이는 스튜던트화 잔차가 표준화 잔차에 비해 회귀모형의 이상점을

그림 4-15 SPSSWIN의 잔차산점도 작성절차와 출력 (계속)

(2) 표준화 잔차의 산점도

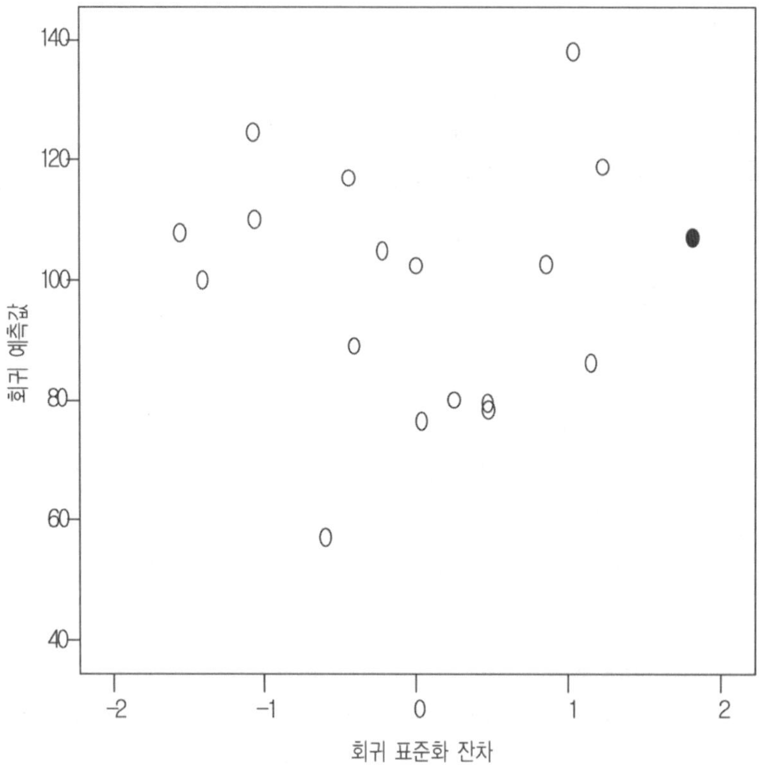

그림 4-15 SPSSWIN의 잔차산점도 작성절차와 출력 (계속)

(3) 스튜던트화 잔차의 산점도

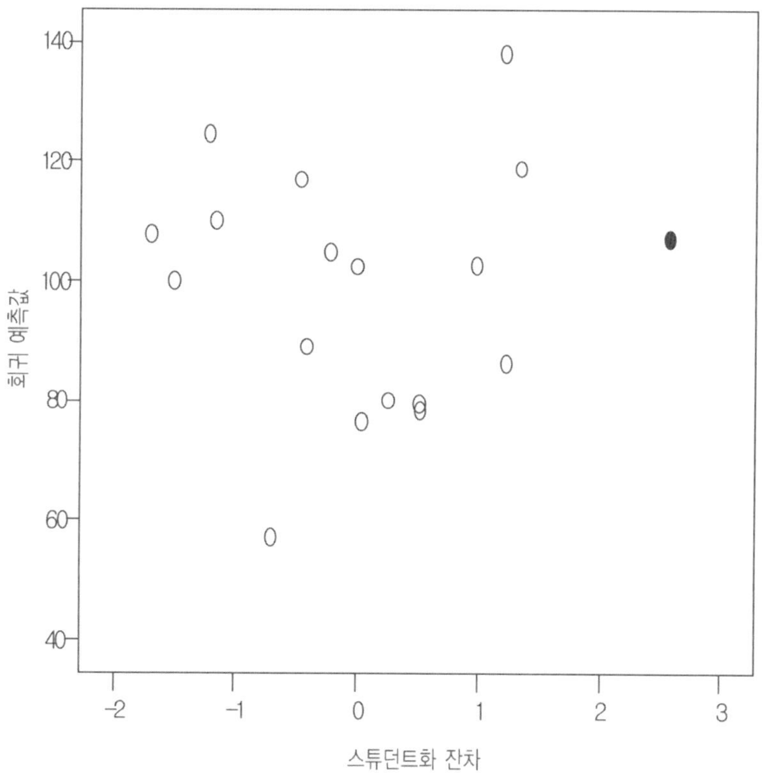

표 4-5 SPSSWIN에서 제공하는 잔차들의 특성

❑ ZPRED	반응(종속) 변수의 표준화된 기대값
❑ ZRESID	표준화 잔차
❑ DRESID	회귀모형에서 특정 사례가 제거될 때 그 사례에 대한 잔차(삭제된 잔차)
❑ ADJPRED	회귀모형에서 특정 사례를 그 사례에 대한 기대값으로 대체하였을 때 반응(종속) 변수의 기대값
❑ SRESID	스튜던트화 잔차
❑ SERESID	삭제된 스튜던트화 잔차
표준화 잔차 도표	표준화 잔차들에 대하여 막대그래프와 정규확률도를 제공함
❑ 히스토그램(H)	표준화 잔차의 막대그래프로 이들 잔차가 정규분포를 따르는가를 탐색하는 데 도움이 됨
❑ 정규확률도표(R)	표준화 잔차들이 정규분포를 따르는가를 파악하기 위한 산점도

찾는 데 더 효율적이라는 것을 의미한다. 이 대화상자에 표시된 잔차와 산점도의 종류에 대한 설명은 〈표 4-5〉에 제시되어 있다.

회귀모형의 영향점(influential points) 분석을 위해서는 〈그림 4-14〉 (2)의 대화상자에서 〈거리〉와 〈영향력 통계량〉의 선택사양들을 〈그림 4-16〉과 같이 선택하면 된다. 〈그림 4-16〉에 표시되어 있는 메뉴들을 실행하면 〈그림 4-17〉과 같이 자료편집기 창에 각각의 통계량들이 출력됨을 볼 수 있다. 〈그림 4-16〉의 메뉴 중에서 레버리지 값은 앞에서 설명한 해트행렬의 대각항 지렛점(h_{ii})에서 $1/n$의 값을 빼준 것으로 중앙지렛점 값(centered leverage value)이다.

〈표 4-6〉은 앞에서 설명한 잔차들과 영향점 분석을 위한 통계값들 중에서 중요한 것들을 발췌하여 편집한 것이다. 이 표에 제시된 통계값들을 보면, 16번째 사례가 이상점일 가능성이 크다는 것을 쉽게 확인할 수 있다. 중앙지렛점 값, Cook의 거리, 표준화 잔차, 스튜던트화 잔차, DFFIT 모두 16번째 것이 가장 크다. 단지, 공분산 비율의 값이 가장 작은 것으로 판명되었는데, 공분산 비율의 값은 양방향(크거나, 작거나)으로 나타나기 때문에 가장 작은 값의 점도 이상점이 될 수 있다. 앞에서 설명한 임계값으로 판단하면, 가장 큰 Cook의 거리 값이 0.79로 임계값 $4/(n-k-1) = 4/(19-2-2) = 0.27$보다 크기 때문에 이상점이라고 의심할 수 있다. 지렛점 값은 $[(k+1)/n] \times 2$ 즉, $[(2+1)/19] \times 2 = 0.315$보다 클 경우

그림 4-16 영향점 분석을 위한 대화상자

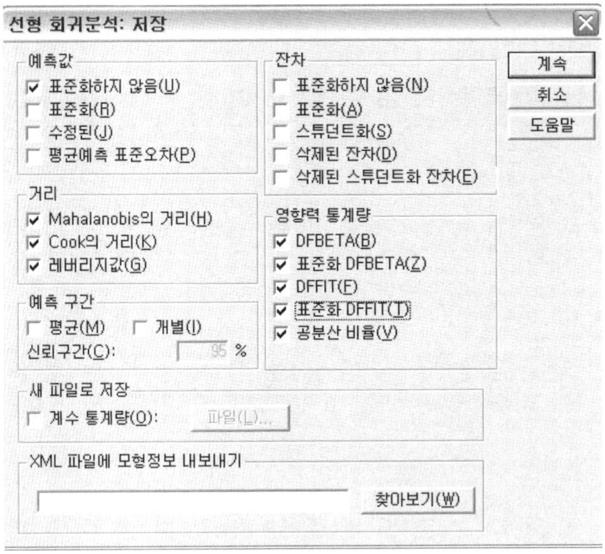

그림 4-17 자료편집기 창에 제시되는 영향점 분석의 결과

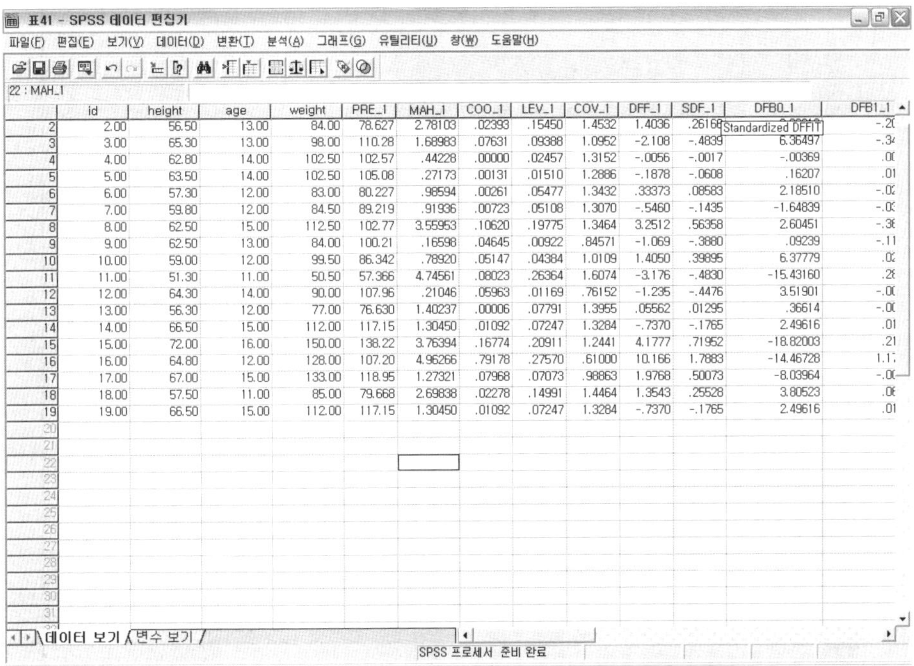

	id	height	age	weight	PRE_1	MAH_1	COO_1	LEV_1	COV_1	DFF_1	SDF_1	DFB0_1	DFB1_1
2	2.00	56.50	13.00	84.00	78.627	2.78103	.02393	.15450	1.4532	1.4036	.26168	[illegible]	-.2
3	3.00	65.30	13.00	98.00	110.28	1.68983	.07631	.09388	1.0952	-2.108	-.4839	6.36497	-.3
4	4.00	62.80	14.00	102.50	102.57	.44228	.00000	.02457	1.3152	-.0056	-.0017	-.00369	.0
5	5.00	63.50	14.00	102.50	105.08	.27173	.00131	.01510	1.2886	-.1878	-.0608	.16207	.01
6	6.00	57.30	12.00	83.00	80.227	.98594	.00261	.05477	1.3432	.33373	.08583	2.18510	-.0
7	7.00	59.80	12.00	84.50	89.219	.91936	.00723	.05108	1.3070	-.5460	-.1435	-1.64839	-.0
8	8.00	62.50	15.00	112.50	102.77	3.55953	.10620	.19775	1.3464	3.2512	.56358	2.60451	-.3
9	9.00	62.50	13.00	84.00	100.21	.16598	.04645	.00922	.84571	-1.069	-.3880	.09239	-.11
10	10.00	59.00	12.00	99.50	86.342	.78920	.05147	.04384	1.0109	1.4050	.39895	6.37779	.0
11	11.00	51.30	11.00	50.50	57.366	4.74561	.08023	.26364	1.6074	-3.176	-.4830	-15.43160	.2
12	12.00	64.30	14.00	90.00	107.96	.21046	.05963	.01169	.76152	-1.235	-.4476	3.51901	-.0
13	13.00	56.30	12.00	77.00	76.630	1.40237	.00006	.07791	1.3955	.05562	.01295	.36614	-.0
14	14.00	66.50	15.00	112.00	117.15	1.30450	.01092	.07247	1.3284	-.7370	-.1765	2.49616	.01
15	15.00	72.00	16.00	150.00	138.22	3.76394	.16774	.20911	1.2441	4.1777	.71952	-18.82003	.21
16	16.00	64.80	12.00	128.00	107.20	4.96266	.79178	.27570	.61000	10.166	1.7883	-14.46728	1.1
17	17.00	67.00	15.00	133.00	118.95	1.27321	.07968	.07073	.98863	1.9768	.50073	-8.03964	-.0
18	18.00	57.50	11.00	85.00	79.668	2.69838	.02278	.14991	1.4464	1.3543	.25528	3.80523	.0
19	19.00	66.50	15.00	112.00	117.15	1.30450	.01092	.07247	1.3284	-.7370	-.1765	2.49616	.01

표 4-6 회귀분석의 잔차 및 영향점 분석을 위한 통계값

No	키	연령	몸무게	기대값	잔차	표준화 잔차	스튜던트화 잔차	중앙지렛점 값	Cook의 거리	공분산비율	DFFIT
1	69	14	112.50	124.87	−12.37	−1.07	−1.20	0.15	0.12	1.15	−3.18
2	56.5	13	84.00	78.63	5.37	0.47	0.52	0.15	0.02	1.45	1.40
3	65.3	13	98.00	110.28	−12.28	−1.07	−1.15	0.09	0.08	1.10	−2.11
4	62.8	14	102.50	102.57	−0.07	−0.01	−0.01	0.02	0.00	1.32	−0.01
5	63.5	14	102.50	105.08	−2.58	−0.22	−0.23	0.02	0.00	1.29	−0.19
6	57.3	12	83.00	80.23	2.77	0.24	0.26	0.06	0.00	1.34	0.33
7	59.8	12	84.50	89.22	−4.72	−0.41	−0.43	0.05	0.01	1.31	−0.55
8	62.5	15	112.50	102.77	9.73	0.85	0.98	0.20	0.11	1.35	3.25
9	62.5	13	84.00	100.21	−16.21	−1.41	−1.45	0.01	0.05	0.85	−1.07
10	59	12	99.50	86.34	13.16	1.14	1.20	0.04	0.05	1.01	1.41
11	51.3	11	50.50	57.37	−6.87	−0.60	−0.72	0.26	0.08	1.61	−3.18
12	64.3	14	90.00	107.96	−17.96	−1.56	−1.61	0.01	0.06	0.76	−1.23
13	56.3	12	77.00	76.63	0.37	0.03	0.03	0.08	0.00	1.40	0.06
14	66.5	15	112.00	117.15	−5.15	−0.45	−0.48	0.07	0.01	1.33	−0.74
15	72	16	150.00	138.22	11.78	1.02	1.19	0.21	0.17	1.24	4.18
16	64.8	12	128.00	107.20	20.80	1.81	2.20	0.28	0.79	0.61	10.17
17	67	15	133.00	118.95	14.05	1.22	1.30	0.07	0.08	0.99	1.98
18	57.5	11	85.00	79.67	5.33	0.46	0.52	0.15	0.02	1.45	1.35
19	66.5	15	112.00	117.15	−5.15	−0.45	−0.48	0.07	0.01	1.33	−0.74

영향점이라 볼 수 있는데, 16번째 관찰값의 중앙지렛점 크기를 h_{ii}로 환산한 값은 0.28 + (1/19) = 0.33으로 이와 거의 비슷한 수준이다. 스튜던트화 잔차는 2.20으로 일반적인 $\alpha = .05$ 수준에서 유의미하게 크다고 볼 수 있으나, 여기서는 $n = 19$개의 t검증을 해야 하기 때문에 Bonferroni 방법으로 유의도 수준(significance level)을 통제하면 유의미하지 않을 수 있다. 공분산 비율도 작은 쪽을 취하면 $1 - [3 \times (2+1)/19] = 0.52$로 이 값보다 작아야 하는데, 16번째의 공분산 비율의 값은 이보다 큰 0.61이다. 결론적으로, 이 자료에서 16번째 관찰값은 극단적인 이상점이라고 판정할 수는 없으나 주목을 받을 만하다.

〈그림 4-18〉은 Cook의 거리, 중앙지렛점, 공분산 비율, DFFIT의 값을 회귀식에 의한 기대값($\widehat{Y}_i$)에 대해 산점도를 그린 것이다. 여기에서도 16번째 관찰값을 ●로 표시하였다. 이 네 개의 산점도를 보면, 회귀식의 이상점을 판별하는 데는 Cook의 거리 및 이와 유사한 방식으로 계산된 DFFIT 통계값이 가장 효율적임을 알 수 있다. SPSSWIN의 〈회귀분석(R)〉 메뉴에서는 이러한 산점도를 그려주지 않기 때문에, 이 산점도들은 〈그래프(G)〉 메뉴를 사용하여 그린 것이다. 즉, 〈그림 4-16〉의 대화상자에서 필요한 통계값 선택사항을 지정한 후 프로그램을 수행하면 〈그림 4-17〉과 같이 지정한 통계값이 자료로 나타난다. 이 자료편집기 창을 이용해 〈그래프(G)〉 메뉴의 〈산점도(S)〉 선택사항을 사용하면 이러한 산점도들을 그릴 수 있다.

〈그림 4-19〉는 앞에서 설명한 부분회귀 산점도(편회귀 산점도, partial regression plot)를 각 독립변수별로 그린 것이다. 여기서 사용한 회귀모형은 독립변수가 키(height)와 나이(age) 두 가지이기 때문에 산점도도 두 개가 된다. 이 산점도는 〈그림 4-15〉의 잔차산점도용 대화상자에서 〈편회귀잔차도표 모두출력(P)〉을 선택하면 된다. 앞의 그림과 같이 〈그림 4-19〉에서도 16번째 관찰값이 ●로 표시되었다. 이 산점도를 보면, 16번째 관찰값은 나이(age)에 비해 키(height) 변수의 값이 더 극단적이기 때문에 이상점처럼 보이는 것을 알 수 있다.

그림 4-18 SPSSWIN을 이용한 영향점 분석 통계값의 산점도

(1) Cook의 거리를 이용한 산점도

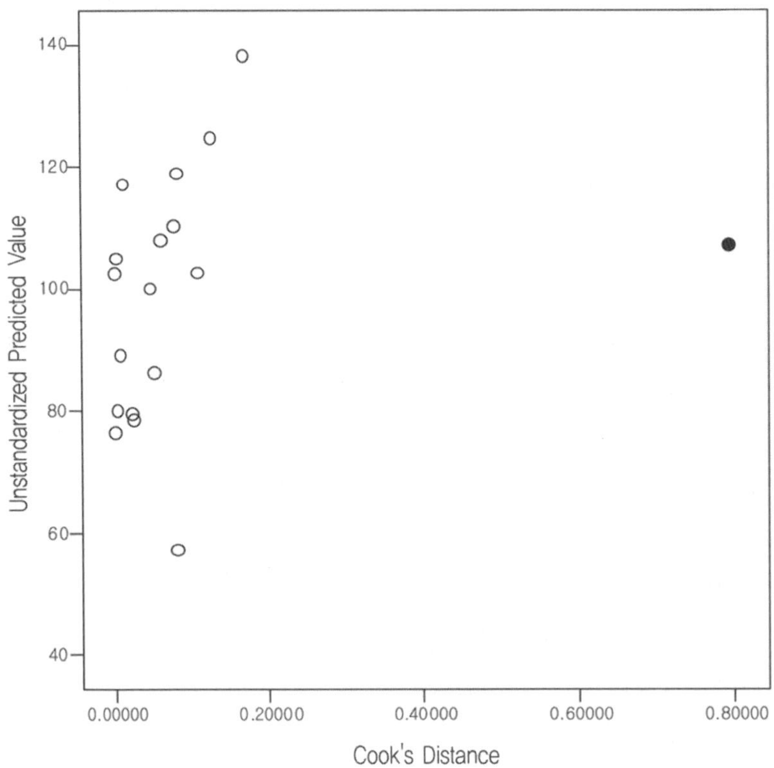

그림 4-18 SPSSWIN을 이용한 영향점 분석 통계값의 산점도 (계속)

(2) 지렛점(h_{ii})의 산점도

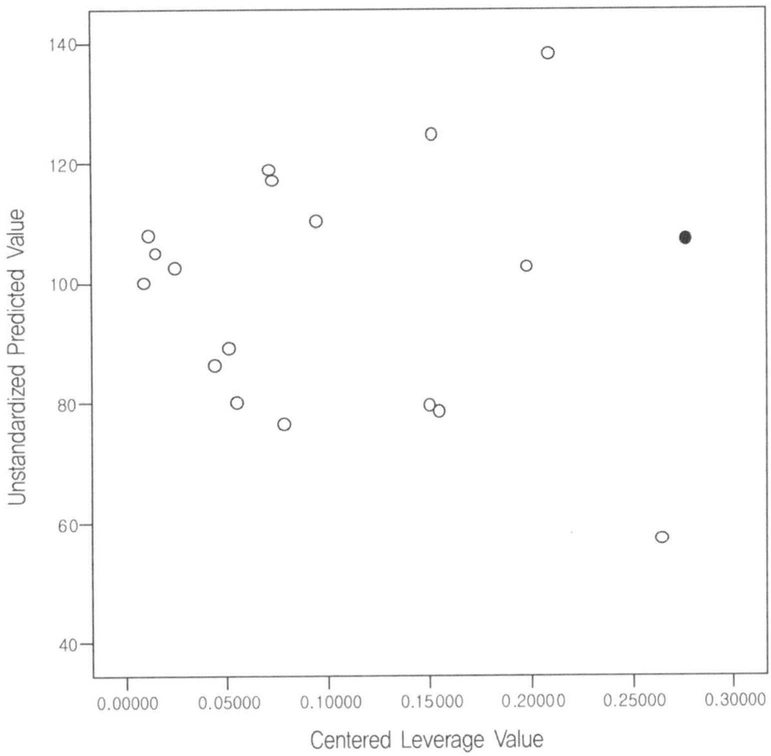

그림 4-18 SPSSWIN을 이용한 영향점 분석 통계값의 산점도 (계속)

(3) 공분산 비율의 산점도

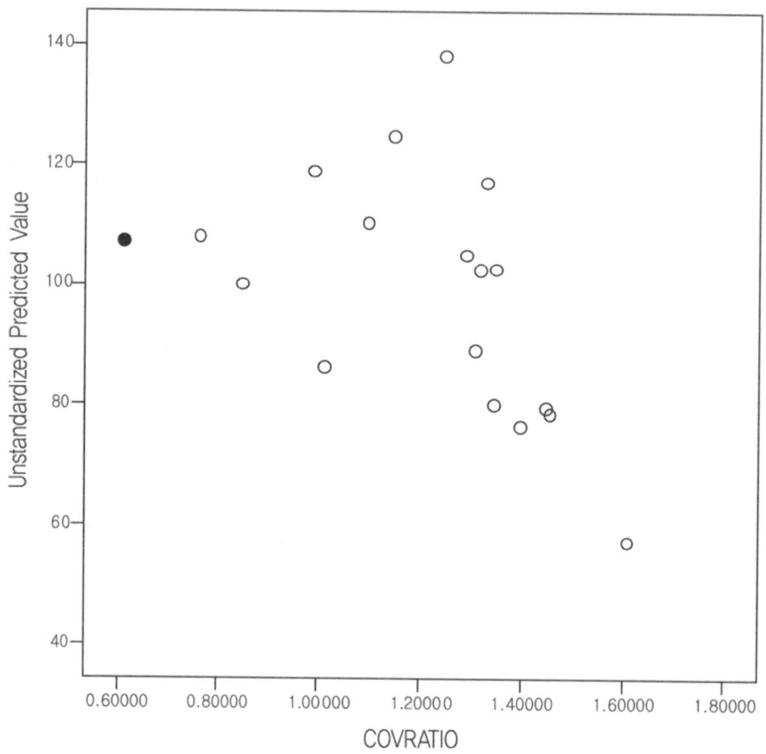

그림 4-18 SPSSWIN을 이용한 영향점 분석 통계값의 산점도 (계속)

(4) DFFIT의 산점도

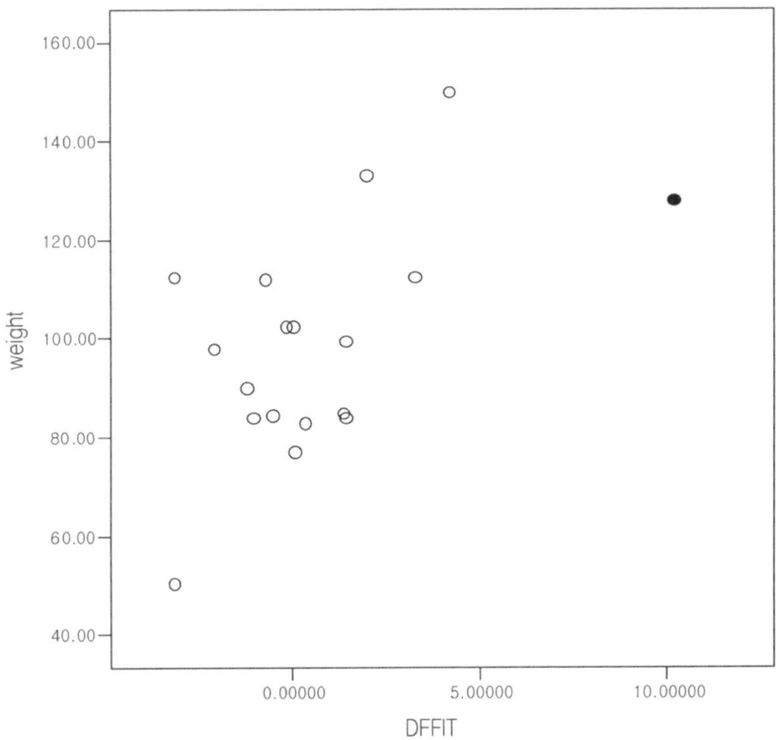

그림 4-19 SPSSWIN을 이용한 부분회귀(편회귀) 산점도

(1) 키(height) 변수에 대한 부분회귀(편회귀) 산점도

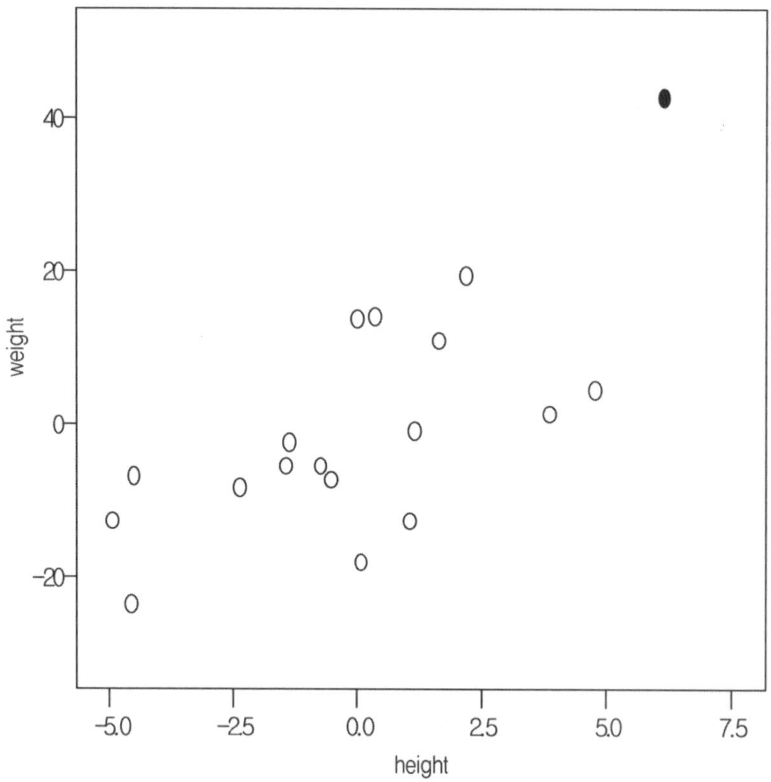

그림 4-19 SPSSWIN을 이용한 부분회귀(편회귀) 산점도 (계속)

(2) 나이(age) 변수에 대한 부분회귀(편회귀) 산점도

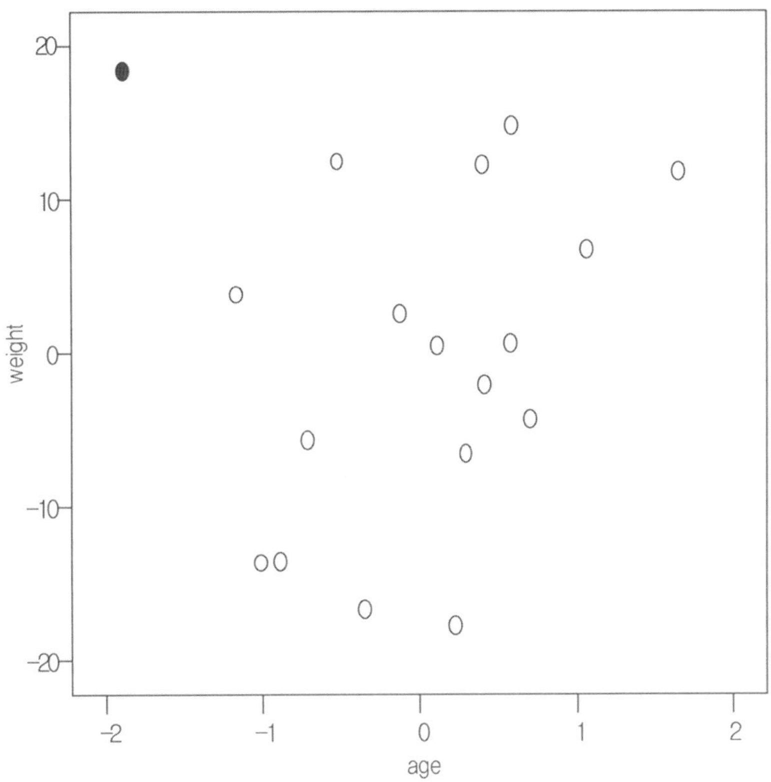

제 5 장 이분산성

5.1 머리말

회귀분석의 기본전제 중의 하나는 잔차가 상호독립적인 무정형의 분포(random disturbance)를 보인다는 것이다. 이러한 전제를 충족시키지 못할 때, 이는 보통 회귀식이 부적절하거나, 변수가 추가로 도입되어야 하거나 또는 자료 중의 일부가 이상점을 포함하고 있음을 시사하는 것이다. 이상점이 있을 때의 비정상적인 잔차에 대해서는 앞의 제 4 장에서 논의하였다. 이 장에서는 잔차가 균질적인 분산, 즉 동분산성(homoscedasticity; constant variance)을 지니지 못하고 독립변수의 값이 증가 또는 감소함에 따라 이분산성(heteroscedasticity; nonconstant variance)을 보이는 상황과 이에 대처하는 방안에 대하여 논의하고자 한다.

잔차가 이질적인 분산을 보일 때 OLS 방식으로 산출된 회귀계수는 비록 편의(biased)되지는 않지만 최소분산(minimum error variance)의 가정을 만족시키지 못해 계수추정의 정확성(efficiency)을 상실하게 된다. 이 말은 회귀계수의 표준오차(standard error)가 필요 이상으로 커진다는 것을 의미한다.

5.2 잔차 산점도에 의한 이분산성의 검색

이분산성은 잔차가 여러 원인으로 종속변수(Y) 또는 독립변수(X)와 특정한 함수관계(functional relationship)에 있어, 잔차가 독립변수의 값에 따라 동분산(homoscedasticity)을 갖지 못하는 경우를 말한다. 이러한 관계는 선형관계일 수도 있고 비선형 관계일 수도 있다. 많은 경우에 잔차의 이분산성은 잔차 산점도를 살펴보면 쉽게 식별해낼 수 있다. 또한 독립변수와 종속변수의 성격에 따라 회귀모형에서 이론적으로 잔차와의 관계를 추정할 수도 있다. 예를 들면, 가구당 지출하는 문화·오락비 총액(Y)은 가구의 수입(X)에 따라 달라지는데, 수입이 많으면 많을수록 가구당 소비편차, 즉 분산이 커지는 경향이 있다. 이런 경우 회귀모형 추정 후 잔차분석을 해보면 이분산성이 나타나게 된다.

이해를 돕기 위하여 〈표 5-1〉의 가상적인 자료를 사용하여 회귀분석을 시도해 보자. 〈그림 5-1〉은 이 자료의 X, Y 산점도이다. 이 자료의 독립변수(X)와 종

표 5-1 이분산성의 예시를 위한 가상적인 자료

사 례	X	Y	사 례	X	Y
1	29	26	16	100	121
2	25	28	17	102	127
3	27	34	18	101	130
4	36	43	19	70	117
5	42	46	20	85	144
6	31	49	21	98	146
7	45	57	22	103	182
8	53	64	23	102	106
9	44	72	24	120	206
10	70	84	25	121	164
11	69	86	26	125	124
12	63	91	27	144	198
13	71	96	28	146	158
14	63	106	29	150	242
15	62	110	30	165	152

그림 5-1 이분산성의 예시를 위한 가상적인 자료 (〈표 5-1〉)

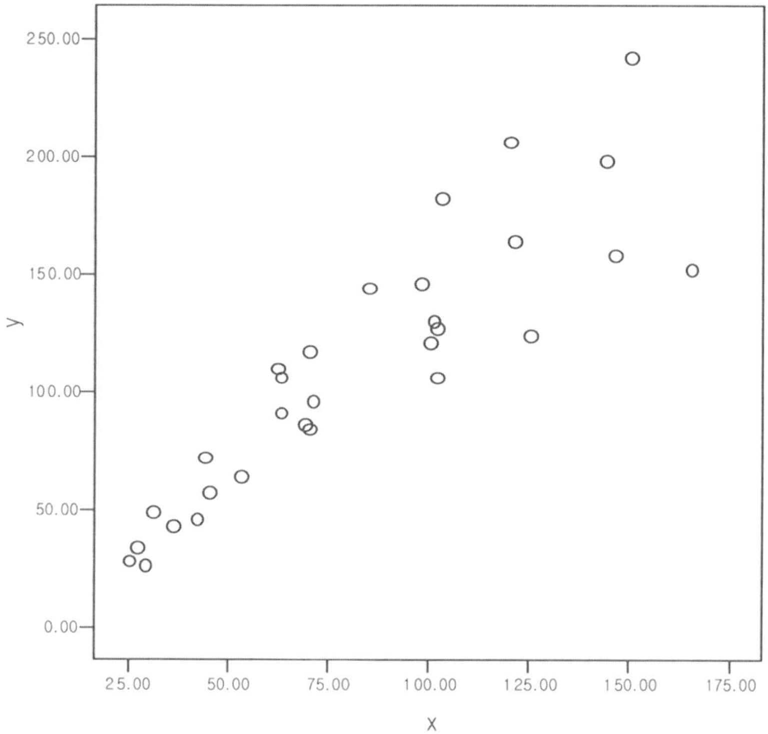

표 5-2 단순회귀분석의 결과: 〈표 5-1〉 자료

변 수	비표준화 회귀계수	표준화 회귀계수	표준오차	t	Sig. t
X	1.234	0.893	0.117	10.545	0.000
회귀상수	8.955		10.674	0.839	0.408

$n = 30$ SEE $= 25.446$ $R^2 = 0.798$ $F = 111.19$

속변수(Y)가 아래와 같은 직선의 관계를 지닌다는 가정을 설정하고

$$Y_i = \alpha + \beta X_i + \varepsilon_i \tag{5.2.1}$$

단순회귀분석을 한 결과 〈표 5-2〉를 얻었으며 회귀식은 다음과 같다.

$$Y = 8.955 + 1.234X \tag{5.2.2}$$

그러나 구해진 회귀식이 적절한 것인지를 검증하기 위하여 잔차분석을 한 결과 이분산성의 문제가 제기되었다. 즉 〈그림 5-2〉와 〈그림 5-3〉에서 X 또는 $\widehat{Y}$의 값이 증가함에 따라 잔차들의 분포가 넓게 퍼져 오차분산이 커지는 것을 발견할 수 있다. 즉,

$$\text{Var}\ (\varepsilon_i) = k^2\ X_i^2 \qquad k > 0 \tag{5.2.3}$$

이는 〈표 5-2〉에 제시된 회귀계수가 부정확한 것이며, 이 분석결과를 그대로 받아들일 수 없음을 시사한다.

5.3 이분산성의 통계적 검증

〈표 5-1〉의 자료는 〈그림 5-2〉나 〈그림 5-3〉과 같은 잔차산점도를 그리면 쉽게 이분산성을 판별해낼 수 있다. 그러나 독립변수가 많고 또 n이 클 경우 산점도만 가지고는 이분산성을 식별하기가 쉽지 않다. 따라서 일반 통계검증 방법과 같은 절차에 의한 이분산성 검증이 필요하다.

통계적 이분산성 검증은 기본적으로 동분산에 관한 영가설에 대해 스코어 검증법(scoring method)을 사용해 검증하는 것이다. 이 절에서는 SPSSWIN과 같은 일반 통계패키지를 사용하여 쉽게 구할 수 있는 Cook-Wiseberg 검증법과 Goldfeld-Quandt의 검증법에 대해 설명하기로 한다.

그림 5-2 X에 대한 스튜던트화 잔차의 분포: 이분산성 자료

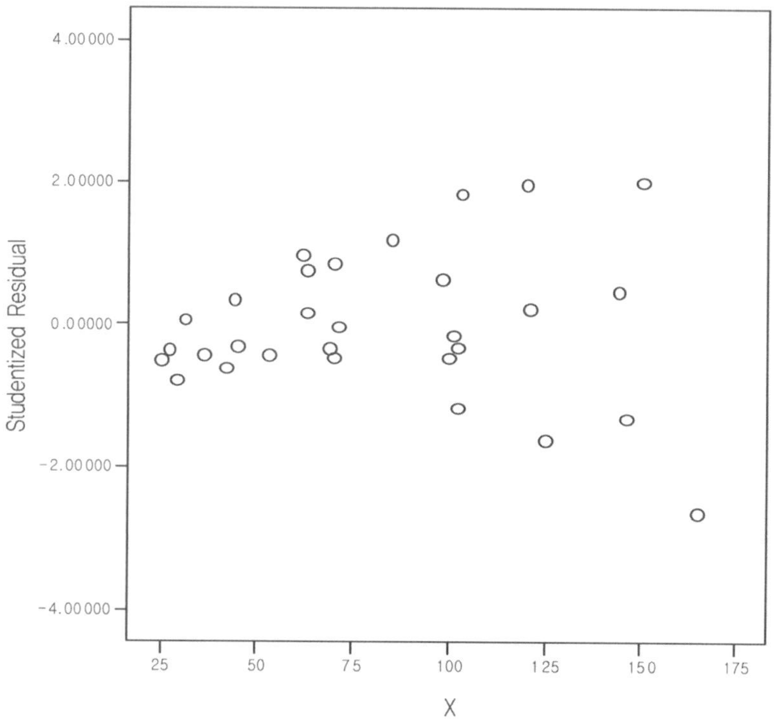

그림 5-3 $\hat{Y}$에 대한 스튜던트화 잔차의 분포: 이분산성 자료

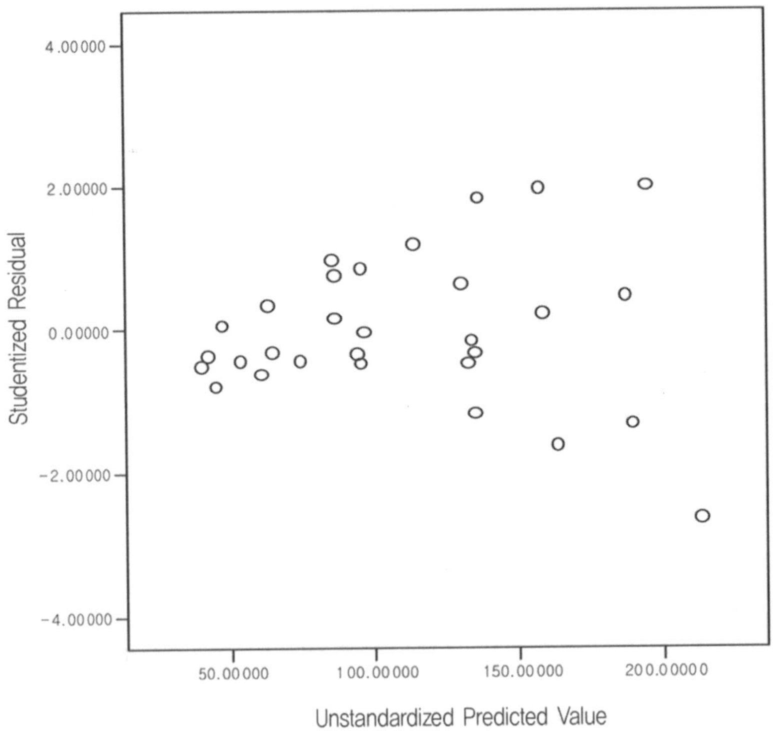

5.3.1 Cook-Weisberg 검증

Cook과 Weisberg(1983)는 동분산 가정을 검증하는 스코어 검증법을 제안했다. 이 방법의 기본적인 개념은 미지의 모수값(parameters) z_i에 의해 $\text{Var}(\varepsilon_i)$가 달라진다는 가정하에, 잔차의 이분산성을 일으키는 모수값을 회귀모형에 포함된 변수들 중에서 찾아내는 것이다. 만약 관련이 있는 모수값이 종속변수라면 잔차의 이분산성은 $\widehat{Y}_i$값에 의존한다. 또한 이분산성이 특정 독립변수 X_i와 관련이 있을 수도 있다. 이 미지의 모수값이 잔차에 끼치는 영향을 λ라고 한다면 동분산성일 때는 $\lambda = 0$이 된다. 그리고 이것이 Cook-Weisberg의 스코어 검증 영가설(null hypothesis)이 된다. 잔차 ε_i가 독립적이고 정규분포를 따른다는 가정하에서 $\lambda = 0$에 대한 스코어 검증은 다음과 같은 절차로 이루어지며, 이는 회귀분석 프로그램으로 간단히 계산할 수 있다.

(1) Y를 모든 독립변수에 회귀시키고 잔차 ε_i를 계산한다.

(2) ε_i를 표준화하고 제곱해 u_i를 구한다. n이 크면, 이 값은 표준화잔차 ε_{is}의 제곱과 통계적으로 거의 같아진다. 여기서 $u_i = \dfrac{\varepsilon_i^2}{\sum \varepsilon_i^2 / n}$이 된다.

(3) 미지의 모수 값 z_i에 대해 u_i를 회귀분석한다. 이때 z_i는 이분산성의 원인으로 의심되는 독립변수를 사용한다. 이 회귀분석에서 회귀제곱합 SSR을 구한다. 이 때 자유도(df)는 k가 된다.

(4) 스코어 검증통계량 $\text{S} = \text{SSR} / 2$를 계산한다. 이 값은 k 자유도를 가진 χ^2 분포를 따르며, 따라서 $\lambda = 0$이라는 영가설을 통계적으로 검증할 수 있다.

5.3.2 Goldfeld-Quandt 검증

Goldfeld와 Quandt(1965)는 잔차의 이분산성이 독립변수의 값과 직접 관련되어 있다는 가정하에 잔차분산이 큰 집단과 작은 집단으로 나누어 이분산성을 검증하였다. 잔차분산이 특정 독립변수 X_i와 관련이 있다고 가정하면, X_i 값의 크기에 비례하여 분산이 달라지는 것이 일반적이므로 해당 변수의 크기에 따라 잔차의 분산도 달라질 것이다. 따라서 X_i의 크기 순으로 자료를 배열한 후 2등분해 큰 쪽과 작은 쪽의 오차제곱합(SSE)을 구해, 이 두 값이 비슷하면 동분산의 영가설이 충족되고 그렇지 않으면 이분산성을 갖는다고 말할 수 있다. 자료집단을 2등분할 때 순차상 중앙의 일정 부분은 제외하고 SSE를 구한다. 이렇게 하는 것은 두 집단의 대조를 더 명확히 한다는 데 의미가 있다. 이때 분석에서 제외되는 관찰값의 수 d는 임의로 정하는데 대개 전체 수의 1/4~1/5 정도이다. 보다 구체적으로, Goldfeld-Quandt의 검증절차는 다음과 같다.

(1) 잔차가 이분산을 보이는 원인이라고 의심되는 독립변수의 관측값 크기 순으로 자료를 정렬한다. 자료를 정렬할 때 내림차순(descending order)으로 할 것인가 올림차순(ascending order)으로 할 것인가는 해당 변수와 잔차의 크기간 관계가 어떠하냐에 달려 있다. 예를 들어 잔차의 분산이 독립변수의 값이 커짐에 따라 같이 커질 경우에는 올림차순으로, 반대로 커질 때 작아지면 내림차순으로 정렬해야 한다. 틀린 정렬방법을 사용하면 정확한 Goldfeld-Quandt(GQ) 통계값을 구할 수 없다.
(2) 중앙 부분에서 d개의 관측값을 제거한다.
(3) 2등분된 각 집단에 대해 원 회귀모형을 수행한다. 이때 잔차분산, 즉 해당 설명변수의 값이 큰 집단의 잔차제곱합을 SSE_1이라 하고 작은 집단을 SSE_2라 하자. 각각의 SSE를 계산하는 데 $(n-d)/2$개의 관찰값이 사용되었으므로 자유도는 $[(n-d)/2]-(k+1)$이 된다. 따라서 d를 너무 크게 잡으면 자유도가 작아지는 문제점이 발생한다.
(4) 이분산성 검증 통계량 $GQ = SSE_1 / SSE_2$로 분모와 분자의 자유도가 모두 $[n-d-2(k+1)]/2$인 F분포를 따른다. 따라서 동분산성 영가설을 일정한 α 수준에서 검증할 수 있다.

〈표 5-1〉의 자료를 사용해 이분산성 검증을 해보면, 〈그림 5-2〉에 나타난 것과 같이 X의 값이 증가함에 따라 잔차도 따라서 증가하는 경향이 나타난다. 이에 따라 이분산성을 의심할 만하고, 그 원인변수로 X를 지목하였다. Cook-Weisberg 검증의 통계값을 계산하기 위해 모수값 z_i를 설명변수 X로 놓고 $z_i = u_i + \varepsilon_i$의 회귀식을 추정한 결과, SSR이 23.40으로 추정되었다. 이때 SSR의 자유도는 $k=1$이다. 이것을 2로 나눈 후($23.4/2=11.7$), 0.05 유의도 수준의 χ^2(자

유도=1) 값 3.84와 비교하면, 동분산성의 영가설을 기각(reject)할 수 있다.

Goldfeld-Quandt 검증은 다음과 같은 절차에 따라서 이루어졌다. X의 값이 커지면 잔차도 같이 커지므로 우선 〈표 5-1〉의 자료를 X의 올림차순으로 정렬시켰다. 그리고 가운데 6개의 관찰값을 제외하고($d=6$), SSE_1과 SSE_2를 계산한 결과, 13952.98과 1057.35를 얻었다. 이에 따라 GQ의 값은 12.86(13592.98/1057.35 = 12.86)이 된다. 그리고 이는 $F_{.05,(n-d-2(k+1))/2,(n-d-2(k+1))/2} = F_{.05(10,10)} = 2.98$보다 월등히 크기 때문에 동분산성의 가설은 기각될 수 있다.

5.4 동분산으로 만드는 변환

동분산성의 가정이 성립하지 않게 되는 일반적인 이유는 변수들의 분포가 정상적이지 않기 때문이다. 분산을 안정화시켜 이분산성을 제거하고 회귀분석을 수행하는 가중최소제곱법(WLS 방식)에 대해서는 다음 절에서 자세히 논의된다. 이 절에서는 잔차가 동분산성을 갖도록 변수를 변환시키는 간단한 예를 들기로 한다.

그러면 〈표 5-1〉 자료에서 이분산성의 문제를 제거하기 위하여 변수의 변환을 시도해 보자. 우선 (5.2.1) 등식의 양쪽을 X_i로 나눈다.

$$\frac{Y_i}{X_i} = \frac{\alpha}{X_i} + \beta + \frac{\varepsilon_i}{X_i} \tag{5.4.1}$$

이제 새로운 변수와 회귀계수를 다음과 같이 정의하면

$$Y' = \frac{Y}{X}, \quad X' = \frac{1}{X}, \quad \alpha' = \beta, \quad \beta' = \alpha, \quad \varepsilon' = \frac{\varepsilon}{X}$$

회귀식 (5.4.1)은 다음과 같이 된다.

$$Y_i' = \alpha' + \beta' X_i' + \varepsilon_i' \tag{5.4.2}$$

즉 이 변환된 회귀모형은 $\frac{Y}{X}$와 $\frac{1}{X}$을 각각 종속변수와 독립변수로 삼은 것이며, 이 경우 (5.2.3)에서 시사하는 것처럼 ε_i'의 분산은 일정하고 k^2의 값을 지니게

표 5-3 변환된 변수를 이용한 단순회귀분석의 결과: 〈표 5-1〉 자료

변 수	비표준화 회귀계수	표준화 회귀계수	표준오차	t	Sig. t
X	1.420	0.943	0.095	14.953	0.000
회귀상수	−4.462		5.052	−0.883	0.385

$n=30$ SEE $=0.263$ $R^2=0.889$ $F=223.59$

된다. 그런데 우리는 만약 변환된 회귀모형이 다음과 같으면

$$\frac{Y}{X} = \alpha' + \frac{\beta'}{X} \tag{5.4.3}$$

원래의 변수의 형태로는

$$Y = \beta' + \alpha' X \tag{5.4.4}$$

가 됨을 쉽게 알 수 있다. 이제 〈표 5-1〉의 자료를 (5.4.1)에 적용시키면 다음의 회귀식을 얻게 된다.

$$\frac{Y}{X} = 1.420 - \frac{4.462}{X} \tag{5.4.5}$$

따라서 원래 변수의 형태로는 다음과 같이 된다.

$$Y = -4.462 + 1.420X \tag{5.4.6}$$

이 (5.4.6)의 회귀식을 이용한 분석의 결과는 〈표 5-3〉에 요약되어 있다. 〈표 5-2〉와 〈표 5-3〉을 비교해 보면 변수를 변환시켜 회귀분석을 함으로써 회귀계수의 표준오차가 줄었음을 알 수 있다. 기울기 추정값의 분산은 $(0.117)^2$에서 $(0.095)^2$으로 약 34%가 줄었다.

한편, 변환된 변수를 이용한 회귀모형 (5.4.5)의 잔차를 분석한 결과는 이분산성의 문제가 제거되었음을 시사한다. 즉 〈그림 5-4〉와 〈그림 5-5〉에서 잔차는 무

그림 5-4 $\frac{1}{X}$에 대한 스튜던트화 잔차의 분포: 이분산성 자료

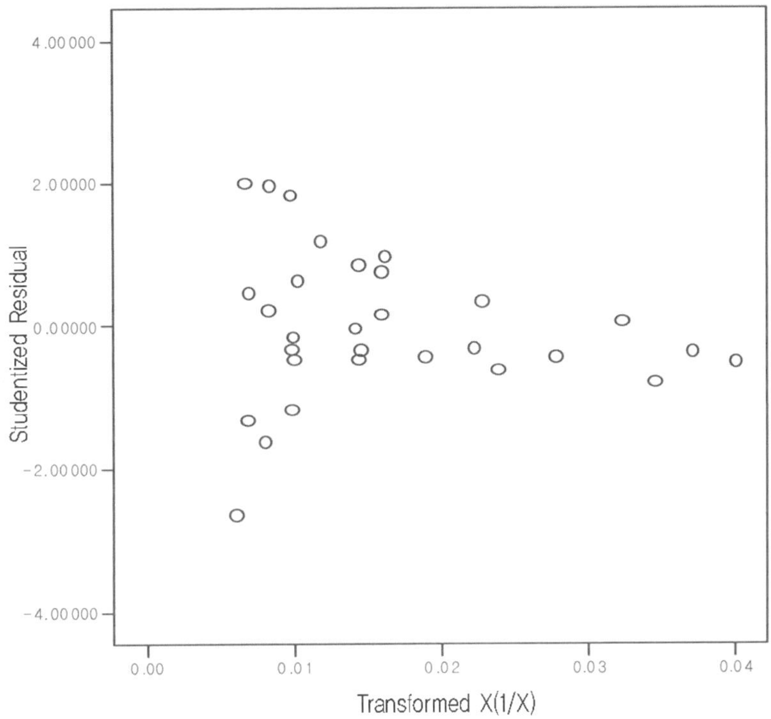

그림 5-5 $\left(\widehat{\frac{Y}{X}}\right)$에 대한 스튜던트화 잔차의 분포: 이분산성 자료

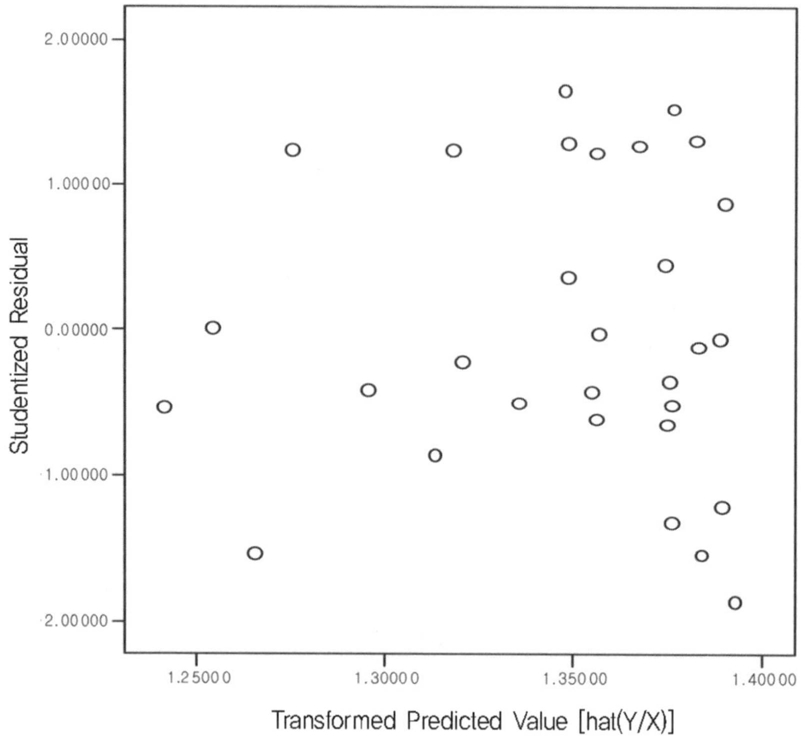

정형의 분포를 보이며, $\frac{1}{X}$ 이나 $\frac{\widehat{Y}}{X}$ 의 값이 변하여도 오차분산은 민감하게 바뀌지 않는다. 결론적으로 변환된 회귀모형은 동분산성의 가정을 비롯한 OLS 방식의 기본 가정들을 충족시키며, 적절한 모형으로 평가할 수 있다.

5.5 가중최소제곱법 (weighted least squares method)

선형회귀분석에서 이분산성의 문제는 가중최소제곱(WLS)의 방식으로 해결될 수 있다. 앞 절에서 독립변수와 종속변수를 각각 $\frac{1}{X}$ 과 $\frac{Y}{X}$ 로 변환시켜 OLS 방식으로 분석한 것은 결국 WLS 방식에 해당된다. 잔차가 이분산성을 보이는 경우 WLS 방식이 지니는 장점은 OLS 방식을 택할 때보다 추정된 회귀계수가 정확하고, 회귀계수의 표준오차가 과소추정되는 것을 막을 수 있다는 데 있다. OLS 방식이 잔차의 최소제곱합의 원칙에 의하여

$$\sum (Y_i - \alpha - \beta X_i)^2 \tag{5.5.1}$$

를 최소로 하는 회귀계수를 구하는 데 비해 WLS 방식은 잔차의 제곱에 가중치를 부여한 합을 최소로 하는 회귀계수를 구한다. 여기서 가중치는 오차분산에 역비례하게 부여된다. 따라서 앞 절의 자료에서 (5.2.3)을 받아들이면 WLS 방식으로는

$$\sum \frac{1}{X_i^2} (Y_i - \alpha - \beta X_i)^2 \tag{5.5.2}$$

을 최소로 하는 회귀계수를 구하는 것이 된다.

WLS 방식은 중다회귀모형에도 마찬가지로 적용될 수 있다.

$$Y_i = \alpha + \beta_1 X_{1i} + \beta_2 X_{2i} + \beta_3 X_{3i} + \cdots + \beta_p X_{pi} + \varepsilon_i \tag{5.5.3}$$

위의 회귀모형에서 OLS 방식으로 회귀계수를 구하고 잔차분석을 한 결과, X_{3i} 이 이분산성을 초래하는 원인이고

$$\mathrm{Var}(\varepsilon_i) = k^2 X_{3i}^2 \tag{5.5.4}$$

로 밝혀졌다 가정하자. 이 경우는 단순회귀분석 때와 마찬가지로 회귀식의 양쪽을 X_{3i}로 나누어 변수들을 변환시키고 풀면 된다.

$$\frac{Y_i}{X_{3i}} = \frac{\alpha}{X_{3i}} + \beta_1 \frac{X_{1i}}{X_{3i}} + \beta_2 \frac{X_{2i}}{X_{3i}} + \beta_3 + \cdots + \beta_p \frac{X_{pi}}{X_{3i}} + \frac{\varepsilon_i}{X_{3i}} \tag{5.5.5}$$

여기서는 이제 β_3의 추정값이 회귀상수가 되는 것은 앞의 절에서 설명한 바와 같은 이치이다.

WLS 방식의 필요성은 개인수준이 아닌 집합수준의 사회조사를 통해서 수집된 자료를 분석하는 경우에 종종 제기된다. 예를 들어, 전국적인 규모의 고등학생 수학경시대회를 치른 후 분석단위를 각 고등학교로 하는 사회조사를 실시하였다 가정하자. 특정 학교의 학생들이 얻은 평균점수를 종속변수로 하고 학교의 위치, 크기, 형태 등이 독립변수로 포함되는 회귀모형이 설정되었다. 회귀모형은 편의상 (5.5.3)의 등식을 그대로 사용하자. 이 경우 종속변수인 각 고등학교 평균점수의 정확도는 이 점수를 산출하는 데 사용된 표본 크기의 제곱근에 반비례하게 된다. 즉 $\bar{Y}$의 분산은 σ^2/n이고 표준편차는 $\sigma/\sqrt{n}$이 된다. 여기서 사회조사에 포함된 고등학교의 수가 k개이고, 각 학교에서 면접한 학생의 수를 n_1, n_2, …, n_k라 하면, 회귀식 (5.5.3)에서 ε_i의 표준편차는

$$\sigma_{\varepsilon i} = \frac{\sigma}{\sqrt{n_i}} \tag{5.5.6}$$

가 된다. 단 σ는 고등학생 모집단에서 얻은 수학점수의 표준편차이다. 이러한 상황에서 많은 수의 학생이 표본에 포함되어 산출된 평균점수일수록 신뢰도가 높다는 사실이 회귀식을 푸는 데 반영되게 하려면 WLS 방식을 택하여야 한다. 이를 위해 가중치 $W_i = \frac{1}{\sigma_{\varepsilon i}^2}$를 부여한다. 그런데 $\sigma_{\varepsilon i}^2 = \frac{\sigma^2}{n_i}$이므로 회귀계수는 다음과 같이 잔차의 제곱의 가중합이 최소가 되게 구하면 된다.

$$S = \sum_{i=1}^{k} n_i (Y_i - \alpha - \sum_{j=1}^{p} \beta_j X_{ji})^2 \tag{5.5.7}$$

WLS 방식으로 회귀계수를 산출하기 위해서는 특정한 WLS 컴퓨터 프로그램을 이용하지 않더라도 앞에서 본 것처럼 우선 자료를 변환시키고 OLS 방식을 취하면 된다. 여기서 회귀식 (5.5.3)의 양쪽을 $\sqrt{n_i}$로 곱하여 변수를 변환시켜 보자. 이제 변환된 회귀모형의 잔차는 $\varepsilon'_i = \varepsilon_i \sqrt{n_i}$이 된다.

$$Y_i \sqrt{n_i} = \alpha \sqrt{n_i} + \beta_1 X_{1i} \sqrt{n_i} + \beta_2 X_{2i} \sqrt{n_i} + \beta_3 X_{3i} \sqrt{n_i} + \cdots + \beta_p X_{pi} \sqrt{n_i} + \varepsilon'_i \qquad (5.5.8)$$

이러한 변환을 시도하는 이유는 새로운 회귀모형에서 산차의 표준편차(및 분산)가 상수가 되게 하기 위해서이다. 등식 (5.5.6)에서 알 수 있는 것처럼 새로운 회귀모형의 표준편차는

$$\sigma_{\varepsilon i} = \sigma \qquad (5.5.9)$$

가 되며, 따라서 동분산성의 기본 가정을 충족시킬 수 있게 되는 것이다. 여기서 한 가지 지적할 것은 이러한 변환의 결과 α는 $\sqrt{n_i}$의 계수가 되고 등식 (5.5.3)에서의 회귀상수는 없어진다는 것이다. 즉 변수를 변환시켜 OLS 방식으로 회귀식을 푸는 경우 변환된 회귀모형에서는 원래의 회귀모형보다 독립변수가 하나 더 많아지는 대신 회귀상수는 항상 0이 된다.

회귀모형에서 WLS 방식이 흔히 적용되는 또 하나의 상황은 고정된 또는 거의 같은 값의 독립변수에 대해서 종속변수의 값을 반복되게 측정한 자료를 분석할 때이다. 예를 들어 독립변수 X의 값이 X_1, X_2, X_3, X_4의 네 가지이고 각각의 독립변수 값에 대해 종속변수의 값이 Y_{11}, Y_{12}, …, Y_{1n_1}, …, Y_{41}, Y_{42}, …, Y_{4n_4}로 측정된 자료가 있다 하자. 이러한 상황에서는 흔히 이분산성의 문제가 제기된다. 우리는 〈그림 5-6〉에서 X값이 증가하여 X_3에 이르기까지는 Y의 변산도(variability)가 줄어드나 X_4에 이르러서는 다시 증가하는 것을 쉽게 확인할 수 있다. 가령 회귀모형이 다음과 같이 설정되었다 가정하자.

$$Y_{ij} = \alpha + \beta_1 X_{ij} + \varepsilon_{ij}$$
$$i = 1, 2, 3, 4;\ j = 1, 2, \cdots, n_i;\ X_{ij} \equiv X_i;\ \sigma_{\varepsilon ij} = \sigma_i \qquad (5.5.10)$$

그림 5-6 고정된 값의 독립변수에 대해서 종속변수의 값이 여러 가지일 경우의 이분산성

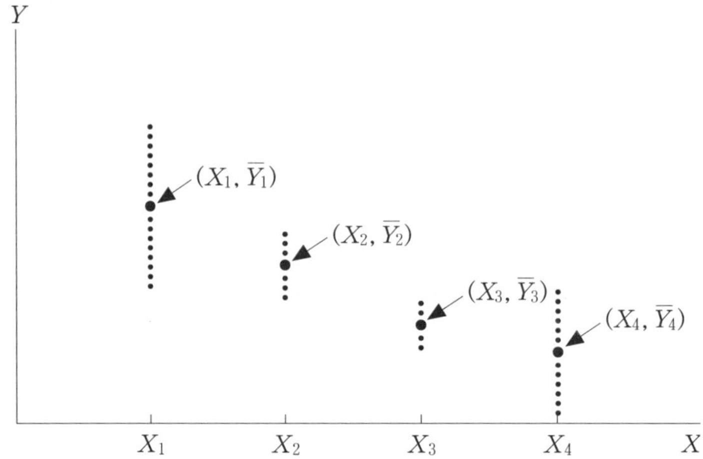

자료: Chatterjee and Price(1977: 106).

이 경우 잔차는 다음의 두 가지 구성요소로 분해될 수 있다.

$$\begin{aligned} \varepsilon_{ij} &= Y_{ij} - \widehat{Y}_{ij} \\ &= (Y_{ij} - \overline{Y}_i) + (\overline{Y}_i - \widehat{Y}_{ij}) \end{aligned} \tag{5.5.11}$$

즉 잔차는 순수오차(pure error)에 해당하는 첫째 요소와 회귀선의 부적합(lack of fit)의 정도를 의미하는 둘째 요소로 구성되어 있다. 여기서 지적할 것은 이분산성이 바로 Y_{ij}와 $\overline{Y}_i$ 간의 순수오차에 관한 것이며, 따라서 WLS 방식을 취하는 경우 가중치는 다음과 같이 추정될 수 있다.

$$W_i = \frac{1}{\sum(Y_{ij} - \overline{Y}_i)^2 / (n_i - 1)} \tag{5.5.12}$$

이상과 같은 속성의 자료는 독립변수가 하나인 단순회귀모형에서 종종 발견된다. 그러나 독립변수가 여러 개인 중다회귀모형에서는 모든 독립변수의 값이 같고

그림 5-7 교육비 지출에 관한 OLS 회귀분석에서 지역별 잔차의 분포

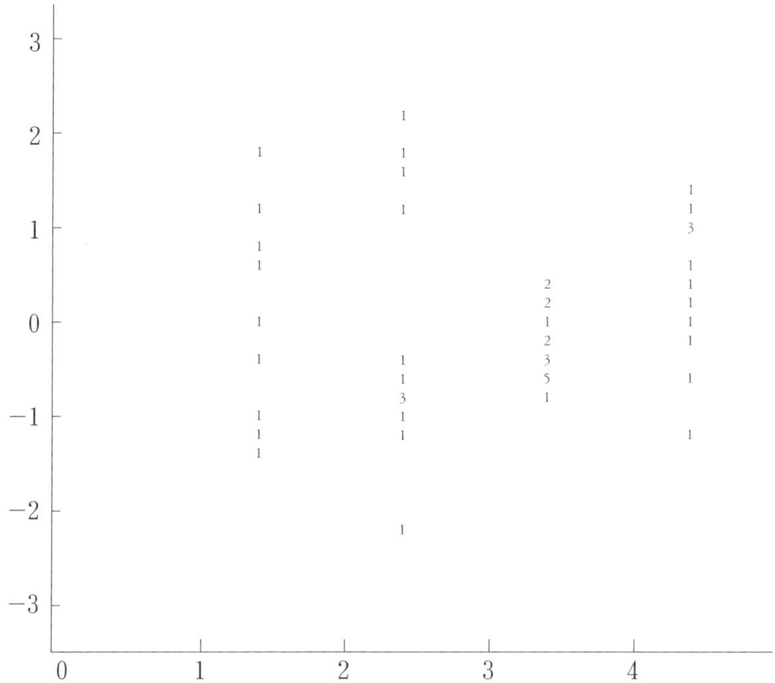

자료: Chatterjee and Price(1977: 113).

종속변수의 값만 다른 사례들을 발견하기가 어려우며, 단지 실험실적인 상황으로 통제된 상태에서 수집된 자료의 경우에 간혹 해당된다. 구체적인 자료를 사용한 분석사례는 Draper와 Smith(1981), Chatterjee와 Price(1977) 등을 참조하기 바라며, 여기서는 단지 Chatterjee와 Price(1977)의 분석결과를 요약하여 소개하고자 한다.

Chatterjee와 Price는 미국 49개 주의 교육비 지출에 관한 OLS 회귀분석을 4개 지역으로 나누어 하는 과정에서 〈그림 5-7〉에 나타난 것과 같은 이분산성의 문제에 봉착하였다. 이를 해결하기 위하여 WLS의 방식으로 회귀계수들이 산출되었으며 〈그림 5-8〉은 그 결과를 토대로 잔차 분석한 것이다. WLS와 OLS 방식의 분석결과는 〈표 5-4〉에 제시되어 있다. 〈그림 5-7〉과 비교할 때 〈그림 5-8〉에서 이분산성의 문제가 상당히 해소된 것을 쉽게 확인할 수 있으며, 이는 결론적으로

그림 5-8 교육비 지출에 관한 WLS 회귀분석에서 지역별 잔차의 분포

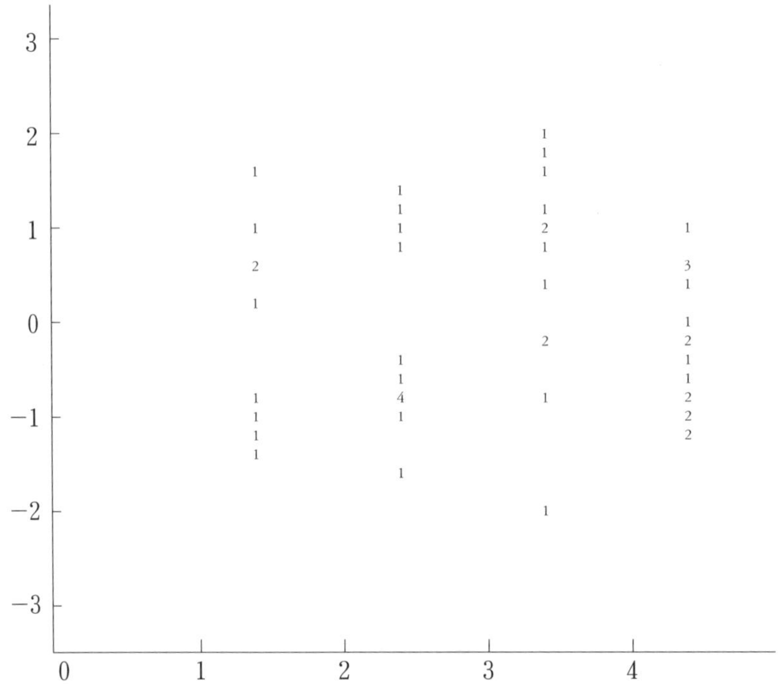

자료: Chatterjee and Price(1977: 115).

WLS 방식의 적용이 OLS 방식보다 적절하였음을 의미하는 것이다. 〈표 5-4〉에서 SEE나 R^2를 비교해 보면, 회귀선의 적합도는 OLS 방식을 택했을 때 WLS 방식보다 높은 것처럼 보이나 이것으로 두 방식의 우월성을 비교할 수는 없다. 여기서 한 가지 지적할 것은 OLS 방식이 최소의 SEE 또는 최대의 R^2 를 산출하도록 고안된 방법이며, 반면 WLS 방식은 잔차의 분포형태를 고려하여 회귀계수를 산출한다는 사실이다.

마지막으로, 종속변수가 단 두 개의 값만을 지니는 경우에 흔히 사용되는 로짓 분석(logit analysis)도 이분산성의 문제를 해소하기 위하여 변수를 변환시키고 WLS 방식을 적용하는 것으로 간주할 수 있다. 이에 대한 자세한 논의는 제 10 장에 수록되어 있다.

표 5-4 교육비 지출에 관한 OLS 및 WLS 회귀분석 결과의 비교

변 수	OLS			WLS		
	비표준화 회귀계수	표준오차	t	비표준화 회귀계수	표준오차	t
PI73	0.048	0.012	4.000	0.063	0.007	9.000
Y74	0.889	0.331	2.685	0.877	0.684	1.282
Urb70	0.067	0.049	1.367	0.027	0.032	0.843
회귀상수	−278.000			−320.100		
	SEE = 35.808	$R^2=0.497$		SEE = 36.711	$R^2=0.471$	

출처: Chatterjee and Price (1977: 114).

5.5.1 가중최소제곱법을 사용하는 SPSSWIN의 예시 프로그램

SPSSWIN에서 가중최소제곱법을 사용할 때는 〈그림 5-9〉의 (1)과 같이 〈회귀분석(R)〉 메뉴에서 〈가중추정(W): weight estimation〉을 선택하면 된다. 〈표 5-1〉의 자료를 사용해 (1)의 가중회귀분석창을 열면 (2)가 나타난다. (2)의 대화상자에서 종속변수와 독립변수를 지정해 주고, 〈가중변수(W): weight variable〉 칸에 잔차의 이분산성을 일으키는 변수라고 생각되는 것을 넣으면 가중최소제곱법에 의해 회귀분석을 수행한다. 이 때 사용하는 가중식은 $1/(weight\ var)^{power}$로 잔차분산을 동분산으로 만드는 최적의 변수 변환승수(power)를 최대우도 추정법(MLE)으로 산출한다. 이렇게 계산된 가중치 w_i를 써서 회귀계수를 추정하게 된다. 〈표 5-1〉의 자료를 사용해 가중회귀분석한 결과, 변수의 변환승수는 2로 추정되었으며, $w_i=\frac{1}{X^2}$가 된다. 이에 따라 추정회귀식은 $\hat{Y}=-4.462+1.420X$가 되고, $R^2=0.889$가 되었다. 참고로, 〈표 5-2〉에 제시되어 있는바 OLS 방식에 의한 회귀추정식은 $\hat{Y}=8.955+1.234X$이고, $R^2=0.798$이었다.

가중최소제곱 회귀분석을 일반 선형회귀분석(linear regression) 메뉴를 통해 실행하는 방법도 있다. 이 경우 〈그림 5-10〉 (1)의 일반 회귀분석 대화상자에서 〈WLS 가중값(H)〉을 선택해 가중변수(wgt)를 지정해 넣고 OLS 방식에 의한 일

그림 5-9 SPSSWIN을 이용한 가중최소제곱 회귀분석의 절차

(1) 가중최소제곱법을 부르는 SPSSWIN 메뉴창

(2) 가중최소제곱 회귀분석을 위한 대화상자

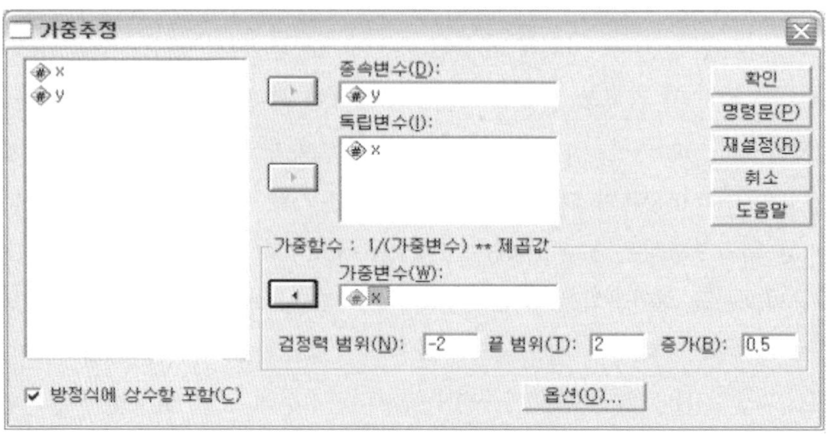

그림 5-10 SPSSWIN의 일반 선형회귀분석 프로그램을 이용한 가중최소제곱 회귀분석의 절차

(1) 〈변환(T)〉 메뉴의 〈변수계산(C)〉 대화상자

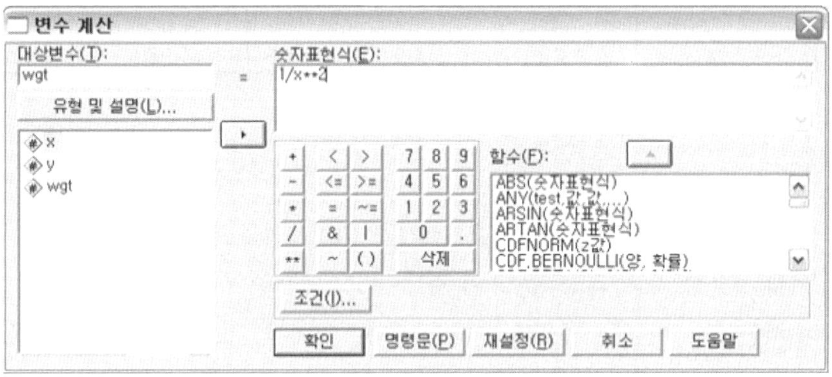

(2) 일반 선형회귀분석 대화상자에서 〈WLS 가중값(H)〉에 새로운 변수 wgt 삽입

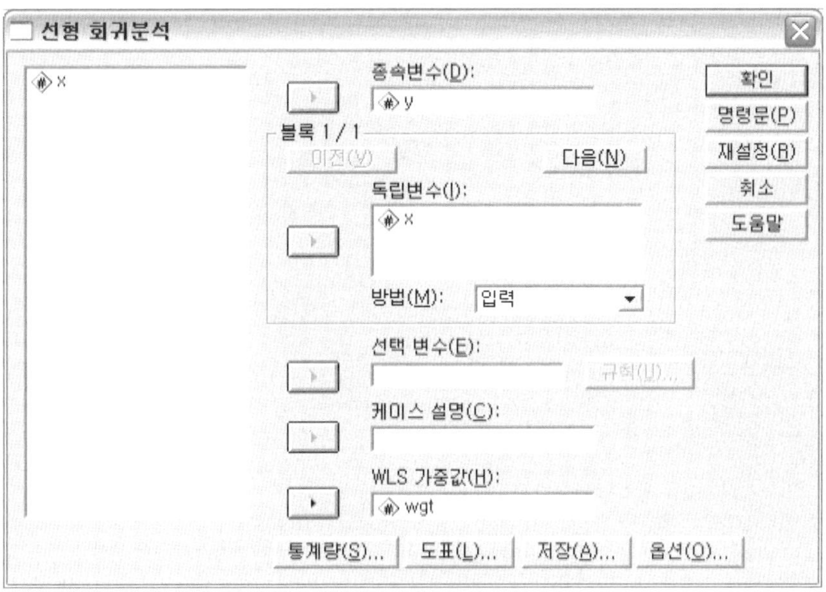

표 5-5 가중변수를 사용한 일반 선형회귀분석의 결과 출력

계수[a,b]

모형		비표준화 계수		표준화 계수	t	유의확률
		B	표준오차	베타		
1	(상수)	-4.462	5.052		-.883	.385
	x	1.420	.095	.943	14.953	.000

a. 종속변수: y

b. 가중최소제곱 회귀 - wgt만큼 가중

반 선형 회귀분석을 수행하면 가중최소제곱 회귀분석과 같은 결과를 얻을 수 있다. 이때 사용할 가중치(w_i)는 초기 SPSSWIN 메뉴창의 〈변환(T)〉 메뉴를 열어 〈변수계산(C)〉 기능을 사용해 만들면 된다. 앞에서 〈표 5-1〉 자료의 가중치는 $w_i = \frac{1}{X^2}$ 이라고 하였다. 이것을 사용해 새로운 가중변수 wgt를 만드는 과정은 〈그림 5-10〉의 (2)에 제시되어 있다. (2)의 대화상자에서 종속변수를 Y, 독립변수를 X, 가중변수를 wgt로 지정한 후, 일반 선형회귀분석을 하여 얻게 되는 출력은 〈표 5-5〉에 제시되어 있다. 이 결과는 이미 앞에서 살펴본 〈표 5-3〉과 동일하다.

제 6 장 자기회귀

6.1 머리말

시계열자료(time series data)에서는 현재의 상태가 과거와 미래의 상태에 밀접한 연관을 지니는 경우가 많다. 이럴 때 자기상관(自己相關, autocorrelation) 또는 계열상관(系列相關, serial correlation)이 있다고 한다. 그리고 회귀분석에서 시계열의 관측값이 선행된 관측값에 의존하여 자기상관을 보일 때, 즉 관측값이 선행 관측값들의 회귀관계를 갖는 현상을 자기회귀(自己回歸, autoregression)라 한다. 자기회귀 현상이 나타나면 OLS 방식에 의하여 추정된 회귀계수가 비록 불편성(不偏性, unbiasedness)을 만족한다 하더라도 최적합치(best fit)일 수는 없다. 자기회귀는 일반적으로 t값과 F값은 물론 결정계수 R^2의 값을 실제보다 증가시키는 경향이 있다. 따라서 회귀분석은 자기회귀가 존재하지 않는다는 것이 전제되어야 한다. 즉,

$$\mathrm{Cov}\,(\varepsilon_i \varepsilon_j) = 0 \qquad \text{단 } i \neq j \tag{6.1.1}$$

자기회귀 현상의 검색 또한 잔차의 도식화를 통해서 쉽게 확인될 수 있다. 가령 자기회귀 또는 잔차들간의 자기상관이 존재하지 않는다면 〈그림 6-1〉에서 보는

그림 6-1 무정형으로 분산된 잔차

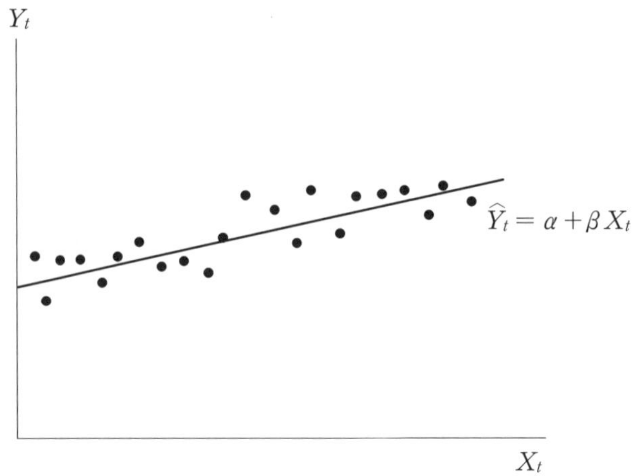

것처럼 잔차들이 회귀선 주변에 무정형으로 분산된다. 반면에 자기회귀가 나타나면 잔차는 〈그림 6-2〉 또는 〈그림 6-3〉과 같은 형태를 보이게 된다. 예를 들어 정부 특정 부서의 예산이 특정 시점 t에서 과다하게 배정되어 $\varepsilon_t = Y_t - \alpha - \beta X_t > 0$ 이 되었다 하자. 이에 대한 논란은 $t+1$ 시점에서 예산을 평균 이하로 삭감하여 $\varepsilon_{t+1} < 0$로 될 가능성이 있다. 이는 ε_t와 ε_{t+1}이 서로 부적 자기상관(negative auto-correlation; 또는 부적 계열상관: negative serial correlation)을 지님을 의미하며, 〈그림 6-2〉는 이를 나타낸 것이다. 이 경우 시간의 흐름에 따른 잔차의 변화를 도식화하면 〈그림 6-4〉와 같이 될 것이다.

이와 반대로 잔차는 시간의 흐름에 따라서 서로 정적 자기상관(positive autocor-relation; 또는 정적 계열상관: positive serial correlation)을 보이는 형태로 나타날 수 있다. 가령 위의 예에서 예산을 급격히 변화시킬 수 없는 요소들이 작용한다면 특정 시점에서 예산이 평균 이상으로 배정되어 $\varepsilon_t > 0$의 값을 지닐 때 ε_{t+1}의 값 역시 평균 이상이 될 가능성이 높아지게 된다. 마찬가지 이유로 $\varepsilon_t < 0$이면 예산이 급격히 증대되기는 어려워 $\varepsilon_{t+1} < 0$일 가능성이 많아지게 될 것이다. 이러한 관계는 〈그림 6-3〉과 〈그림 6-5〉에 표시되어 있다.

그림 6-2 부적 자기상관의 잔차

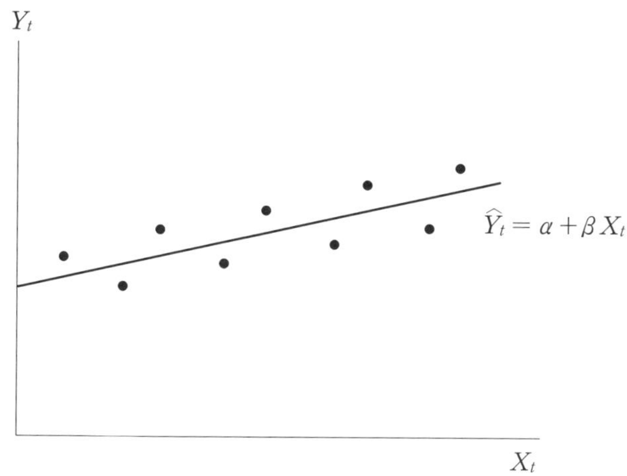

그림 6-3 정적 자기상관의 잔차

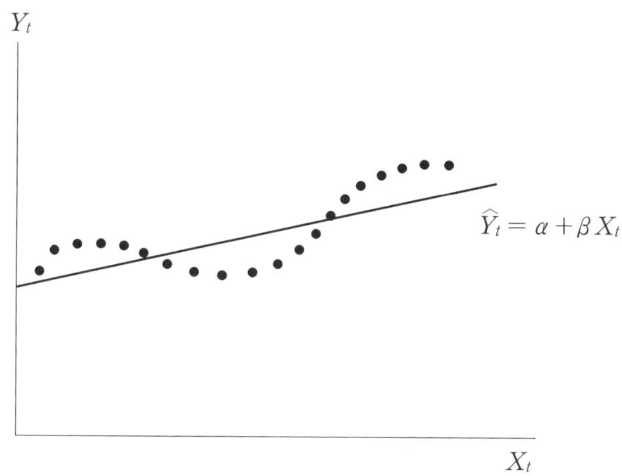

그림 6-4 시간에 따른 부적 자기상관의 잔차

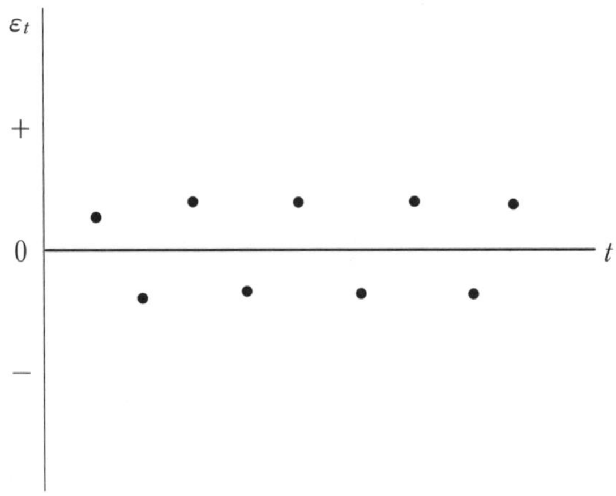

그림 6-5 시간에 따른 정적 자기상관의 잔차

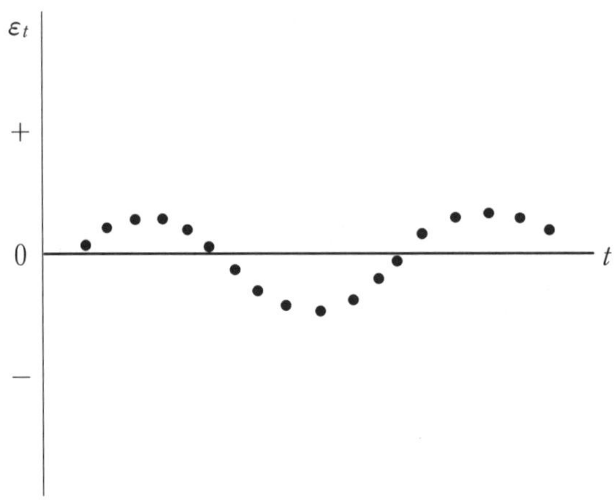

6.2 자기상관의 영향

일반적으로 자기회귀 현상은 OLS 방식에 의하여 추정된 회귀계수의 불편성(不偏性)이나 일치성(一致性, consistency)에 영향을 미치지는 않는다. 그러나 회귀계수의 효율성은 보장받지 못하며, 특히 시차종속변수(時差從屬變數, lagged dependent variable)가 포함된 회귀모형에서는 문제가 더욱 심각해진다. 예를 들어 정적 자기상관의 경우 OLS 방식으로 추정된 회귀계수의 표준오차는 실제보다 작은 값을 지니게 된다. 이는 결국 추정 회귀계수가 실제보다 더 정확한 것으로 인식됨을 의미한다. 따라서 실제로는 영가설이 기각될 수 없음에도 불구하고 기각되는 오류가 발생하게 된다.

〈그림 6-6〉의 (a)에서 잔차들은 정적 자기상관을 보인다. 즉 처음 4개의 잔차들은 +의 값을 지니고 다음의 두 잔차는 −의 값을 나타내고 있다. 같은 정적 자기상관이지만 (b)의 경우에는 반대로 처음 4개의 잔차의 값은 −이고 다음의 두 잔차들은 +의 값을 보이고 있다. 이러한 정적 자기상관의 결과 (a)의 경우 추정된 회귀선의 기울기는 실제 기울기보다 낮고, (b)에서는 더욱 높아진다. 그런데 이 두 가지 경우가 발생할 가능성은 같으므로 OLS 방식에 의하여 추정된 기울기는 평균치로 간주할 수 있다. 즉 추정된 회귀선은 불편성(不偏性)을 지니게 된다.

그러나 여기서 문제는 (a)와 (b)의 경우 모두 추정된 회귀선이 실제 회귀선보다 주어진 6개의 점에 보다 근접하여 R^2의 값이 실제 이상으로 높아진다는 데 있다. 그리고 보다 중요한 것은 오차분산(error variance)이 실제보다 작게 추정된다는 것이다. 또한 신뢰구간(confidence interval)이 필요 이상으로 넓어져 통계적 유의도 검증의 의미가 적어지고 t검증과 F검증이 타당성을 잃게 된다. 그 결과 추정된 회귀모형이 통계적인 검증을 통하여 부당하게 강조되거나 정당화될 가능성이 생기는 것이다.

그림 6-6 정적 자기상관이 회귀선 추정에 미치는 영향

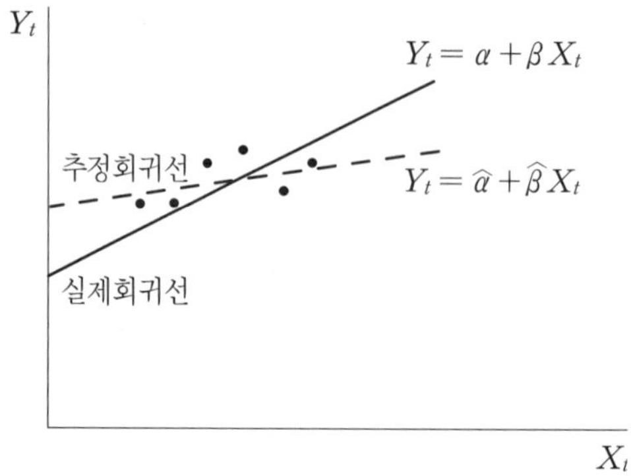

(a)

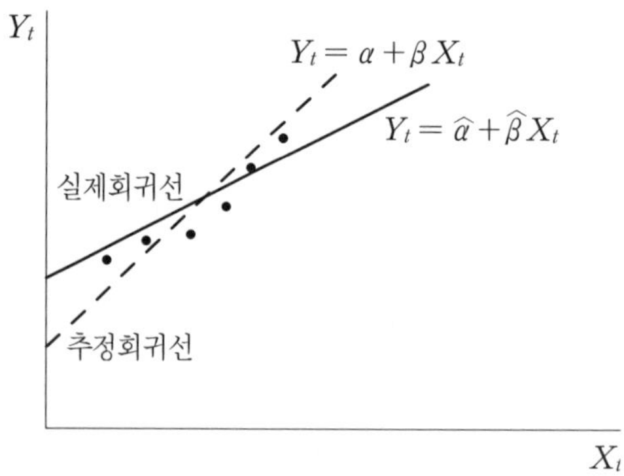

(b)

6.3 자기회귀(autoregression)의 검증

회귀분석 과정에서 일단 회귀식이 추정되고 나면 자기회귀 현상이 존재하는가의 여부를 확인하는 것이 매우 중요하다. 여기서는 이미 살펴본 잔차의 도식화를 통한 검색에 추가하여 가장 널리 사용되는 통계적 검증방법 두 가지를 소개하고자 한다.

6.3.1 Geary 검증

Geary 검증은 가장 간단하고 빠르고 쉽게 자기회귀 현상이 존재하는가를 확인할 수 있는 방법이다. 이는 Von Neumann의 비(比, ratio)를 일반화시킨 것으로 1954년 Geary에 의하여 제안되었다. Geary 검증은 단순히 회귀잔차들의 부호가 +에서 −로 또는 −에서 +로 바뀌는 횟수를 세는 것이다. 〈그림 6-3〉에서 보는 것 같은 정적 자기상관이 존재하면 잔차 부호의 변화 횟수는 매우 적을 것이다. 반면에 부적 자기상관(〈그림 6-2〉)의 경우는 부호의 변화 횟수가 매우 많아지게 된다. 후에 Habibagahi와 Pratschke(1972)는 3~55개의 표본에서 잔차 부호의 변화 횟수를 가지고 통계적 검증이 가능한 수표를 작성하여 제시하였다.

Geary 검증은 복잡한 계산 없이 간편하게 자기회귀를 검증할 수 있기는 하지만, 작은 표본에는 적용되기 곤란하다. 일반적으로 Geary 검증은 표본의 크기가 30에 근접하거나 그 이상일 때 검증의 신빙성이 높아진다.

6.3.2 Durbin-Watson 검증

Geary 검증보다 복잡한 계산을 요하기는 하지만 자기회귀 현상의 존재를 확인하기 위하여 가장 널리 이용되는 것이 Durbin-Watson의 d 통계량이다. 우선 Durbin-Watson 검증은 다음의 네 가지 전제를 필요로 한다.

첫째, 회귀모형에 상수항이 포함되어 있다.

둘째, 독립변수가 비확률적 변수(nonstochastic variable)이다.

셋째, 시차종속변수(lagged dependent variable)가 독립변수로 포함되어 있지 않다.

넷째, 잔차들이 제 1 차 자기회귀계열(first-order autoregressive series)을 구성한다. 이는 다음과 같은 식으로 표현될 수 있다.

$$\varepsilon_t = \rho\varepsilon_{t-1} + v_t \tag{6.3.1}$$

여기서 ε_t와 ε_{t-1}은 각각 t와 $t-1$ 시점에서의 잔차이다. ρ는 자기상관계수이다. v_t는 평균이 0이고 정규분포를 이루며 OLS의 기본가정을 충족시키는 잔차이다.

따라서 Durbin-Watson 검증의 영가설은 제 1 차 계열상관이 없다는 것이다.

$$H_0:\ \rho = 0 \tag{6.3.2}$$

일반적으로 Durbin-Watson의 d통계량은 다음과 같이 정의된다.

$$d = \frac{\sum_{t=2}^{n}(\varepsilon_t - \varepsilon_{t-1})^2}{\sum_{t=1}^{n}\varepsilon_t^2} \tag{6.3.3}$$

그런데 n이 충분히 크면

$$\sum_{t=2}^{n}\varepsilon_t^2 \approx \sum_{t=2}^{n}\varepsilon_{t-1}^2 \approx \sum_{t=1}^{n}\varepsilon_t^2 \tag{6.3.4}$$

가 되므로 (6.3.3)은 다음과 같이 정리될 수 있다.

$$d \approx 2\left(1 - \frac{\sum_{t=2}^{n}\varepsilon_t \cdot \varepsilon_{t-1}}{\sum_{t=1}^{n}\varepsilon_t^2}\right) \tag{6.3.5}$$

또는

$$d \approx 2(1 - r) \tag{6.3.6}$$

여기서 r은 ρ가 미지의 값이므로 대신 사용하는 추정값이다. 즉,

$$r = \frac{\sum_{t=2}^{n}\varepsilon_t \cdot \varepsilon_{t-1}}{\sum_{t=1}^{n}\varepsilon_t^2} \tag{6.3.7}$$

그런데 $-1 \le r \le 1$이므로 등식 (6.3.6)에서 d는 0~4 범위의 값을 갖는다. 즉 r은 ρ의 추정값이므로 $\rho = 0$이면 $d \approx 2$; $\rho = 1$이면 $d \approx 0$; 그리고 $\rho = -1$이면 $d \approx 4$의 값을 갖게 된다. 따라서 d의 값이 2에 가까울수록 잔차간에 자기상관이 존재하지 않는다는 뜻이 된다.

그런데 한 가지 지적할 것은 영가설을 채택 또는 기각할 수 있는 d의 특정 임계값(critical point)이 존재하지 않는다는 사실이다. 이러한 판단을 내릴 수 있도록 하기 위해 Durbin과 Watson은 표본의 크기(n) 및 독립변수의 수(k)에 따른 d의 상한값(upper limit: d_U)과 하한값(lower limit: d_L)의 수표를 제시하고 있다. 5%, 2.5% 및 1% 유의수준에서의 d_U과 d_L의 값은 부록의 〈표 4a〉~〈표 4c〉에 제시되어 있으며, 5%의 경우를 도표화하면 〈그림 6-7〉과 같다.

〈그림 6-8〉은 자기상관의 존재 여부에 대한 판단을 내리는 방법을 요약, 정리한 것이다. 여기서 Durbin-Watson 검증의 과정을 단계별로 요약하면 다음과 같다.

제 1 단계: OLS 방식에 따라 ε_t를 구한다.

제 2 단계: 등식 (6.3.5)를 이용하여 d의 값을 계산한다.

제 3 단계: 부록에 제시된 〈표 4a〉~〈표 4c〉를 보고 주어진 유의수준에서의 d_U와 d_L의 값을 찾아낸다.

제 4 단계: 다음과 같은 기준에 따라 자기상관 존재 여부에 대한 판단을 내린다(〈그림 6-8〉 참조).

만약 부적 자기상관이 없다는 영가설(H_0)인 경우,

$$\begin{aligned} d > 4 - d_L &: \quad H_0 \text{ 기각} \\ d < 4 - d_U &: \quad H_0 \text{ 채택} \\ 4 - d_U \le d \le 4 - d_L &: \quad \text{불확실 영역.} \end{aligned} \tag{6.3.8}$$

만약 쌍방검증(two-sided test), 즉 정적 또는 부적 자기상관이 없다는 영가설(H_0)인 경우,

$$\begin{aligned} d < d_L &: \quad H_0 \text{ 기각} \\ d > 4 - d_L &: \quad H_0 \text{ 기각} \\ d_U < d < 4 - d_U &: \quad H_0 \text{ 채택} \\ d_L \le d \le d_U &: \quad \text{불확실 영역} \\ 4 - d_U \le d \le 4 - d_L &: \quad \text{불확실 영역.} \end{aligned} \tag{6.3.9}$$

만약 정적 자기상관이 없다는 영가설(H_0)인 경우,

$$\begin{aligned} d < d_L&: \quad H_0 \text{ 기각} \\ d > d_U&: \quad H_0 \text{ 채택} \\ d_L < d < d_U&: \quad \text{불확실 영역.} \end{aligned} \tag{6.3.10}$$

그림 6-7 k가 1~5일 때 5% 유의수준에서의 d_U와 d_L의 값

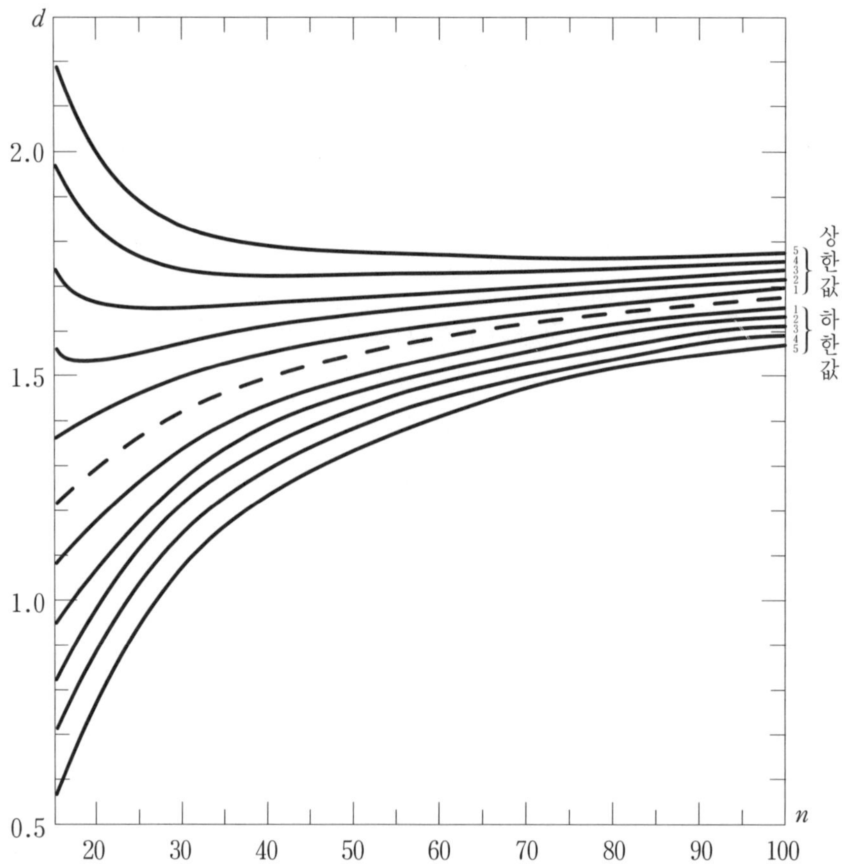

그림 6-8 Durbin-Watson의 d 통계량의 5영역

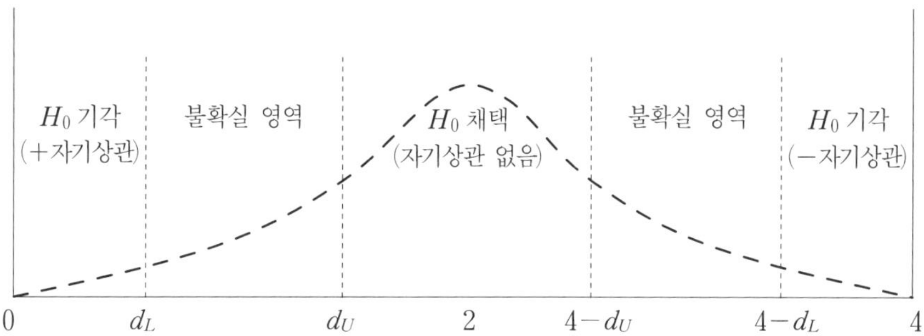

마지막으로 Durbin-Watson 검증과 관련하여 다음의 몇 가지 사항을 지적해 두고자 한다.

첫째, Durbin-Watson 검증을 위해서는 표본의 크기가 최소한 15를 넘어야 한다.

둘째, 시차종속변수(lagged dependent variable)가 독립변수로 사용된 경우에는 Durbin-Watson 검증을 할 수 없다(Nerlove and Wallis, 1966).

셋째, 계산된 d의 값이 불확실 영역에 속하는 경우에는, 표본의 크기를 증가시켜 불확실 영역의 범위를 좁히든지 또는 자기상관의 존재를 확인하기 위한 다른 검색방법을 사용하여야 한다. 이에 대한 구체적인 논의는 Kmenta(1971) 또는 Theil과 Nagar(1961) 등을 참조하기 바란다.

넷째, 독립변수가 하나 이상인 회귀모형에서 d_U와 d_L의 값을 찾아내기 위해서는 독립변수의 수(k)를 알아야 한다(그런데 학자에 따라서는 k에 상수항을 포함시키는 경우도 있으므로 주의하기 바란다).

그리고 마지막으로, 자기상관계수 ρ의 절대값이 0.3보다 크면 OLS 방식보다는 다음 절에 제시된 방법을 사용하는 것이 바람직하다(Griliches and Rao, 1969). 일반적으로 $|\rho| > 0.3$이면 Durbin-Watson 검증을 할 필요 없이 자기상관이 존재하는 것으로 판단하여도 무방하다(Hibbs, 1974).

6.4 자기회귀의 제거

지금까지의 논의를 통해서 자기상관계수 ρ가 0이 아니면 자기상관의 가능성을 염두에 두고 회귀분석을 행하여야 한다는 것이 분명해졌다. 이 절에서는 자기상관을 제거하는 몇 가지 방법을 소개하고자 한다.

6.4.1 **일반화최소제곱법** (GLS: generalized least squares method)

이는 자료를 변환시키고 난 후 OLS 방식을 적용하는 접근방법으로, 보통 GLS 방식이라 불린다. 우선 다음과 같은 회귀모형을 가정하자.

$$Y_t = \alpha + \beta_1 X_t + \varepsilon_t \tag{6.4.1}$$

여기서 제 1 차 자기회귀계열(first-order autoregressive series)의 구성을 전제로 다음과 같은 변환을 시도한다.

$$Y_t' = Y_t - \rho Y_{t-1} \tag{6.4.2}$$

그리고 등식 (6.4.2)에 (6.4.1)을 대입시키면 다음과 같이 된다.

$$Y_t' = \alpha(1-\rho) + \beta_1(X_t - \rho X_{t-1}) + (\varepsilon_t - \rho\varepsilon_{t-1}) \tag{6.4.3}$$

그런데 $v_t = \varepsilon_t - \rho\,\varepsilon_{t-1}$이므로

$$Y_t' = \alpha(1-\rho) + \beta_1(X_t - \rho X_{t-1}) + v_t \tag{6.4.4}$$

가 된다. 등식 (6.4.4)는 다음과 같은 회귀모형으로 재정리될 수 있다.

$$Y_t' = \alpha' + \beta_1' X_t' + v_t \tag{6.4.5}$$

단 $Y_t' = Y_t - \rho Y_{t-1}$; $X_t' = X_t - \rho X_{t-1}$. 여기서 v_t는 회귀분석의 기본 가정을 충족시키는 독립적인 잔차이며, 따라서 이제는 OLS 방식에 의한 회귀계수의 추정이

가능하다. 이 경우 (6.4.5)의 회귀계수들은 OLS 방식에 의한 계수들과 다음의 관계를 지니게 된다.

$$\alpha = \frac{\alpha'}{1-\rho} \tag{6.4.6}$$

$$\beta_1 = \beta_1' \tag{6.4.7}$$

6.4.2 Cochrane-Orcutt의 방법

이상과 같은 GLS 방식은 ρ의 값을 알고 있다는 것을 전제로 한다. 그러나 대부분의 경우 ρ는 미지의 값이므로 이를 추정해내는 작업이 필요하다. 자기상관계수 ρ의 값을 모르는 경우, 자기회귀를 제거하기 위하여 Cochrane과 Orcutt(1949)는 다음과 같은 과정을 반복할 것을 제시하고 있다. 이 방법 및 이어서 소개하는 방법들은 모조-GLS(pseudo-GLS) 방식으로도 불린다.

제 1 단계: OLS 방식으로 α와 β_1을 추정한다.

제 2 단계: 등식 (6.3.6)을 이용하여 ρ의 추정값인 r을 계산한다.

제 3 단계: Y를 $Y_t' = Y_t - rY_{t-1}$ 그리고 X를 $X_t' = X_t - rX_{t-1}$로 변환시켜 등식 (6.4.5)의 변형 회귀모형에 대입시킨다.

제 4 단계: 변형 회귀모형 (6.4.5)에서 얻어진 잔차들을 분석하여 자기상관이 여전히 존재하는지를 검색한다. 검색 결과 자기상관이 존재하지 않는 것으로 밝혀지면 이로서 작업을 종결하고 α와 β_1을 사용하여 원 회귀모형의 형태로 바꾼다. 물론 이때 회귀선의 기울기는 바뀌지 않으며, 상수항만 바뀌게 된다.

제 5 단계: 만약 자기상관이 여전히 존재하면, 변형 회귀모형에서 얻어진 r로서 원자료를 또다시 변환시켜 자기상관 현상이 나타나지 않을 때까지 제 1 단계부터 다시 반복하여 실시한다. 그러나 실제로 이러한 작업을 계속 반복하는 것은 비경제적이며, 위의 과정을 제 4 단계까지 한 번 실시하여 자기회귀가 제거되지 않으면 다른 방식을 택하는 것이 바람직하다.

6.4.3 제 1 계차법 (first difference method)

제 1 계차법(第1階差法)은 자기회귀를 제거하기 위한 모조-GLS 방법 중 가장 널리 이용된다. 이 방법은 일단 $\rho = 1$이라고 가정하고 원자료를 제 1 계차(first difference), 즉 $(Y_t - Y_{t-1})$과 $(X_t - X_{t-1})$의 형태로 변환시킨 후 다음의 등식을 OLS 방식으로 추정하는 것이다.

$$Y_t - Y_{t-1} = \alpha^* + \beta_1 (X_t - X_{t-1}) + (\varepsilon_t - \varepsilon_{t-1}) \tag{6.4.8}$$

그런데

$$\begin{aligned} Y_t &= \alpha + \beta_1 X_t + \varepsilon_t \\ Y_{t-1} &= \alpha + \beta_1 X_{t-1} + \varepsilon_{t-1} \end{aligned} \tag{6.4.9}$$

이므로 $\alpha^* = 0$이 되고 $v_t = \varepsilon_t - \varepsilon_{t-1}$이 된다. 이 방법의 장점은 ρ와 α의 값을 추정해낼 필요가 없다는 것이다. 그러나 제 1 계차법은 ρ의 값이 1에 가깝다는 심증이 있을 때에 한해서 적용하는 것이 바람직하며, 그렇지 않으면 잘못된 결론을 도출해내기 쉽다(Kmenta, 1971; Ostrom, 1978).

6.4.4 Durbin-Watson의 d 통계량 이용법

자기상관계수 ρ의 값은 또한 Durbin-Watson의 d 통계량을 이용하여 추정될 수 있다. 즉 등식 (6.3.6)을 변용시키면 ρ의 추정값 r은 다음과 같이 정의된다.

$$r = 1 - \frac{d}{2} \tag{6.4.10}$$

그런데 이미 지적한 것처럼, 표본의 크기가 작을 때에는 Durbin-Watson의 통계량을 적용하기 곤란하다. Theil과 Nagar(1961)는 소표본의 경우 다음의 방법으로 ρ의 값을 추정할 것을 제시하고 있다.

$$r = \frac{n^2(1 - d/2) + k^2}{n^2 - k^2} \tag{6.4.11}$$

여기서 n은 표본의 수이고, d는 Durbin-Watson의 d 통계량이며, k는 구해진 회귀모형에서 추정된 회귀계수의 숫자이다. 이 방법을 사용하기 위해서는 우선 등식 (6.4.11)을 이용하여 ρ의 추정값을 구하고, (6.4.4)의 등식에 따라 자료를 변환시킨 다음 OLS 방식을 적용시킨다. 여기서 한 가지 알아둘 사항은 Y와 X의 첫 번째 값에는 $\sqrt{1-r^2}$을 곱함으로써 정보의 유실을 피하고 동분산성(homo scedasticity)을 유지할 수 있다는 것이다. 즉,

$$\begin{aligned}
Y_1' &= \sqrt{1-r^2}\ Y_1 & t &= 1 \\
Y_t' &= Y_t - rY_{t-1} & t &= 2, 3, 4, \cdots, n \\
X_1' &= \sqrt{1-r^2}\ X_1 & t &= 1 \\
X_t' &= X_t - rX_{t-1} & t &= 2, 3, 4, \cdots, n
\end{aligned} \tag{6.4.12}$$

그러나 표본의 크기가 작을 때에는 위의 방법으로 첫 번째 값을 변환시키는 것이 오히려 문제를 야기시킬 수도 있다(Theil, 1971).

이상 살펴본 방법들 이외에도 자기회귀 현상을 제거하기 위하여 Hildreth와 Lu가 제시한 방법 등이 있으나 여기서는 생략하기로 한다. 이에 대한 자세한 논의는 Kmenta(1971) 및 Ostrom(1978)을 참조하기 바란다. 또한 Ostrom(1978)에는 시차변수(lagged variable)가 포함된 회귀모형에서의 자기회귀에 대한 논의가 수록되어 있다. 마지막으로, 이 절에서 자기회귀에 대한 논의는 설명의 편의를 위해 단순회귀모형에 국한하여 이루어졌다. 이를 다중회귀모형으로 확대하여 적용하는 것은 Kmenta(1971), Hibbs(1974) 및 Ostrom(1978)을 참조하면 좋을 것이다.

6.4.5 자기회귀의 제거 사례

그러면 지금까지 이루어진 논의의 본질을 보다 잘 이해하고, 실제 문제에 응용할 수 있는 능력을 제고시키기 위하여 〈표 6-1〉에 제시된 가상적인 에너지소비량 자료를 이용하여 실제로 회귀분석을 하여 보자. 〈그림 6-9〉는 연도에 따른 에너지소비량의 변화를 그림으로 표시한 것이다.

우선 이 자료의 독립변수(X_t: 연도)와 종속변수(Y_t: 에너지소비량)가 아래와 같은 직선의 관계를 지닌다는 가정을 설정하고

$$Y_t = \alpha + \beta_1 X_t + \varepsilon_t \tag{6.4.13}$$

단순회귀분석을 한 결과 〈표 6-2〉를 얻었으며 회귀식은 다음과 같다.

$$Y_t = -340.738 + 0.174 X_t \tag{6.4.14}$$

그러나 구해진 회귀식이 적절한가를 검증하기 위해서 잔차분석을 한 결과 자기회귀 현상이 발견되었다. 즉 〈그림 6-10〉과 〈그림 6-11〉에서 X_t 및 $\widehat{Y}_t$에 대한 표준화잔차의 분포는 강한 정적 자기상관을 나타내고 있다. 또한 〈표 6-2〉에서

표 6-1 자기회귀 분석을 위한 가상적 에너지소비량 자료

연 도	1인당 에너지소비량	연 도	1인당 에너지소비량
1969	2.218	1980	3.562
1970	2.378	1981	3.818
1971	2.382	1982	3.932
1972	2.572	1983	4.002
1973	2.768	1984	4.242
1974	2.866	1985	4.450
1975	3.000	1986	4.758
1976	3.022	1987	5.148
1977	3.258	1988	5.554
1978	3.364	1989	5.762
1979	3.528	1990	6.278

자료: Dillon과 Goldstein(1984: 299)의 자료를 재구성한 것임.

그림 6-9 자기회귀 분석을 위한 에너지소비량 자료 (〈표 6-1〉)

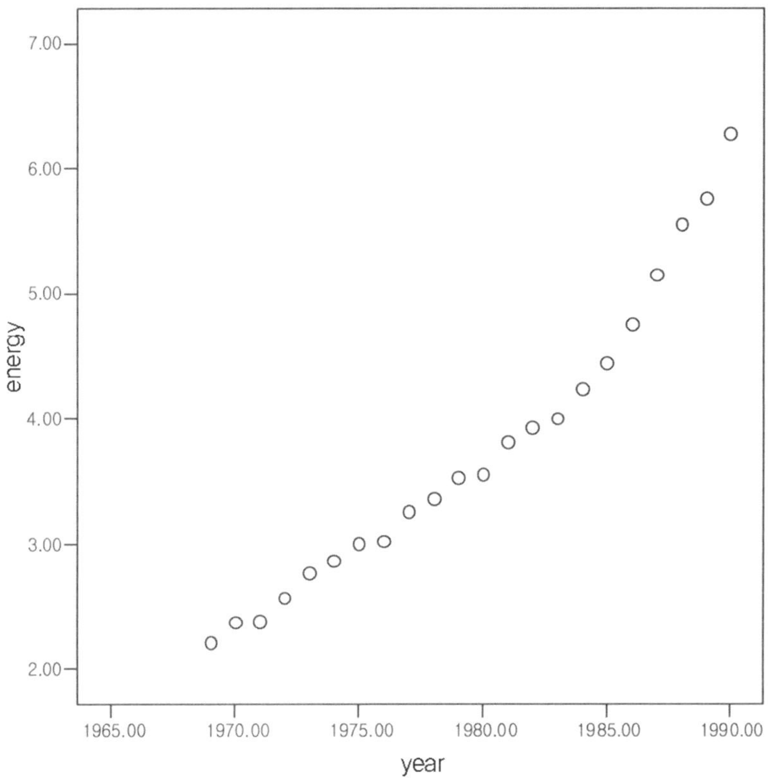

표 6-2 에너지소비량 자료의 단순회귀분석 결과: 〈표 6-1〉 자료

변 수	비표준화 회귀계수	표준화 회귀계수	표준오차	t	Sig. t
X(연도)	0.174	0.974	0.009	19.082	0.000
회귀상수	−340.738		18.054	−18.874	0.000

$n = 22$　　SEE $= 0.271$　　$R^2 = 0.948$　　$F = 364.136$
Durbin-Watson's $d = 0.239$ ($d_L = 1.24$; $d_U = 1.43$)

그림 6-10 X_t (year)에 대한 표준화잔차의 분포: 에너지소비량 자료

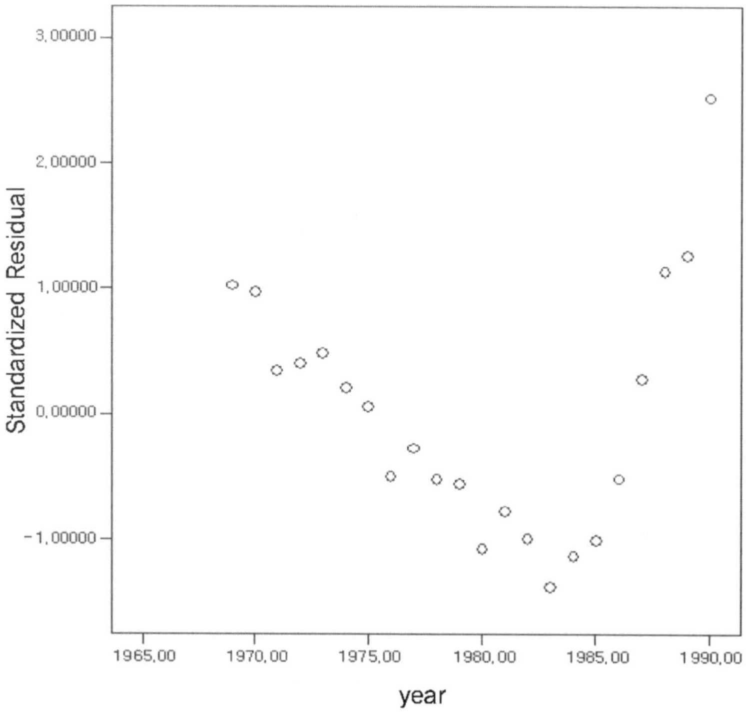

Durbin-Watson의 d 통계량은 0.239로 계산되었다. 부록의 〈표 4a〉를 보면 사례 수 22, 그리고 독립변수가 하나인 경우, d_L과 d_U는 5% 유의수준에서 각각 1.24와 1.43의 값을 지닌다. 따라서

$$(d = 0.239) < (d_L = 1.24) \tag{6.4.15}$$

의 관계가 성립하므로, (6.3.9)의 쌍방검증(two-sided test)에서 제 1 차 계열상관이 없다는 영가설(H_0: $\rho = 0$)은 기각된다. 또한 일방검증(one-sided test)을 하더라도, (6.3.10)에서 보는 것처럼, 정적 자기상관이 없다는 영가설(H_0) 역시 기각된다(〈그림 6-8〉 참조). 결국 〈표 6-2〉에 제시된 회귀계수, 표준오차 그리고 통계적 유의도 수준은 강한 정적 자기상관으로 인하여 부정확하게 계산된 것으로 판

그림 6-11 $\widehat{Y}_t$ (yhat)에 대한 표준화잔차의 분포: 에너지소비량 자료

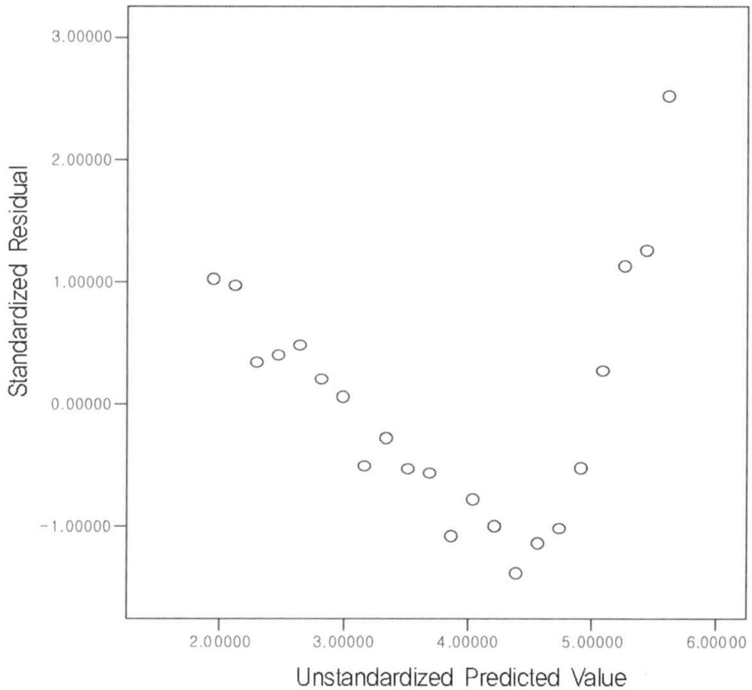

단되며, 이 분석결과를 그대로 받아들일 수 없는 것으로 결론지을 수 있다.

그러면 자기회귀의 문제를 제거하기 위하여 (6.4.4)의 등식에 따라 자료를 변환시킨 다음, OLS 방식을 적용시켜 보자. 이 방법을 사용하기 위해서는 우선 ρ의 추정값인 r을 구하여야 하는데, 여기서는 Theil과 Nagar (1961)가 제시한 (6.4.11)의 등식을 이용하였다. 즉,

$$\begin{aligned} r &= \frac{n^2(1-d/2)+k^2}{n^2-k^2} \\ &= \frac{(22)^2 \cdot (1-0.239/2)+(1)^2}{(22)^2-(1)^2} \\ &= 0.882 \end{aligned} \tag{6.4.16}$$

일단 ρ의 추정값인 r을 구하고 나면 제1차 회귀계열의 구성을 전제로 (6. 4. 12)의 등식을 이용하여 독립변수와 종속변수를 변환시킬 수 있다. 즉,

$$Y_t' = Y_t - r\,Y_{t-1}$$
$$= Y_t - 0.882\,Y_{t-1}$$

$$X_t' = X_t - rX_{t-1}$$
$$= X_t - 0.882X_{t-1} \qquad \text{단, } t = 2, 3, 4, \ldots, n \qquad (6.4.17)$$

$t=1$인 경우에는 (6. 4. 12)에 제시된 방법으로 변수를 변환시킨 결과, 표본의 크기가 작기 때문에 Theil (1971)이 지적한 것처럼 오히려 문제를 야기시키는 것으로 판명되어 분석에서 제외시켰다. 따라서 분석대상 사례수는 21이 된다. 변환된 자료를 그림으로 제시하면 〈그림 6-12〉와 같다.

이제 변환된 자료를 정리하여 새로운 회귀모형을 구성하면

$$Y_t - \rho Y_{t-1} = \alpha(1-\rho) + \beta_1(X_t - \rho X_{t-1}) + (\varepsilon_t - \rho\varepsilon_{t-1})$$
$$Y_t - 0.882\,Y_{t-1} = \alpha(1-0.882) + \beta_1(X_t - 0.882X_{t-1}) + (\varepsilon_t - 0.882\varepsilon_{t-1}) \qquad (6.4.18)$$

이 되며, 이는 다음과 같은 형태로 재정리될 수 있다.

$$Y_t' = \alpha' + \beta_1' X_t' + v_t \qquad (6.4.5) \; (6.4.19)$$

단 $Y_t' = Y_t - 0.882\,Y_{t-1}$; $X_t' = X_t - 0.882\,X_{t-1}$; $v_t = \varepsilon_t - 0.882\,\varepsilon_{t-1}$. 즉 변환된 회귀모형 (6. 4. 19)는 $(X_t - 0.882\,X_{t-1})$과 $(Y_t - 0.882\,Y_{t-1})$을 각각 독립변수와 종속변수로 삼은 셈이 된다. 여기서 v_t는 (6. 3. 1)에서 보는 것처럼 자기상관이 없는 독립적인 잔차로서 회귀분석의 기본가정을 충족시킨다. 따라서 이제는 OLS 방식에 의한 회귀계수의 추정이 가능하며, 그 결과로 얻은 회귀식은 다음과 같다.

$$Y_t' = -65.244 + 0.281\,X_t' \qquad (6.4.20)$$

그림 6-12 변환된 에너지소비량 자료

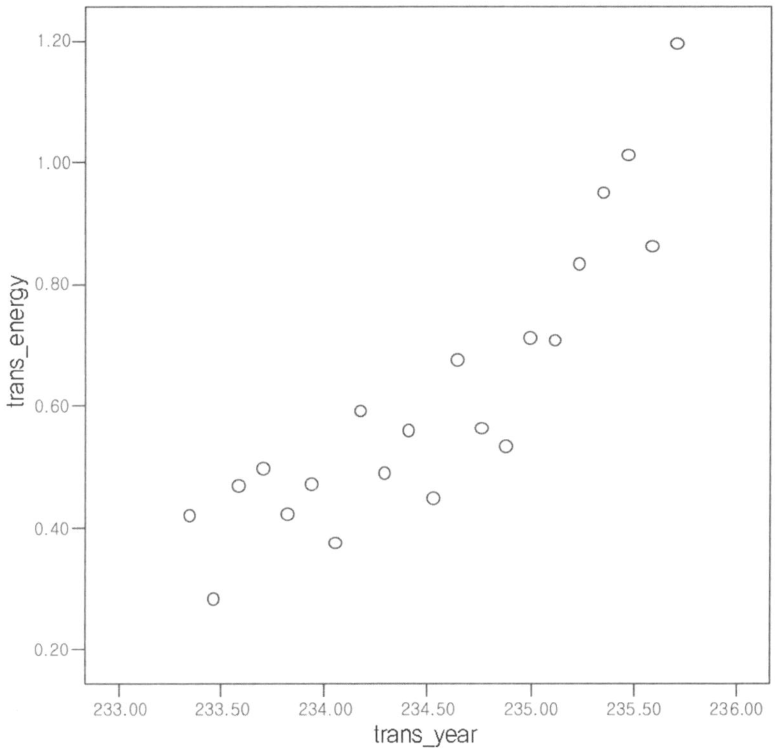

이 회귀식을 이용한 분석의 결과는 〈표 6-3〉에 요약되어 있다.

〈표 6-3〉에 제시된 R^2와 F비의 값은 각각 0.777과 66.167로 〈표 6-2〉보다 낮은 수준이다. 그러나 이는 〈표 6-2〉에 제시된 원래의 회귀모형에서 자기상관으로 인하여 R^2와 F비의 값이 실제보다 높아지고 오차분산이 과소추정되었기 때문이다. 이미 지적한 것처럼 〈표 6-2〉에서는 회귀계수의 신뢰구간도 넓어졌기 때문에 t검증 역시 타당성을 잃게 된다.

한편 변환된 회귀모형 (6.4.20)의 잔차를 분석해 보면 자기회귀의 문제가 상당히 제거되었음을 시각적으로 확인할 수 있다. 즉 표준화잔차의 오차분산은 〈그림 6-13〉과 〈그림 6-14〉에서 X_t'나 $\widehat{Y}_t'$의 값이 변하여도 상대적으로 민감하게 바뀌지 않는다. 이는 〈그림 6-10〉 및 〈그림 6-11〉과 비교하면 더욱 그러하다. 또한

표 6-3 에너지소비량 자료를 변환시켜 회귀분석한 결과

변 수	비표준화 회귀계수	표준화 회귀계수	표준오차	t	Sig. t
X'	0.281	0.881	0.035	8.134	0.000
회귀상수	−65.244		8.098	−8.057	0.000

$n = 21$ SEE $= 0.113$ $R^2 = 0.777$ $F = 66.167$
Durbin-Watson's $d = 1.563$ ($d_L = 1.22$; $d_U = 1.42$)

〈표 6-3〉에서 d와 d_U는 각각 1.563과 1.42의 값을 나타낸다. 따라서

$$(d_U = 1.42) < (d = 1.563) < (4 - d_U = 2.58) \tag{6.4.21}$$

의 관계가 성립하므로, (6.3.9)에 제시된 것처럼, 제1차 계열상관이 없다는 영가설(H_0: $\rho = 0$)을 5% 유의수준에서 채택할 수 있다(〈그림 6-8〉 참조). 결론적으로, 변환된 변수를 이용한 회귀식 (6.4.20)은 자기상관이 없다는 OLS 방식의 기본 가정을 충족시키는 것으로 평가할 수 있다.

그림 6-13 X_t' (trans year)에 대한 표준화잔차의 분포: 에너지소비량 자료

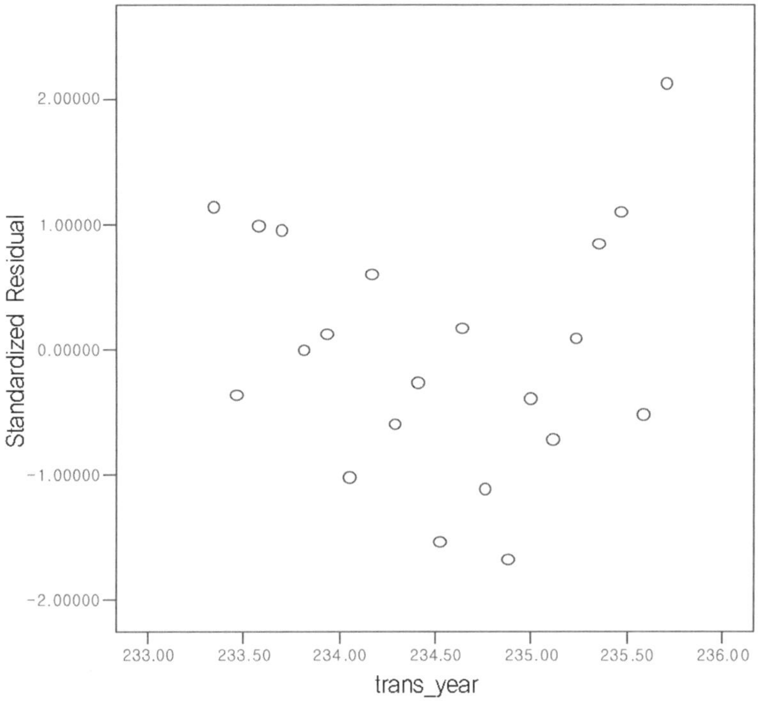

그림 6-14 $\widehat{Y}_t'$(tyhat)에 대한 표준화잔차의 분포: 에너지소비량 자료

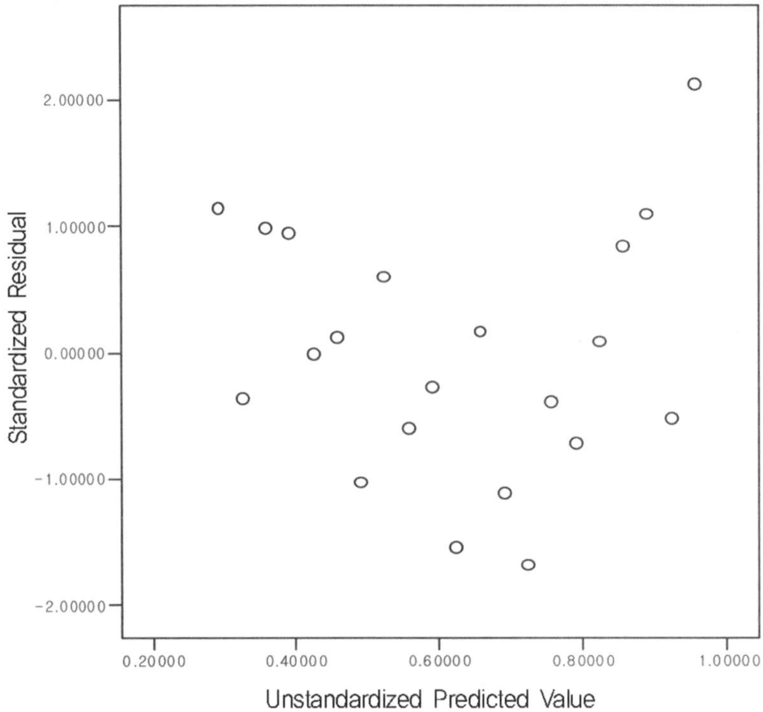

제 7 장 다중공선성

7.1 머리말

회귀분석에 적용되는 중요한 전제조건 중의 하나는 독립변수들이 상호 밀접히 연관되어 있지 않다는 것이다. 우리는 일반적으로 회귀계수를 이용하여 특정 독립변수가, 다른 모든 독립변수의 값을 불변으로 고정시킨 상태에서, 종속변수에 미치는 독자적인 영향력을 측정한다. 그러나 만약 독립변수들간에 매우 강한 선형관계(線型關係, linear relationship)가 존재하는 경우 회귀계수의 통상적인 해석은 심각한 문제를 야기시킨다. 관념적으로는 회귀등식에서 다른 독립변수들의 값을 고정시킨 채 특정의 독립변수만을 변화시키는 것이 가능하지만, 실제 상황에서는 이러한 인위적인 조작의 결과에 대한 정보가 거의 존재하지 않는다. 더욱이 모든 변수들이 상호 밀접하게 연계되어 있어 다른 변수들을 고정시키고 특정 변수만을 변화시킨다는 것이 거의 불가능할 수도 있다. 이러한 상황에서 회귀계수는 독립변수가 종속변수에 미치는 독자적인 영향력을 제대로 반영하지 못한다.

회귀분석에서 독립변수들간에 선형관계가 전혀 없을 때, 즉 완전한 직교성(直交性, orthogonality)을 지니는 경우는 매우 드물지만, 존재한다 하여도 대부분은 분석결과에 심각한 영향을 미치지 않는다. 그러나 특정 독립변수가 다른 독립변수와 매우 강한 비직교성(非直交性, non-orthogonality)을 지닐 때 공선성(共線性, collinearity)의 문제가 제기된다. 그리고 3개 이상의 독립변수들간의 강한 선형관계를 다중공선성(多重共線性, multicollinearity)이라고 하며, 이 개념은 1934년 Ragnar Frisch에 의하여 사용되기 시작하였다. 심한 다중공선성은 회귀분석 결과를 왜곡시켜 특정 독립변수의 종속변수에 대한 독자적인 효과를 측정하는 것이 불가능해진다. 회귀계수는 자료의 미세한 변화(예를 들면, 표본 사례수의 변화)나, 회귀식에서 변수의 추가나 삭제에 매우 민감하게 반응하여 매우 커다란 표준오차를 가지게 되고 통계적인 유의미도를 감소시킨다.

다중공선성의 문제는 그림을 이용하여 다음과 같이 설명될 수 있다. 우선 〈그림 7-1〉에서와 같이 X값의 변화가 전혀 없는 경우를 생각해 보자. 이 경우 ($\bar{X}$, $\bar{Y}$)를 지나는 직선 A, B, C는 모두 같은 최소제곱합(sum of least squares)의 값을 지니게 된다. 역으로 최소제곱합의 값은 이 세 회귀선의 기울기 β_i에 전혀 영향을 받지 않는다. 즉

$$\beta = \frac{\sum(X_i - \bar{X})(Y_i - \bar{Y})}{\sum(X_i - \bar{X})^2} \qquad (7.1.1)$$

에서 분모의 $\sum(X_i - \bar{X})^2$이 0의 값을 지니므로 기울기 β를 산출해낼 수 없다. 이는 X의 값이 전혀 변화가 없거나 또는 거의 없으면 X가 Y에 미치는 효과는 검증될 수 없다는 것을 뜻한다. 또한 이 예에서 Y값의 최적추정값(best fit)은 회귀선의 개념이 아니라 $\bar{Y}$라는 점이 된다.

이제 이상의 논의를 독립변수가 2개인 상황에 적용해 보자. 〈그림 7-2〉에서 X_1, X_2가 완전한 선형관계를 지니는 경우, 모든 점들은 3차원의 공간에 흩어져 있는 것이 아니라 L을 관통하는 평면 위에 존재하게 된다. 따라서 〈그림 7-1〉에서 최적추정값이 회귀선이 아니라 점($\bar{Y}$)이었던 것과 마찬가지로, 이번에는 평면이 아닌 직선 F가 최적추정값이 된다. 여기서 X_1 또는 X_2가 Y에 미치는 독자적인 효과를 측정하려 한다면, 즉 기울기 β_1, β_2를 계산하려 한다면 문제가 생긴다. 〈그림 7-2〉에서 직선 F를 통과하는 모든 평면(π_1, π_2)이 이 회귀식의 최적추정값으로서 같은 최소제곱합의 값을 지니기 때문이다. 따라서 X_1과 X_2가 완전한 선형관계를 지닐 때 이 회귀식은 풀리지 않는다. 실제로 완전한 선형관계는 아닐지라도

그림 7-1 X값의 변화가 없는 단순회귀분석

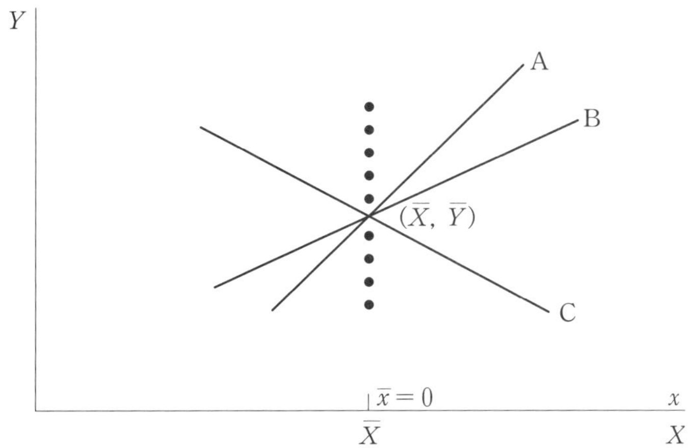

자료: Wonnacott and Wonnacott(1977: 367).

그림 7-2 공선성의 예시

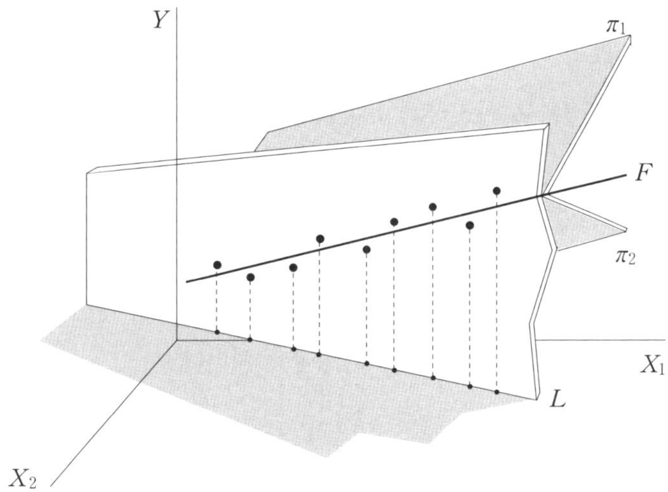

자료: Wonnacott and Wonnacott(1977: 368).

그 정도가 심한 경우에는 β의 추정과정이 매우 불안정하여 무작위오차(random error)에 매우 민감하게 반응하고, β의 분산 및 표준오차가 매우 커지게 된다. 심한 다중공선성이 존재하는 경우에는 독립변수들의 독자적인 영향력의 측정이 불가능해지고, 독립변수들의 실제 영향력 여부에 관계없이 통계적으로 유의미하지 않은 것으로 나타나게 된다.

다중공선성의 문제는 회귀모형 설정에 기인하는 것이 아니라 주로 자료의 결함에서 야기된다. 다중공선성은 일반적으로 독립변수간의 상관계수가 높을 때(예를 들어, $r > 0.8$ 또는 0.9) 발견되는 경우가 많다. 그러나 상관관계가 높다고 해서 반드시 다중공선성의 문제가 발생하는 것은 아니다. 다중공선성은 또한 회귀등식의 잔차분석(residual analysis)을 통해서는 감지해낼 수 없다. 이 장에서는 우선 회귀분석 과정에서 다중공선성의 존재 여부를 가려낼 수 있는 방법을 소개하고, 다중공선성이 회귀분석 결과에 미치는 영향을 구체적인 예를 통해서 살펴본 다음, 마지막으로 이를 교정하거나 대처하는 방안에 대하여 논의할 것이다.

7.2 다중공선성의 검색

다중공선성은 분석결과에 미치는 결정적인 영향력에도 불구하고, 이의 검색이 용이하지 않아 특별한 주의를 기울이지 않는 한 간과하기 쉽다. 여기서는 우선, 특별한 통계적 기법을 사용하지 않고도 다중공선성이 존재하는 것으로 일단 의심해볼 수 있는 증상들을 몇 가지로 정리하여 소개하고자 한다. 그리고 보다 정밀한 통계적 기법으로, 잔여분산(residual variance)의 값을 이용한 다중공선성 검색과 고유근 분석(eigensystem analysis)에 대해 설명할 것이다.

7.2.1 일반적인 진단

별도의 복잡한 통계기법을 사용하지 않고, 회귀식의 계산 결과나 상관관계 계수 등을 확인하는 과정에서 다중공선성의 존재를 일단 의심해볼 수 있는 증상으로는 다음과 같은 것들이 있다.

(1) 독립변수간의 상관관계(correlation)가 독립변수와 종속변수간의 상관관계보다 높을 경우: 회귀모형의 독립변수가 2개인 상황에서 이는 거의 대부분 공선성의 문제를 야기시킨다. 그러나 독립변수의 수가 더 많은 상황에서, 단순상관관계는 이들간의 복잡한 선형관계를 직접적으로 나타내는 것이 아니기 때문에 이 원칙을 모든 회귀모형에 일반화시키기는 곤란하다.

(2) 회귀계수의 표준오차 값이 매우 큰 경우: 다중공선성이 존재할 경우 회귀계수의 표준오차는 이상적으로 부풀려지게 된다.

(3) 회귀등식에 독립변수가 추가되거나 삭제될 때 회귀계수에 큰 변화가 있는 경우, 또는 일부 사례의 포함, 배제와 같은 자료의 미미한 변화에도 회귀계수가 큰 변화를 보이는 경우에 다중공선성의 존재를 의심할 수 있다. 그리고 회귀모형이 이론적으로 적절히 설정되었음에도 불구하고, 회귀계수의 부호가 예측한 것과 정반대로 나타나는 때에도 다중공선성이 존재하는가를 점검해 보는 것이 바람직하다.

(4) 표준화회귀계수(*Beta*)가 이론적으로 불가능한 값인 1.0보다 크거나 −1.0보다 작게 나타나는 경우.

7.2.2 잔여분산(residual variance)에 의한 검색

잔여분산의 크기는 다중공선성의 존재 여부에 대한 가장 결정적이고 확실한 단서가 된다. 특정 독립변수 j를 종속변수 Y로 놓고 나머지 다른 독립변수들을 X변수로 삼아 회귀분석을 하면 이 변수의 잔여분산을 계산할 수 있다. 즉,

$$\text{잔여분산} = (1 - R_j^2) \tag{7.2.1}$$

여기서 R_j^2은 j번째 독립변수를 종속변수로 삼고, 이를 나머지 $(j-1)$개의 독립변수들에 회귀시켜 얻은 결정계수이다.

만약 이 잔여분산의 값이 0이거나 0에 아주 접근하면, 이는 극심한 다중공선성이 존재하기 때문이다. 다시 말해, j번째 변수는 다른 독립변수들과 선형적으로 독립적이지 않다는 의미이다. 따라서 잔여분산의 값이 매우 작으면(예를 들어,

0.01~0.001), 회귀분석 계산과정에서 다중공선성으로 인한 문제가 야기된다. SPSSWIN 등의 패키지 프로그램에서는 잔여분산이 허용값(tolerance)으로 표시된다.

또한, 잔여분산 값의 역수($\frac{1}{1-R_j^2}$)를 취하면 분산팽창계수(VIF: variance inflation factor)가 되는데, 이 계수의 값이 커질수록 회귀계수 β_j의 분산, 즉 Var(β_j)가 커진다. 중다회귀분석에서 회귀계수 β_j의 분산은 다음과 같이 계산된다.

$$\mathrm{Var}(\beta_j) = \frac{s^2}{(n-1)\ s_j^2} \times \frac{1}{1-R_j^2} \tag{7.2.2}$$

여기서 s^2는 회귀식의 오차제곱평균(MSE)이고, s_j^2는 j번째 독립변수의 분산이다.

따라서 분산팽창계수(VIF)의 값은 회귀계수의 표준오차나 분산이 다중공선성에 의해 얼마나 부풀려져 있는가를 나타내는 지표로 사용할 수 있다. 등식 (7.2.2)에서 보는 것처럼, Var(β_j)는 분산팽창계수(VIF)에 의해 영향을 받는다. 등식 (7.2.2)의 앞부분은 단순선형회귀모형에서 회귀계수의 표준오차를 구하는 등식 (2.4.3)의 변형된 형태라고 할 수 있다. 중다회귀분석에서는 독립변수들이 완전한 직교관계가 아니면 분산팽창계수(VIF)에 의해 수정해 주어야 정확한 표준오차를 구할 수 있게 된다. 만약 j번째 변수가 다른 변수와 심한 선형관계, 다시 말해 (다중)공선성을 지니면 R_j^2의 값은 커지고 잔여분산의 값은 0에 가까워지게 된다. 그러면, 그의 역수인 분산팽창계수(VIF)는 굉장히 커질 것이다. 따라서 Var(β_j)도 커지고, 회귀계수의 표준오차는 효율성(efficiency)을 상실하게 된다.

등식 (7.2.2)는 분산의 형태로 규정되어 있으며, 회귀계수의 표준오차를 구할 때는 이것의 제곱근을 구해 사용한다. 그래서 Fox(1991)는 분산팽창계수(VIF)를 그대로 사용하는 것보다 $\sqrt{\mathrm{VIF}}$를 사용하는 것이 더 편리하다고 주장하였다. 일반적으로, 분산팽창계수(VIF)의 값이 10 이상일 때는 심한 다중공선성이 존재하는 것으로 간주한다(Hocking and Pendleton, 1983). 이에 따라 $\sqrt{\mathrm{VIF}}=\sqrt{10}$, 즉 대략 3 이상이면 β_j의 표준오차가 3배 이상 부풀려지고, 다중공선성으로 인하여 회귀계수 해석에 문제가 야기될 수 있다.

〈표 7-1〉에서 보는 것처럼, R_j^2의 값이 아주 크지 않을 때는 분산의 팽창비율이 그리 크지 않다. 예를 들어, 특정 변수 X_i와 나머지 X 변수들 사이의 다중상

표 7-1 R_j^2의 값에 따른 분산팽창계수(VIF)의 변화

R_j^2	분산팽창계수(VIF)	$\sqrt{VIF}$ [1]
0.0	1.00	1.00
0.2	1.04	1.02
0.4	1.19	1.09
0.6	1.56	1.25
0.8	2.78	1.67
0.9	5.26	2.29
0.95	10.30	3.20
0.99	50.30	7.09
0.999	500.00	22.40
1.0	∞	∞

주: 1) 회귀계수 표준오차의 팽창비율.

관계수 R_j^2의 값이 0.90일 경우에도 분산팽창계수는 5.26이고 회귀계수의 표준오차가 부풀려지는 정도는 $\sqrt{5.26} = 2.29$로 2배를 조금 넘는 수준이다. R_j^2 값이 적어도 0.95 이상이 되어야만 Hocking과 Pendleton이 주장하는 임계값 10을 넘게 되고 회귀계수의 표준오차가 3배 정도 커지게 된다.

7.2.3 고유근 분석과 분산분해비율에 의한 검색

분산팽창계수(VIF)에 의한 다중공선성 검색은 여러 변수 사이에 얽혀 있는 다중공선성에 대해서는 정확한 정보를 주지 못한다는 단점을 지닌다. 여러 개의 공선성이 복잡하게 연관되어 있을 때는 고유근 분석(eigensystem analysis)을 통해 검색하는 것이 보다 효과적이다.

고유근 분석방법을 수식으로 설명하기 위해서는 우선 고유근(eigen value)을 구하는 방법에 대해 설명해야 한다. 이러한 설명은 수리통계의 영역에 속하며, 이 책의 범주를 벗어나는 것이다. 여기서는 수식적 전개를 피하고 간단히 개념적인 소개만 할 것이다. 자세한 설명은 Belsley 등(1980)의 해당 부분을 참조하기 바란다.

회귀계수를 구하는 최소제곱법을 행렬(matrix)의 개념으로 설명하면, 회귀계수는 관측된 X의 값들을 투사(mapping)해 Y값을 설명하는 최적의 통계값들이다. 이때 투사하는 과정에서 회귀계수 β와 연결된 X값들의 고유근을 구할 수 있다. 따라서 어떤 회귀식에서 독립변수가 3개면 고유근은 상수항 α를 포함해 4개가 된다. 만약 독립변수 사이에 다중공선성이 존재하면, 이 고유근들의 비율이 서로 크게 차이가 나게 된다. 고유근을 크기 순서로 나열하고 i번째 고유근 값을 분모로, 가장 큰 고유근($e_{\max}$)을 분자로 하여 비율을 계산했을 때 이 값이 1,000보다 크면, 이 i번째 고유근이 나타내는 회귀면(regression plane)의 다중공선성을 의심해야 한다. SPSSWIN에서는 이 비율의 제곱근 값, 즉 $\sqrt{\frac{e_{\max}}{e_i}}$을 상태지수(condition index)로 표시한다. 따라서 상태지수의 값이 $\sqrt{1000}$ 즉, 대략 31 이상이 되면 다중공선성이 존재하는 것으로 의심할 수 있다.

Belsley 등(1980)은 각 고유근 값이 Var(β)에 어떤 영향을 미치는가를 알기 위하여 분산분해비율(variance decomposition proportion)을 사용할 것을 제안하였다. 분산분해비율은 Var(β)를 각 고유근 값에 따라 분해한 것으로, 회귀계수의 분산은 큰 분산분해비율을 나타내는 고유근 값에 의해 결정된다. 예를 들어, 3개의 독립변수를 사용한 회귀식은 상수항 α를 포함해 4개의 고유근 값을 갖는데, 첫 번째 독립변수의 분산분해비율이 각 고유근별로 0.02, 0.12, 0.08, 0.78이었다면, 이 변수의 회귀계수 분산은 네 번째 고유근에 의해 78%가 결정된다는 것이다(분산분해비율의 합은 항상 1.0이다). 또한 세 번째 독립변수의 고유근별 분산분해비율이 0.05, 0.05, 0.10, 0.80이라면 이 변수의 분산도 네 번째 고유근에 의존하고 있다. 따라서 첫 번째, 세 번째 독립변수는 서로 선형으로 독립이 아닌 공선성의 관계를 갖는다. 이 경우 고유근의 값은 상당히 작고, 역으로 상태지수의 값은 아주 커진다. 따라서 고유근과 분산분해비율을 같이 활용하면 각 변수들 사이의 다중공선성이 어떤 식으로 관련되어 있는가를 구체적으로 분석할 수 있다.

SPSSWIN을 사용하여 다중공선성을 검색하기 위해서는 다음의 절차를 밟으면 된다. 우선 〈그림 4-14〉의 (1)과 같은 선형회귀분석(Linear Regression) 대화상자에서 통계량(S)을 선택하면 여러 가지의 통계 선택사양들이 나타난다. 이 중에서 공선성진단(L)을 지정하면, 회귀분석의 회귀계수 결과표에 추가하여 허용값(Tolerance)과 분산팽창계수(VIF)가 제공되고, 공선성 진단(Collinearity Diagnostics) 이라는 결과표에 고유근(Eigenvalue), 상태지수(Condition Index), 그리고 각 독립변수별로 분산분해비율(Variance Proportions) 이 계산된다. 앞에서도 지적한 것처럼, 분산팽창계수가 10 이상인 변수는 다중공선성을 의심해야 하고, 여러 변수 사이의 다중공선성이 어떻게 얽혀 있는가는 상태지수의 값이 30 이상인 고유근에 대해 각 변수별로 분산분해비율이 어떻게 퍼져 있는가를 보면 된다. 일반적으로, 상태지수의 값이 큰 고유근에 대해 분산분해비율이 0.50 이상인 변수들 사이에는 공선성이 서로 얽혀 있다고 판단을 내릴 수 있다.

7.3 다중공선성이 회귀분석 결과에 미치는 영향

최소제곱법(OLS 방식) 으로 회귀분석을 하는 경우 독립변수들간의 다중공선성으로 인하여 야기되는 문제는 주로 다음과 같은 것이다.

잔여분산의 값이 0이면 회귀계수의 계산이 통상적인 방법으로는 불가능해진다. 등식 (7.2.2) 에서 보는 것처럼, 회귀계수의 계산에는 잔여분산을 분모로 하는 과정이 포함되는데, 컴퓨터는 특별한 조건이 붙지 않는 한 0으로 나눌 수 없어 계산이 중도에서 중단된다. 또한 잔여분산이 0은 아닐지라도 허용값(tolerance) 보다 작아 Var(β)가 통제를 벗어날 정도로 커지게 되면, 회귀계수의 t검증 결과 계수의 값이 0이라는 영가설을 기각하지 못하게 된다. 이러한 경우, 많은 연구자들이 회귀계수의 값이 통계적으로 유의미하지 않다고 나타난 변수(들) 를 회귀모형에서 제거하는데, 이는 옳은 방법이라고 볼 수 없다. 왜냐하면 이 변수(들) 가 종속변수에 미치는 영향력이 거의 없어 회귀계수가 0에 근접하는 것이 아니라, 다른 독립변수들과의 다중공선성으로 인하여 주어진 자료를 가지고는 그 영향력을 제대로 포착하지 못한 결과이기 때문이다.

다중공선성은 계산의 정확성과도 관계가 있다. 잔여분산이 작더라도 0이 아니면 회귀계수의 계산은 이루어진다. 그러나 아주 작은 잔여분산의 값으로 나누는 과정에서 오차가 확대되고 정확성이 손상되어 회귀계수의 값이 종종 비정상적으로 나타나게 된다. 예를 들어, 특정 독립변수의 표준화회귀계수(*Beta*) 의 절대값이 1.0보다 커지고, 그 다음의 표준화회귀계수 값은 너무 작거나 부(−) 의 값을 지니며, 또 그 다음의 표준화회귀계수는 너무 커지는 등의 경우가 생기게 된다. 또한 회귀계수의 표준오차가 커져 통계적으로 유의미한 것으로 증명되기 어렵고, 회귀계수의 계산과정이 특정 표본자료에 민감해져서 사례수를 약간(예를 들어, 10% 정도) 늘리거나 줄이면 회귀계수의 값이 크게 변하는 것 등이 다중공선성으로 인한 계산의 부정확성을 반증하는 것이다.

결론적으로 회귀분석에서 독립변수간의 심한 다중공선성은 회귀계수의 계산을 불가능하게 만들거나, 또는 가능하더라도 회귀계수의 표준오차를 크게 부풀려 정확한 검증을 할 수 없게 된다. 이에 따라 독립변수들의 영향력에 대한 상대적인 중요도를 파악하는 것이 거의 불가능해진다.

7. 4 다중공선성의 교정 및 대처방안

지금까지 우리는 다중공선성이 무엇이고 어떻게 찾아낼 수 있으며 회귀분석 결과에 미치는 영향이 어떠한가를 살펴보았다. 이제 중요한 것은 다중공선성의 문제가 야기되었을 때 어떻게 대처하느냐는 것이다. 지금까지 밝혀진 다중공선성의 해결 방안 및 이로 인한 문제를 줄이는 방법은 주로 다음과 같은 것들이다.

7.4.1 자료의 보완

다중공선성의 문제를 완화시키거나 제거하기 위해서 우선 생각할 수 있는 방안은 보다 신뢰할 수 있고 보다 나은 측정값을 변수로 사용하는 것이다. 표본의 크기를 늘려 더 많은 사례를 포함시키는 것이 상황을 호전시키는 경우도 있다. 그러나 이는 표본의 사례수 자체가 중요한 의미를 지니는 것이 아니라, 사례수를 늘림으로써 대부분의 경우 자료에 포함되는 정보가 충실해지기 때문이다. 그러나 만약 연별 자료를 단순히 내간법(interpolation)에 의한 추정값인 기별 자료로 대체하였다면, 사례수는 네 배 늘어나겠지만 이에 따라 추가로 얻어지는 정보는 전혀 없기 때문에 다중공선성의 문제해결에 도움이 되지 않는다.

7.4.2 변수의 제거

다중공선성을 유발하는 변수를 회귀모형에서 제거시키는 것도 대처방안이 될 수 있다. 다중공선성의 문제는 기본적으로 모든 독립변수들의 회귀계수를 추정할 수 있는 충분한 정보가 주어지지 않는 데 그 원인이 있다. 만약 여기서 모든 변수들의 회귀계수들이 반드시 필요한 상황이 아니라면, 최소제곱법(OLS 방식)으로 모든 회귀계수를 구하는 대신 우리의 관심의 대상이 되는 변수 중 작은 오차제곱평균(MSE: mean square error)를 지닌 계수만을 구하는 것도 하나의 대안이 될 수 있다. 가장 간단한 예를 들어보자.

$$Y = \beta_1 X_1 + \beta_2 X_2 + \varepsilon \qquad (7.4.1)$$

여기서 X_1과 X_2가 높은 공선성을 지닌다고 하자. 이 경우 만약 우리의 주관심의 대상이 β_1 이라면 X_2를 빼고 회귀식을 만들 수 있다.

$$Y = \beta_1^* X_1 + \varepsilon' \qquad (7.4.2)$$

회귀등식 (7.4.1)에서 얻어진 β_1의 추정값, 예를 들어 $\widehat{\beta_1}$은 OLS 추정값이다. 이에 비해 회귀식 (7.4.2)에서 얻어진 회귀계수의 추정값 β_1^*는 OV(omitted-variable) 추정값이라고 불린다. 물론 여기서 β_1^*의 값은 X_2가 제거된 상태에서 구해진 것이기 때문에 편의되어(biased) 있는 반면 $\widehat{\beta_1}$은 그렇지 않다. 그러나 우리는 β_1^*의 분산이 $\widehat{\beta_1}$보다 작다는 데 주목할 필요가 있다.

$$\frac{\text{MSE}(\beta_1^*)}{\text{MSE}(\widehat{\beta_1})} = 1 + r_{12}^2(t_2^2 - 1) \qquad (7.4.3)$$

단, MSE: 오차제곱평균(mean square error)

r_{12}: X_1과 X_2의 상관계수

t_2: $\widehat{\beta_2} / [\text{Var}(\widehat{\beta_2})]^{1/2}$ (이는 (7.4.1)에서 β_2로부터 구해진 t값의 추정값이 아닌 실제값을 의미한다.)

등식 (7.4.3)에서 $|t_2| < 1$이면 β_1^*은 $\widehat{\beta}_1$보다 작은 MSE를 지닌다. 그러나 실제로는 t_2의 값을 모르기 때문에 (7.4.1)의 등식에서 추정된 $\widehat{t}_2$를 사용한다. 한편 Bancroft는 β_1 값의 추정값으로 다음과 같은 COV(conditional-omitted-variable) 추정값을 사용할 것을 제시하였다. 즉

$$\widetilde{\beta}_1 = \begin{cases} |\widehat{t}_2| \geq 1 \text{ 이면 } \widehat{\beta}_1 \text{ OLS 추정값} \\ |\widehat{t}_2| < 1 \text{ 이면 } \beta_1^* \text{ OV 추정값} \end{cases} \tag{7.4.4}$$

또한 Huntsberger는 $\widehat{t}_2$의 값에 따라 $\widehat{\beta}_1$이나 β_1^*을 사용하는 대신에 다음과 같은 WTD(weighted-average) 추정값을 제안하였다.

$$\beta_1 = \lambda \widehat{\beta}_1 + (1 - \lambda)\beta_1^* \tag{7.4.5}$$

이 WTD 추정값은 $\lambda = t_2^2/(1+t_2^2)$이면 최소의 MSE를 지니게 된다. 여기서도 t_2의 값을 모르기 때문에 추정값을 사용한다.

이상은 다중공선성을 피하기 위해 문제가 되는 변수를 제거하는 대안에 대한 순수 통계학적인 설명이다. 실제 상황에서는 많은 연구자들이 다중공선성을 피하기 위하여 요인분석(要因分析, factor analysis) 등을 통하여 비슷한 변수들의 묶음을 만들어내고, 각 묶음에서 이론적으로 가장 중요한 한 변수를 선택하여 나머지 변수들을 대표하게 하는 방법을 취하기도 한다.

7.4.3 **능형회귀분석**(ridge regression analysis)

모든 변수들이 이론상 다 필요한 상황에서는 변수들을 그대로 두고 능형회귀분석(稜形回歸分析, ridge regression analysis)을 할 수 있다. 능형회귀분석은 Hoerl과 Kennard(1970)에 의하여 다중공선성을 통계학적으로 해결하는 방안으로 제시되었다. 기본 원리는 다중공선성이 심하면 행렬 **X'X**는 거의 단선적(singular)이므로 이것의 대각항(diagonal)에 $(1+k)$의 값을 곱하는 것이다. 처음에는 k의 값을 매우 작게(예를 들면, 0.001) 시작하여 차차 증가시켜 가면서 안정적인(변화가 심하지 않은) 회귀계수를 찾아낸다. 구체적인 방법을 살펴보기 위하여 회귀모형의 표

준화된 형태를 가정해 보자.

$$Y = \beta_1 X_1 + \beta_2 X_2 + \cdots + \beta_p X_p + \varepsilon \qquad (7.4.6)$$

능형회귀의 계수를 구하기 위하여

$$\begin{aligned} (1+k)\widetilde{\beta_1} + r_{12}\widetilde{\beta_2} + \cdots + r_{1p}\widetilde{\beta_p} &= r_{1y} \\ r_{21}\widetilde{\beta_1} + (1+k)\widetilde{\beta_2} + \cdots + r_{2p}\widetilde{\beta_p} &= r_{2y} \\ \vdots \qquad\quad \vdots \qquad\qquad\qquad \vdots \quad &\quad \vdots \\ r_{p1}\widetilde{\beta_1} + r_{p2}\widetilde{\beta_2} + \cdots + (1+k)\widetilde{\beta_p} &= r_{py} \end{aligned} \qquad (7.4.7)$$

단, r_{ij}: i번째와 j번째 독립변수 간의 단순상관계수
r_{iy}: i번째 독립변수와 종속변수 간의 단순상관계수

이제 (7.4.7)에서 얻어지는 $\widetilde{\beta_1}$, ..., $\widetilde{\beta_p}$의 추정값이 능형회귀의 계수가 된다. 따라서 최소제곱법(OLS 방식)과의 기본적인 차이는 k에 있다. 즉 $k=0$일 때는 $\widetilde{\beta}$가 최소제곱법에 의한 회귀계수가 된다. k의 값이 0에서부터 1을 향하여 증가함에 따라 회귀계수는 0의 방향으로 변하게 되는데, Hoerl과 Kennard는 이 과정에서 자료의 변화에 안정적인 능형추정값 $\widetilde{\beta_1}$, ..., $\widetilde{\beta_p}$를 가능하게 하는 k의 값이 있음을 밝혀내었다. 이는 k값의 변화에 따른 능형회귀계수 값들을 산점도(plot)로 그려보는 방법으로 판단할 수 있다. 이렇게 얻어진 능형회귀의 계수는 편의된(biased) 것이기는 하지만, 보다 작은 MSE를 지니기 때문에 최소제곱법보다는 정확한 것이 된다. 다중공선성이 심한 것으로 생각될 때에는 최소제곱법과 능형회귀의 결과를 비교해 보는 것도 자료를 다각적으로 분석하는 방법으로 권장할 만하다. 구체적인 자료를 사용한 능형회귀분석의 예는 Chatterjee와 Price(1977: 182~187)를 참조하기 바란다.

7.4.4 변수의 조합

다중공선성을 유발시키는 변수들을 조합하여 지수(index)화시킬 수 있다. 두 변수의 차이(first difference)를 취하거나 비(ratio)의 형태로 지수화시키는 것이 가장

일반적인 방법이다. 이는 결국 변수의 수를 줄이게 되어 중다회귀분석의 다른 문제, 즉 서로 높은 상관을 보이는 변수들의 회귀계수는 낮게 추정되고 다른 변수들은 상대적으로 그 영향력이 과다 추정되는 문제의 해결에도 도움이 된다.

이 방법은 시계열분석(time-series analysis)의 경우에 자주 사용된다. 한편 단점으로는 이러한 지수화의 결과로 잔차의 형태에 문제가 생긴다는 것을 지적할 수 있다. 즉 두 변수의 차이(first difference)를 취하여 새로운 변수를 만들면 자기회귀(autoregression)의 문제가 생길 수 있으며 비(ratio)의 형태를 사용하면 이분산성(heteroscedasticity)의 문제가 발생할 가능성이 높아진다. 구체적인 설명을 위하여 다음의 회귀식을 가정하자.

$$Y_t = \alpha + \beta_1 X_{1t} + \beta_2 X_{2t} + \varepsilon_t \tag{7.4.8}$$

여기서 $(t-1)$ 시점의 회귀식을 가정하면

$$Y_{t-1} = \alpha + \beta_1 X_{1,t-1} + \beta_2 X_{2,t-1} + \varepsilon_{t-1} \tag{7.4.9}$$

(7.4.8)에서 (7.4.9)를 빼면 $(t-1)$ 시점에서 (t) 시점 간의 변화에 대한 회귀식을 다음과 같이 나타낼 수 있다.

$$\Delta Y_t = \alpha + \beta_1 \Delta X_{1t} + \beta_2 \Delta X_{2t} + \Delta\varepsilon_t \tag{7.4.10}$$

물론 여기서 $\Delta Y_t = Y_t - Y_{t-1}$ 등으로 표시되어야 할 것이다. 그리고 $\alpha = 0$이 되어 회귀상수의 추정값을 구할 필요가 없어진다. 이제 (7.4.10)의 등식을 최소제곱법(OLS 방식)으로 푸는 경우 ΔX_{1t}와 ΔX_{2t}는 X_{1t}와 X_{2t}만큼 높은 상관을 보이지 않기 때문에 다중공선성은 상당히 감소된다. 그러나 (7.4.8)의 잔차들이 독립적인 형태를 취하는 반면 (7.4.10)의 잔차들은 서로 높은 자기상관(autocorrelation)을 보일 가능성이 많다는 데 주의할 필요가 있다.

이러한 문제는 (7.4.10) 대신에 비(ratio)의 형태를 사용할 때도 마찬가지이다.

$$\frac{Y_t}{X_{1t}} = \beta_1 + \beta_2 \frac{X_{2t}}{X_{1t}} + \alpha \frac{1}{X_{1t}} + \varepsilon_t{}' \tag{7.4.11}$$

회귀등식 (7.4.11)에서는 잔차들이 이분산성을 나타낼 가능성이 많아지며, 또한 $\frac{1}{X_{1t}}$ 을 독립변수로 사용하기 때문에 의사상관(spurious correlation)의 문제가 발생할 수도 있다.

결론적으로 다중공선성을 제거하기 위하여 회귀등식 (7.4.10) 또는 (7.4.11)의 형태로 변환을 시도할 때에는 잔차분석을 통하여 자기상관, 이분산성 등의 새로운 문제가 발생하는가의 여부를 확인하는 과정이 수반되어야 한다.

7.4.5 주성분회귀분석 (principal component regression analysis)

주성분회귀분석(主成分回歸分析, principal component regression analysis)도 자료를 상호 연관되지 않는 형태로 전환시켜 다중공선성의 문제를 해결하는 하나의 방법이 된다. 이 방법은 매우 제한적으로 사용되기 때문에 일반적인 통계 패키지에는 포함되어 있지 않으나 미국의 UCLA 대학에서 개발된 BMD 및 BMDP 계열의 컴퓨터 프로그램을 사용하면 가능하다.

우선 k개의 독립변수를 지닌 회귀모형에서 다음과 같은 선형함수를 가정해 보자.

$$\begin{aligned} W_1 &= a_1X_1 + a_2X_2 + \cdots + a_kX_k \\ W_2 &= b_1X_1 + b_2X_2 + \cdots + b_kX_k \end{aligned} \tag{7.4.12}$$

여기서 $a_1^2 + a_2^2 + \cdots + a_k^2 = 1$의 조건을 충족시키면서 W_1의 분산이 최대가 되도록 a들의 값을 선택했을 때, W_1을 제 1 주성분(first principal component)이라고 부른다(Kendall, 1957; Press, 1972). 다음에는 W_1과 높은 상관을 지니지 않으면서 $b_1^2 + b_2^2 + \cdots + b_k^2 = 1$의 조건을 충족시키고 분산값이 최대가 되는 W_2(제 2 주성분: second principal component)를 구한다. 이런 식으로 k개의 선형함수 W_1, W_2, …, W_k를 만들면

$$\begin{aligned} &\mathrm{Var}(W_1) + \mathrm{Var}(W_2) + \cdots + \mathrm{Var}(W_k) \\ &\quad = \mathrm{Var}(X_1) + \mathrm{Var}(X_2) + \cdots + \mathrm{Var}(X_k) \end{aligned} \tag{7.4.13}$$

이 된다. 여기서 중요한 것은 X_1, X_2, …, X_k는 서로 높은 상관관계 및 다중공선성을 지니더라도 W_1, W_2, …, W_k는 상호 직교(orthogonal)하며 다중공선성을 지니지 않는다는 사실이다. 이제 회귀모형은 서로 직교성을 지니는 주성분(W_1, W_2, …, W_k)들의 선형조합으로 재정리될 수 있다. 즉 종속변수 Y를 원래의 독립변수 X_1, X_2, …, X_k에 회귀시키는 대신 새로운 주성분 W_1, W_2, …, W_k에 회귀시키는 것이다. 그리고 물론 그 결과는 다시 X의 형태로 환원될 수 있다.

이 방법이 지니는 가장 큰 약점은 주성분 W_1, W_2, …, W_k가 원래의 변수들의 선형조합의 형태를 취하고 있기 때문에 단순한 해석이 매우 힘들다는 것이다. 또한 제 1 주성분이 X의 대부분의 분산을 포착해낸다 하더라도 이것이 반드시 종속변수인 Y와 가장 높은 상관을 지니는 것은 아니라는 사실도 약점으로 지적될 수 있다. 실제로 설명된 분산의 양에 따른 주성분들의 크기 순서와 이들의 종속변수 Y에 대한 상관계수의 순서는 일치하지 않는 경우가 대부분이다.

7.4.6 외래 추정값(extraneous estimates)의 사용

외래 추정값(extraneous estimates)을 사용하여 다중공선성의 문제를 해결할 수 있다. 이는 경제학자들이 시계열자료를 분석할 때 간혹 사용하는 방법이다. 우선 다음과 같은 회귀식을 가정해 보자.

$$Y = \alpha + \beta_1 X_1 + \beta_2 X_2 + \varepsilon \quad (7.4.14)$$

그리고 이 회귀식에서 X_1과 X_2가 심한 공선성을 지녀 이들의 회귀계수가 최소제곱법(OLS 방식)으로는 적절히 구해질 수 없다고 가정하자. 이 경우 만약 X_1이 큰 변화를 보이지 않는 다른 자료(주로 횡단적 자료)를 이용하여 $\widehat{\beta}_2$를 구할 수 있다면 (7.4.14)는 다음과 같이 변용될 수 있다.

$$Y - \widehat{\beta}_2 X_2 = \alpha + \beta_1 X_1 + \varepsilon \quad (7.4.15)$$

그리고 $Y - \widehat{\beta}_2 X_2$를 X_1에 회귀시켜 α와 β_1의 추정값을 구하는 것도 다중공선성의 문제를 해결하는 하나의 방안이 될 수 있다. 이 때 $\widehat{\beta}_2$를 외래 추정값이라고 부른다.

이 방법에는 크게 두 가지의 문제가 있다. 첫째는 β_2의 값이 추정되었다는 사실이 α와 β_1의 추정값의 분산을 구할 때 고려되어야 한다. 이는 기술적으로는 별로 어렵지 않으나 대부분의 연구자들이 실제 분석과정에서 이를 간과하는 경향이 있다. 둘째로, 보다 근본적인 문제로 횡단적 자료(cross-sectional data)에서 얻어진 β_2의 추정값은 원래 의도한바 시계열 자료에서 얻고자 한 추정값과는 동떨어진 것일 수 있다. 즉 Meyer와 Kuh(1957)가 주장한 것처럼 외래 추정값에 대한 타당성(validity)의 문제가 제기될 수 있다.

7.4.7 표준화 기법

문제가 되는 변수를 z점수로 변환시켜 상호 덜 연관된 형태로 탈바꿈시키는 것도 다중공선성에 대한 대처방안이 된다. z점수의 형태로 표준화(standardization)시키는 것은 변수들간의 다중상관을 변화시키지 않은 채 다중공선성으로 인한 부정확한 계산의 문제를 상당히 완화시켜 준다는 장점이 있다. 이 방법은 김두섭(Kim, 1983, 1987)에 의하여 시도되었으며, 특히 곡선의 관계나 상호작용을 감지하기 위하여 X^2 또는 XZ의 형태를 독립변수로 사용할 때 X와 X^2 및 XZ 간에 존재하는 다중공선성을 완화시키는 방안으로 권장할 만하다.

그러면 김두섭(Kim, 1987)의 경우를 구체적으로 살펴보자. 그는 출산력이 가구소득과 3차식의 관계(cubic relationship)를 지닌다고 가정하고 있다.

$$Y = c_0 + c_1X + c_2X^2 + c_3X^3 \qquad (7.4.16)$$

그런데 이 다항회귀등식(polynomial regression equation)에서는 X와 X^2 및 X^3 간의 심한 다중공선성으로 인하여 안정적인 회귀계수를 구할 수 없다. 이 문제를 해결하기 위하여 우선 독립변수인 가구소득(X)을 평균값이 0이 되고 표준편차가 1이 되도록 표준화(이는 일종의 linear transformation이다)시킨다.

$$\begin{aligned} Z &= (X - \bar{X}) / S_x \\ &= \alpha + \beta X \end{aligned} \qquad (7.4.17)$$

여기서 $Z =$ 표준화 가구소득

$X =$ 가구소득

$\overline{X} =$ 가구소득의 평균

$S_x =$ 가구소득의 표준편차

$$\alpha = -\frac{\overline{X}}{S_x}$$

$$\beta = \frac{1}{S_x}$$

그리고 이 표준화된 변수(Z)를 제곱 및 3제곱하여 2차항과 3차항을 만든다.

$$Z^2 = \{(X - \overline{X}) / S_x\}^2 \quad (7.4.18)$$

$$Z^3 = \{(X - \overline{X}) / S_x\}^3 \quad (7.4.19)$$

그러면 이제 원래의 다항회귀식 (7.4.16)은 다음과 같이 될 수 있다.

$$Y = d_0 + d_1 Z + d_2 Z^2 + d_3 Z^3 \quad (7.4.20)$$

회귀식 (7.4.20)으로 변환되는 과정에서 우리가 잃어버린 정보는 하나도 없다. 여기서 주목할 것은 원래의 변수 X와 표준화된 변수 Z 사이의 상관계수는 항상 1.00이 된다는 사실이다. 따라서 회귀식 (7.4.20)은 가구소득 X의 평균값과 표준편차를 알면 항상 원래의 회귀식 (7.4.16)의 형태로 복원될 수 있다. 이 표준화의 장점은 회귀식 (7.4.16)의 X의 1, 2, 3차항간의 다중공선성을 상당히 완화시키면서 다른 변수와의 상관계수는 하등의 영향을 받지 않는다는 것이다. 정규분포의 경우 이러한 표준화로 표본의 99.73%에 해당하는 사례가 Z의 값 $-3 \sim 3$의 범위 안에 들게 된다. 따라서 Z^2과 Z^3의 범위는 각각 $0 \sim 9$와 $-27 \sim 27$이 된다. 이는 〈표 7-2〉에서 보는 것처럼 Z의 1, 2, 3차항간의 상관계수 및 다중공선성이 상당히 낮아지는 원인이 된다.

이론적으로 (7.4.16)과 (7.4.20)의 회귀분석의 적합도(fit) 및 설명력 R^2는 같아진다. 그러나 (7.4.16)의 회귀분석에서는 독립변수간의 다중공선성으로 인하여 한 개 또는 두 개의 독립변수가 잔여분산이 충분하지 않은 것으로 나타나게 되고,

표 7-2 원래의 변수(X) 및 표준화된 변수(Z)의 1, 2, 3차항간의 상관계수의 예시

	X	X^2	X^3	Z	Z^2	Z^3	P
원래의 변수(X)	1.00	0.92	0.81	1.00	0.56	0.76	0.40
X^2		1.00	0.97	0.92	0.84	0.93	0.43
X^3			1.00	0.81	0.93	0.99	0.43
표준화된 변수(Z)				1.00	0.56	0.76	0.40
Z^2					1.00	0.92	0.37
Z^3						1.00	0.41
제3의 변수(P)							1.00

주: 위의 모든 상관계수들은 0.01 수준에서 통계적으로 유의미한 것으로 판명되었음.
자료: Kim(1987: 155).

따라서 계산과정에서 컴퓨터에 의하여 기계적으로 탈락하게 된다. 다항회귀분석에서 다중공선성을 유발하는 변수를 z점수로 표준화시키는 것은 이를 방지하고 안정적인 회귀계수의 추정을 가능케 한다. 또한 이 같은 표준화는 변수 X가 소득처럼 큰 값을 지닐 때 계산이 정확해지는 장점이 있다.

그러면 여기서 가상적인 자료를 사용하여 표준화 기법의 이용 결과를 살펴보자. 〈표 7-3〉에는 자료와 예시 프로그램이 수록되어 있으며, SPSSWIN의 대화상자를 이용하여 표준화 기법을 활용하는 절차는 〈그림 7-3〉에 제시되어 있다. 그리고 그 결과로 얻은 출력은 〈표 7-4〉와 같다. 〈표 7-4〉에는 다음과 같은 두 가지의 회귀분석 결과가 수록되어 있다.

$$Y = \alpha + \beta_1 X + \beta_2 X_2 \tag{7.4.21}$$

$$Y = \alpha' + \beta_1'(TX) + \beta_2'(TX)^2 \tag{7.4.22}$$

여기서 (7.4.22)의 TX는 X를 (7.4.17)의 표준화 공식을 활용하여 z점수로 변환시킨 것이므로 기본적으로 원래의 변수 X와 동일하다고 할 수 있다.

〈표 7-4〉를 보면 두 회귀분석에서 얻은 결정계수 R^2, 수정결정계수, 회귀방정식에 의한 추정값의 표준오차(SEE), 분산분석(ANOVA)표, 그리고 F비의 값들이 모두 일치하는 것을 확인할 수 있다. 그러나 회귀방정식의 구성은 서로 다르게

나타난다. 물론 TX는 X를 표준화시킨 것이므로 비표준화회귀계수(β)와 그 표준오차(standard error)의 값이 달라지는 것은 당연하다 할 것이다.

그러나 여기서 문제가 되는 것은 두 회귀분석의 결과 상이한 표준화회귀계수(*Beta*)가 산출되었다는 사실이다. 회귀분석 (7.4.21)에서는 잔여분산이 허용값(tolerance)보다는 크기 때문에 계산과정에서 독립변수가 기계적으로 탈락되지는 않았다. 그러나 X와 X^2 간의 공선성으로 인하여 불안정한 표준화회귀계수(*Beta*)가 산출된 것으로 판단된다. 〈표 7-4〉를 보면 X와 X^2의 표준화회귀계수(*Beta*)는 각각 −1.799과 2.646으로 계산되었는데, 앞에서 언급한 것처럼 절대값이 1보다 큰 이 계수들은 논리적으로 불가능한 값이라고 할 수 있다. 한편, 〈표 7-4〉에서 표준화 기법을 이용한 회귀분석 (7.4.22)의 결과로 얻어진 TX와 $(TX)^2$의 표준화회귀계수(*Beta*)의 값은 각각 0.778과 0.600으로, 두 독립변수간의 공선성의 문제가 상당히 제거되었음을 시사하고 있다.

표 7-3 다중공선성의 처리를 위한 표준화 기법의 SPSSWIN 예시 프로그램

```
DATA LIST / x 2-3  y 6-7 .
BEGIN DATA .
  5  30
 10  28
 15  17
 20  21
 25  18
 30  25
 35  32
 40  36
 45  44
 50  52
 55  77
END DATA .

COMPUTE xsq = x * x .
COMPUTE tx =(x - 30)/16.58 .
COMPUTE txsq = tx * tx .
EXECUTE .

REGRESSION
  /MISSING LISTWISE
  /STATISTICS COEFF OUTS R ANOVA
  /CRITERIA=PIN(.05) POUT(.10)
  /NOORIGIN
  /DEPENDENT y
  /METHOD=ENTER x xsq  .
REGRESSION
  /MISSING LISTWISE
  /STATISTICS COEFF OUTS R ANOVA
  /CRITERIA=PIN(.05) POUT(.10)
  /NOORIGIN
  /DEPENDENT y
  /METHOD=ENTER tx txsq  .
```

그림 7-3 SPSSWIN을 이용하여 다중공선성을 처리하기 위한 표준화 기법의 절차

(1) 변수정의 및 자료입력

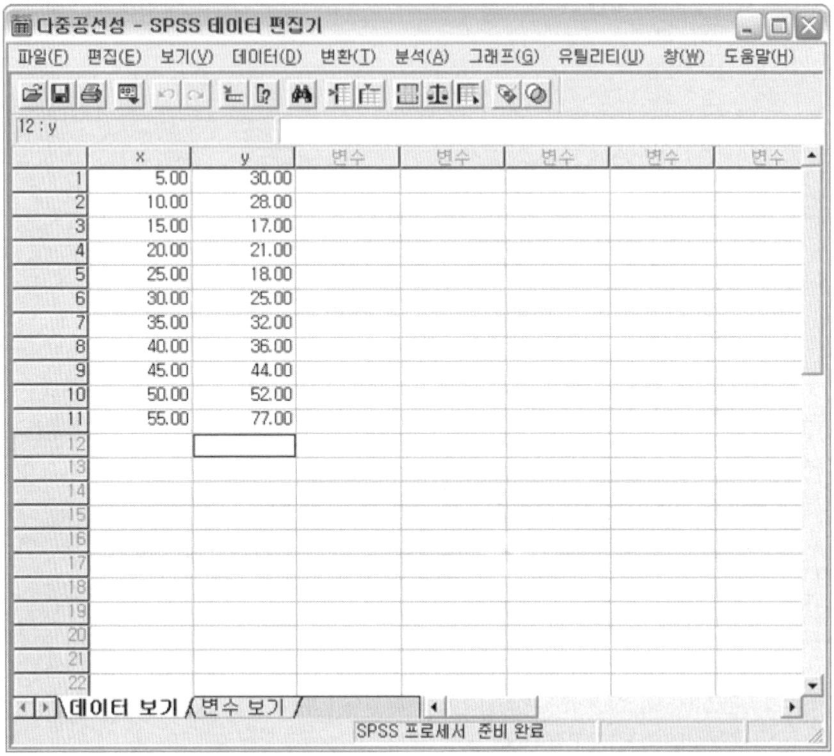

그림 7-3 SPSSWIN을 이용하여 다중공선성을 처리하기 위한 표준화 기법의 절차 (계속)

(2) 새로운 변수(xsq, tx, txsq)의 작성: 〈변환(T)〉 → 〈변수계산(C)〉
〈대상변수(T)〉와 〈숫자표현식(E)〉에 새 변수의 이름과 표현식을 입력한 후 〈확인〉 클릭

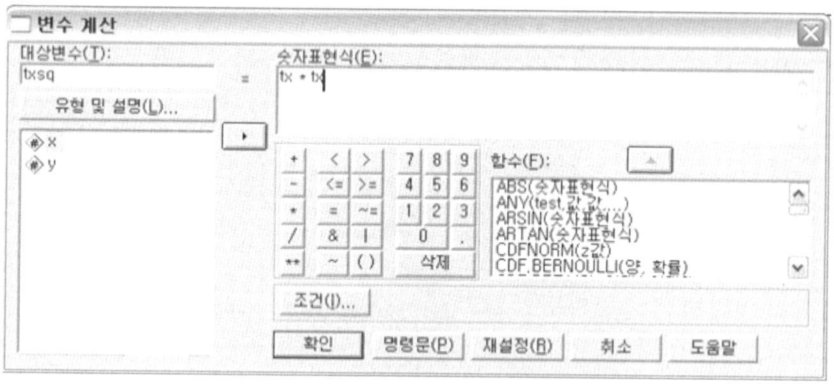

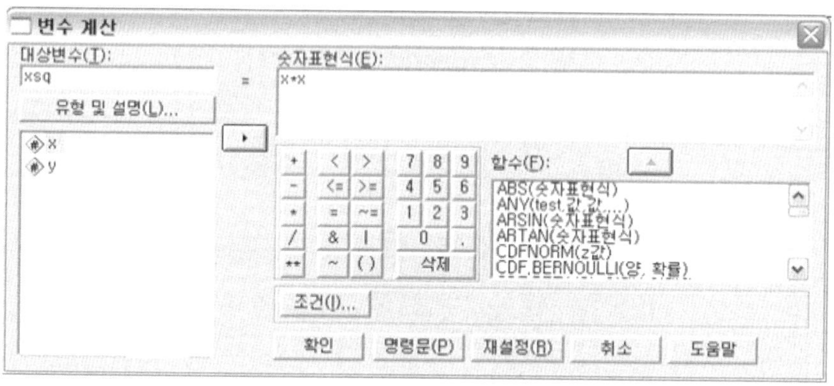

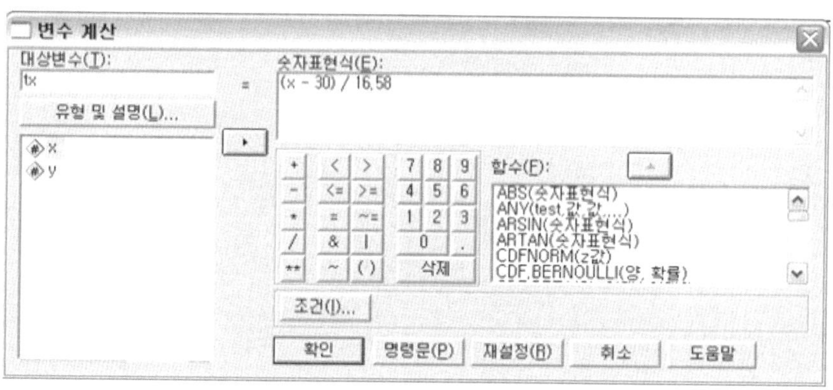

그림 7-3 SPSSWIN을 이용하여 다중공선성을 처리하기 위한 표준화 기법의 절차 (계속)

(3) 〈분석(A)〉 → 〈회귀분석(R)〉 → 〈선형(L)〉

(4) 종속변수 및 독립변수 선택, 그리고 독립변수 투입방법 〈방법(M)〉 "입력" 선택

(5) 중다회귀분석의 실행: 〈확인〉 클릭

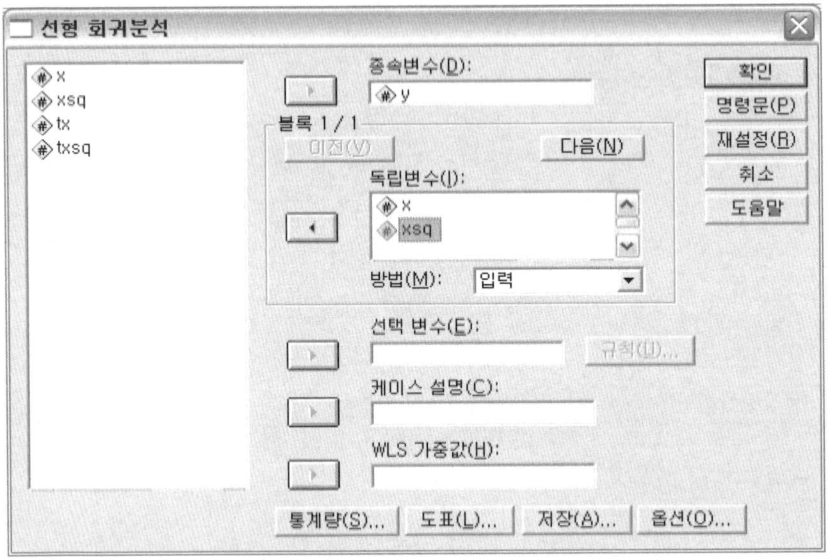

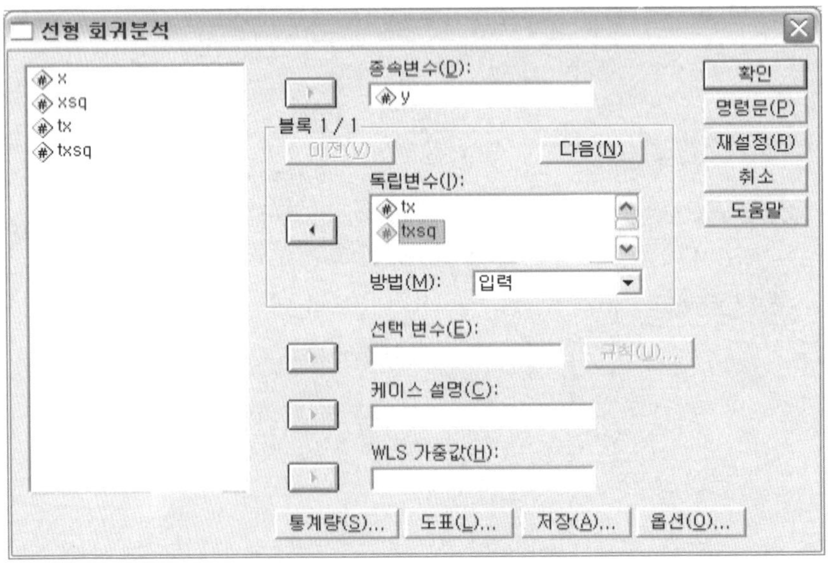

표 7-4 다중공선성의 처리를 위해 표준화 기법을 사용한 결과의 출력

진입/제거된 변수[b]

모형	진입된 변수	제거된 변수	방법
1	xsq, x[a]	.	입력

a. 요청된 모든 변수가 입력되었습니다.

b. 종속변수: y

모형 요약

모형	R	R 제곱	수정된 R 제곱	추정값의 표준오차
1	.982[a]	.965	.956	3.716

a. 예측값: (상수), xsq, x

분산분석[b]

모형		제곱합	자유도	평균제곱	F	유의확률
1	선형회귀분석	3014.248	2	1507.124	109.134	.000[a]
	잔차	110.479	8	13.810		
	합계	3124.727	10			

a. 예측값: (상수), xsq, x

b. 종속변수: y

계수[a]

모형		비표준화 계수		표준화 계수	t	유의확률
		B	표준오차	베타		
1	(상수)	39.430	4.081		9.662	.000
	x	-1.918	.313	-1.799	-6.134	.000
	xsq	.046	.005	2.646	9.021	.000

a. 종속변수: y

표 7-4 다중공선성의 처리를 위해 표준화 기법을 사용한 결과의 출력 (계속)

진입/제거된 변수[b]

모형	진입된 변수	제거된 변수	방법
1	txsq, tx[a]	.	입력

a. 요청된 모든 변수가 입력되었습니다.

b. 종속변수: y

모형 요약

모형	R	R 제곱	수정된 R 제곱	추정값의 표준오차
1	.982[a]	.965	.956	3.716

a. 예측값: (상수), txsq, tx

분산분석[b]

모형		제곱합	자유도	평균제곱	F	유의확률
1	선형회귀분석	3014.248	2	1507.124	109.134	.000[a]
	잔차	110.479	8	13.810		
	합계	3124.727	10			

a. 예측값: (상수), txsq, tx

b. 종속변수: y

계수[a]

모형		비표준화 계수		표준화 계수	t	유의확률
		B	표준오차	베타		
1	(상수)	23.100	1.693		13.648	.000
	tx	13.746	1.175	.778	11.700	.000
	txsq	12.585	1.395	.600	9.021	.000

a. 종속변수: y

제 8 장 비선형 회귀모형

8.1 머리말

독립변수와 종속변수가 직선의 관계(linear relationship)를 이룬다는 가정은 회귀분석의 기본전제 중의 하나이다. 이는 주어진 각각의 독립변수 X_{pi}에 대하여, 다른 독립변수들의 값을 고정시켰을 때, X_{pi}의 단위량 증가에 따른 종속변수 Y_i의 변화가 X_{pi}의 수준에 관계없이 항상 일정하다는 것을 의미한다. 이 변화량은 아래의 회귀식 (8.1.1)에서 X_{pi}에 대한 회귀계수(partial slope coefficient) β_p로 측정된다.

$$Y_i = \alpha + \beta_1 X_{1i} + \beta_2 X_{2i} + \beta_3 X_{3i} + \cdots + \beta_p X_{pi} + \varepsilon_i \qquad (8.1.1)$$

그러나 만약 〈그림 8-1〉에서 보는 것처럼, 독립변수 X_i의 단위량 증가에 따라 종속변수 기대값의 변화량이 X_i의 수준에 따라 달라진다면, 이 독립변수는 종속변수에 대하여 비선형의 관계(non-linear relationship)를 지닌다고 말할 수 있다.

사회과학분야에서 사용되는 자료에서 엄밀한 직선의 관계를 찾아내기란 쉽지 않다. 그러나 변수들간에 비선형의 관계를 보이는 회귀모형의 상당 부분은 변수의

그림 8-1 비선형 모형에서 독립변수의 단위량 증가에 따른 종속변수의 변화

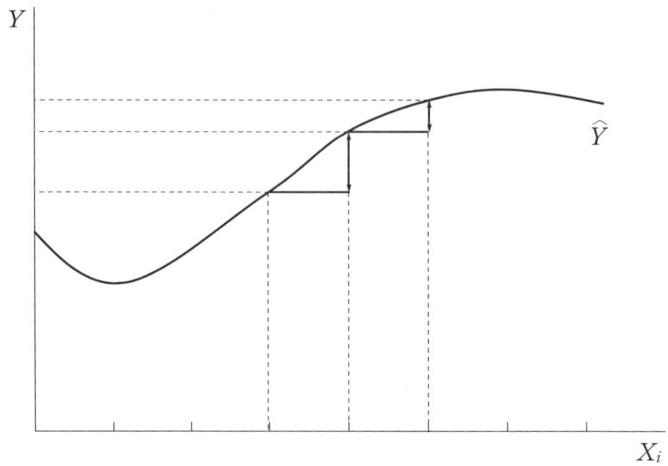

변환(transformation)을 통하여 선형모형(linear model)으로 전환할 수 있다. 가령

$$Y_i = \alpha + \beta X_i^2 + \varepsilon_i \tag{8.1.2}$$

에서 X_i와 Y_i는 비선형의 관계를 보인다. 그러나 $X_i^2 = Z_i$로 Z_i라는 새로운 변수를 만들어 회귀식 (8.1.2)에 대입시키면 Z_i는 Y_i에 선형의 관계를 갖게 되고, 따라서 OLS 방식으로 회귀계수를 추정할 수 있게 된다.

이처럼 변수들간에 비선형 관계를 보이는 회귀모형 중에는, 적절한 형태로의 변수변환을 통하여 선형모형(linear model)으로 간주될 수 있는 경우가 많다. 이 경우는 OLS 방식으로 회귀계수를 추정할 수 있다. 따라서 선형모형(linear model)은 원래는 회귀식에 포함된 독립변수와 종속변수의 관계가 선형(linear)임을 의미하지만, 이를 확대 해석하여 회귀식에 회귀모수(regression parameter)가 선형인 방식으로 대입된다는 의미로 받아들일 수도 있다.

이 장에서는 독립변수와 종속변수의 관계는 비선형이지만, 변수의 변환을 통하여 선형성(linearity)의 가정을 충족시키고 OLS 방식을 적용시킬 수 있는 전형적인 비선형모형(non-linear model) 몇 가지에 대하여 논의하게 될 것이다. 만약 변수들간의 관계나 회귀모수가 대입되는 방식 모두가 비선형일 경우에는 OLS 방식으로

는 회귀식을 풀 수 없으며, 이러한 경우에는 최대우도추정법(最大尤度推定法, MLE: maximum likelihood estimation)에 의한 모수의 추정이 필요하다. 최대우도추정법에 관한 자세한 논의는 별도의 해당 전공서적을 참조하기 바란다.

8.2 비선형 관계(non-linear relationship)의 검색

독립변수와 종속변수 간의 비선형 관계(非線型 關係)를 검색하기 위하여 가장 우선적으로 시도해 볼 방법은 회귀모형의 기초를 이루는 이론을 활용하는 것이다. 비선형 관계가 의심되면 우선 이론적인 측면에서 독립변수와 종속변수의 관계의 기울기가 '상황'에 따라 달라질 수 있는가 하는 의문을 제기해 보는 것이 필요하다. 만약 독립변수 X_i의 수준에 따라 종속변수 Y_i의 변화량이 좌우되는 것이 이론적으로 예상된다면 비선형 관계를 뒷받침할 수 있는 회귀모형이 설정되어야 한다.

선형성(線型性, linearity)의 가정이 충족되지 않는 것이 일단 확인되면 다음 단계에서 필요한 것은 어떤 형태의 비선형 관계인가를 확인하는 일이다. 독립변수와 종속변수의 관계의 기울기가 독립변수 X_i의 모든 값에 대하여 동일한 부호를 지니는가? 또는 부호가 +에서 −로, 아니면 −에서 +로 바뀌는가? 독립변수 X_i의 값이 증가함에 따라 기울기는 증가 또는 감소하는가? 이러한 의문들에 대한 대답을 얻어내는 가장 간단하고 확실한 방법은 해당 독립변수(중다회귀모형에서는 다른 독립변수들의 값을 고정시킨 채)와 종속변수의 관계를 그림이나 산점도(散點圖, scattergram)로 그려보는 것이다. 시각적으로 관계의 형태가 확인되면 이를 수학적으로 적절히 반영하는 회귀모형을 설정하는 것은 그리 어려운 일이 아니다.

이미 언급한 것처럼 사회과학분야의 분석자료에서 엄밀한 의미의 직선의 관계를 찾아내기는 쉽지 않으며, 선형성(linearity)에서 다소간 벗어나는 형태의 관계를 발견하게 되는 경우가 대부분이다. 문제는 이러한 경우 비선형성(non-linearity)에 과연 통계적인 의미를 부여할 수 있는가 하는 것이다. 회귀분석과정에서 이론적으로나 경험적으로 변수들간에 비선형 관계가 예상되거나 의심이 가면 선형성의 가정이 충족되는가를 통계적으로 검증해 보아야 한다.

두 변수로 구성된 단순회귀모형(bivariate regression model)에서 변수들간의 선형성은 다음과 같은 방법으로 통계적인 검증이 가능하다.

제 1 단계: 독립변수 X_i의 값을 원래의 분포를 심하게 왜곡시키지 않는 몇 가지 범주로 구분한다.

제 2 단계: 이 범주를 독립변수로 하여 일원분산분석(一元分散分析, one-way ANOVA)을 한다. 그리고 독립변수로 설명되는 종속변수 분산의 정도를 측정하는 η^2(에타제곱)를 구한다(η^2의 계산은 두 변수간의 선형관계를 전제로 하지 않는다).

제 3 단계: 원래의 독립변수를 연속적 변수(continuous variable)로 간주하여 회귀분석을 한다. 그리고 독립변수와 종속변수 사이에 선형 관계가 있다는 것을 전제로 하여 설명가능한 종속변수 분산의 측정값인 R^2를 구한다.

제 4 단계: η^2가 R^2보다 통계적으로 유의미하게 더 큰가를 검증한다. 영가설 H_0: $\eta^2 = R^2$의 기각 여부를 결정하기 위해서는 다음과 같이 F검증을 한다.

$$F_{(k-2,\, n-k)} = \frac{(\eta^2 - R^2)\,/\,(k-2)}{(1-\eta^2)\,/\,(n-k)} \tag{8.2.1}$$

단, k는 ANOVA에 사용된 독립변수의 범주수이고, n은 분석에 사용된 사례수이다. 만약 이러한 F검증의 결과 α 수준에서 유의미한 차이가 나타난다면 독립변수와 종속변수가 선형관계를 지닌다는 가설을 기각한다.

예를 들어 755명을 대상으로 조사한 하루 텔레비전 시청시간이 7개의 교육수준별로 〈그림 8-2〉와 같다고 하자. 〈그림 8-2〉에서 두 변수간의 관계는 선형성에서 이탈한 것을 알 수 있는데, 이는 특히 교육연수가 10~11년인 경우 두드러진다. 그러면 위에 제시한 방법에 따라 선형성 검증을 하여보자. ANOVA를 시행한 결과 η^2는 0.153이고, 선형 회귀분석에서 얻은 R^2는 0.132이다. 그러면 등식 (8.2.1)에 의하여

그림 8-2 교육연수에 따른 텔레비전 시청시간

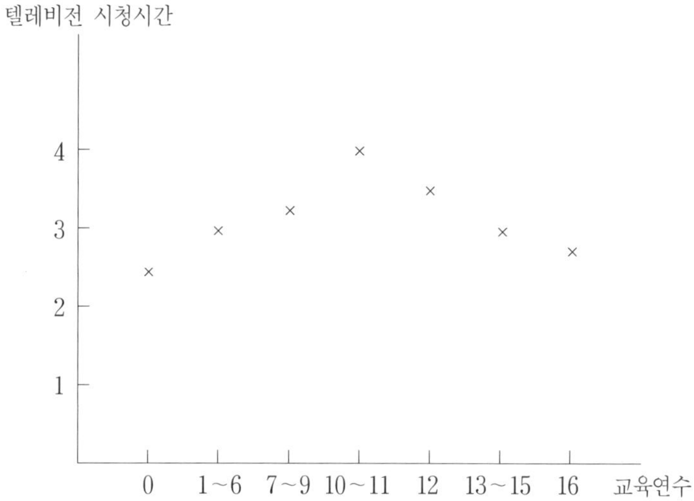

$$F_{(7-2, 755-7)} = \frac{(0.153 - 0.132) / (7 - 2)}{(1 - 0.153) / (755 - 7)} = 3.818 \qquad (8.2.2)$$

가 되는데, 이 값은 $\alpha = 0.01$ 수준에서 선형관계의 영가설을 기각하는 데 필요한 F의 임계값(분자의 자유도 5, 분모의 자유도 748) 3.02보다 크다. 따라서 교육수준과 텔레비전 시청시간은 비선형 관계를 지니는 것으로 단정지을 수 있다.

대부분의 컴퓨터 통계패키지 프로그램은 이러한 방법을 활용하여 선형성을 통계적으로 검증할 수 있도록 고안되어 있다. 가령 SPSSWIN에서는 〈평균비교〉의 〈집단별 평균분석〉 프로그램의 선택사양(option)으로 선형성 검증(test of linearity)이 가능하다. 또한 가변수(dummy variable)를 활용하여 비선형성을 검증하는 방법도 있는데, 이 방법은 중다회귀분석에도 적용시킬 수 있다. 자세한 절차는 제 9 장에 자세히 소개되어 있다.

8. 3 변수의 변환

제 7 장까지 살펴본 회귀모형에서 공통점의 하나는 변수들간의 관계나 회귀모수(regression parameter)가 대입되는 방식이 선형을 이룬다는 것이다. 또한 지금까지 언급된 회귀식들도 회귀계수가 선형의 형태를 지니기 때문에 OLS 방식에 의한 회귀식의 산출에 아무런 문제를 제기하지 않는다. 그러나 변수들간의 관계가 비선형성(non-linearity)을 지닌다 하더라도 회귀모수가 대입되는 방식이 선형인 경우에는 적절한 형태로의 변수변환(transformation of variable)을 통하여 회귀분석이 가능하다. 〈그림 8-3〉에는 독립변수와 종속변수의 관계는 비선형이지만, 변수의 변환을 통하여 선형성(linearity)의 가정을 충족시키고 OLS 방식을 적용시킬 수 있는 전형적인 모형들이 제시되어 있다. 그러면 이들 비선형 모형(non-linear model)에 대하여 살펴보기로 하자.

8.3.1 **다항모형**(polynomial model)

변수간의 관계는 비선형이지만 회귀모수가 대입되는 방식으로는 선형인 대표적인 예로 다항회귀모형(多項回歸模型, polynomial regression model)을 들 수 있다. 다항모형은 다음과 같이 표시 된다.

$$Y_i = \alpha + \beta_1 X_{1i} + \beta_2 X_{1i}^2 + \beta_3 X_{1i}^3 + \cdots + \beta_m X_{1i}^m + \varepsilon_i \qquad (8.3.1)$$

이 모형에서는 굴곡(bend)의 수가 $(m-1)$이 되며, 독립변수 X_{1i}의 값이 증가함에 따라 독립변수와 종속변수 관계의 기울기 부호가 바뀌게 된다. 등식 (8. 3. 1)에서 $m=2$일 때는 다항모형은 〈그림 8-3〉의 (a)의 형태를 지니고, $m=3$일 때는 〈그림 8-3〉의 (b)의 모양을 나타내게 된다.

다항모형에서 회귀모수를 추정하기 위해서는 우선 독립변수 X_{1i}의 다차항을 새로운 변수로 변환시킨다. 즉 $X_{2i}=X_{1i}^2$, $X_{3i}=X_{1i}^3$, ..., $X_{mi}=X_{1i}^m$로 규정하여 등식 (8. 3. 1)에 대입시키면

그림 8-3 비선형 모형의 예시

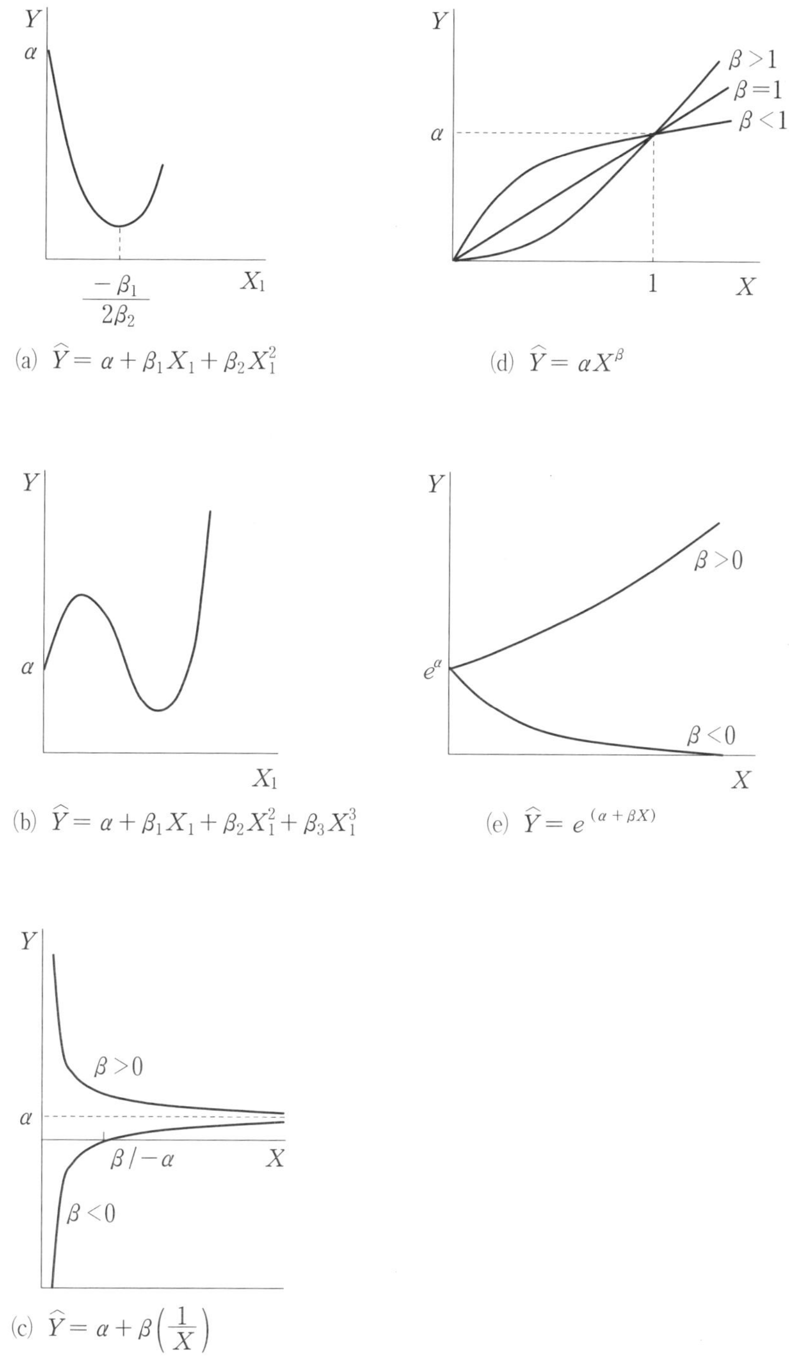

(a) $\widehat{Y} = \alpha + \beta_1 X_1 + \beta_2 X_1^2$

(d) $\widehat{Y} = \alpha X^{\beta}$

(b) $\widehat{Y} = \alpha + \beta_1 X_1 + \beta_2 X_1^2 + \beta_3 X_1^3$

(e) $\widehat{Y} = e^{(\alpha + \beta X)}$

(c) $\widehat{Y} = \alpha + \beta\left(\frac{1}{X}\right)$

$$Y_i = \alpha + \beta_1 X_{1i} + \beta_2 X_{2i} + \beta_3 X_{3i} + \cdots + \beta_m X_{mi} + \varepsilon_i \tag{8.3.2}$$

와 같이 선형 모형의 형태를 취하게 되고, 따라서 OLS 방식의 적용이 가능해진다.

여기서 교육과 실업률의 관계를 생각해 보자. 만약 교육수준의 상승에 따라 실업률이 떨어지다가 다시 상승하는 U자형의 관계를 상정한다면 회귀모형은 〈그림 8-3〉의 (a)와 같은 형태가 되는데, 이를 단순화시켜 다음과 같은 이차식으로 표시할 수 있다.

$$Y_i = \alpha + \beta_1 X_i + \beta_2 X_i^2 + \varepsilon_i \tag{8.3.3}$$

이 모형은 X 변수로 보면 이차곡선의 관계를 나타내지만, 그럼에도 불구하고 회귀모수 (α, β_1, β_2)들이 대입되는 방식은 선형을 유지하기 때문에 OLS 방식을 적용할 수 있다. 이해를 돕기 위해 〈그림 8-4〉 및 〈표 8-1〉의 (1) (2)와 같은 가상적인 자료를 사용해 보자. 회귀식을 추정하기 위해서 우리는

$$Z_i \equiv X_i^2 \tag{8.3.4}$$

로 잠정적으로 정의할 수 있다. 또는 X_i^2을 Z_i로 변환시킨 것으로 생각해도 좋다 (〈표 8-1〉의 (3)). 그러면 이제 위의 등식 (8.3.3)은 중다회귀모형의 표준형태를 지니게 된다.

$$Y_i = \alpha + \beta_1 X_i + \beta_2 Z_i + \varepsilon_i \tag{8.3.5}$$

〈표 8-1〉에 제시된 (4)에서 (10)까지의 과정은 종속변수 Y_i를 X_i와 Z_i에 회귀시키는 중다회귀모형을 풀어가는 표준화된 절차이다. 이 계산의 결과로 우리는 다음의 세 추정등식을 얻을 수 있다.

$$\begin{aligned} 34.55 &= \hat{\alpha} + \hat{\beta}_1(30) + \hat{\beta}_2(1,150) \\ 2,280 &= \hat{\beta}_1(2,750) + \hat{\beta}_2(165,000) \\ 161,350 &= \hat{\beta}_1(165,000) + \hat{\beta}_2(10,436,250) \end{aligned} \tag{8.3.6}$$

그림 8-4 2차선형회귀(quadratic regression)의 예시

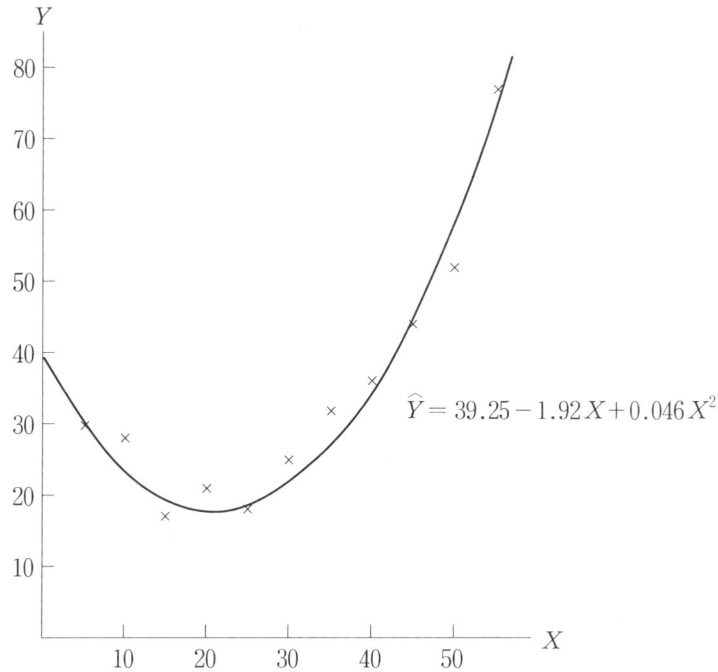

이 세 방정식을 풀면 회귀상수와 회귀계수는 다음의 추정값을 지니게 된다.

$$\hat{\alpha} = 39.25$$
$$\hat{\beta}_1 = -1.92$$
$$\hat{\beta}_2 = 0.046 \qquad (8.3.7)$$

이제 최종적으로 (8.3.7)의 값을 회귀모형에 대입하고, Z_i를 다시 X_i의 형태로 환원시키면 다음과 같은 회귀식을 얻게된다.

$$\hat{Y} = 39.25 - 1.92X_i + 0.046X_i^2 \qquad (8.3.8)$$

마지막으로 〈표 8-1〉의 (11)은 산출된 회귀식을 이용하여 주어진 X_i값에 대한 Y_i의 기대값을 계산한 것이다. 계산 결과는 또한 〈그림 8-4〉에도 곡선으로 제시

표 8-1 2차선형회귀(quadratic regression)에서 회귀식의 계산

(1)	(2)	(3)	(4)	(5)	(6)	(7)	(8)	(9)	(10)	(11)
X_i	Y_i	$Z_i = X_i^2$	$x_i = X_i - \overline{X}$	$z_i = Z_i - \overline{Z}$	$x_i Y_i$	$z_i Y_i$	x_i^2	z_i^2	$x_i z_i$	$\widehat{Y}_i = 34.55 - 1.92x_i + 0.046z_i$
5	30	25	−25	−1,125	−750	−33,750	625	1,265,625	28,125	30.80
10	28	100	−20	−1,050	−560	−29,400	400	1,102,500	21,000	24.65
15	17	225	−15	−925	−255	−15,725	225	855,625	13,875	20.80
20	21	400	−10	−750	−210	−15,750	100	562,500	7,500	19.25
25	18	625	−5	−525	−90	−9,450	25	275,625	2,625	20.00
30	25	900	0	−250	0	−6,250	0	62,500	0	23.05
35	32	1,225	5	75	160	2,400	25	5,625	375	28.40
40	36	1,600	10	450	360	16,200	100	202,500	4,500	36.05
45	44	2,025	15	875	660	38,500	225	765,625	13,125	46.00
50	52	2,500	20	1,350	1,040	70,200	400	1,822,500	27,000	58.25
55	77	3,025	25	1,875	1,925	144,375	625	3,515,625	46,875	72.80
$\Sigma X_i = 330$ $\overline{X} = 30$	$\Sigma Y_i = 380$ $\overline{Y} = 34.55$	$\Sigma Z_i = 12,650$ $\overline{Z} = 1,150$	$\Sigma x_i = 0$	$\Sigma z_i = 0$	$\Sigma x_i Y_i =$ 2,280	$\Sigma z_i Y_i =$ 161,350	$\Sigma x_i^2 =$ 2,750	$\Sigma z_i^2 =$ 10,436,250	$\Sigma x_i z_i =$ 165,000	

$$\begin{aligned}\widehat{Y}_i &= 34.55 - 1.92\,(X_i - \overline{X}) + 0.046\,(Z_i - \overline{Z}) \\ &= 39.25 - 1.92\,X_i + 0.046\,Z_i \\ &= 39.25 - 1.92\,X_i + 0.046\,X_i^2\end{aligned}$$

그림 8-5 다항회귀에서의 선형종속

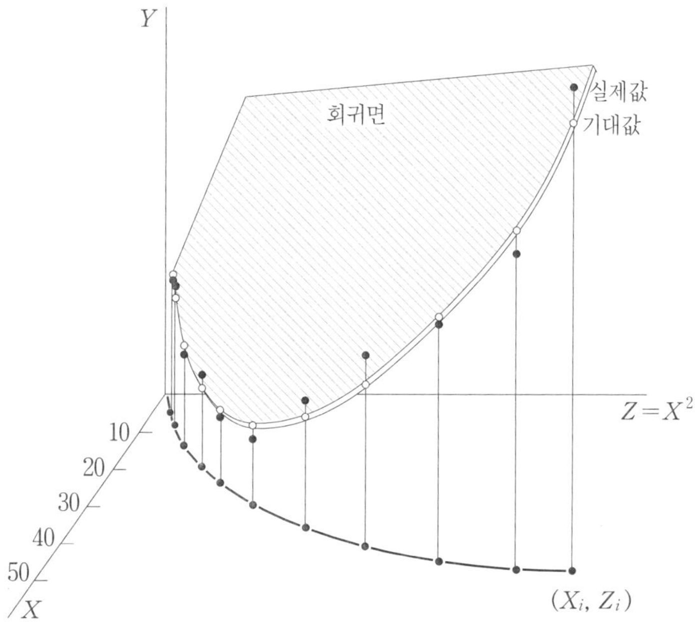

되어 있다.

여기서 한 가지 지적할 것은 이 같은 다항회귀에서 얼마나 심각한 다중공선성(multicollinearity)의 문제가 제기되는가의 여부이다. 위의 예에서 X_i와 X_i^2은 실제로 한 변수이기 때문에 기능적으로 서로 종속되어 있다. 그러나 이것이 완벽한 선형종속(linearly dependent)을 의미하는 것은 아니다. 기하학적으로 볼 때, 〈그림 8-5〉에서 보는 것처럼, (X_i, Z_i)는 같은 곡선을 형성한 것처럼 보이나 실제로 이들이 같은 선상에 위치하는 것은 아니다. 따라서 X_i와 X_i^2이 완벽한 공선성을 지니는 것은 아니라고 할 수 있다. 물론 여기서 중요한 것은 (다중)공선성의 정도가 심각하여 회귀식의 추정을 불가능하게 하거나 또는 왜곡시키는가의 여부이다. 다중공선성에 관한 자세한 논의는 제7장에서 이미 이루어진 바 있다.

다중공선성의 문제가 심각하게 제기되지 않거나 또는 이를 완화시킬 수 있는 방법이 사용되는 경우, 다항회귀모형은 제2차 항(X_i^2) 뿐만 아니라 제3차 항(X_i^3), 제4차 항(X_i^4) 등을 포함하는 더 복잡한 형태를 취할 수 있다. 한 예로 김두섭

그림 8-6 가구소득과 출산력의 3차선형관계

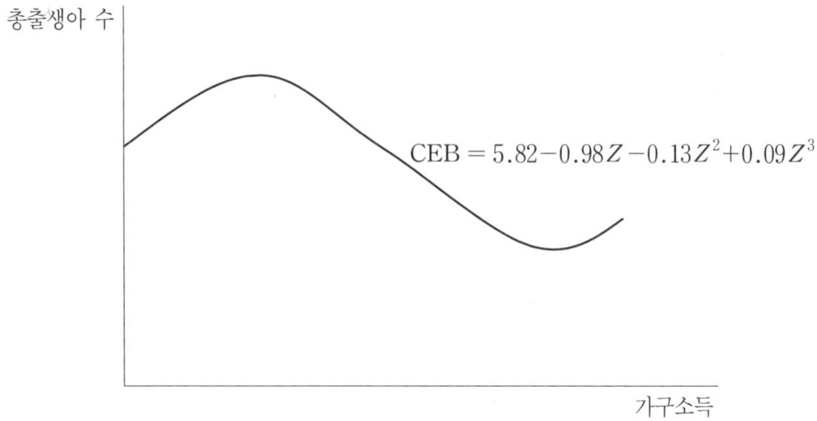

자료: Kim(1987: 158).

(Kim, 1987)은 다항회귀에서 변수의 표준화(standardization)를 통하여 다중공선성의 문제를 해결하고, 가구소득과 총출생아수(CEB)가 〈그림 8-6〉과 같은 3차선형관계를 지니고 있음을 검증하고 있다.

마지막으로 다항회귀분석을 시도할 때 한 가지 명심할 것은 주어진 분석대상이 과연 제2차 항 이상을 필요로 하는가를 확인하는 일이다. 사회과학 분야에서 엄밀한 의미의 직선의 관계를 발견해내는 경우는 흔치 않다. 그러나 그렇다고 해서 무턱대고 다차항을 포함하는 다항회귀분석을 시도하는 것이 능사는 아니다. 가령 〈그림 8-4〉의 예에서 구해진 2차회귀식의 굴곡의 정도가 통계적으로 의미있을 정도로 심한 것이 아니면 단순히 직선의 관계로 묘사해도 무방할 것이다. 결국 다항회귀분석을 시도하느냐, 그리고 어느 정도의 다차항을 포함시킬 것이냐 하는 것은 분석대상에 대한 이론적인 지식과 다차항의 회귀계수에 대한 통계적인 유의도에 근거하여 결정할 성질의 문제이다. 다항회귀분석에서 다차항의 회귀계수에 대한 통계적인 유의도 검증은 중다회귀분석에서의 부분회귀계수에 대한 통계적 검증과 같은 방법으로 이루어지게 된다. 자세한 것은 제 3 장을 참조하기 바란다.

8.3.2 역함수모형(reciprocal model)

비선형 모형의 다음 형태로 역함수모형(逆函數模型, reciprocal model, hyperbolic model)을 들 수 있다. 이 모형은

$$Y_i = \alpha + \beta\left(\frac{1}{X_i}\right) + \varepsilon_i \tag{8.3.9}$$

로 표시될 수 있으며, 〈그림 8-3〉의 (c)의 형태를 띠게 된다. 이 역함수모형은, 독립변수 X_i의 값이 계속 증가할 때, $\beta > 0$이면, 종속변수 Y_i의 기대값은 위로부터 α에 접근하고, 반대로 $\beta < 0$이면, 아래로부터 α에 접근하는 특징을 지닌다.

역함수모형 역시 변수의 변환을 통하여 선형성의 가정을 충족시키고 회귀모형화시킬 수 있다. 즉 $Z_i = 1/X_i$라는 새로운 변수를 만들어 (8.3.9)의 등식에 대입시키면

$$Y_i = \alpha + \beta Z_i + \varepsilon_i \tag{8.3.10}$$

가 된다. 이제 등식 (8.3.10)은 선형 모형의 형태를 취하고 있으므로 OLS 방식에 따라 회귀모수 α와 β의 불편추정량(BLUE)을 얻을 수 있다.

8.3.3 지수모형(exponential model)

독립변수 X_i의 값이 증가함에 따라 독립변수와 종속변수 관계의 기울기 부호는 바뀌지 않고 단지 그 크기만 달라지는 전형적인 비선형 모형으로 지수모형(指數模型, exponential model)을 들 수 있다. 〈그림 8-3〉의 (d)에는 대수곡선(代數曲線, logarithmic curve)이 제시되어 있는데 이는 다음과 같은 식으로 표시될 수 있다.

$$Y_i = \alpha X_i^{\beta} \varepsilon_i \tag{8.3.11}$$

〈그림 8-3〉의 (d)에서 보는 것처럼 이 모형은 원점($X=0$, $Y=0$)을 지나며, β의 값이 1보다 크면 기울기는 X_i가 증가함에 따라 증가하고, 반대로 β가 1보다

작으면 기울기 또한 점차 감소한다. 이 모형에서 독립변수의 특정값 X'에서의 기울기는 아래와 같다.

$$X'\text{에서의 기울기} = \alpha\beta(X')^{\beta-1} = \beta Y' / X' \tag{8.3.12}$$

단 $Y' = \alpha X'^{\beta}$. 선형 모형에서 독립변수 X_i의 단위량 증가가 종속변수 Y_i의 일정 변화량을 초래하는 데 비해, 이 모형에서 X_i의 1% 증가는 Y_i 평균값의 일정 %의 변화를 가져온다. 이를 X_i에 대한 Y_i의 탄력성(彈力性, elasticity)이라고 한다. 등식 (8.3.11)에서 탄력성은 β가 되며, 따라서 X_i 값의 1% 변화는 Y_i의 기대값의 β%의 변화를 유발시킨다.

이 지수모형을 회귀모형화시키려면 아래와 같이 등식의 양쪽에 대수(log)를 취하면 된다.

$$\log Y_i = \log\alpha + \beta(\log X_i) + \log\varepsilon_i \tag{8.3.13}$$

이 같은 변환의 결과 이제 등식 (8.3.13)은 선형 모형의 형태를 갖추게 되었다. 따라서 종속변수 $\log Y_i$를 독립변수 $\log X_i$에 회귀시켜 OLS 방식으로 $\log\alpha$와 β의 불편추정량(BLUE)을 구할 수 있다. 그리고 α의 추정값을 구하기 위해서는 $\log\alpha$의 역대수(antilog)를 취하면 된다.

그런데 지수모형 (8.3.11)에서 유의할 것은 오차항(error trom)이 회귀분석의 기본 가정을 충족시키지 못한다는 사실이다. OLS 방식으로 회귀식을 추정하기 위해서는 오차항이 가법적(加法的, additive)인 형태를 취하여야 하는데, 등식 (8.3.11)에서 오차항은 승법적(乘法的, multiplicative)으로 구성되어 있다. 그러므로 오차항 ε_i의 평균이 0의 값을 지니는 것이 아니라 $\log\varepsilon_i$의 기대값이 0이 된다. 즉

$$\mathrm{E}(\log\varepsilon_i) = 0 \tag{8.3.14}$$

따라서 지수모형 (8.3.11)에서 오차항의 기대값은 1이 된다.

$$\mathrm{E}(\varepsilon_i) = 1 \tag{8.3.15}$$

지수모형은 또한 〈그림 8-3〉의 (e)와 같은 형태를 나타낼 수 있으며, 이는 다음과 같이 표시될 수 있다.

$$Y_i = e^{(\alpha + \beta X_i + \varepsilon_i)} \tag{8.3.16}$$

이 모형에서 Y절편은 e^{α}의 값을 지닌다. 또한 〈그림 8-3〉의 (e)에서 보는 것처럼 $\beta > 0$이면 이 지수모형의 기울기는 +의 값을 지니며 X_i의 값이 증가함에 따라 기울기도 계속 증가하는 반면, $\beta < 0$이면 기울기는 −가 되고 X_i 값의 증가와 함께 점점 감소하여 X축에 접근한다.

지수모형 (8.3.16) 역시 등식의 양쪽에 자연대수(natural log)를 취하면 회귀분석에 필요한 선형성의 가정을 충족시킬 수 있다.

$$\ln Y_i = \alpha + \beta X_i + \varepsilon_i \tag{8.3.17}$$

이제 새로운 변수 Z_i를 다음과 같이 설정하자.

$$Z_i = \ln Y_i \tag{8.3.18}$$

이를 등식 (8.3.17)에 대입시키면

$$Z_i = \alpha + \beta X_i + \varepsilon_i \tag{8.3.19}$$

가 되며, 이 변환된 모형은 선형 모형의 형태를 지니므로 OLS 방식의 회귀분석이 가능해진다.

8.3.4 Box-Cox 변수변환(Box-Cox transformation)

Box-Cox 변환방법의 목적은 관측값에 대하여 일반 선형회귀모형이 성립할 수 없는 경우에 각 변수에 대하여 적절한 변수변환을 함으로써 선형모형의 가정이 근사적으로 충족될 수 있는 모형을 추정의 방법을 통해 얻는 데 있다. 이를 보다 구체적으로 설명하면, 모형의 선형성(linearity), 잔차 분포의 동분산성(homoscedasticity),

정규분포(normal distribution) 등의 조건을 변수변환을 통해 만족시키려는 시도이다. 일반적으로, 독립변수와 종속변수 간의 선형성과 잔차에 관한 가정을 충족시키기 위하여 행해지는 변수변환은 주로 주관이나 선험적 판단에 의하여 이루어지는 경향이 있다. 그러나 Box-Cox(1964) 방법은 모든 변수변환의 형태가 포괄될 수 있는 일반화된 추정방법을 설정하고, 이에 근거한 확률모형을 설정함으로써 추정에 의하여 함수의 형태를 선택할 수 있게 하는 것이다. 이 방법은 모형의 종속변수 혹은 독립변수에 대하여 지수변환(power transformations)을 실행하는 방법을 취한다.

Box-Cox 변환은 종속변수 Y를 지수변환의 한 형태인 Y^{λ_1}로, X를 X^{λ_2}로 변환시켜 오차제곱합(SSE)을 최소로 하는 $\lambda(\lambda_1, \lambda_2)$ 값을 찾는 방법이다.

$$
\begin{aligned}
Y^{(\lambda_1)} &= \frac{Y^{\lambda_1}-1}{\lambda_1} && (\lambda_1 \neq 0) \\
&= \ln Y && (\lambda_1 = 0) \\
X^{(\lambda_2)} &= \frac{X^{\lambda_2}-1}{\lambda_2} && (\lambda_2 \neq 0) \\
&= \ln X && (\lambda_2 = 0) \qquad (8.3.20)
\end{aligned}
$$

위의 정의에서 상수항인 '−1'은 $\lambda = 0$일 때의 회귀식의 연속성 필요에 의해서 부가되는 것이며, 분모의 λ는 우도함수(尤度函數) 추정에서 자코비안(Jacobian) 행렬을 간단히 하기 위해서 요구되는 것이다. 또한 $\lambda = 0$일 때는 L'Hospital의 법칙에 의해서 $\ln Y$가 얻어진다(Chiang, 1974: 420). Y가 부(−)의 값일 때에는 Y^{λ_1}의 변수변환식이 정의되지 않으므로 이러한 변수변환을 취하기 위해서는 Y가 모두 정(+)의 값을 가져야 한다. λ의 적절한 범위는 −2에서 +2 사이이며, 이 범위 밖에서는 Box-Cox 변화결과의 유용성이 떨어진다.

다음의 회귀식은 Box-Cox 방법에 의해 변수변환된 것이다.

$$Y^{(\lambda_1)} = \alpha_0 + \beta X^{\lambda_2} + \varepsilon \qquad (8.3.21)$$

이 회귀식에서 새로운 모수 α_0, λ_1, λ_2와 (β, σ^2)을 동시에 추정해야 한다. 그런

데 이 모형은 선형모형이 아니기 때문에 최소제곱법(OLS 방식)이 아닌 다른 추정 방법이 필요하다. 그래서 로그 우도함수(log likelihood function)를 이용하여 λ 값을 구하여 서로 비교할 수 있다. λ가 0이 아닌 경우의 로그 우도함수는 다음과 같다.

$$L(\lambda) = n\ln(|\lambda|) - \frac{n}{2}\ln(\mathrm{SSE}(\lambda)) + n(\lambda - 1)\ln(\mathrm{GM})(Y)) \qquad (8.3.22)$$

여기서 $\mathrm{GM}(Y)$는 Y의 기하평균을 의미한다. 이때 $L(\lambda)$를 최대화시키는 λ값이 바로 λ의 추정치가 되는데, $L(\lambda)$와 λ의 그래프를 그려서 최고점 주위에 있는 일반적인 값(즉 0, -1, 0.5 등)을 택하여 추정값으로 정하면 된다.

λ의 값은 이론상으로 모든 실수(實數) 값을 가질 수 있으나 일반적으로 해석의 간편성을 고려하여 특정한 값으로 λ를 결정한다. 예를 들어 $\lambda_1 = 1 = \lambda_2$일 경우 등식 (8.3.21)은 일반 선형회귀모형이 된다. $\lambda_1 = 0 = \lambda_2$일 때는 앞에서 설명한 대로 L'Hospital의 법칙에 의해서 다음과 같은 수식의 로그-로그 회귀모형(log-log regression model)의 형태를 띤다.

$$\ln Y = \alpha + \beta \ln X + \varepsilon \qquad (8.3.23)$$

$\lambda_1 = 0$, $\lambda_2 = 1$일 때는 세미로그 모형(semi-log model)으로 회귀식은 다음과 같이 된다.

$$\ln Y = \alpha + \beta X + \varepsilon \qquad (8.3.24)$$

그리고 이것을 오차항 ε를 제외하고 다시 쓰면 다음과 같이 된다.

$$Y = e^{\alpha + \beta X} \qquad (8.3.25)$$

이 모델은 β가 $-$ 또는 $+$의 값을 갖는가에 따라 〈그림 8-3〉의 (e)에서와 같이 감소지수의 형태나 확산지수의 형태를 가질 수 있다. $\lambda_1 = 1$, $\lambda_2 = -1$이면 〈그림 8-3〉의 (c)와 같은 역함수모형(reciprocal model)을 갖게 된다. $\lambda_1 = 0$, $\lambda_2 = -1$이면 로그 역함수모형(logarithmic reciprocal model)으로 형태가 일반 로지스틱(logistic) 함수와 비슷해진다.

표 8-2 미국의 역청탄 생산실적

연 도	연평균 생산량(Y)	Log Y	$X=t$
1841~1850	1,837	3.2641	−3
1851~1860	4,868	3.6873	−2
1861~1870	12,411	4.0937	−1
1871~1880	32,617	4.5135	0
1811~1890	82,770	4.9179	1
1891~1900	148,457	5.1718	2
1901~1910	322,958	5.5092	3

〈표 8-2〉에는 1841~1910년의 기간 동안 미국의 역청탄 생산량이 제시되어 있다. 이 자료를 가지고 Box-Cox 변환방식을 활용하여 가장 적절한 회귀모형을 찾아보기로 하자(Johnston, 1984: 67).

〈그림 8-7〉은 조사기간중의 역청탄 생산량을 연도별로 나타낸 산점도이다. 여기서 알 수 있는 것은 생산량 증가가 선형적으로 늘어나지 않았다는 것이다. Box-Cox 변환식을 사용해 λ 값을 추정해 보면 가장 근사한 정수값으로 $\lambda_1=0$, $\lambda_2=1$의 값을 얻을 수 있다. 따라서 $Y=e^{\alpha+\beta X}$를 $\ln Y=\alpha+\beta X+\varepsilon$로 변환시킨 세미로그 회귀모형을 고려할 수 있다. 원자료(raw data)를 선형관계 형태로 변환한 뒤 얻은 회귀식은 다음과 같다.

$$\log \widehat{Y} = 4.451 + 0.376X \tag{8.3.26}$$

따라서

$$\widehat{Y} = e^{4.451 + 0.376X} \tag{8.3.27}$$

의 관계식으로 나타낼 수 있다. 이것을 연도에 따른 산점도로 그려보면 〈그림 8-8〉과 같이 거의 선형에 가까워진 것을 확인할 수 있다.

그림 8-7 역청탄 생산실적 원자료의 산점도

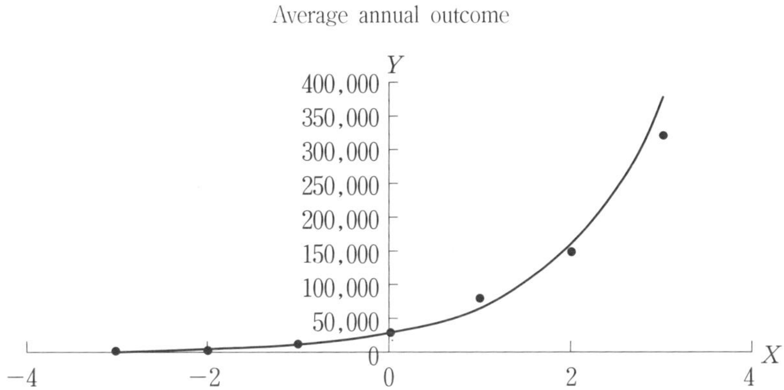

그림 8-8 역청탄 생산실적 변환자료의 산점도

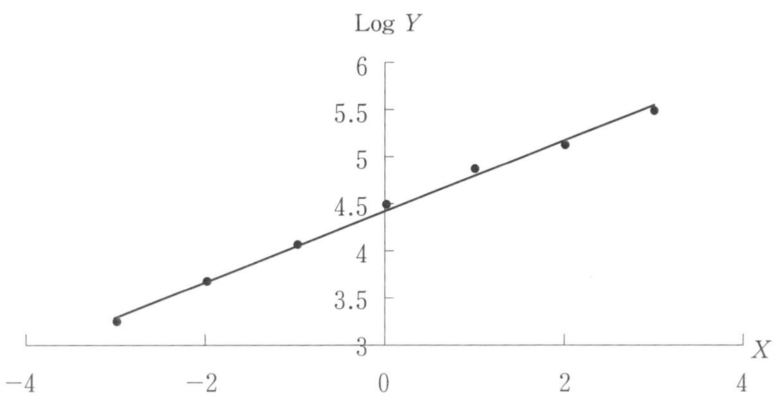

8.3.5 변수변환의 예

그러면 지금까지 이루어진 논의의 본질을 보다 잘 이해하기 위하여 〈표 8-3〉에 제시된 가상적인 비선형 자료를 이용하여 실제로 회귀분석을 하여보자. 〈그림 8-9〉는 이 자료를 그림으로 표시한 것이다.

우선 이 자료의 독립변수 X_i와 종속변수 Y_i가 아래와 같은 직선의 관계를 지닌다는 가정을 설정하고,

$$Y_i = \alpha + \beta X_i + \varepsilon_i \tag{8.3.28}$$

단순회귀분석을 한 결과 〈표 8-4〉를 얻었으며 회귀식은 다음과 같다.

표 8-3 비선형 모형의 예시를 위한 가상적인 자료

사 례	X_i	Y_i	사 례	X_i	Y_i
1	4	98	21	11	80
2	4	98	22	12	84
3	5	96	23	12	80
4	5	94	24	13	82
5	5	96	25	13	80
6	6	92	26	13	82
7	6	92	27	14	82
8	6	90	28	14	80
9	7	90	29	15	80
10	7	86	30	15	80
11	8	88	31	15	76
12	8	86	32	16	82
13	8	86	33	16	80
14	9	92	34	17	80
15	9	90	35	18	82
16	10	84	36	18	76
17	10	84	37	19	80
18	10	86	38	19	80
19	11	82	39	20	78
20	11	82	40	21	78

그림 8-9 비선형 모형의 예시를 위한 가상적인 자료 (〈표 8-3〉)

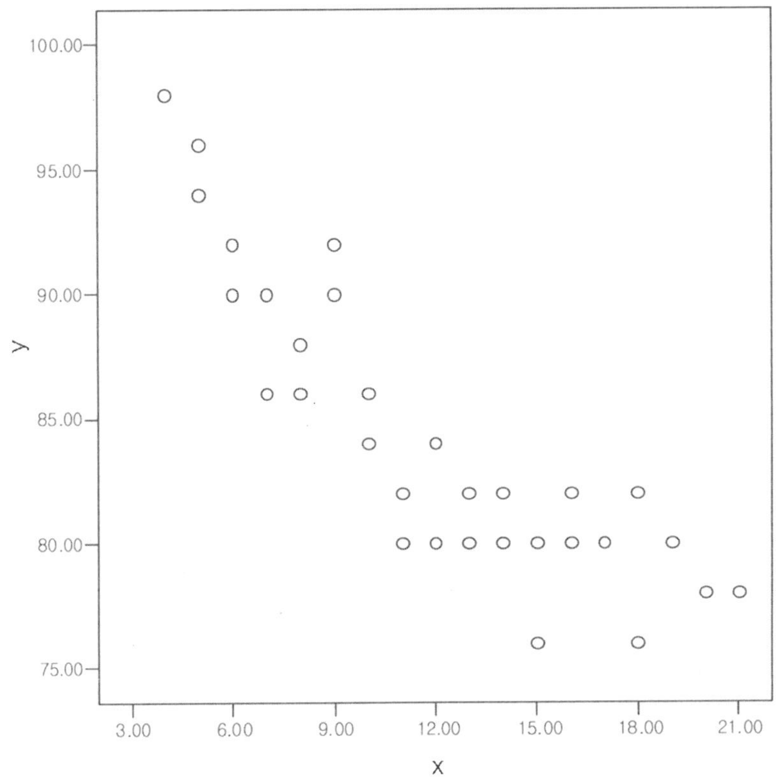

$$\widehat{Y}_i = 97.645 - 1.112X_i \qquad (8.3.29)$$

〈표 8-4〉에 제시된 회귀계수에 대한 t검증의 결과, 결정계수 R^2, 그리고 F비의 값을 보면, 구해진 회귀식 (8.3.29)가 통계적으로 유의하고 적절한 것으로 생각하기 쉽다. 그러나 잔차분석을 해본 결과 선형성의 가정에 대한 강한 의문이 제기되었다. 즉 〈그림 8-10〉과 〈그림 8-11〉에서 X_i 및 $\widehat{Y}_i$에 대한 표준화잔차(standardized residual)는 뚜렷한 V 형의 분포를 나타내고 있으며, 이는 2차선형의 자료를 직선의 관계라 가정하고 단순회귀분석한 데 기인하는 것이다.

그러면 앞에서 소개한 방법으로 자료의 선형성에 대한 통계적인 검증을 시도해 보자. 우선 〈표 8-3〉의 자료를 6 범주로 나누고, 이를 독립변수로 하여 일원분산

표 8-4 비선형 자료의 단순회귀분석 결과: 〈표 8-3〉 자료

변 수	비표준화 회귀계수	표준화 회귀계수	표준오차	t	Sig. t
X	−1.112	−0.877	0.098	−11.254	0.000
회귀상수	97.645		1.231	79.305	0.000

$n = 40$ SEE $= 2.988$ $R^2 = 0.769$ $F = 126.66$

분석(one-way ANOVA)을 시행한 결과 η^2의 값으로 0.875를 얻었다. 이 η^2의 값이 〈표 8-4〉에 제시된 R^2의 값보다 통계적으로 유의미하게 더 큰가를 검증하기 위하여 영가설 H_0: $\eta^2 = R^2$를 설정하고, 그 채택 여부를 결정하기 위해서 등식 (8.2.1)에 의거하여 다음과 같이 F검증을 하였다.

$$F_{(6-2,40-6)} = \frac{(\eta^2 - R^2)/(k-2)}{(1-\eta^2)/(n-k)}$$

$$= \frac{(0.875 - 0.769)/(6-2)}{(1-0.875)/(40-6)}$$

$$= 7.162 \tag{8.3.30}$$

이렇게 구해진 F값은 $\alpha = 0.01$ 수준에서 선형관계의 영가설을 기각하는 데 필요한 F의 임계값(분자의 자유도 4, 분모의 자유도 34)인 3.94보다 월등히 크다. 따라서 〈표 8-3〉의 자료는 비선형 관계를 지니는 것으로 단정지을 수 있다.

이제 자료의 비선형성이 확인되었으므로 회귀분석에 필요한 선형성의 가정을 충족시키기 위하여 자료를 변환시켜 보자. 여기서는 종속변수에 자연대수(natural log)의 값을 취하여 자료를 변환시키고, 새로운 회귀모형을 구성하였다.

$$\ln Y_i = \alpha' + \beta' X_i + \varepsilon_i' \tag{8.3.31}$$

종속변수를 변환시키고 OLS 방식에 의하여 회귀계수의 추정한 결과는 다음과 같다.

$$\ln Y_i = 4.586 - 0.012 X_i \tag{8.3.32}$$

그림 8-10 X_i에 대한 표준화잔차의 분포: 비선형 자료

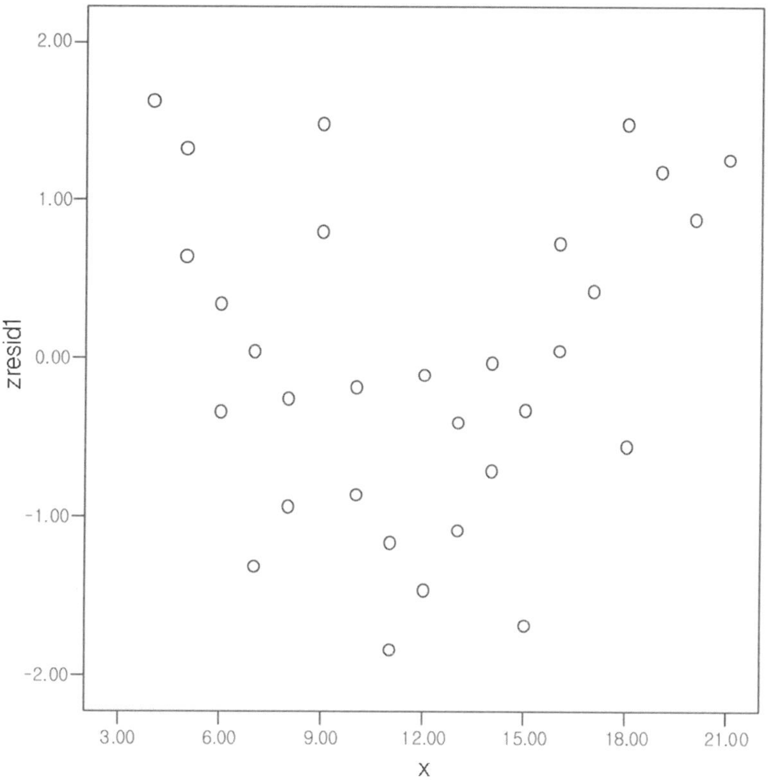

표 8-5 종속변수를 변환시킨 회귀분석의 결과

변 수	비표준화 회귀계수	표준화 회귀계수	표준오차	t	Sig. t
X	−0.012	−0.882	0.001	−11.541	0.000
회귀상수	4.586		0.013	329.166	0.000

$n=40$ SEE $=0.033$ $R^2=0.778$ $F=133.20$

그림 8-11 $\widehat{Y}_i$ (yhat1)에 대한 표준화잔차의 분포: 비선형 자료

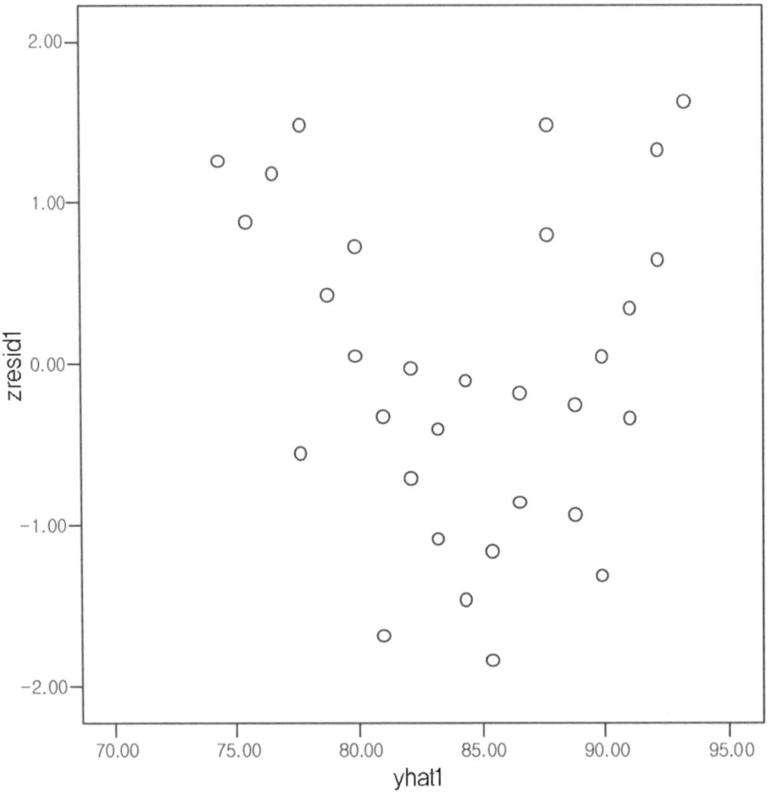

이 회귀식을 이용한 분석의 결과는 〈표 8-5〉에 요약되어 있다.

〈표 8-5〉에 제시된 R^2과 F비의 값은 각각 0.778과 133.20으로 〈표 8-4〉보다도 높은 수준이다. 그러나 잔차분석을 해본 결과, X_i 및 $(\ln Y_i)$의 기대값에 대한 표준화잔차는 〈그림 8-10〉 및 〈그림 8-11〉과 마찬가지로 역시 뚜렷한 V 형의 분포를 나타내고 있음이 확인되었으며, 이는 종속변수를 변환시킨 회귀모형 (8.3.32)가 적절하지 못하였음을 시사하는 것이다.

그러면 다음 방법으로 자료의 비선형성을 감안하여 독립변수 X_i의 2차항을 포함하는 다항회귀모형을 구성하여 보자.

$$Y_i = \alpha'' + \beta_1'' X_i + \beta_2'' X_i^2 + \varepsilon_i'' \qquad (8.3.33)$$

표 8-6 변수를 표준화시킨 2차선형회귀분석의 결과

변 수	비표준화 회귀계수	표준화 회귀계수	표준오차	t	Sig. t
TX	−5.822	−0.947	0.341	−17.048	0.000
$TXSQ$	2.231	0.354	0.349	6.383	0.000
회귀상수	82.674		0.474	174.175	0.000

$n = 40$ SEE $= 2.089$ $R^2 = 0.890$ $F = 149.93$

그런데 분석과정에서 독립변수의 1차항 X_i와 2차항 X_i^2 간에 공선성(collinearity)의 문제가 제기되었다. 여기서는 이를 해결하기 위하여 제 7 장에서 이미 상세히 논의된 바 있는 표준화(standardization) 기법을 활용하여 독립변수를 다음과 같이 변환시켰다.

$$TX_i = (X_i - \bar{X}) / S_x$$
$$= (X_i - 11.5) / 4.84 \quad (8.3.34)$$

따라서 독립변수의 2차항은

$$(TX_i)^2 = TX_i \times TX_i \quad (8.3.35)$$

이 되며, 2차선형회귀모형이 다음과 같이 재구성되었다.

$$Y_i = \alpha^* + \beta_1^* TX_i + \beta_2^* (TX_i)^2 + \varepsilon_i^* \quad (8.3.36)$$

이 2차선형회귀의 결과는 〈표 8-6〉에 요약되어 있으며, 구해진 회귀식은 다음과 같다.

$$Y_i = 82.674 - 5.822\, TX_i + 2.231 (TX_i)^2 \quad (8.3.37)$$

〈표 8-6〉을 보면 R^2과 F의 값은 각각 0.890과 149.93으로 〈표 8-4〉 및 〈표 8-5〉와 비교할 때 가장 높은 수준이다. 아울러 변환된 독립변수의 2차항 $(TX)^2$의 회귀계수 2.231도 t검증 결과 0.01 수준에서 통계적으로 유의한 것으로 밝혀졌

그림 8-12 TX_i에 대한 표준화잔차의 분포: 비선형 자료

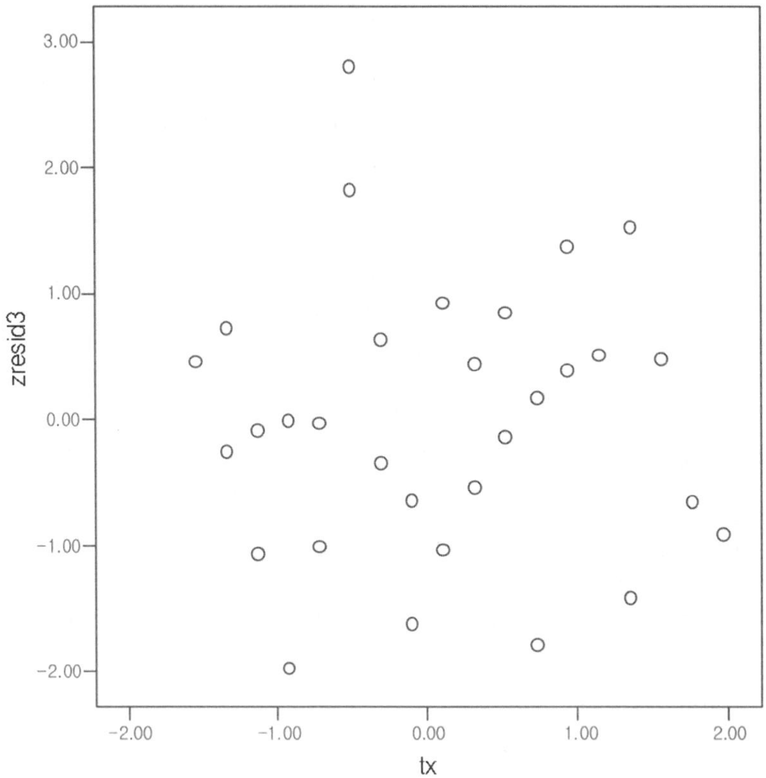

다. 한편, 변환된 2차선형회귀모형(8.3.37)의 잔차를 분석해 보면 원자료의 2차선형성으로 인한 문제가 상당히 제거되었음을 시각적으로 확인할 수 있다. 즉 표준화 잔차의 오차분산은 〈그림 8-12〉와 〈그림 8-13〉에서 TX_i나 $\widehat{Y}_i$의 값이 변하여도 상대적으로 민감하게 바뀌지 않는다. 이는 〈그림 8-10〉 및 〈그림 8-11〉과 비교하면 더욱 그러하다. 따라서, 독립변수를 표준화시켜 구성한 2차선형회귀모형(8.3.37)은 〈표 8-3〉에 주어진 자료의 비선형성을 잘 반영하고, 또한 OLS 회귀분석의 기본 가정을 충족시키는 것으로 결론지을 수 있다.

여기서 참고로 〈표 8-3〉의 비선형 자료를 이용하여 이상의 작업을 하기 위한 SPSSWIN 프로그램을 작성해 보면 〈표 8-7〉과 같다. 〈그림 8-14〉에는 SPSSWIN의 대화상자를 이용한 분석절차가 단계별로 정리되어 있다.

그림 8-13 $\widehat{Y}_i$ (yhat3)에 대한 표준화잔차의 분포: 비선형 자료

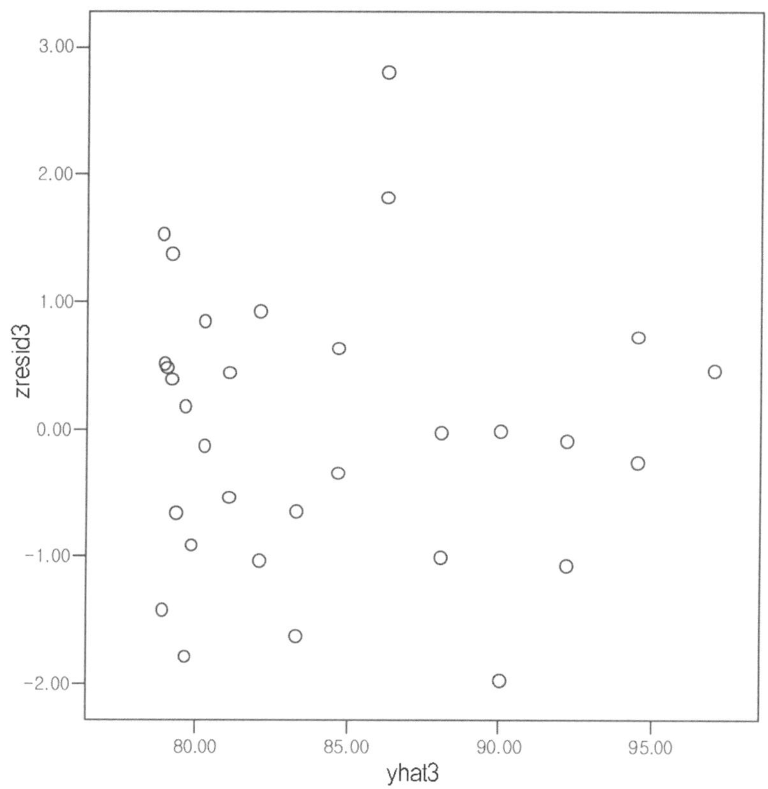

표 8-7 비선형 자료의 회귀분석을 위한 SPSSWIN 프로그램의 예시 (〈표 8-3〉의 자료)

```
DATA LIST / x 1-2 y 4-5 .
BEGIN DATA .
4 98
4 98
5 96
5 94
5 96
6 92
6 92
6 90
7 90
7 86
8 88
8 86
8 86
9 92
9 90
10 84
10 84
10 86
11 82
11 82
11 80
12 84
12 80
13 82
13 80
13 82
14 82
14 80
15 80
15 80
15 76
16 82
16 80
17 80
18 82
18 76
19 80
19 80
20 78
21 78
END DATA .
COMPUTE lny = LN(y) .
COMPUTE tx = (x - 11.5) / 4.84 .
COMPUTE txsq = tx * tx .
COMPUTE yhat1 = 97.646 - 1.113*x .
COMPUTE lnyhat = 4.587 - 0.013*x .
COMPUTE yhat3 = 82.675 - 5.821*tx + 2.230*txsq .
COMPUTE zresid1 = (y - yhat1) / 2.95 .
COMPUTE zresid2 = (lny - lnyhat) / 0.03 .
COMPUTE zresid3 = (y - yhat3) / 2.04 .
EXECUTE .
```

표 8-7 비선형 자료의 회귀분석을 위한 SPSSWIN 프로그램의 예시 (계속)

```
REGRESSION
  /MISSING LISTWISE
  /STATISTICS COEFF OUTS R ANOVA
  /CRITERIA=PIN(.05) POUT(.10)
  /NOORIGIN
  /DEPENDENT y
  /METHOD=ENTER x .
EXECUTE .
REGRESSION
  /MISSING LISTWISE
  /STATISTICS COEFF OUTS R ANOVA
  /CRITERIA=PIN(.05) POUT(.10)
  /NOORIGIN
  /DEPENDENT lny
  /METHOD=ENTER x .
EXECUTE .
REGRESSION
  /MISSING LISTWISE
  /STATISTICS COEFF OUTS R ANOVA
  /CRITERIA=PIN(.05) POUT(.10)
  /NOORIGIN
  /DEPENDENT y
  /METHOD=ENTER tx txsq .
EXECUTE .
GRAPH
  /SCATTERPLOT(BIVAR)=x WITH y
  /MISSING=LISTWISE .
EXECUTE.
GRAPH
  /SCATTERPLOT(BIVAR)=x WITH zresid1
  /MISSING=LISTWISE .
EXECUTE.
GRAPH
  /SCATTERPLOT(BIVAR)=yhat1 WITH zresid1
  /MISSING=LISTWISE .
EXECUTE.
GRAPH
  /SCATTERPLOT(BIVAR)=x WITH lny
  /MISSING=LISTWISE .
EXECUTE.
GRAPH
  /SCATTERPLOT(BIVAR)=x WITH zresid2
  /MISSING=LISTWISE .
EXECUTE.
GRAPH
  /SCATTERPLOT(BIVAR)=lnyhat WITH zresid2
  /MISSING=LISTWISE .
EXECUTE.
GRAPH
  /SCATTERPLOT(BIVAR)=tx WITH zresid3
  /MISSING=LISTWISE .
EXECUTE.
GRAPH
  /SCATTERPLOT(BIVAR)=yhat3 WITH zresid3
  /MISSING=LISTWISE .
EXECUTE.
```

그림 8-14 SPSSWIN의 대화상자를 이용한 비선형자료의 회귀분석 절차

(1) 변수정의 및 자료입력

(2) 새로운 변수의 생성: 〈변환(T)〉 → 〈변수계산(C)〉
〈대상변수(T)〉와 〈숫자 표현식(E)〉에 새 변수(lny, tx, txsq, yhat1, lnyhat, yhat3, zresid1, zresid2, zresid3)와 그에 해당하는 표현식을 입력한 후 〈확인〉 클릭

(3) 〈분석(A)〉 → 〈회귀분석(R)〉 → 〈선형(L)〉

(4) 종속변수 및 독립변수 선택, 그리고 독립변수 투입 방법 〈방법(M)〉 "입력" 선택

(5) 중다회귀분석의 실행: 〈확인〉 클릭

(6) 그래프 작성: 〈그래프(A)〉 → 〈산점도(S)〉

그림 8-14 SPSSWIN의 대화상자를 이용한 비선형자료의 회귀분석 절차 (계속)

(7) 〈산점도〉 창에서 〈단순〉을 선택하고 〈정의〉를 선택

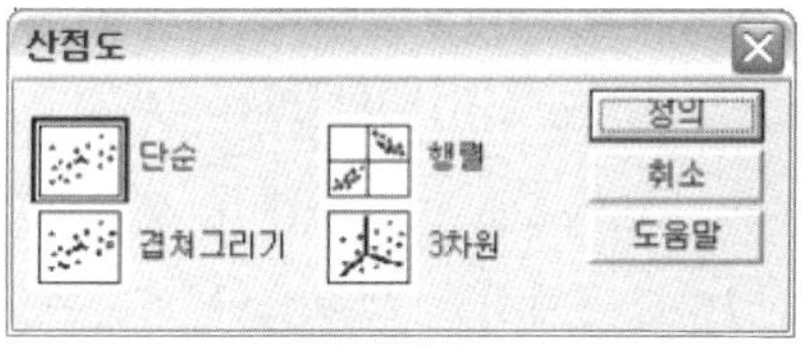

(8) 〈단순 산점도〉 창에서 〈X-축(X)〉 및 〈Y-축(Y)〉에 들어갈 변수 선택

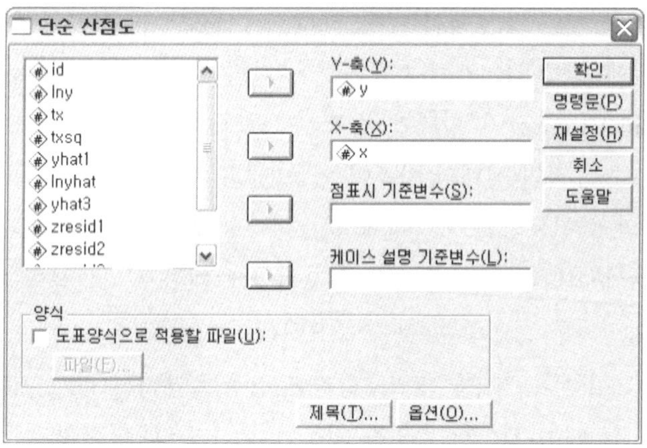

(8) 그래프 작성 실행: 〈확인〉 클릭

8.3.6 변수변환에 따른 유의사항

지금까지 살펴본 것처럼 변수들간의 관계가 비선형이라 하더라도 적절한 형태로의 변환을 통해서 선형성을 확보하고 OLS 방식을 적용하여 회귀분석을 시행할 수 있다. 변수의 변환은 또한 오차분산(error variance)을 안정시키는 부수적인 효과도 지닌다. 변수를 변환시켜 이분산성(heteroscedasticity)의 문제를 제거하는 구체적인 방안은 제 5 장에서 이미 논의된 바 있다. 여기서는 선형성의 가정을 충족시키기 위하여 변수를 변환시켜 회귀분석을 하는 경우에 유의할 사항 몇 가지를 지적하고자 한다.

첫째로, 변수를 변환시킨 회귀모형에서는 오차항(error term)에 특별한 주의를 기울일 필요가 있다. 앞에서 살펴본 것처럼 오차항은 가법적(加法的, additive) 이거나 승법적(乘法的, multiplicative)인 형태를 취할 수 있다. 그러나 어떤 형태의 오차항을 택하느냐 하는 이론적인 선택의 기준이 있는 것은 아니며, 분석과정에서 어느 형태가 OLS 방식의 회귀분석을 가능하게 하느냐에 따라 결정될 문제이다. 비선형 모형을 변환시켜 분석하는 경우에는 특히 오차항에 대한 회귀분석의 기본 가정들이 충족되는 상황인지를 확인하는 것이 중요하다.

둘째로, 변수변환으로 비선형 관계를 회귀모형화한 경우 원래의 모형과 적합도(goodness-of-fit)를 비교할 때는 세심한 주의를 기울어야 한다. 대체로 변수를 변환시켜 회귀모형이 보다 세밀하게 설정되면 적합도도 높아지지만, 이것이 어느 표본에나 항상 적용되는 것은 아니다. 일반적으로 적합도를 판단하는 기준으로는 결정계수 R^2이나 회귀식에 의한 추정값의 표준오차(SEE)가 사용되는데, 비교의 단위가 같지 않기 때문에 이들을 직접 비교하기 곤란한 경우도 있다. 예를 들어 종속변수가 대수(log)값을 취한 변형 회귀모형에서의 오차분산과 원래의 모형의 오차분산의 크기를 단순히 비교할 수는 없을 것이다. 이 경우에는 회귀오차를 변환되기 이전의 상태로 재환원시킨 후에야 적합도의 비교가 가능해진다.

셋째로, 변환된 회귀모형에서 얻은 회귀계수는 그 해석방법이 어렵거나 달라질 수 있다. 중다회귀모형에서 회귀계수는 흔히, 다른 독립변수들의 값을 고정시킨 상태에서, 특정 독립변수의 단위량 변화에 따른 종속변수의 변화량을 의미한다. 그런데 다항회귀 모형에서는 X_i^2, X_i^3 등의 다차항이 실제로는 1차항 X_i와 같은 변수이기 때문에 다차항을 고정시킨 상태에서 X_i의 1차항만을 변화시키는 것이 불가능하다. 따라서 "다른 독립변수들의 값을 고정시킨 상태에서"(holding other variables constant)가 의미를 상실하게 된다. 다항모형의 회귀계수는 단지 관계의 기울기나 회귀식의 형태를 묘사하는 용도로만 사용될 수 있다. 또한 다른 형태의 비선형 모형에서도 선형성을 충족시키기 위하여 대수(log), 자연대수(natural log) 또는 역수의 값을 취하여 변수를 변환시키면, 분석 결과로 얻어진 회귀계수의 해석이 그만큼 어려워지기 마련이다.

마지막으로, 변수를 변환시킬 때는 우선 모든 값에 대하여 변환이 가능한지를 확인하여야 한다. 경우에 따라서는 특정값의 변환이 불가능할 수도 있기 때문이다. 예를 들어 0의 값에 역수를 취하는 것은 불가능하다. 또한 0이나 0보다 작은 값에 대수(log)를 취할 수는 없다. 영점(零點)이 임의적인 등간척도(等間尺度, interval scale)의 변수이면 이런 경우 영점을 이동시킨 후 대수(log)의 값을 취하도록 하여야 한다. 그러나 절대 영점(絶對 零點, absolute zero)이 존재하는 비척도(比尺度, ratio scale)의 변수에서는 영점을 이동시킬 수 없다.

제 9 장 질적 변수의 활용

9.1 머리말

지금까지 회귀모형에 관한 논의는 회귀식에 포함되는 독립변수들이 모두 등간척도(interval scale)로 측정되고, 아울러 각각의 독립변수가 종속변수에 미치는 영향력이 가법성(加法性, additivity)을 지닌다는 것을 전제로 하는 것이다. 그러나 실제의 분석과정에서는 이러한 두 가지 조건이 완전히 충족되지 않는 경우를 흔히 접하게 된다.

가령 성별(남녀), 혼인상태, 인종, 거주지, 종교 등은 사회과학 분야의 분석에서 항상 중요하게 다루어지는 변수들이다. 그런데 이러한 변수들은 명목척도(nominal scale)로 측정되어 정상적으로는 회귀분석에서 독립변수로 사용되기 곤란하다는 문제점을 지닌다. 그러나 회귀모형을 정립하는 과정에서 명목척도나 서열척도로 측정된 질적 변수(質的 變數, qualitative variable)들을 독립변수로 사용하는 것이 이론적으로 불가피할 경우에는, 이러한 변수들을 가변수(假變數, dummy variable)로 전환시켜 회귀분석에 포함시킬 수 있다.

가법성의 가정은 주어진 독립변수의 단위 변화량에 따라 초래되는 종속변수의 변화량이 회귀식에 포함된 다른 독립변수의 값에 관계없이 항상 동일하다는 것을 의미한다. 이와 반대로, 주어진 독립변수와 종속변수 기대값과의 관계의 기울기(partial slope coefficient)가 다른 독립변수의 값에 따라 변화할 때, 이를 비가법적 모형(非加法的 模型, non-additive model) 또는 상호작용 모형(相互作用 模型, interactive model)이라 한다. 가법성의 가정이 충족되지 않는 경우에는 가변수를 도입하여 상호작용 모형(dummy variable interactive model)을 구성하든지, 또는 상호작용항(相互作用項, interaction term)을 회귀식에 포함시켜 승법적 모형(乘法的 模型, multiplicative model)을 구성하는 방법으로 문제를 해결할 수 있다.

이 장에서는 우선 가변수를 활용하여 회귀분석을 하는 방법과 곡선성(曲線性, curvilinearity)을 검증하는 방법이 논의될 것이다. 아울러, 가법성의 가정이 충족되지 않을 때, 회귀식에 상호작용항을 도입하여 분석하고 그 결과를 통계적으로 검증하는 방법에 관한 논의가 이루어진다. 그리고 이러한 논의를 바탕으로 하여 가변수와 상호작용항을 활용하는 분석사례를 살펴보게 된다. 이 장에서는 또한 분산분석(ANOVA)과 가변수를 사용하는 회귀분석과의 구체적인 비교도 이루어질 것이다.

9.2 가변수(dummy variable)

명목척도나 서열척도로 측정된 질적 변수(qualitative variable)를 회귀식에 포함시키고자 할 때는 가변수(dummy variable)의 형태로 부호화(coding)하는 방법이 널리 이용된다. 이 경우 각각의 유목이나 범주에 할당된 값은 등간척도의 변수에서와는 달리 '점수'의 의미를 지니지 않는다. 이 절에서는 가변수를 부호화하는 방법과, 아울러 가변수를 포함하는 회귀식의 추정 및 그 결과의 해석에 관련된 사항들을 살펴보고자 한다. 또한 가변수를 회귀식에 도입하여 곡선성(curvilinearity)을 검증하는 방법도 논의된다.

9.2.1 가변수의 부호화(coding)

질적 변수 중 성별(남자, 여자)이나 결혼 여부(기혼, 미혼)처럼 2분화된 값을 지니는 변수를 회귀분석에 포함시키기 위해서는 이를 가변수로 부호화시키는 방법이 널리 사용된다. 가변수의 부호화는 특정 속성을 가지고 있으면 1, 없으면 0의 값을 부여하는 방식으로 이루어진다. 예를 들어 교육(X)을 독립변수로 하는 소득(Y)의 회귀모형이 다음과 같이 구성되었다 하자.

$$Y = \alpha + \beta X + \varepsilon \tag{9.2.1}$$

그런데 여기서 우리는 남녀의 성별에 따라 교육과 소득의 관계의 양상이 달라진다고 가정할 수 있다. 성별이라는 명목척도의 변수를 회귀모형에 포함시키기 위해서는 성별의 가변수 D를 창출하여 다음과 같이 그 값을 부여하면 된다. 즉,

$$\begin{cases} \text{남자의 경우: } D = 1 \\ \text{여자의 경우: } D = 0 \end{cases} \tag{9.2.2}$$

이제 이 가변수를 독립변수로 추가시켜 소득(Y)을 교육(X)과 성별(D)에 회귀시키는 모형을 구성하여 보자.

$$Y = \alpha + \beta_1 X + \beta_2 D + \varepsilon \tag{9.2.3}$$

이 회귀모형에서 성별(D)은 1과 0의 값만을 지니는 가변수이므로, 결국은 다음과 같은 두 개의 회귀식으로 정리될 수 있다.

$$\begin{aligned} \text{남자의 경우: } \widehat{Y} &= \alpha + \beta_1 X + \beta_2(1) \\ &= (\alpha + \beta_2) + \beta_1 X \\ \text{여자의 경우: } \widehat{Y} &= \alpha + \beta_1 X + \beta_2(0) \\ &= \alpha + \beta_1 X \end{aligned} \tag{9.2.4}$$

이상에서 우리는 두 가지 유목의 값을 지니는 변수를 가변수로 부호화하여 회귀

분석에 도입하면, 기울기는 같고 회귀상수만 다른 두 개의 회귀식을 얻게 됨을 알 수 있다. 여기서 한 가지 지적할 것은, 가변수를 부호화하는 과정에서 남자에 0, 그리고 여자에 1의 값을 부여하더라도 그 결과는 마찬가지가 된다. 가변수를 다른 방식으로 부호화하면 회귀식 (9.2.3)에서 회귀상수 α와 회귀계수 β_2의 추정값이 달라진다. 그러나 추정된 회귀식을 (9.2.4)에 제시된 형태로 재정리하면, 가변수의 부호화 방식에 관계없이, 최종적으로는 동일한 결과를 얻게 된다.

그러면 여기서 가변수가 포함된 가상적인 자료를 가지고 회귀식을 추정하는 계산을 실제로 하여보자. 우선 〈표 9-1〉의 (2)에 제시된 Y를 (1)의 X에 회귀시킨다고 가정하자. 우리는 이미 제 2 장의 단순회귀모형에서 공식 (2.2.18)에 의해 회귀식을 추정한 바 있다.

$$\begin{aligned}\widehat{Y}_i &= \overline{Y} + \frac{\sum \chi_i Y_i}{\sum \chi_i^2}\,\chi_i \\ &= 56.79 + \frac{2,488}{622}\,\chi_i \\ &= 56.79 + 4(X_i - 14) \\ &= 0.79 + 4X_i \qquad (9.2.5)\end{aligned}$$

그런데 이렇게 추정된 회귀식은 〈그림 9-1〉에 점선으로 표시되어 있는데, 주어진 자료를 적절히 반영하는 것으로는 생각되지 않는다. 〈그림 9-1〉에 표시된 사례들은 두 개의 집단으로 범주화될 수 있다. 여기서 〈표 9-1〉의 (3)에 제시된 방법으로 가변수 D를 도입하면 보다 적절한 회귀식의 추정이 가능해진다.

〈표 9-1〉에 제시되어 있는 (4)에서 (10)까지의 과정은 종속변수 Y를 X와 D에 회귀시키는 중다회귀모형을 풀어가는 표준화된 절차와 마찬가지이다. 이 계산의 결과로 우리는 다음의 세 추정등식을 얻을 수 있다.

$$\begin{aligned}56.79 &= \widehat{\alpha} + \widehat{\beta}_1(14) + \widehat{\beta}_2(0.5) \\ 2,488 &= \widehat{\beta}_1(622) + \widehat{\beta}_2(39.0) \\ 180.5 &= \widehat{\beta}_1(39.0) + \widehat{\beta}_2(3.5) \qquad (9.2.6)\end{aligned}$$

표 9-1 가변수(dummy variable)를 포함하는 회귀식의 계산

(1)	(2)	(3)	(4)	(5)	(6)	(7)	(8)	(9)	(10)	(11)
X_i	Y_i	D_i	$\chi_i = X_i - \overline{X}$	$d_i = D_i - \overline{D}$	$\chi_i Y_i$	$d_i Y_i$	χ_i^2	d_i^2	$\chi_i d_i$	$\widehat{Y}_i = 56.79 + 2.54\chi_i + 23.27 d_i$
6	21	0	−8	−0.5	−168	−10.5	64	0.25	4.0	24.84
7	25	0	−7	−0.5	−175	−12.5	49	0.25	3.5	27.38
8	31	0	−6	−0.5	−186	−15.5	36	0.25	3.0	29.92
8	32	0	−6	−0.5	−192	−16.0	36	0.25	3.0	29.92
9	33	0	−5	−0.5	−165	−16.5	25	0.25	2.5	32.46
10	36	0	−4	−0.5	−144	−18.0	16	0.25	2.0	35.00
11	39	0	−3	−0.5	−117	−19.5	9	0.25	1.5	37.54
13	66	1	−1	0.5	−66	33.0	1	0.25	−0.5	65.89
14	68	1	0	0.5	0	34.0	0	0.25	0	68.43
16	75	1	2	0.5	150	37.5	4	0.25	1.0	73.51
20	84	1	6	0.5	504	42.0	36	0.25	3.0	83.67
23	92	1	9	0.5	828	46.0	81	0.25	4.5	91.29
25	97	1	11	0.5	1,067	48.5	121	0.25	5.5	96.37
26	96	1	12	0.5	1,152	48.0	144	0.25	6.0	98.91
$\sum X_i = 196$ $\overline{X} = 14$	$\sum Y_i = 795$ $\overline{Y} = 56.79$	$\sum D_i = 7$ $\overline{D} = 0.5$	$\sum \chi_i = 0$	$\sum d_i = 0$	$\sum \chi_i Y_i =$ 2,488	$\sum d_i Y_i =$ 180.5	$\sum \chi_i^2 =$ 622	$\sum d_i^2 =$ 3.5	$\sum \chi_i d_i =$ 39.0	

$$\widehat{Y}_i = 56.79 + 2.54(X_i - \overline{X}) + 23.27(D_i - \overline{D})$$
$$= 56.79 + 2.54(X_i - 14) + 23.27(D_i - 0.5)$$
$$= 9.60 + 2.54 X_i + 23.27 D_i$$

$D_i = 1$인 경우: $\widehat{Y}_i = (9.60 + 23.27) + 2.54 X_i$
$= 32.87 + 2.54 X_i$

$D_i = 1$인 경우: $\widehat{Y}_i = 9.60 + 2.54 X_i$

그림 9-1 가변수를 활용한 두 회귀식의 추정

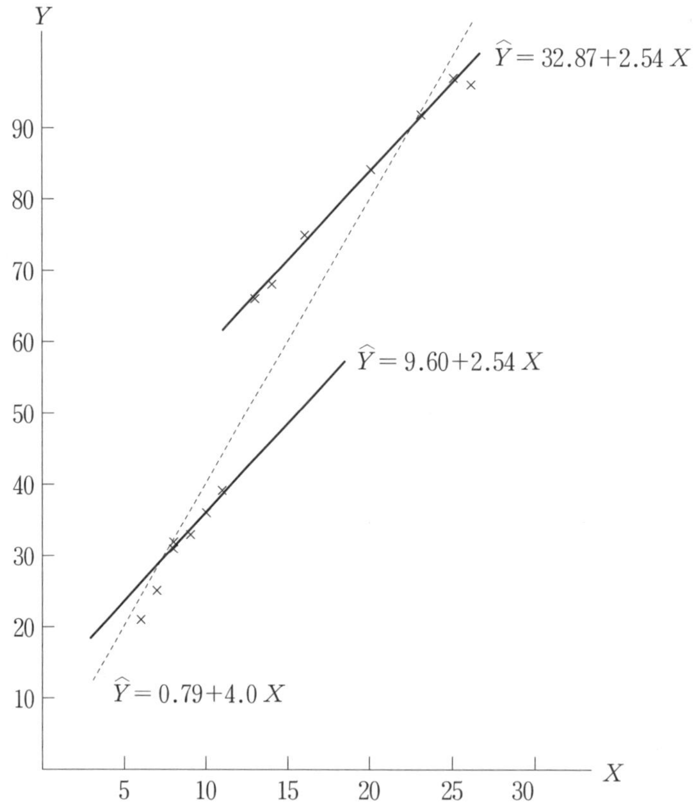

이 세 방정식을 풀면 회귀상수와 회귀계수는 다음의 추정값을 지니게 된다.

$$\hat{\alpha} = 9.60$$
$$\hat{\beta}_1 = 2.54$$
$$\hat{\beta}_2 = 23.27 \qquad (9.2.7)$$

이제 최종적으로 (9.2.7)의 값을 회귀모형에 대입하면 다음과 같은 회귀식을 얻게 된다.

$$\hat{Y} = 9.60 + 2.54X + 23.27D \qquad (9.2.8)$$

그리고 〈표 9-1〉의 (11) 은 산출된 회귀식을 이용하여 주어진 X와 D값에 대한 Y의 기대값을 계산한 것이다.

여기서 한 가지 주의할 것은 가변수를 포함하는 회귀식의 추정은 이것으로 완료되는 것이 아니라는 사실이다. 가변수는 어디까지나 편법으로 회귀모형에 포함되는 것이며, 일단 (9.2.8) 과 같은 회귀식이 추정되면, 바로 가변수 D의 값을 대입하여 가변수를 누락시킨 상태로 회귀식을 재정리하여야 한다. 따라서 〈표 9-1〉의 계산에서는 최종적으로 다음과 같은 두 개의 회귀식이 산출된다.

$$
\begin{aligned}
D=1 \text{ 인 경우: } \quad \widehat{Y} &= (9.60+23.27)+2.54X \\
&= 32.87+2.54X \\
D=0 \text{ 인 경우: } \quad \widehat{Y} &= 9.60+2.54X
\end{aligned}
\tag{9.2.9}
$$

이렇게 추정된 두 개의 회귀식은 〈그림 9-1〉에 실선으로 제시되어 있다. 그런데 〈그림 9-1〉에서 점선으로 표시된 회귀식은 실선으로 표시된 두 회귀식보다 기울기가 높게 나타나고 있다. 이는 가변수 D를 회귀모형에 포함시키지 않게 되면 X가 Y에 미치는 영향력이 과다추정됨을 시사하는 것이다. 이와 같은 상향편의(上向偏椅, upward bias) 는 X를 회귀모형에서 제거하고 가변수 D만을 독립변수로 하여 회귀식을 추정하는 경우에도 마찬가지로 나타나게 된다.

그러면 이제 질적 변수가 3개 이상의 유목이나 범주를 지니는 경우를 생각해 보자. 이 경우에는 여러 개의 가변수를 창출하여 회귀모형을 설정하여야 한다. 이미 앞에서 살펴본 것처럼 가변수는 1과 0의 값을 편법으로 부여하고, 이를 등간척도의 변수로 취급하여 회귀식에 포함시키는 것이다. 그러나 주어진 질적 변수에서 모든 유목(범주) 을 가변수로 전환시키는 것은 곤란하다. 가령 유목(범주) 의 수가 k인 변수의 경우에 k개의 가변수를 만들어 회귀식에 포함시키면, k번째 가변수는 앞의 $(k-1)$ 개의 가변수에 대하여 완전한 함수관계를 갖게 되어 회귀식을 풀 수 없게 된다. 회귀모형에 포함되는 독립변수끼리 완전한 함수관계를 지니는 것은 회귀분석을 위한 기본 가정에 위배되는 것이다. 따라서 유목(범주) 의 수가 k인 변수의 경우에는 $(k-1)$ 개의 가변수를 만들어 회귀식에 포함시키면 된다. 여기서 1개의 가변수를 제외시킨다고 하여 정보의 유실을 초래하지 않는 것은 두말할 필요

표 9-2 세 가변수의 부호화

	D_1	D_2	D_3
불 교	1	0	0
구 교	0	1	0
신 교	0	0	1
기 타	0	0	0

도 없다.

가령 소득과 종교에 따른 정치적 태도의 차이를 분석하기 위한 회귀모형을 설정한다 하자. 물론 소득(X)과 정치적 태도(Y)는 등간척도로 측정된 변수이고, 종교는 유목의 변수로서 불교, 신교, 구교, 기타의 네 가지 범주로 구분된다 가정한다. 이 경우 종교를 독립변수로 회귀모형에 반영시키기 위해서는 3개의 가변수가 필요하다. 가변수의 부호화는 〈표 9-2〉에 제시된 방법으로 하면 된다.

〈표 9-2〉를 보면 가변수는 3개가 창출되었지만 이들의 조합으로 네 종교를 적절히 구분하는 것이 가능함을 알 수 있다. 이제 회귀모형은 다음과 같이 된다.

$$Y = \alpha + \beta_1 X + \beta_2 D_1 + \beta_3 D_2 + \beta_4 D_3 + \varepsilon \qquad (9.2.10)$$

그리고 각 종교에 따라 회귀식은 다음과 같이 정리된다.

$$\begin{aligned}
\text{불교:}\quad \widehat{Y} &= \alpha + \beta_1 X + \beta_2(1) + \beta_3(0) + \beta_4(0) \\
&= (\alpha + \beta_2) + \beta_1 X \\
\text{구교:}\quad \widehat{Y} &= \alpha + \beta_1 X + \beta_2(0) + \beta_3(1) + \beta_4(0) \\
&= (\alpha + \beta_3) + \beta_1 X \\
\text{신교:}\quad \widehat{Y} &= \alpha + \beta_1 X + \beta_2(0) + \beta_3(0) + \beta_4(1) \\
&= (\alpha + \beta_4) + \beta_1 X \\
\text{기타:}\quad \widehat{Y} &= \alpha + \beta_1 X + \beta_2(0) + \beta_3(0) + \beta_4(0) \\
&= \alpha + \beta_1 X \qquad (9.2.11)
\end{aligned}$$

이상 살펴본 것처럼 3개의 가변수를 회귀모형에 도입하면, 기울기는 같으나 회귀상수가 각기 다른 4개의 회귀식을 각 종교별로 추정하는 것이 가능해진다. 그러면 여기서 만약 종교 변수 Z를 하나만 설정하고 불교에 3, 구교에 2, 신교에 1, 그리고 기타에 0의 값을 부여하면 통계적으로 어떠한 문제가 생기게 되는가를 살펴보자. 이 경우에는 종교 변수가 하나이므로 회귀모형은 (9.2.10)이 아니라 다음과 같이 될 것이다.

$$Y = \alpha + \beta_1 X + \beta_2 Z + \varepsilon \tag{9.2.12}$$

이 모형에서 회귀식을 종교에 따라 다시 정리하면 다음과 같다.

$$\begin{aligned}
\text{불교:}\quad \widehat{Y} &= \alpha + \beta_1 X + \beta_2(3) \\
&= (\alpha + 3\beta_2) + \beta_1 X \\
\text{구교:}\quad \widehat{Y} &= \alpha + \beta_1 X + \beta_2(2) \\
&= (\alpha + 2\beta_2) + \beta_1 X \\
\text{신교:}\quad \widehat{Y} &= \alpha + \beta_1 X + \beta_2(1) \\
&= (\alpha + \beta_2) + \beta_1 X \\
\text{기타:}\quad \widehat{Y} &= \alpha + \beta_1 X + \beta_2(0) \\
&= \alpha + \beta_1 X
\end{aligned} \tag{9.2.13}$$

위의 결과를 (9.2.11)에 제시된 회귀식들과 비교해 보면 명백한 차이를 확인할 수 있다. 그리고 이 4개의 회귀식의 회귀상수를 비교해 보면 불교-구교, 구교-신교, 신교-기타 사이의 정치적 태도의 차이는 β_2로 모두 같은 것으로 되어 잘못된 해석을 이끌어낼 가능성이 커진다. 따라서 명목척도의 변수를 등간척도의 변수와 마찬가지로 취급하여 회귀모형에 포함시키는 것은 부적합하다고 결론지을 수 있다.

9.2.2 곡선성(curvilinearity)의 검증

회귀분석에서 가변수의 또 다른 용도의 하나는 곡선성(曲線性, curvilinearity)을 검증하는 도구로 사용될 수 있다는 것이다. 구체적인 형태는 확인되지 않았지만 일단 자료의 선형성 가정이 의심스러울 때, 다항회귀(polynomial regression)나 변수의 대수변환(logarithmic transformation)을 시도하는 대신에 가변수를 활용하여 간단히 곡선성을 검증할 수 있다.

곡선성의 검증은 회귀식에 원래의 연속변수와 아울러 가변수를 포함시킴으로써 증가하는 R^2가 통계적으로 유의미한가를 확인하는 방법으로 이루어진다. 이 방법은 제 8 장에 소개된 선형성 검증(test of linearity)방법에 비해 보다 편리하게 중다회귀분석에 적용될 수 있다는 장점을 지니며, 따라서 보다 널리 이용된다. 곡선성의 검증을 위해서는 다음의 공식이 흔히 이용된다.

$$F_{(k,\, n-k-1)} = \frac{(R^2_{y.ab} - R^2_{y.a})\,/\,k}{(1 - R^2_{y.ab})\,/\,(n - k - 1)} \tag{9.2.14}$$

단, $R^2_{y.ab}$는 원래의 연속변수와 가변수가 같이 포함된 회귀식의 중다결정계수이고, $R^2_{y.a}$는 원래의 연속변수만을 사용한 회귀식에서 얻은 중다결정계수이다. 또한 k는 회귀식에 포함된 가변수의 수이며, n은 표본의 크기이다. 이 F비의 검증에서 분자와 분모의 자유도는 각각 k와 $(n-k-1)$이 된다.

그러면 여기서 〈표 9-3〉의 자료를 이용하여 곡선성의 여부를 검증하여 보자. 이 표의 X와 Y는 〈표 8-1〉에서 인용한 것이다. 그리고 자료를 여섯 범주로 나누어 D_1부터 D_5까지 5개의 가변수를 도입하였다. 〈표 9-3〉의 자료를 가지고 곡선성을 검증하기 위해서는 두 번의 회귀분석이 필요하다. 우선 연속변수인 X만을 독립변수로 한 Y의 회귀분석 결과 얻어진 R^2의 값은 0.605였다. 그리고 두 번째로, X와 5개의 가변수를 모두 독립변수로 삼아 회귀모형을 구성하였다. 그 결과로 얻은 R^2는 0.990으로 월등히 높게 추정되었다. 이제 두 번의 회귀분석에서 얻은 결과를 공식 (9.2.14)에 대입하면 다음과 같다.

표 9-3 가변수를 활용하여 곡선성을 검증하기 위한 가상적인 자료

X	D_1	D_2	D_3	D_4	D_5	Y
5	1	0	0	0	0	30
10	1	0	0	0	0	28
15	0	1	0	0	0	17
20	0	1	0	0	0	21
25	0	0	1	0	0	18
30	0	0	1	0	0	25
35	0	0	0	1	0	32
40	0	0	0	1	0	36
45	0	0	0	0	1	44
50	0	0	0	0	1	52
55	0	0	0	0	0	77

$$F_{(5,\ 11-5-1)} = \frac{(0.990-0.605)\ /\ 5}{(1-0.990)\ /\ (11-5-1)} = 38.5 \qquad (9.2.15)$$

이 값은 $\alpha=0.01$ 수준에서 곡선성이 존재하지 않는다는 영가설을 기각하는 데 필요한 F의 임계값(분자의 자유도 5, 분모의 자유도 5) 11.0보다 월등히 크다. 따라서 〈표 9-3〉의 자료에서 X와 Y는 곡선의 관계를 지니는 것으로 단정지을 수 있다. 물론 이 F검증 결과가 어떤 형태의 곡선함수인지를 가르쳐 주는 것은 아니다. 단지 주어진 자료의 회귀분석을 위해서는 제 8 장에서 논의된 것처럼 적절한 형태로의 변수의 변환(transformation)이나 다항회귀(polynomial regression)가 필요함을 알려주는 것이다.

9.3 상호작용항(interaction term)

특정 독립변수가 종속변수에 미치는 영향이 다른 독립변수와 복합되어 일어날 때 우리는 이를 상호작용효과(相互作用效果, interaction effect)라 부른다. 가령 앞 절의 (9.2.11)에 제시된 회귀식들을 보면, 종교적 배경에 관계없이 교육(X)의 비표준화회귀계수(기울기)는 β_1으로 모두 같다. 그런데 만약 교육(X)이 종속변수인 정치적 태도(Y)에 미치는 영향력이 종교적 배경에 따라서 다르다고 가정하면, 이 네 회귀식에서 비표준화회귀계수(기울기)는 서로 달라지게 되고, 가법성(additivity)의 가정은 충족되지 않는다. 이는 교육과 종교의 상호작용효과가 종속변수인 정치적 태도에 작용함을 의미하는 것이다. 따라서 이러한 경우에는 종교에 대한 정보 없이 교육만으로는 정치적 태도의 기대값을 적절히 추정해내기 곤란하다. 또한, 역으로, 교육변수가 배제된 상태에서는 종교만으로 적절한 분석이 되지 않음은 물론이다.

이 절에서는 우선 상호작용에 대한 구체적인 설명이 이루어진다. 그리고 독립변수 사이에 상호작용효과가 존재할 때 회귀식에 상호작용항(interaction term)을 도입하는 방법과 분석결과를 통계적으로 검증하는 방법이 논의된다. 또한 이해를 돕기 위하여 가변수와 상호작용항을 활용한 분석사례를 살펴보게 될 것이다.

9.3.1 상호작용의 의미

상호작용의 본질과 의미는 그림으로 설명하면 아주 간단해진다. 〈그림 9-2〉에서 X는 연속독립변수이고, 그리고 A는 명목 또는 서열척도의 독립변수를 나타낸다. 〈그림 9-2〉의 (a)에서는 종속변수 Y를 예측함에 있어 X와 A 간에 통계적 상호작용이 존재하지 않는 것을 확인할 수 있다. 왜냐하면 A의 유목에 관계없이 X가 증가하면 Y도 똑같은 속도로 증가하고, A_1, A_2, A_3 간에 항상 일정한 격차를 유지하고 있기 때문이다. 이는 〈그림 9-2〉의 (b)에서도 마찬가지이다. 물론 X변수의 변화에 따른 Y의 값이 직선의 형태를 나타내지는 않고 있으나, 이는 상호작용과는 관계가 없다. A의 유목에 관계없이 X_2에서 Y는 가장 낮은 값을 보이고 있으며, A_1, A_2, A_3 간에는 항상 일정한 격차가 유지되고 기울기도 같기 때문

그림 9-2 비상호작용과 상호작용의 예시

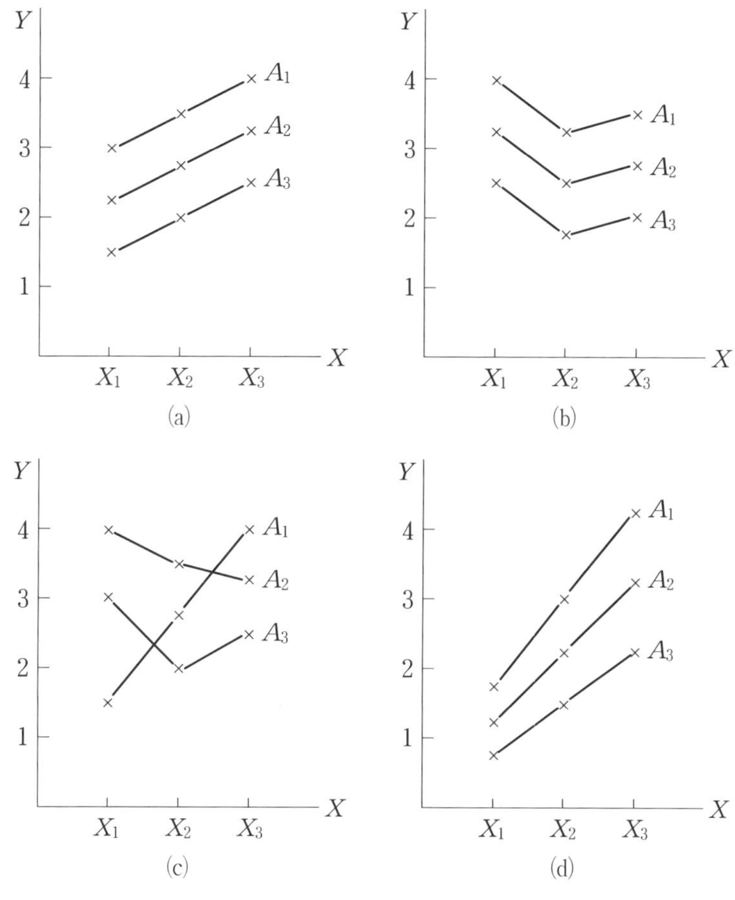

이다. 따라서 〈그림 9-2〉의 (b) 에서도 (a) 에서와 마찬가지로 독립변수 X와 A 간에 상호작용이 존재하지 않으며, 가법성의 가정이 충족된다고 할 수 있다.

그러나 〈그림 9-2〉의 (c) 에서는 X와 A 간의 상호작용으로 인하여 두 변수를 동시에 고려할 때만 적절한 분석이 가능해진다. 즉, X와 A의 값이 어떻게 결합하는가에 따라 Y의 값이 달라지게 마련이다. 예를 들어 A_1은 X_3 에서 가장 높은 Y값을 보이지만, X_1에서는 A_2나 A_3보다 낮은 값을 나타낸다. 또한 X_1에서는 Y값이 A_2-A_3-A_1의 순서이지만, X_3에서는 A_1-A_2-A_3의 순서로 나타난다. 이러한 상호작용을 무서열 상호작용(無序列 相互作用, disordinal interaction)이라 한다

(Lubin, 1961).

한편, 〈그림 9-2〉의 (d)에서는 (c)에서와 달리 A의 유목에 따른 Y값의 변화를 나타내는 선들이 상호교차하지 않는다. 즉 X값이 증가함에 따라 Y의 값들이 증가하는 정도는 다르지만 그 순서는 바뀌지 않는다. 즉, A_1는 항상 A_2보다, 그리고 A_2는 항상 A_3보다 높은 값을 나타낸다. 단지 그 차이가 달라질 뿐이다. 그러나 이 경우 역시 X가 Y에 미치는 영향이 A의 영향력과 복합되어 나타나기 때문에 선들의 기울기가 각기 달라지게 되고, 따라서 두 변수 X와 A 간에는 상호작용이 존재한다고 결론지을 수 있다. 이러한 상호작용을 (c)의 경우에 대비하여 서열 상호작용(序列 相互作用, ordinal interaction)이라 부른다.

결국, 상호작용이란 특정 독립변수가 종속변수에 미치는 영향력이 다른 독립변수와 복합되어 이루어지는 것을 의미하며, 이는 〈그림 9-2〉의 (c)나 (d)에서 보는 것처럼 기울기의 차이로 나타나게 된다. 여기서 한 가지 지적할 것은, 지금까지 설명의 편의상 등간척도와 명목척도의 변수간의 상호작용을 예로 들었으나, 이 같은 논의는 등간척도의 변수간의 상호작용에도 마찬가지로 적용될 수 있다.

9.3.2 회귀식에서의 상호작용항

그러면 독립변수들간에 상호작용이 존재할 때 회귀식에서는 이를 어떻게 다루게 되는가? 독립변수간의 통계적 상호작용이 존재하면 회귀식의 표준형태인 가법적 모형(additive model)을 사용할 수 없으며, 상호작용모형(interactive model)을 설정하여야 한다. 상호작용모형 역시 모수가 대입되는 방식은 선형(linear)이고 가법적(additive)인 형태를 취하기 때문에 회귀분석의 기본 가정을 충족시키며, 따라서 OLS 방식의 회귀식 추정이 가능해진다. 상호작용모형은 크게 두 가지 범주로 나눌 수 있다. 첫째는 가변수를 도입한 상호작용모형(dummy variable interactive model)인데, 이는 명목척도의 변수와 등간척도의 변수 간에 상호작용이 존재하는 경우에 흔히 사용된다. 둘째는 승법적 모형(multiplicative model)으로, 이는 등간척도의 변수들간의 상호작용을 편리하게 다룰 수 있다.

그러면 우선 가변수를 도입하여 구성되는 상호작용모형에 대하여 살펴보자. 〈표 9-4〉에 제시된 X와 Y 자료는 이를 위하여 작성된 것이다. 이 자료를 그림으로

표 9-4 상호작용의 예시를 위한 가상적인 자료

X	D	$X \times D$	Y	X	D	$X \times D$	Y
3	1	3	30	3	0	0	80
5	1	5	20	5	0	0	80
8	1	8	30	7	0	0	80
13	1	13	30	10	0	0	60
15	1	15	40	11	0	0	70
18	1	18	40	14	0	0	70
21	1	21	50	16	0	0	60
23	1	23	40	19	0	0	60
25	1	25	50	20	0	0	60
28	1	28	60	24	0	0	50
33	1	33	70	25	0	0	50
35	1	35	60	30	0	0	40
38	1	38	60	33	0	0	40
40	1	40	60	38	0	0	30
43	1	43	70	43	0	0	40
45	1	45	70	45	0	0	30
48	1	48	70	47	0	0	30
53	1	53	80	51	0	0	20
58	1	58	80	56	0	0	30
60	1	60	70	61	0	0	20

표시하면 〈그림 9-3〉과 같다. 〈그림 9-3〉을 보면 독립변수 X의 값이 증가함에 따라 종속변수 Y값도 같이 증가하는 일련의 사례들이 있는 반면에, 일부 사례들은 오히려 Y값이 감소하는 경향을 보이고 있다. 이는 무서열 상호작용(disordinal interaction)이 존재함을 시사하는 것이다.

이러한 상호작용을 회귀모형에 반영시키기 위해서는 〈표 9-4〉에서 보는 것처럼 가변수 D와 아울러 연속변수 X와 가변수 D의 상호작용항(interaction term)을 창출하여 독립변수로 추가시킨다. 따라서 회귀모형은 다음과 같은 형태를 지니게 된다.

$$Y = \alpha + \beta_1 X + \beta_2 D + \beta_3 (XD) + \varepsilon \qquad (9.3.1)$$

그림 9-3 상호작용모형에서 가변수를 활용한 회귀식의 추정(〈표 9-4〉의 자료)

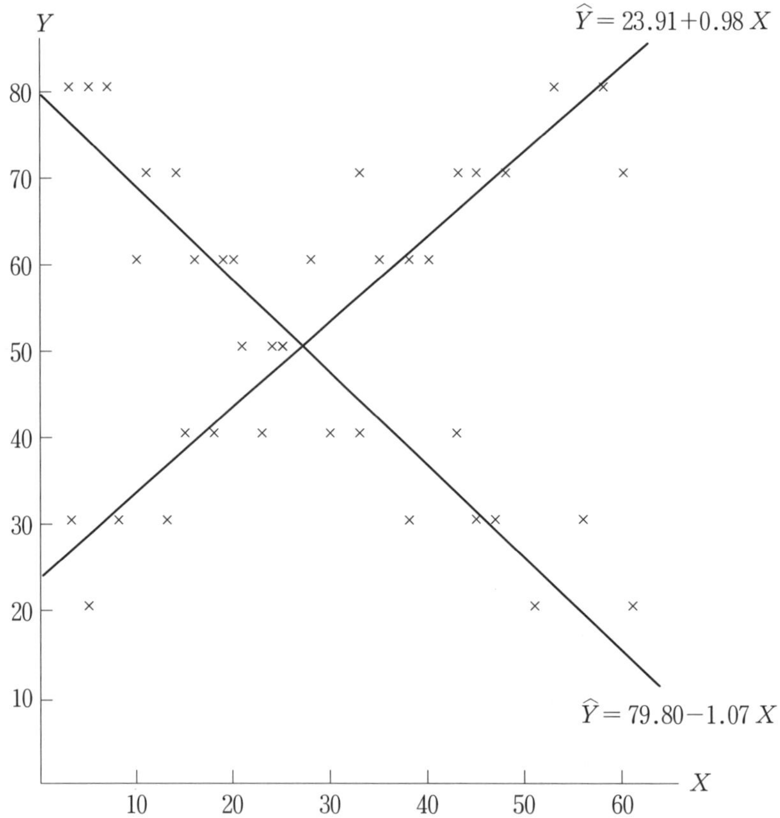

이 회귀모형에 〈표 9-4〉의 자료를 대입하여 추정해낸 회귀식은 다음과 같다.

$$\hat{Y} = 79.80 - 1.07X - 55.89D + 2.05(XD) \tag{9.3.2}$$

이제 가변수 D의 값을 대입하면 다음과 같은 두 개의 회귀식이 산출된다.

$D=1$ 인 경우: $\hat{Y} = 79.80 - 1.07X - 55.89 + 2.05X$

$= 23.91 + 0.98X$

$D=0$ 인 경우: $\hat{Y} = 79.80 - 1.07X$ (9.3.3)

이렇게 추정된 두 개의 회귀식은 〈그림 9-3〉에도 제시되어 있다.

물론 (9.3.3)에 제시된 추정결과는 가변수 D의 값이 1인 사례들과 0인 사례들을 따로따로 추출하여 두 번의 회귀분석을 하여 얻은 결과와 동일하다. 결국, 회귀모형에 가변수(D)와 함께 연속변수와 가변수 간의 상호작용항(XD)을 독립변수로 포함시켜 상호작용모형을 구성하면, 회귀상수(Y절편)와 회귀계수(기울기)가 다른 두 개의 회귀식을 추정하는 것이 가능해진다. 그리고 만약에 연속변수 X와 가변수 D 간에 통계적 상호작용이 존재하지 않는다면, 회귀모형 (9.3.1)에서 상호작용항의 회귀계수 β_3는 0이 되고 최종적으로는 서로 평행하는 두 회귀식을 얻게 될 것이다.

상호작용항에 대한 논의는 승법적 모형(multiplicative model)에도 대부분 마찬가지로 적용될 수 있다. 단지 회귀식에 포함되는 상호작용항이 등간척도의 변수들로 구성된다는 점에서 다를 뿐이다. 승법적 모형은 다음의 형태를 지니게 된다.

$$Y = \alpha + \beta_1 X_1 + \beta_2 X_2 + \beta_3 (X_1 X_2) + \varepsilon \qquad (9.3.4)$$

이 회귀모형의 회귀상수와 회귀계수는 다음과 같이 해석될 수 있다. 즉, α는 두 독립변수 X_1과 X_2의 값이 모두 0일 때의 종속변수 Y의 기대값이다. β_1은 X_2의 값이 0일 때 X_1과 $\widehat{Y}$ 관계의 기울기를 의미한다. 마찬가지로, β_2는 X_1 값이 0으로 고정되었을 때 X_2와 $\widehat{Y}$ 관계의 기울기를 나타낸다. 그러면 β_3는 어떻게 해석하여야 하는가? β_3는 X_2의 단위량 변화에 따른 X_1과 $\widehat{Y}$의 관계의 기울기의 변화량에 해당된다. 물론, β_3를 X_1의 단위량 변화에 따른 X_2와 $\widehat{Y}$의 관계의 기울기의 변화량으로 해석하는 것도 무방하다.

승법적 모형 (9.3.4)에서 회귀식을 추정하기 위해서는 새로운 변수 X_3를 다음과 같이 설정해 볼 필요가 있다.

$$X_3 = X_1 X_2 \qquad (9.3.5)$$

그러면 이제 (9.3.4)의 승법적 모형은 중다회귀모형의 표준형태를 지니게 되고, 모수가 대입되는 방식이 가법적인 형태를 취하기 때문에 OLS 방식의 회귀식 추정이 가능해진다.

$$Y = \alpha + \beta_1 X_1 + \beta_2 X_2 + \beta_3 X_3 + \varepsilon \tag{9.3.6}$$

여기서 승법적 모형을 다룰 때에 특별한 주의를 요하는 두 가지 사항에 대하여 언급하고자 한다. 첫째, 승법적 모형에서는 상호작용항을 독립변수로 포함시킴으로써 다중공선성(multicollinearity)의 문제가 심각해질 가능성이 높아진다. 따라서 제 7 장에서 이미 논의된바, 다중공선성의 검색과 이에 대한 처리방안에 각별한 관심을 기울일 것이 요망된다.

둘째, 승법적 모형에서 추정된 회귀계수($\hat{\beta}_1$과 $\hat{\beta}_2$)의 표준오차를 해석할 때는 각별한 주의가 필요하다. 왜냐하면 이 표준오차들($S_{\hat{\beta}_1}$과 $S_{\hat{\beta}_2}$)이 회귀계수 추정값의 일반적인 변산도(變散度, variability)를 반영하는 것이 아니라, $\hat{\beta}_1$은 X_2의 값이 0으로 고정되었을 때, 그리고 $\hat{\beta}_2$는 X_1이 0으로 고정된 상태에서 추정값의 변산도를 반영하기 때문이다. 만약 X_1과 X_2가 0이 아닌 값으로 고정되었을 경우에는 추정값의 변산도가 상당히 달라지게 된다. 따라서 승법적 모형에서 회귀계수의 유의도 검증(significance test)은 제한적인 성격을 띨 수밖에 없다. 즉 다른 독립변수들이 특정 값으로 고정된 상태에서만, 주어진 독립변수가 종속변수에 유의한 영향력을 행사하는가의 여부를 확인할 수 있는 것이다. 이처럼 제한적인 성격을 지니는 유의도 검증에 대한 구체적인 논의와 공식은 Friedrich(1982)를 참조하기 바란다.

9.3.3 상호작용의 통계적 검증

여기서 한 가지 지적할 것은, 자료의 분석과정에서 상호작용효과처럼 나타나는 것이 표집하는 과정에서의 오차나 측정상의 오차에 의한 것일 수 있다는 사실이다. 따라서 문제는 상호작용효과가 표집오차나 측정오차를 배제할 수 있을 정도로 충분히 큰가의 여부이며, 이에 대한 판단은 상호작용항의 통계적 유의도의 검증을 통해서 가능해진다.

상호작용에 대한 통계적 검증은 앞에 제시된 회귀모형 (9.3.4)에서 $\beta_3 = 0$이라는 영가설을 설정했을 때, 그 기각 여부에 달려 있다. 만약 상호작용항의 회귀계수에 대한 t검증 또는 F비의 검증 결과, 이 영가설이 기각되지 못하는 것으로 밝혀지면 상호작용은 통계적으로 의미가 없는 것으로 간주하게 된다.

상호작용항의 통계적 유의도는 회귀식에 상호작용항을 포함시킴으로써 증가하는 R^2의 양이 통계적으로 유의미한가를 확인하는 방법으로도 검증이 가능하다. 그러한 검증을 위해서는 다음의 공식을 이용하면 된다.

$$F_{(k_1-k_2,\, n-k_1-1)} = \frac{(R^2_{y.abc} - R^2_{y.ab}) / (k_1 - k_2)}{(1 - R^2_{y.abc}) / (n - k_1 - 1)} \qquad (9.3.7)$$

단, $R^2_{y.abc}$는 상호작용항이 포함된 회귀식의 중다결정계수이고, $R^2_{y.ab}$는 상호작용을 배제시킨 회귀식에서 얻은 중다결정계수이다. 그리고 k_1과 k_2는 두 회귀식에 포함된 독립변수의 수이며, n은 표본의 크기이다. 이 F비의 검증에서 분자와 분모의 자유도는 각각 (k_1-k_2)과 $(n-k_1-1)$이 된다.

그러면 여기서 〈표 9-4〉의 자료를 이용한 상호작용모형 (9.3.1)에서 상호작용항 (XD)가 통계적으로 유의한가를 검증하여 보자. 우선 (9.3.7)의 공식에 따라 연속변수와 가변수, 그리고 상호작용항을 독립변수로 한 Y의 회귀분석 결과, 얻어진 $R^2_{y.abc}$의 값은 0.907이었다. 그리고 두 번째로, 상호작용항을 제외시키고 연속변수와 가변수만으로 Y의 회귀분석을 한 결과로 얻은 $R^2_{y.ab}$는 0.016으로 이보다 훨씬 낮다. 이제 두 번의 회귀분석에서 얻은 결과를 공식 (9.3.7)에 대입시키면 다음과 같다.

$$\begin{aligned} F_{(3-2,\, 40-3-1)} &= \frac{(0.907 - 0.016) / (3 - 2)}{(1 - 0.907) / (40 - 3 - 1)} \\ &= 342.692 \qquad (9.3.8) \end{aligned}$$

이렇게 구해진 F값은 $\alpha = 0.01$ 수준에서 상호작용이 존재하지 않는다는 영가설을 기각하는 데 필요한 F의 임계값(분자의 자유도 1, 분모의 자유도 36) 7.43보다 월등히 크다. 따라서 〈표 9-4〉의 자료를 이용한 회귀모형 (9.3.1)에서, 연속변수 X와 가변수 D의 상호작용 효과는 통계적으로 유의한 것으로 단정지을 수 있다.

그런데 현실적으로 분석과정에서 변수들간의 상호작용효과를 측정해 보면 다소간의 상호작용이 나타나기 마련이며, 완전히 0으로 측정되는 경우는 매우 드물다. 그렇다고 해서 관찰가능한 모든 상호작용항을 무조건 회귀식에 포함시키는 것은 바람직하지 않다. 다소간의 상호작용이 관찰되더라도 논리적인 의미의 부여가 곤란하거나, 그 효과가 통계적으로 유의미하지 않은 것으로 판명된 경우에는 이에 대한 언급을 자제하는 것이 통례이다.

지금까지의 논의는 주로 두 변수간의 상호작용을 중심으로 이루어졌다. 물론 이론적으로는 세 변수 이상으로 구성되는 상호작용항의 설정도 가능하다. 그러나 상호작용항을 구성하는 변수가 많아질수록 분석결과의 해석이 복잡해지기 마련이다. 일반적으로, 네 개 이상의 변수로 구성되는, 즉 4원(4-way) 이상의 상호작용항은 활용되는 사례가 매우 드물다고 할 수 있다.

그러면 여기서 연속변수, 가변수 및 상호작용항이 모두 포함된 회귀분석에서 제기할 수 있는 의문과, 이에 따라 거치게 되는 통계적 검증과정을 단계별로 요약하여 살펴보기로 하자. 논의의 편의상 연속변수는 a, 가변수는 b, 그리고 상호작용항은 c로 표시하기로 한다.

제 1 단계: **모든 변수를 포함시킨 회귀식에서 산출한 종속변수에 대한 설명력은 충분히 큰가?** 우선 연속변수, 가변수, 상호작용항을 모두 동원한 회귀식에서 설명 가능한 종속변수 분산의 비율 $R^2_{y.abc}$를 산출해낸다. 만약 $R^2_{y.abc}$의 값이 너무 작아 이론적으로 의미부여가 곤란하거나 통계적으로 유의미하지 않은 것으로 판단되면 이 단계에서 분석을 종료한다. 그러나 $R^2_{y.abc}$에 의미부여가 가능하면 제 2 단계로 간다.

제 2 단계: **통계적으로 유의한 상호작용이 존재하는가?** 연속변수와 가변수만을 포함시킨 회귀식에서 $R^2_{y.ab}$를 추가로 계산하고, 위에 제시된 공식 (9.3.7)에 따라 F비를 구한다. 그리고 이 F비의 검증결과 주어진 자유도에서 통계적으로 유의하지 않은 것으로 밝혀지면 제 3 단계로 간다. 만약 F비가 통계적으로 유의하면 제 7 단계로 간다.

제 3 단계: **연속변수와 가변수만을 포함하는 회귀식에서 추정된 연속변수의 회귀계수는 통계적으로 유의한가?** 이를 확인하기 위해서는 가변수만을 포함시킨 회귀식에서 $R^2_{y.b}$를 계산하고, 다음의 공식에 따라 F비를 구한다.

$$F_{(k_1-k_2,\, n-k_1-1)} = \frac{(R^2_{y.ab} - R^2_{y.b})\,/\,(k_1 - k_2)}{(1 - R^2_{y.ab})\,/\,(n - k_1 - 1)} \qquad (9.3.9)$$

단, k_1은 연속변수와 가변수를 합한 독립변수의 수이고, k_2는 가변수의 수이다. 이 검증결과 통계적으로 유의하지 않은 것으로 확인되면 제 4 단계로 간다. 만약 통계적으로 유의한 것으로 판명되면 제 5 단계로 간다. 이 검증은 보다 간편한 방법으로도 가능하다. 즉, 상호작용항을 배제하고 연속변수와 가변수만을 포함시킨 회귀식에서 얻은 연속변수의 회귀계수에 대하여 통상적인 t검증을 시행하는 것은 위의 F비 검증과 동일한 효과를 지닌다.

제 4 단계: 가변수에 따라 구분되는 하부집단들간에는 서로 뚜렷한 차이가 존재하는가? 제 3 단계에서 연속변수의 회귀계수가 통계적으로 유의하지 않은 것으로 판명되었으므로, 가변수만으로 회귀식을 구성하고 다음의 공식에 따라 F비의 검증을 시행한다.

$$F_{(k,\, n-k-1)} = \frac{R^2_{y.b} / k}{(1 - R^2_{y.b}) / (n - k - 1)} \tag{9.3.10}$$

단, k는 회귀식에 독립변수로 포함된 가변수의 수이다. 이 F비의 검증과 해석은 분산분석(ANOVA)을 시행하는 것과 마찬가지 방법으로 하면 된다.

제 5 단계: 가변수에 따라 구분되는 하부집단들을 대변하는 회귀식들에서 회귀상수들은 유의한 차이를 보이는가? 연속변수만을 독립변수로 사용한 회귀식에서 $R^2_{y.a}$를 구하고 다음과 같이 F검증을 한다.

$$F_{(k_1 - k_2,\, n-k_1-1)} = \frac{(R^2_{y.ab} - R^2_{y.a}) / (k_1 - k_2)}{(1 - R^2_{y.ab}) / (n - k_1 - 1)} \tag{9.3.11}$$

단, k_1는 연속변수와 가변수를 합한 독립변수의 수이고, k_2는 연속변수의 수이다. 이 검증결과 통계적으로 유의하지 않은 것으로 판명되면 제 6 단계로 간다. 만약 통계적으로 유의한 것으로 밝혀지면, 연속변수의 회귀계수는 동일하고 회귀상수는 각기 다른 별도의 회귀식들을 산출해낸다. 이 회귀식들에는 상호작용항은 포함되지 않는다.

제 6 단계: 회귀상수가 통계적으로 유의하지 않으면(제 5 단계), 종속변수를 연속변수에 회귀시켜 전체 사례를 대변하는 하나의 회귀식을 산출해낸다. 그리고 이것으로 분석을 종료하고 결과를 해석한다.

제 7 단계: 상호작용이 통계적으로 유의한 것으로 밝혀지면, 연속변수, 가변수와 상호작용항을 모두 포함하고 전체 사례를 대변하는 회귀식으로부터 각각의 하부집단을 위한 별도의 회귀식을 산출해낸다.

9.3.4 가변수와 상호작용항의 분석사례

그러면 여기서 가변수와 상호작용항이 포함된 분석사례를 살펴보자. 〈표 9-5〉에는 김두섭(Kim, 1987: 175~178)이 미국의 1970년 센서스 자료를 이용하여 개인 및 지역사회의 속성이 출산력에 미치는 영향력을 회귀분석한 결과가 제시되어 있다. 이 회귀분석에는 각각 두 개의 가변수와 상호작용항이 다른 연속변수와 함께 독립변수로 포함되어 있다. 두 가변수의 이름과 값은 다음과 같이 설정되었다.

$$\text{농촌(non-SMSA)} = \begin{cases} 1 & \text{(응답자가 농촌 거주자인 경우)} \\ 0 & \text{(응답자가 농촌 이외의 대도시지역 거주자인 경우)} \end{cases}$$

$$\text{백인(White)} = \begin{cases} 1 & \text{(응답자가 백인인 경우)} \\ 0 & \text{(응답자가 백인 이외의 다른 인종인 경우)} \end{cases}$$

또한 지역의 소득불평등(GInc)과 백인(White)인가의 여부가 출산력에 미치는 영향력이 거주지에 따라서 크게 영향을 받는 것으로 밝혀짐에 따라 (GInc)×(non-SMSA)와 (White)×(non-SMSA)의 두 상호작용항이 설정되었다. 이들 가변수와 상호작용항에 부여된 값을 대입시키면, 〈표 9-5〉에 제시된 회귀분석 결과는 거주지와 인종에 따라서 다음과 같은 회귀식들로 재정리된다.

농촌(대도시 이외)지역 거주 백인:

$$\begin{aligned} \text{CEB} = \mathit{7.23} - 0.03(\text{CInc}) - 0.03(\text{CEdu}) + \mathit{0.01}(\mathit{GInc}) + 0.00(\text{Inc}) \\ - 0.07(\text{WEd}) - 0.02(\text{HEd}) - 0.06(\text{Age}) \end{aligned}$$

표 9-5 출산력의 사회경제적 지위와 지역 소득불평등에 대한 회귀분석

	비표준화회귀계수 β	표준화회귀계수 *Beta*
지역의 평균 소득수준(CInc)	−0.03	−0.04**
지역의 평균 교육수준(CEdu)	−0.03	−0.02
지역의 소득불평등(GInc)	−0.01	−0.03*
가구 소득(Inc)	0.00	0.08**
부인의 교육수준(WEd)	−0.07	−0.10**
남편의 교육수준(HEd)	−0.02	−0.04**
농촌 거주(non-SMSA)	1.11	0.27**
(GInc) × (non-SMSA)	0.02	0.14*
부인의 연령(Age)	−0.06	−0.09**
백인(White)	−0.11	−0.01
(White) × (non-SMSA)	−1.41	−0.33**
회귀상수	7.64	
R^2	0.05	
F비	48.3	
사례수	9,554	

주: * $p < 0.05$; ** $p < 0.01$.
자료: Kim(1987: 175).

대도시 거주 백인:

$$\text{CEB} = \mathit{7.53} - 0.03(\text{CInc}) - 0.03(\text{CEdu}) - \mathit{0.01}(\mathit{GInc}) + 0.00(\text{Inc}) - 0.07(\text{WEd}) - 0.02(\text{HEd}) - 0.06(\text{Age})$$

농촌(대도시 이외) 지역 거주 비백인(non-White):

$$\text{CEB} = \mathit{8.75} - 0.03(\text{CInc}) - 0.03(\text{CEdu}) + \mathit{0.01}(\mathit{GInc}) + 0.00(\text{Inc}) - 0.07(\text{WEd}) - 0.02(\text{HEd}) - 0.06(\text{Age})$$

대도시 거주 비백인(non-White):

$$\text{CEB} = \mathit{7.64} - 0.03(\text{CInc}) - 0.03(\text{CEdu}) - \mathit{0.01}(\mathit{GInc}) + 0.00(\text{Inc}) - 0.07(\text{WEd}) - 0.02(\text{HEd}) - 0.06(\text{Age}) \qquad (9.3.12)$$

이제 이 분석결과를 가지고 가변수 및 상호작용항을 중심으로 다음과 같은 해석이 가능하다. 우선, 가변수 농촌(non-SMSA)은 매우 강한 정적인(+) 영향력을 출산력에 행사하는 것으로 밝혀졌다. 이는 농촌지역 거주자가 대도시 거주자보다 출산력이 월등히 높다는 것을 의미한다. 상호작용항 (GInc)×(non-SMSA) 역시 종속변수인 출산력에 강한 정적인 영향력을 미치는 것으로 보인다. 거주지역에 따라서 가변수 농촌(non-SMSA)에 1과 0의 값을 대입하면, 이 상호작용항은 농촌거주자의 경우에는 (GInc) 그리고 대도시 거주자에게는 0이 된다. 이에 따라 (9.3.12)에 제시된 회귀식들에서 보는 것처럼, 지역의 소득불평등(GInc)은 대도시지역에서는 인종에 관계없이 출산력을 낮추는 효과가 있는 반면에, 농촌지역에서는 비표준화회귀계수가 +0.01로 바뀌게 되어 오히려 출산력을 높이는 방향으로 작용하는 것을 확인할 수 있다.

〈표 9-5〉에서 가변수 백인(White)의 회귀계수는 통계적으로는 유의미하지 않지만 부(−)의 값을 보인다. 이에 비해 인종과 거주지의 상호작용항 (White)×(non-SMSA)는 가장 강력한 부적인(−) 영향력을 출산력에 행사하는 것으로 밝혀졌다. 이는 농촌지역에 거주하는 백인이 비백인보다 적은 수의 자녀를 가지는 경향이 있으며, 이러한 차이(8.75−7.23=1.52)는 통계적으로 유의하다는 것을 의미한다. 한편, (9.3.12)에 제시된 회귀식을 보면, 대도시의 경우에 백인의 회귀상수는 7.53으로 비백인의 회귀상수 7.64보다 낮게 나타나고 있으나, 이러한 출산력의 차이는 통계적으로 유의미하지 않은 것으로 판명되었다. 대도시의 경우에는 상호작용항 (White)×(non-SMSA)가 항상 0의 값을 지니게 되고, 가변수 인종(White)의 회귀계수만 남게 되기 때문이다.

이상에서 살펴본 것처럼 회귀분석에서 가변수와 상호작용항을 적절히 활용하면 한번의 회귀분석으로 회귀상수는 물론 기울기가 다른 여러 개의 회귀식을 산출해 내게 되며, 인과구조에 대한 보다 포괄적인 이해가 가능해진다. 〈표 9-5〉에 제시된 회귀분석에서는 두 개의 가변수에 추가하여 가변수와 연속변수 및 가변수끼리의 상호작용항을 설정함으로써, 네 번의 회귀분석을 시행한 것과 동일한 효과를 거두고 있다.

9. 4 분산분석(ANOVA)과 회귀분석의 비교

두 개 이상의 표본에서 얻은 평균값의 차이가 통계적으로 유의한가를 검증하고자 할 때 우리는 흔히 분산분석(ANOVA)을 하게 된다. 이 절에서는 동일한 자료를 가지고 분산분석과 회귀분석을 시행한 다음 그 결과를 가지고 장단점을 비교해 볼 것이다.

〈표 9-6〉에는 세 집단의 가상적인 자료가 제시되어 있다. 여기서 세 집단은 직업이나 정당 등 명목척도(nominal scale)로 측정된 독립변수라고 생각하면 될 것이다. 혹은 서열척도(ordinal scale)의 변수라도 무방하다. 물론 종속변수는 등간척도(interval scale)로 측정된 Y이다. 이 자료에서는 독립변수가 하나이므로 일원분산분석(一元分散分析, one-way ANOVA)을 시행하면 된다. 그 결과는 〈표 9-7〉에 요약되어 있다.

〈표 9-7〉을 보면, F비의 값은 18로 계산되었다. 그런데 분자와 분모의 자유도가 각각 2와 12이므로 이 F비는 0.001 수준에서 통계적으로 유의미하다. 즉 이 세 집단의 Y의 평균값은 통계적으로 의미있는 차이가 있는 것으로 판명되었다.

그러면 이제 회귀분석이 가능하도록 〈표 9-6〉의 자료에 가변수를 도입하여 보자. 이 자료의 독립변수는 세 집단으로 구분되므로 이를 적절히 반영하기 위해서는 두 개의 가변수가 필요하게 된다. 이에 따라 〈표 9-8〉에서 보는 것처럼 D_1과

표 9-6 분산분석(ANOVA)을 위한 가상적인 자료

(가) 집단	(나) 집단	(다) 집단
10	25	40
15	30	45
20	35	50
25	40	55
30	45	60
ΣY: 100	175	250
$\bar{Y}$: 20	35	50

표 9-7 분산분석(ANOVA)의 결과 (〈표 9-6〉의 자료)

분산분석표

		제곱합	자유도	평균제곱	F	유의확률
y * group	집단-간 (조합)	2250.000	2	1125.000	18.000	.000
	집단-내	750.000	12	62.500		
	합계	3000.000	14			

결합 측도

	에타	에타제곱
y * group	.866	.750

표 9-8 회귀분석을 위한 가변수(dummy variable)의 도입

	Y	D_1	D_2
(가) 집단	10	1	0
	15	1	0
	20	1	0
	25	1	0
	30	1	0
(나) 집단	25	0	1
	30	0	1
	35	0	1
	40	0	1
	45	0	1
(다) 집단	40	0	0
	45	0	0
	50	0	0
	55	0	0
	60	0	0

D_2가 새로이 창출되었다. 가변수 D_1은 (가) 집단에 1의 값이 주어지고, (나) 와 (다) 의 나머지 두 집단에는 0의 값이 주어졌다. 한편, 가변수 D_2는 (나) 집단에만 1의 값이 부여되고 나머지 두 집단에는 0의 값이 부여되었다. 이제 세 집단은 가변수 D_1과 D_2의 값으로 구분이 가능해진다. 가령 (다) 집단의 경우에는 두 가변수 모두가 0의 값을 지니는 것으로 구별되는데, 이를 기준집단(reference group) 이라고 부른다.

〈표 9-9〉에는 〈표 9-8〉의 자료를 이용하여 회귀분석을 하기 위한 SPSSWIN 프로그램이 수록되어 있다(아울러 앞에서 이미 살펴본 분산분석을 위한 프로그램도 같이 포함되어 있다). SPSSWIN의 대화상자를 이용한 분석절차는 〈그림 9-4〉에 제시되어 있다. 앞서의 분산분석에서는 독립변수가 하나였으나 회귀분석을 위해서는 두 가변수 D_1과 D_2가 독립변수로 설정되었다. 종속변수 Y를 가변수 D_1과 D_2에 회귀시켜 얻은 컴퓨터 출력은 〈표 9-10〉과 같다.

〈표 9-10〉을 보면 결정계수 R^2의 값은 0.75로 산출되었다. 즉 종속변수 Y분산(variance) 의 75%가 두 개의 가변수로 설명되거나 또는 예측이 가능하다고 할 수 있다. 우리는 이 R^2의 값을 이용하여 F비를 다음과 같이 구할 수 있다.

$$\begin{aligned} F_{(k,\, n-k-1)} &= \frac{R^2 / k}{(1-R^2)/(n-k-1)} \\ &= \frac{0.75/2}{(1-0.75)/(15-2-1)} \\ &= 18 \end{aligned} \tag{9.4.1}$$

여기서 n은 표본의 사례수이고, k는 회귀식에 포함된 독립변수의 수이다.

또한 F비는, 제 2 장 및 3장에서 살펴본 것처럼, 회귀제곱평균(MSR) 과 오차제곱평균(MSE) 의 비를 취하는 것이므로 다음과 같은 계산도 가능하다.

$$\begin{aligned} F_{(2,12)} &= \frac{\text{회귀제곱평균(MSR)}}{\text{오차제곱평균(MSE)}} \\ &= \frac{1{,}125}{62.5} \\ &= 18 \end{aligned} \tag{9.4.2}$$

표 9-9 분산분석(ANOVA)과 회귀분석 결과를 비교하기 위한 SPSSWIN 프로그램

```
DATA LIST / y 2-3 d1 6 d2 9 group 12 .
BEGIN DATA .
 10  1  0  1
 15  1  0  1
 20  1  0  1
 25  1  0  1
 30  1  0  1
 25  0  1  2
 30  0  1  2
 35  0  1  2
 40  0  1  2
 45  0  1  2
 40  0  0  3
 45  0  0  3
 50  0  0  3
 55  0  0  3
 60  0  0  3
END DATA .

MEANS
  TABLES= y BY group
  /STATISTICS ANOVA .

REGRESSION
  /MISSING LISTWISE
  /STATISTICS COEFF OUTS R ANOVA
  /CRITERIA=PIN(.05) POUT(.10)
  /NOORIGIN
  /DEPENDENT y
  /METHOD=ENTER d1 d2  .
```

그림 9-4 SPSSWIN을 이용한 분산분석과 회귀분석의 절차

(1) 분산분석표 및 η(에타) 값을 구하기 위한 평균분석:
〈분석(A)〉 → 〈평균 비교(M)〉 → 〈집단별 평균분석(M)〉

	y	d1	d2	group
1	10	1	0	1
2	15	1	0	1
3	20	1	0	1
4	25	1	0	1
5	30	1	0	1
6	25	0	1	2
7	30	0	1	2
8	35	0	1	2
9	40	0	1	2
10	45	0	1	2
11	40	0	0	3
12	45	0	0	3
13	50	0	0	3
14	55	0	0	3
15	60	0	0	3

(2) 평균분석의 종속변수, 독립변수 선택

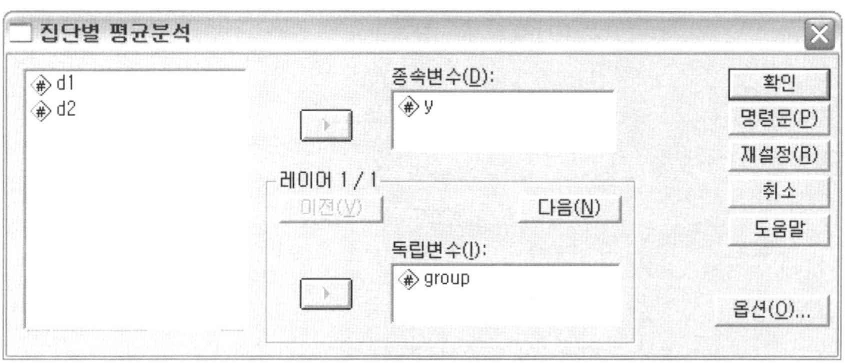

그림 9-4 SPSSWIN을 이용한 분산분석과 회귀분석의 절차 (계속)

(3) 기술통계치와 분산분석 및 η(에타) 값의 선택: 〈옵션(O)〉 클릭

〈셀 통계량(C)〉에서는 적당한 기술통계값들을 선택

〈첫 번째 레이어에 대한 통계량〉에서 〈분산분석표 및 에타(A)〉 선택 후 〈계속〉을 선택

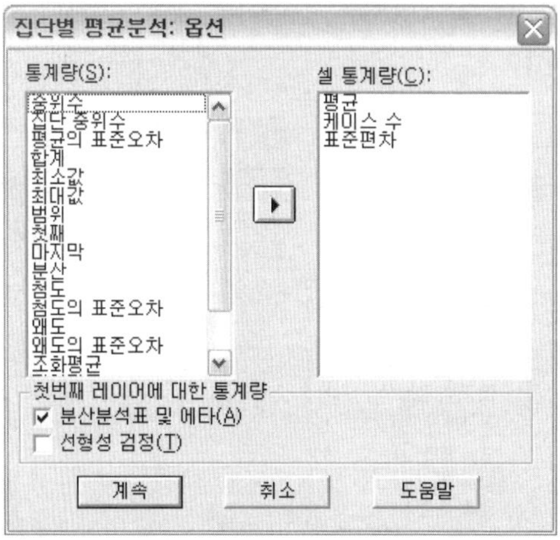

(4) 평균분석의 실행: 〈확인〉 클릭

(5) 〈분석(A)〉 → 〈회귀분석(R)〉 → 〈선형(L)〉

(6) 종속변수 및 독립변수 선택, 그리고 독립변수 투입방법 〈방법(M)〉에서 “입력” 선택 후 〈확인〉 클릭

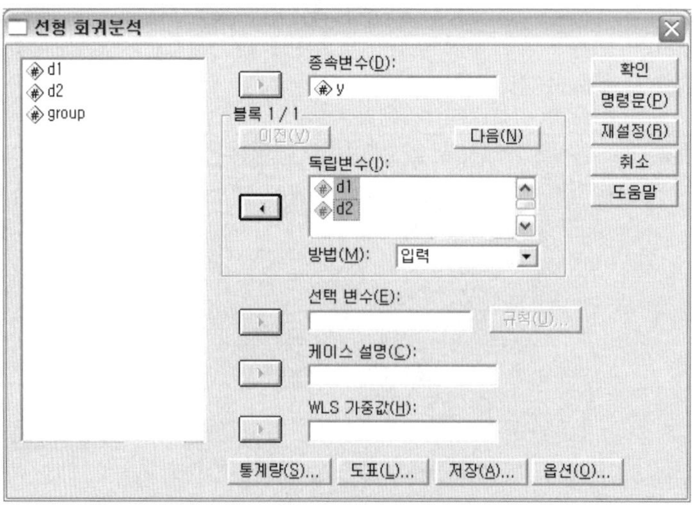

표 9-10 회귀분석의 결과 (〈표 9-8〉의 자료)

진입/제거된 변수[b]

모형	진입된 변수	제거된 변수	방법
1	d2, d1[a]	.	입력

a. 요청된 모든 변수가 입력되었습니다.

b. 종속변수: y

모형 요약

모형	R	R 제곱	수정된 R 제곱	추정값의 표준오차
1	.866[a]	.750	.708	7.906

a. 예측값: (상수), d2, d1

분산분석[b]

모형		제곱합	자유도	평균제곱	F	유의확률
1	선형회귀분석	2250.000	2	1125.000	18.000	.000[a]
	잔차	750.000	12	62.500		
	합계	3000.000	14			

a. 예측값: (상수), d2, d1

b. 종속변수: y

계수[a]

모형		비표준화 계수		표준화 계수	t	유의확률
		B	표준오차	베타		
1	(상수)	50.000	3.536		14.142	.000
	d1	-30.000	5.000	-1.000	-6.000	.000
	d2	-15.000	5.000	-.500	-3.000	.011

a. 종속변수: y

이는 〈표 9-7〉에 제시된 분산분석(ANOVA)의 결과와 동일한 것이다. 즉 회귀제곱합(SSR: sum of squares of regression)의 값 2,250은 〈표 9-7〉의 집단간제곱합(SSB: between groups sum of squares)과 같고, 오차제곱합(SSE: sum of squares error)의 값 750은 집단내제곱합(SSW: within groups sum of squares)과 동일하다. 또한 〈표 9-7〉과 〈표 9-10〉에서 자유도(df)는 동일하며, 따라서 제곱평균(MS: mean square)과 F비의 값도 같아지게 된다.

분산분석에서는 독립변수로 설명되는 종속변수 분산의 정도가 η^2(eta 제곱)로 계산된다. 즉,

$$\eta^2 = \frac{\text{집단간제곱합(SSB)}}{\text{총제곱합(SST)}} \tag{9.4.3}$$

따라서 η^2는 〈표 9-7〉에서 다음과 같이 계산되었다.

$$\begin{aligned}\eta^2 &= \frac{2,250}{3,000} \\ &= 0.75\end{aligned} \tag{9.4.4}$$

이렇게 계산된 η^2는 또한 〈표 9-10〉의 R^2의 값과 같다.

이상에서 분산분석(ANOVA)과 가변수를 활용한 회귀분석의 결과가 일치한다는 것은 명백해졌다. 따라서 독립변수가 분류변수이고 종속변수가 연속변수인 상황에서는 두 가지 분석기법 중에서 어느 것을 택하여도 무방할 것이다. 그러나 회귀분석에서는 분산분석에서 주어지지 않는 다음과 같은 추가정보가 제공된다는 것을 지적할 수 있다.

우선 〈표 9-10〉의 결과에 따라 추정된 회귀식은 다음과 같다.

$$\hat{Y} = 50 - 30D_1 - 15D_2 \tag{9.4.5}$$

여기서 회귀상수(50)는 가변수 D_1과 D_2 모두에 0의 값이 부여된 기준집단, 즉 (다)집단의 평균값과 같아진다(〈표 9-6〉 참조). 또한 각 회귀계수는 해당 가변수에 1의 값이 부여된 집단의 평균값이 기준집단의 평균값으로부터 얼마나 차이가

나는가를 알려준다. 그런데 (다) 집단의 평균값이 50이고 (가) 와 (나) 집단의 평균값이 각각 20과 35이므로, D_1과 D_2의 회귀계수는 각각 −30과 −15가 된다.

만약에 이 회귀분석에서 가변수 D_1과 D_2의 값들이 세 집단에 다른 방법으로 부여되었다 하더라도 R^2나 F비와 같은 분석의 전반적인 결과는 〈표 9-10〉에서 보는 것과 일치하게 된다. 단지 추정된 회귀계수와 회귀상수가 달라지게 될 뿐이다. 예를 들어, 가변수 D_1이 (나) 집단에 1의 값이 주어지고, (가) 와 (다) 의 나머지 두 집단에는 0의 값이 주어졌다 가정하자. 한편, 가변수 D_2에는 (다) 집단에만 1의 값이 부여되고 나머지 두 집단에는 0의 값이 부여되었다 하자. 그러면 이번에는 (가) 집단이 두 가변수 모두 0의 값을 지니는 기준집단이 된다. 이 경우에 Y를 D_1과 D_2에 회귀시키면 회귀식은 다음과 같이 추정된다.

$$\widehat{Y} = 20 + 15(D_1) + 30(D_2) \tag{9.4.6}$$

이제 회귀상수(20) 는 기준집단인 (가) 집단의 평균값이 된다. 그리고 D_1과 D_2의 회귀계수가 15와 30이 되는 이치는 이미 설명한 바와 같다(관심이 있는 독자는 〈표 9-9〉에 제시된 컴퓨터 프로그램 중에서 가변수 값의 배열을 변형시키고 시행을 해본 다음 그 결과를 직접 확인해 보는 것도 좋을 것이다).

회귀식의 기본적인 용도의 하나는 독립변수의 값이 주어지면 종속변수의 기대값을 얻을 수 있다는 것이다. 이 회귀분석에서는 소속 집단이 주어지면 종속변수는 해당 집단의 평균값을 나타내게 된다. 즉, (가) 집단의 경우에는 $D_1 = 1$이고 $D_2 = 0$이므로 회귀식 (9.4.5) 은 다음과 같이 된다.

$$\begin{aligned}\widehat{Y} &= 50 - 30(1) - 15(0)\\ &= 20\end{aligned} \tag{9.4.7}$$

마찬가지로 (나) 집단의 경우에는

$$\begin{aligned}\widehat{Y} &= 50 - 30(0) - 15(1)\\ &= 35\end{aligned} \tag{9.4.8}$$

가 되고, (다) 집단의 회귀식은

$$\hat{Y} = 50 - 30(0) - 15(0)$$
$$= 50 \qquad (9.4.9)$$

이 된다. 결국, 두 가변수에 모두 0의 값이 부여된 기준집단의 평균값은 회귀상수와 같아지고, 다른 집단의 평균값은 1의 값이 부여된 가변수의 회귀계수에 회귀상수를 더한 값과 같아짐을 알 수 있다.

우리는 이미 제 2 장에서 회귀계수의 t값은 회귀계수를 해당 변수의 표준오차로 나누어 구하는 것임을 알게 되었다. 〈표 9-10〉에서 회귀계수들의 t값은 다음과 같이 계산되었다.

$$t_1 = \frac{-30}{5}$$
$$= -6 \qquad (9.4.10)$$

$$t_2 = \frac{-15}{5}$$
$$= -3 \qquad (9.4.11)$$

그리고 t의 자유도는 $(n-k-1)$로 12가 된다. 여기서 t검증은 해당 가변수에 1의 값이 부여된 집단과 기준집단 간에 나타나는 평균값의 차이가 통계적으로 유의미한 것인가를 검증하는 것이다. 따라서 〈표 9-10〉에서 t_1의 검증결과는 (가) 집단과 (다) 집단의 평균값의 차이가, 그리고 t_2의 검증결과는 (나) 집단과 (다) 집단의 평균값의 차이가 각각 0.01과 0.05 수준에서 통계적으로 유의미한 것임을 시사하고 있다.

그러나 회귀분석에서 가변수를 사용하는 경우에 항상 기준집단이 있어야 하는 것은 아니다. 연구설계상 뚜렷한 기준집단이나 통제집단(control group)이 존재하지 않는 경우에는 임의로 특정집단에 모든 가변수의 값을 0으로 부여하여도 무방하다. 단지 기준집단이 없는 상황에서는 회귀계수에 대한 t검증의 의미는 별로 없어진다. 그 대신 이 경우에는 R^2로부터 계산된 F비로 회귀식 전체의 통계적인 유의도를 파악하면 될 것이다.

이상의 논의를 바탕으로 하여 이제 다음과 같은 요약이 가능해진다.

(1) 표준회귀분석에서는 모든 독립변수가 연속변수이다.
(2) 가변수만을 사용하는 회귀분석은 분산분석(ANOVA)을 행하는 것과 같다. 우리는 이미 앞에서 두 개의 가변수를 사용하는 회귀분석이 세 범주로 나누어진 자료를 가지고 분산분석을 행하는 효과를 거둘 수 있음을 보았다. 이를 일반화하면, $(r-1)$개의 가변수를 활용하는 회귀분석은 r범주의 자료로 행하는 분산분석과 동일한 효과를 거둘 수 있다.
(3) 가변수와 연속변수를 같이 독립변수로 사용하는 회귀분석은 결국 공분산분석(ANCOVA: analysis of covariance)을 행하는 것이다. 이는 표준회귀분석과 분산분석이 합쳐진 형태로 볼 수 있다.

그러면 과연 회귀분석이 분산분석(ANOVA)에 대하여 상대적으로 지니는 장점은 무엇인가? 우리는 어떠한 상황에서 분산분석보다 회귀분석을 선호하여 시행하게 되는가? 가변수를 포함하는 회귀분석은 어떠한 제한점을 지니게 되는가? 이러한 의문에 대한 대답은 다음의 몇 가지로 요약이 가능하다.

(1) 회귀분석의 결과는 분산분석(ANOVA)보다 많은 정보를 제공해 주며, 따라서 추가로 계산을 해야 하는 번거로움을 덜어준다. 예를 들면, 분산분석의 결과는 독립변수가 어떻게 종속변수에 영향을 미치는가를 설명해 주지 않는다. 단지 독립변수에 따라 종속변수에 유의미한 차이가 있는지의 여부를 판단해줄 뿐이다. 그러나 회귀분석에서는 이와 같은 정보들이 회귀식 및 회귀계수의 t검증으로부터 얻어질 수 있다. 이런 점에서 회귀분석이 보다 강력한 분석기법이라고 할 수 있다.
(2) 분산분석에서는 독립변수로 분류변수만을 사용할 수 있는 데 비해서 회귀분석은 분류변수와 연속변수가 같이 독립변수로 사용될 수 있는 편리함을 지닌다.
(3) 분산분석에서는 독립변수로 분류변수만을 취할 수 있기 때문에 등간척도(interval scale)나 비척도(ratio scale)로 측정된 자료를 독립변수로 사용하기 위해서는 이를 몇 개의 범주로 나누는 과정을 거치게 된다. 그런데 이 범주화 과정에서 정보의 유실이 불가피해진다. 이에 비해 회귀분석에서는 연속

변수를 그대로 독립변수로 사용할 수 있으므로 보다 정밀한 분석결과를 기대할 수 있다.

(4) 선형관계나 2차선형관계 등 자료의 추세분석(trend analysis)을 목적으로 할 때는 분산분석이 적절한 분석기법이라 할 수 없으며, 회귀분석을 시행하는 것이 바람직하다.

(5) 회귀분석에 가변수를 무한정으로 많이 포함시킬 수는 없다. 분석에 포함되는 독립변수의 수가 많고, 또한 각 독립변수가 여러 개의 범주로 구성되는 경우에는 분산분석을 행하는 것이 현실적이라 할 수 있다.

(6) 회귀분석과정에서 컴퓨터 프로그램은 가변수와 연속변수를 구분하여 취급하지 않는다. 따라서 가변수를 포함하는 회귀분석 결과를 해석할 때는 연구자 스스로가 이 점을 항상 명심하여야 한다. 가변수는 어디까지나 편법으로 회귀식에 포함되는 것이다. 일단 회귀식이 추정되고 나면 바로 가변수에 1 또는 0의 값을 대입하게 되며, 따라서 회귀식에 가변수를 포함시키지 않은 상태에서 분석결과를 해석하게 된다. 이에 따라 독립변수로 가변수만을 사용한 경우에는 추정된 회귀식에서 바로 종속변수의 기대값들을 얻게 되며, 가변수와 연속변수를 함께 사용한 경우에는 가변수가 누락되고 연속변수로만 정리된 상태에서 복수의 회귀식을 최종적으로 얻게 된다. 또한 회귀분석의 컴퓨터 출력에서 가변수에 관련되는 일부 정보(예를 들면, 표준편차, 상관계수)는 가변수가 지니는 척도상의 제약점 때문에 통상적으로 활용되지 아니한다.

제 10 장 범주형 종속변수의 회귀모형

10.1 머리말

지금까지 논의해온 회귀모형들은 종속변수가 모두 연속적 변수(連續的 變數, continuous variable)라는 공통점을 지닌다. 그런데 우리는 사회조사 자료를 분석할 때 흔히 종속변수가 범주형 척도(範疇型 尺度, categorical scale)로 질적인 선택의 성격을 지니는 경우를 본다. 인간의 행동은 종종 몇 가지 선택의 기로에 서게 된다. 가령 선거의 투표참여 여부, 노동시장 참여 여부, 교통수단 선택 여부, 특정 상표의 상품선택 여부와 같이 인간의 행동적 반응을 예측하거나 설명하기 위해서 회귀모형을 설정할 때, 종속변수는 이산형 분류변수(discrete categorical variable)가 될 것이다. 다른 조건은 표준회귀모형과 같으나 종속변수가 몇 가지 유목의 값만을 지니는 분류변수일 때 흔히 사용되는 분석방법으로는 선형확률모형(linear probability model), 프로빗 모형(probit model), 로짓 모형(logit model), 그리고 다범주 로지스틱 모형(multinomial logistic model; 다범주 로지스틱 회귀모형으로 부르기도 하나 이 책에서는 편의상 간단하게 줄인 명칭을 사용하기로 한다)을 들 수 있다. 이들은 범주형 선택모형(範疇形 選擇模型, categorical choice model)으로도 불린다.

우리는 모든 개개인의 행동적 반응이나 선택을 정확히 예측해낼 수는 없다. 그러나 여기서 종속변수의 특정 반응을 선택할 확률이 독립변수들의 선형함수(線型函數, linear function)로 규정된다고 가정해 보자. 그러면 범주형 선택모형을 활용하여 주어진 독립변수의 조건하에서 종속변수의 특정 반응을 선택할 확률을 계산하고, 독립변수와 이 확률 간의 관계를 밝히거나 비교할 수 있다. 예를 들어 "연소득이 1,500만 원 이상이고 학력이 대졸 이상, 그리고 직업위세점수가 80점 이상인 응답자가 지난번 선거에서 투표하였을 확률은 0.6이다. 또한 투표참여 여부에 가장 큰 영향력을 행사한 변수는 교육수준이며, 그 영향력은 소득과 직업의 각각 1.5배 및 1.8배에 해당된다"라는 식의 설명 또는 예측이 가능해진다.

그러면 논의의 편의상 먼저 선택의 범주가 두 가지일 때의 선형확률모형부터 시작하여, 선형의 가정이 지켜지지 않을 때 대안이 될 수 있는 프로빗 모형 및 로짓 모형에 대해 살펴보기로 하자. 그리고 다음으로 선택의 범주가 두 가지 이상일 때 적용할 수 있는 다범주(多範疇) 로지스틱 모형에 대해 설명할 것이다. 한 가지 지적할 것은 이 장에서 논의하는 범주형 종속변수가 명목척도(nominal scale)의 성질을 가진 것으로 국한된다는 점이다. 서열척도(ordinal variable)의 변수들로 구성된 회귀모형에 대해서는 Agresti(1996)의 제 7 장을 참조하기 바란다. 또한 종속변수가 부분적으로 질적이고(구매 또는 비구매) 부분적으로 양적인(구매액) 경우에는 토빗 분석(tobit analysis)을 하게 되는데, 이에 대한 이론적인 논의는 Tobin(1958), Amemiya(1973), Heckman(1976) 등에 자세히 설명되어 있다.

10.2 선형확률모형(linear probability model)

종속변수가 이분변수(二分變數, dichotomous variable)일 때 행해지는 선형확률모형은 일반적으로 다음과 같은 형태를 지닌다.

$$Y_i = \alpha + \beta X_i + \varepsilon_i \qquad (10.2.1)$$

단, $Y=1$: 첫번째 반응이 선택되는 경우(투표 참여, 상품 구매, 이동…)

$Y=0$: 두번째 반응이 선택되는 경우(투표 불참, 상품 비구매, 이동 않음…)

그림 10-1 선형확률모형의 기대값

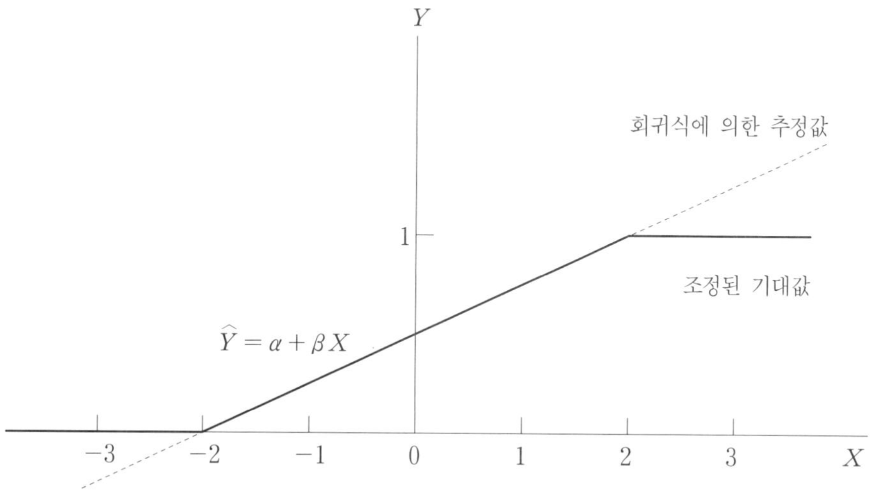

이 모형은 종속변수 Y_i가 1 또는 0의 값만을 갖는다는 것 이외에는 단순회귀모형의 일반적인 형태와 동일하다. 이 모형의 회귀식은 주어진 독립변수의 조건에 따라 특정 반응이 선택될 확률로 해석된다. 그리고 회귀식 (10.2.1)의 기울기 β는 독립변수 X_i의 단위량 변화에 따라 특정 반응이 선택될 확률에 미치는 영향을 측정하는 것이다. 선형확률모형은 종속변수가 확률로 해석될 수 있도록 종종 다음과 같이 표시되기도 한다.

$$P_i = \begin{cases} \alpha + \beta X_i & (0 < \alpha + \beta X_i < 1 \text{ 일 때}) \\ 1 & (\alpha + \beta X_i \geq 1 \text{ 일 때}) \\ 0 & (\alpha + \beta X_i \leq 0 \text{ 일 때}) \end{cases} \qquad (10.2.2)$$

그리고 이를 그림으로 표시하면 〈그림 10-1〉과 같다.

선형확률모형은 그 모형이 지니는 몇 가지 단점 때문에 널리 활용되지 못하는 실정에 있다. 주요한 단점 몇 가지를 요약하면 다음과 같다.

우선 첫째로, 선형확률모형의 오차분산은 이분산성(heteroscedasticity)을 나타내게 된다. 이 모형에서 오차의 확률분포는 회귀식 (10.2.1)의 Y_i에 1과 0의 값

표 10-1 선형확률모형에서의 오차의 확률분포

Y_i	오 차 ε_i	확 률
1	$1-\alpha-\beta X_i$	P_i
0	$-\alpha-\beta X_i$	$1-P_i$

을 대입하여 결정되며, 〈표 10-1〉과 같다. 독립변수 X_i의 값이 고정되면 오차항 ε_i의 확률분포는 종속변수 Y_i의 확률분포와 같아진다. 그런데 회귀분석의 기본 가정에 의하여 오차항의 기대값은 0이다. 즉,

$$\begin{aligned} \hat{\varepsilon}_i &= (1-\alpha-\beta X_i)P_i + (-\alpha-\beta X_i)(1-P_i) \\ &= 0 \end{aligned} \tag{10.2.3}$$

이제 등식 (10. 2. 3)을 P_i에 따라 풀면,

$$\begin{aligned} P_i &= \alpha + \beta X_i \\ 1-P_i &= 1-\alpha-\beta X_i \end{aligned} \tag{10.2.4}$$

가 된다. 따라서 선형확률모형의 오차분산은 다음과 같이 계산된다.

$$\begin{aligned} \sigma^2_{\varepsilon_i} &= (1-\alpha-\beta X_i)^2 P_i + (-\alpha-\beta X_i)^2(1-P_i) \\ &= (1-\alpha-\beta X_i)^2(\alpha+\beta X_i) + (\alpha+\beta X_i)^2(1-\alpha-\beta X_i) \\ &= (1-\alpha-\beta X_i)(\alpha+\beta X_i)\{(1-\alpha-\beta X_i)+(\alpha+\beta X_i)\} \\ &= (1-\alpha-\beta X_i)(\alpha+\beta X_i) \end{aligned} \tag{10.2.5}$$

그런데 이렇게 계산된 오차분산은 그 형태에서 짐작할 수 있는 것처럼 이분산성을 지니게 된다. 즉 P_i의 값이 1이나 0에 접근할 때 오차분산은 비교적 작아진다. 그러나 P_i의 값이 0.5에 가까우면 오차분산이 매우 커지는 문제점을 지닌다. 물론 이러한 이분산성으로 말미암아 회귀식의 산출과정에서 편의(bias)가 생기거나 추정값이 일관성을 상실하는 것은 아니다. 그러나 추정의 정밀성(efficiency)이 상

실되는 결과를 가져오게 된다.

앞서 제 5 장에서는 이분산성의 문제를 제거하는 방법으로 OLS 방식 대신에 WLS 방식이 제시된 바 있다. 그러나 선형확률모형에서는 종속변수 Y_i의 값이 0~1의 범위 안에서만 존재하기 때문에 WLS 방식을 적용하는 것 또한 용이하지 않다. 표본의 크기가 아주 큰 상황에서는 WLS 방식에 의한 회귀계수의 추정이 효율적인 방법이 될 수 있으나, 표본의 크기가 작을 때는 WLS 방식을 적용시킬 수 없다.

둘째로, 선형확률모형에서는 오차의 분포가 정규성(normality)을 지니지 않는다. 따라서 추정된 회귀계수에 대하여 오차의 정규성을 전제로 고안된 기존의 통계적 검증방법을 적용시키기 곤란해진다. 물론 표본의 크기가 충분히 크면, 다른 통계검증방법을 고안하여 사용할 수는 있으나 이는 매우 복잡한 과정을 거쳐야 한다.

셋째로, 선형확률모형은 종속변수의 값을 예측하기 위한 목적으로 사용되기 곤란하다는 약점을 지닌다. 이 모형에서는 종속변수 Y_i가 확률이기 때문에 0~1의 범위를 벗어나는 값은 존재할 수 없다. 가령 〈그림 10-1〉에 제시된 바와 같이, 추정된 회귀식이 정확한 것이라 해도 독립변수 X_i가 2보다 크거나 −2보다 작은 상황에서 추정된 종속변수 Y_i의 기대값, 즉 점선으로 표시된 값들은 존재하지 않는다. 따라서 이 때의 확률은 1이나 0으로 조정하여야 한다. 그러나 이렇게 조정을 하더라도 회귀식을 활용하여 종속변수의 값을 만족스럽게 예측할 수 있는 것은 아니다. 회귀식에 의한 확률의 기대값이 1.0이라 하더라도 실제로는 특정 반응이 선택되지 않을 수 있으며, 반대로 확률의 기대값이 0이라 하더라도 실제 상황에서는 특정 반응의 발생 가능성이 상존하기 때문이다.

마지막으로, 선형확률모형의 기울기는 표본의 구성에 따라 과소 또는 과대추정될 수 있는 취약성을 지닌다. 가령 〈그림 10-2〉의 (a)에서 보는 것처럼, 독립변수 X_i의 값이 2보다 크고 종속변수 Y_i의 값이 1인 사례와, X_i가 −2보다 작고 Y_i의 값이 0인 사례들이 많이 표집되었을 때, OLS 방식으로 회귀식을 추정하게 되면 그 기울기는 실제 회귀선의 기울기보다 과소 추정된다. 또한 반대로 자료가 〈그림 10-2〉의 (b)에 제시된 것과 같은 상황에서는 회귀선의 기울기가 과대 추정되는 문제가 발생한다. 이러한 편의(bias)의 문제는 선형확률모형에서는 궁극적으로 해결될 수 없는 성질의 것이다.

그림 10-2 선형확률모형에서의 기울기의 추정

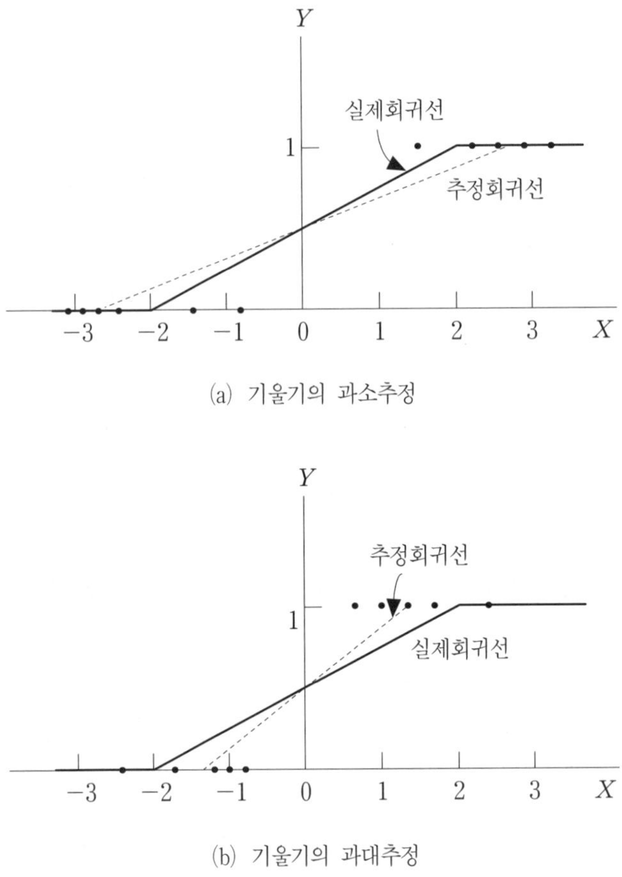

10.3 프로빗 모형(probit model)

앞에서 언급한 선형확률모형의 단점을 극복하는 대안의 하나는 독립변수 X_i의 모든 값에 대하여 종속변수 Y_i의 기대값이 0~1의 범위 안에 떨어지고, 동시에 X_i가 변화하면 Y_i의 값이 고정되지 않고 항상 증가(monotonic increase) 또는 감소(decrease)할 수 있도록 변환시키는 것이다. 이러한 조건들을 충족시키며 이분 종속변수(dichotomous dependent variable)의 분석에 흔히 사용되는 기법으로 프로빗 모형(probit model)과 로짓 모형(logit model)을 들 수 있다.

프로빗 확률모형(probit probability model)은 누적정규확률함수(累積正規確率函數, cumulative normal probability function)를 이용하여 변수를 변환시키는 것이다. 이 모형을 이해하기 위해서는 우선 독립변수 X_i에 의하여 결정되는 지수 Z_i를 가정할 필요가 있다. 즉,

$$Z_i = \alpha + \beta X_i \tag{10.3.1}$$

그런데 지수 Z_i는 그 값이 측정된 것이 아니다. 단지 Z_i값의 크기에 따라 두 개의 범주(가령, 투표참여와 불참, 노동시장 참여와 불참 등)로 나누기 위한 목적에서 설정된 것이다. 프로빗 분석은 이 Z_i지수에 영향을 미치는 정보들을 찾아내고, 동시에 α와 β의 추정값을 구해내는 방법의 문제를 해결해 준다.

프로빗 모형에서 표준누적정규확률함수는 다음과 같이 표시된다.

$$\begin{aligned} P_i &= F(\alpha + \beta X_i) \\ &= F(Z_i) \\ &= \frac{1}{\sqrt{2\pi}} \int_{-\infty}^{z_i} e^{-s^2/2}\, ds \end{aligned} \tag{10.3.2}$$

단, s는 정상분포를 이루고 평균이 0의 값을 지니는 무작위 변수이다. 위의 등식에서 확률 P_i는 $-\infty$에서 Z_i까지 표준정규분포곡선(標準正規分布曲線, standard normal distribution curve)의 밑으로 둘러싸인 면적을 계산하는 것이다. 따라서 Z_i값이 커질수록 확률 P_i도 높아지게 된다. 누적정규확률함수 (10.3.2)에 익숙하지 않은 연구자들을 위하여 Z_i값에 따른 확률 $F(Z_i)$를 계산하여 제시하면 〈표 10-2〉와 같다. 여기서 Z_i는 물론 정규분포를 이루며, 평균은 0이고 분산은 1의 값을 지닌다.

〈그림 10-3〉은 프로빗 모형의 형태를 선형확률모형과 비교하여 제시한 것이다. 〈그림 10-3〉에서 프로빗 함수는 $-2 \sim 2$의 범위 중 중간 부분에서는 기울기가 선형확률함수보다 더 높고, 반면에 양극단으로 가면 기울기가 더 낮게 나타나고 있다. 또한 프로빗 함수에 의해서 계산된 확률은 선형확률함수와는 달리 모든 X_i

표 10-2 Z_i 값에 따른 표준누적정규함수 $F(Z_i)$의 값

Z_i	$F(Z_i)$	Z_i	$F(Z_i)$
−3.0	0.001	0.5	0.691
−2.5	0.006	1.0	0.841
−2.0	0.023	1.5	0.933
−1.5	0.067	2.0	0.977
−1.0	0.159	2.5	0.994
−0.5	0.309	3.0	0.999
0	0.500	3.5	0.999

그림 10-3 프로빗 모형과 선형확률모형의 비교

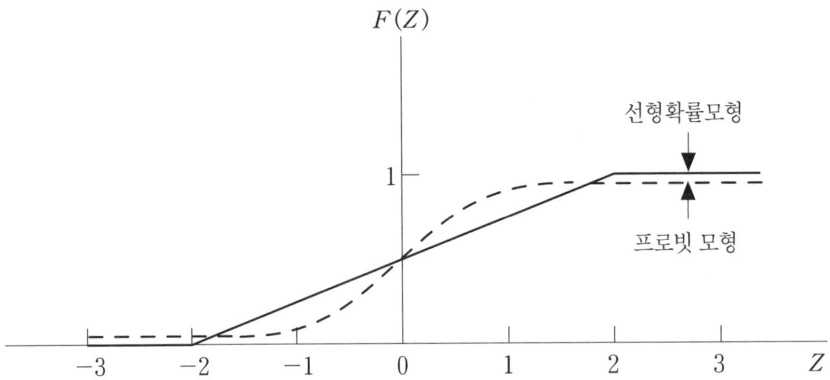

값의 변화에 따라서 그 값이 항상 변하는 특성을 지닌다. 그리고 그 값은 0~1의 범위를 벗어나지 않는다.

이상과 같은 점들을 감안할 때, 프로빗 모형은 비선형 추정으로 인하여 그 과정이 좀더 복잡해진다는 점을 제외하고는 선형확률모형보다 우월한 것으로 결론지을 수 있다. 그러나 프로빗 모형은 간혹 그 적용을 이론적으로 정당화시키기 어렵다는 제약점을 지닌다.

10. 4 로짓 모형(logit model)

로짓 모형(logit model)은 로지스틱 모형(logistic model)으로도 불린다. 좀더 엄밀하게 구분하면, 로짓 모형에서는 독립변수도 종속변수와 같이 범주형 변수인데 반하여, 로지스틱 모형에서는 독립변수가 연속변수(continuous variable)로 구성된다. 그러나 일반적으로는 이러한 구분에 크게 제한받지 않으며, 로짓 모형과 로지스틱 모형은 서로 호환하여 사용된다(Agresti, 1996: 78). 로짓 모형은 누적로지스틱 확률함수(cumulative logistic probability function)로 구성되며 다음과 같이 표시된다.

$$
\begin{aligned}
P_i &= F(\alpha + \beta X_i) \\
&= F(Z_i) \\
&= \frac{1}{1 + e^{-Z_i}} \\
&= \frac{1}{1 + e^{-(\alpha + \beta X_i)}} \\
&= \frac{e^{(\alpha + \beta X_i)}}{1 + e^{(\alpha + \beta X_i)}} \qquad (10.4.1)
\end{aligned}
$$

여기서 e는 자연대수(natural log)의 밑수로 2.718의 값을 지닌다. 그리고 P_i는 주어진 독립변수의 조건하에서 특정한 선택이 이루어질 확률을 뜻한다. 이 누적로지스틱 확률함수의 형태는 〈그림 10-4〉에 제시되어 있다. 이 그림에서 보는 것처럼 로짓 함수와 프로빗 함수는 매우 유사한 형태를 나타내고 있다. 그러나 로짓 모형은 프로빗 모형에 비해 계산이 상대적으로 편리하여 이분 종속변수의 분석에 보다 광범위하게 사용된다.

실제로는 모형추정에서 로짓 함수를 사용한 회귀식과 프로빗 함수를 사용한 회귀식의 차이는 거의 없다. 표본의 크기가 아주 클 경우를 제외하고는, 한 모형은 자료에 잘 들어맞는데 다른 모형은 그렇지 않은 경우를 거의 찾아볼 수 없다. 물론 로짓 모형과 프로빗 모형에서 계산된 회귀계수의 값은 서로 차이가 있다. 독립변수와 종속변수를 연결시키는 함수관계(functional form)가 서로 다르기 때문이다. 로짓 모형과 프로빗 모형이 모두 적합한 경우, 로짓 모형으로 추정된 계수의

그림 10-4 로짓 모형과 프로빗 모형의 비교

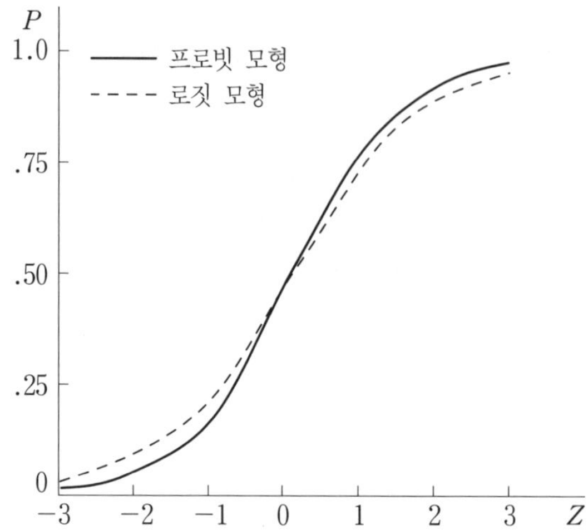

값은 프로빗 모형의 계수값보다 1.6~2.0배만큼 더 크다(Agresti, 1996: 79).

이제 로짓 모형을 변형시켜 선형모형화하여 보자. 우선 등식 (10.4.1)의 양쪽에 $(1+e^{-Z_i})$를 곱한다.

$$(1+e^{-Z_i})P_i = 1 \tag{10.4.2}$$

이를 P_i로 나누고 1을 뺀다.

$$e^{-Z_i} = \frac{1}{P_i} - 1 = \frac{1-P_i}{P_i} \tag{10.4.3}$$

그런데 $e^{-Z_i} = \frac{1}{e^{Z_i}}$이므로

$$e^{Z_i} = \frac{P_i}{1-P_i} \tag{10.4.4}$$

이다. 이제 등식의 양쪽에 자연대수를 취하면

$$Z_i = \ln\left(\frac{P_i}{1 - P_i}\right) \tag{10.4.5}$$

또는

$$\ln\left(\frac{P_i}{1 - P_i}\right) = Z_i = \alpha + \beta X_i \tag{10.4.6}$$

가 된다. 이는 결국 로짓 모형에서 P_i를 $\ln\left(\frac{P_i}{1 - P_i}\right)$로 변환시키면 선형모형화할 수 있음을 의미한다. 일반적으로 이러한 변환을 가리켜 로짓 변환(logit transformation) 또는 로지스틱 변환(logistic transformation)이라고 부르기도 한다. 여기서 분자항은 P_i가 일어날 확률이기 때문에, 이 회귀식에서의 종속변수 Y_i는 분모 $(1 - P_i)$에 비해 분자 P_i가 나타날 확률, 즉 승산비(odds ratio)로 정의된다. 따라서 독립변수가 범주형 변수일 때는 로짓 모형이 대수선형 모형(log-linear model)과 같은 의미를 지닌다. 물론, 대수선형 모형에서는 독립변수와 종속변수의 구분이 없다.

그런데 한 가지 지적할 것은 변형된 로짓 모형 (10.4.6)에서 Z_i를 X_i에 회귀시키면 이분산성(heteroscedasticity)의 문제가 발생할 가능성이 많아진다는 사실이다. 제 5 장에서 이미 논의된 것처럼, 이분산성의 문제가 심각할 때 OLS 방식은 사용될 수 없으며 WLS 방식으로 회귀식을 구하게 된다.

그러면 여기서 로짓 모형을 적용하여 분석한 사례를 살펴보자. Chatterjee와 Price(1977: 121)에서 재인용한 〈표 10-3〉의 자료는 각기 다른 농도의 농약을 진드기 벌레에 뿌린 결과를 분석한 것이다. 〈표 10-3〉에는 투여농도 D_i의 상용대수(log) 값으로 측정된 x_i, 각각의 투여량에서 죽은 벌레의 수 r_i, 그리고 사망률 P_i가 제시되어 있다. 이 자료의 P_i에 대해 x_i를 분포시켜 보면 〈그림 10-3〉에 제시된 것과 같은 S자의 형태임을 알 수 있다. 이에 따라 로짓 모형을 적용하여 다음과 같은 방법으로 회귀식이 추정되었다.

우선 〈표 10-3〉에서 보는 바와 같이, 등식 (10.4.5) 및 (10.4.6)에 따라 P_i를 변환시켜 Z_i를 구하고 이를 선형모형화시킨다.

$$\begin{aligned} Z_i &= \ln\left(\frac{P_i}{1 - P_i}\right) \\ &= \alpha + \beta X_i \end{aligned} \tag{10.4.7}$$

표 10-3 농약투여에 따른 진드기 벌레의 사망률

투여농도 D_i	$x_i=\log D_i$	죽은 벌레 r_i	전체 벌레 n_i	사망률 P_i	Z_i	가중치 w_i
2.6	0.4150	6	50	0.120	−1.9924	5.2800
3.8	0.5797	16	48	0.333	−0.6946	10.6608
5.1	0.7076	24	46	0.522	0.0881	11.4770
7.7	0.8865	42	49	0.857	1.7906	6.0074
10.2	1.0086	44	50	0.880	1.9924	5.2800

그리고 이분산성의 문제를 해결하기 위하여 WLS 방식으로 회귀식을 추정하는 데 필요한 가중치 w_i를 다음과 같이 구한다.

$$w_i = n_i P_i (1 - P_i) \tag{10.4.8}$$

가중치 w_i가 구해지면, 이제 마지막 단계로, 아래의 공식을 이용하여 등식 (10.4.7)의 α와 β의 추정값을 구하면 된다.

$$\begin{aligned}\hat{\beta} &= \frac{\sum w_i (Z_i - \bar{Z})(x_i - \bar{x})}{\sum w_i (x_i - \bar{x})^2} \\ &= 7.048\end{aligned} \tag{10.4.9}$$

$$\begin{aligned}\hat{\alpha} &= \bar{Z} - \hat{\beta}\bar{x} \\ &= -4.830\end{aligned} \tag{10.4.10}$$

결국 〈표 10-3〉의 자료에 로짓 모형을 적용하여 추정해낸 회귀식은 다음과 같이 표시될 수 있다.

$$\hat{Z}_i = -4.830 + 7.048 x_i \tag{10.4.11}$$

10.5 다범주 로지스틱 모형(multinomial logistic model)

이 장에서는 지금까지 선택의 대안이 두 가지(binary)인 종속변수 경우의 회귀분석에 대해서 설명했다. 이 절에서는 이 모형을 일반화시켜 선택대안이 세 가지 이상일 때의 경우를 상정해 설명할 것이다. 사람들은 여러 대안들에 대한 선택의 기회가 주어졌을 때, 각 선택대안들을 비교하여 가장 효용이 높은 대안을 선택한다.

선택대안에 대한 개인의 효용은 두 개의 요인으로 나누어 볼 수 있다. 첫째는 대안에 대해 외부로 표명된 각 개인들의 결정적 선호요인(deterministic component)이고, 다른 하나는 랜덤 선호요인(random component)이다.[1] 결정적 선호요인은 특정 대안에 대한 비확률적(non-stochastic) 선호도로서, 그 대안에 대하여 모집단이 지니는 일반적으로 고정된 대표적 취향을 나타낸다. 랜덤 선호요인은 모형에 포함되지 않은 변수(underspecified variable)들에 의한 것이거나 변량의 확률적(stochastic) 분포에 의해 생겨난 요인으로, 일반적으로 선형모형의 잔차와 같은 특성을 갖고 있다. 따라서 결정적 선호요인은 어떤 대안에 대한 집단 전체의 공통적인 선호도이고, 랜덤 선호요인은 각 개인의 독특한 취향에 의해 결정되는 개별적(idiosyncratic) 선호도를 나타낸다. 이것을 식으로 나타내면 다음과 같다.

$$U_i^k = V_i^k + \varepsilon_i^k$$

U_i^k = 대안 k에 대한 i번째 개인의 선호도 (효용)

V_i^k = 결정적 선호요인

ε_i^k = 랜덤 선호요인 (10.5.1)

ε_i^k는 선형회귀모형(linear regression model)의 오차항과 같이 I.I.D.(independent and identically distributed)의 특성을 지닌 분포이다. 사람들은 k의 대안 중에서 선호도 U가 가장 큰 대안을 선택함으로써 효용을 극대화하게 된다. 결정적 선호요인 V_i^k는 다중귀인 모형에 의해 여러 속성변수의 함수로 나타낼 수 있다. V_i^k와 여러 속성변수와의 함수관계(functional form)를 $F(.)$로 표시하고 속성변수를

---

1) 랜덤 선호요인에서의 랜덤(random)은 흔히 표본추출(sampling)에서 말하는 "무작위 추출(random sampling)"과는 의미가 전혀 다르다.

X로 나타낼 때 결정적 선호요인 $V_i^k = F(X)$로 나타낼 수 있다. X는 1, 2, 3, ..., n개의 변수로 대안 각각에 특유한(specific) m개의 속성변수 묶음($X = 1, 2, 3, ..., m$)과, $n-m$개의 개인변수 묶음($X = m+1, m+2, ..., n$)으로 나눌 수 있다(Agresti, 1990: 315~317). 따라서 결정적 선호요인 V_i^k는 다음의 형태로 다시 쓸 수 있다.

$$V_i^k = F(X_1^m ; X_{m+1}^n)$$

X_1^m은 k번째 대안에 특유한 m개의 속성변수

X_{m+1}^n은 i번째 사람과 관련된 $(n-m)$개의 속성변수 (10. 5. 2)

대안 특유의 속성변수는, 예를 들어, 사람들이 외출할 때 사용하는 교통수단을 선택하는 경우, 각 교통수단이 지니고 있는 특성에 대한 것들이다. 교통수단을 사용하는 데 드는 비용은 지하철은 싸지만 택시는 비싸다. 그러나 목적지까지 가장 근접하게 도달할 수 있는 편리성은 택시가 더 낫다. 따라서 선택과 관련된 속성은 각각의 경우마다 서로 다른 특유의 효용가치를 지니고 있다. 개인과 관련된 변수는 이와 달리 각각 다른 선택의 경우라도 그 값이 변하지 않는다. 예를 들어, 택시를 타든 지하철을 타든 교통수단 선택 당사자의 속성은 똑같다는 것이다. 이러한 개인관련 변수로는 성별, 교육정도, 수입 등과 같은 인구통계학적 변수를 들 수 있다.

일반적인 다범주 모형에서는 이 두 변수들의 상호관계를 '가법(加法)의 관계'(additive form)로 표시할 수 있다. 등식 (10. 5. 2)를 등식 (10. 5. 1)과 통합하고 개인속성변수 묶음과 대안 특유의 속성변수 묶음과의 더하기 관계를 반영한 수식은 다음과 같다.

$$U_i^k = (X_1^m \beta_a + X_{m+1}^n \beta_b) + \varepsilon_i^k$$

U_i^k, X_1^m, X_{m+1}^n, ε_i^k는 앞에서 규정한 것과 동일함

β_a는 k번째 대안에 특유한 m개의 속성변수에 대한 추정계수

β_b는 i번째 사람에 관련된 $(n-m)$개의 속성변수에 대한 추정계수

(10. 5. 3)

등식 (10. 5. 3)에서 k번째 대안에 대한 선호도 U_i^k는 측정할 수 없는 심리변수

(unobserved psychological variable) 이기 때문에 실제적으로는 전체 대안의 집합 $S_j(j=1, 2, 3, \ldots, k, \ldots, j)$ 중 i번째 사람이 k번째 대안을 뽑을 확률의 개념으로 측정된다. 실제 관찰할 수 있는 행동은 여러 개의 대안 중 각 사람이 특정 대안을 뽑는 행위(choice behavior) 이므로 선호도 변수 U_i^k는 관찰할 수 있는 선택행동에 대한 측정 불가능한 잠재변수(unobserved latent variable) 로 볼 수 있다. 따라서 측정 불가능한 선호도 U_i^k 대신 각 대안의 선택확률 P_i^k를 등식 (10. 5. 3) 의 결과변수로 대치할 수 있다. 여기서 P_i^k는 i번째 사람이 k대안을 선택할 확률이다. U_i^k를 P_i^k로 대체한 식은 다음과 같다.

$$P_i^k = X_1^m \beta_a + X_{m+1}^n \beta_b + \varepsilon_i^k \tag{10. 5. 4}$$

등식 (10. 5. 4) 는 일반 회귀방정식 모형의 형태를 갖고 있다. 즉, n개의 예측변수를 사용하여 k개의 대안에 대한 사람들의 선택확률을 예측하는 선형모형이다. 그러나 다른 선형모형과는 달리 등식 (10. 5. 4) 의 결과변수 P_i^k는 그 범위가 한정되어 있다. P_i^k가 각 대안에 대한 선택확률로 정의되어 있으므로 $0 \leq P_i^k \leq 1.0$이다. 그런데 P_i^k의 값을 0에서 1.0 사이에 묶어놓기 위해서는 오차항 ε_i^k가 특수한 분포를 가져야 한다. 이러한 분포들 중에는 여러 가지가 있을 수 있는데 그 중 통계적으로 가장 유도하기 쉽고 명확한 분포가 Weibull 극단값 분포(Gnedenko extreme value distribution) 와 누적정규분포이다(McFadden, 1974). 앞 절에서 설명한 것과 같이 이 중 Weibull 분포를 사용한 회귀방정식 모형이 로짓(logit) 모형이고, 누적정규분포(cumulative normal distribution) 를 사용한 모형이 프로빗(probit) 모형이다. 프로빗 모형과 로짓 모형은 수식의 형태에서는 서로 다르게 규정되어 있으나, 앞에서도 언급한 것과 같이 추정값 β의 계산결과는 크게 다르지 않다. 단지 차이는 P_i^k가 양 극단값(0 또는 1.0) 에 접근할 때 프로빗 모형이 더 빨리 극단값으로 수렴하는 경향이 있다는 점이다. 그 외에는 이 두 분포의 성질이 거의 같다고 할 수 있다(Hanushek and Jackson, 1977: 183~189).

각 대안들에 대한 효용함수가 등식 (10. 5. 4) 의 형태로 주어지고, 오차항의 분포가 Weibull 분포의 형태(logit) 일 때, 주어진 대안들의 집합 $S_j(j=1, 2, 3, \cdots, j)$ 중 k를 선택할 확률은 다음과 같다(Luce, 1959).

$$P_i^k = \exp(X_{ik}\beta) / \sum_{\in S_k} \exp(X_{ih}\beta) \qquad (10.5.5)$$

이 등식의 의미는 i번째 사람에 의해 k 대안이 선택될 확률은 그 사람이 k 대안에 대해 느끼고 있는 효용—여기서는 k 대안의 여러 속성변수 X_{ik}의 지수형태로 분자 항에서 규정되어 있다—을 분모항, 즉 모든 대안이 갖고 있는 효용값의 지수합으로 나눈다는 것이다. 따라서 등식 (10.5.5)의 의미는 직관적으로 충분히 이해할 수 있을 만큼 명확하다.

사람들이 어떤 대안을 선택할 때는 일반적으로 두 개의 대안을 서로 비교하여 선택한다. 여러 개의 대안들이 있을 경우에도 대안 쌍의 비교과정을 통하여 최후 선택을 하게 된다. 따라서 두 개의 대안에 대한 선택확률의 승산비는 실제적으로 아주 유용한 개념을 내포하고 있고, 또 수학적으로도 간명한 형태를 지니고 있다 (McFadden, 1974, 1984).

등식 (10.5.5)를 사용하여 두 대안 k와 l의 로그승산비(log odds)를 나타내면 다범주 로지스틱 모형을 만들 수 있다.

$$\ln(P_i^k / P_i^l) = (X_{ik} - X_{il})\beta \qquad (10.5.6)$$

이 식에서 주어진 선택의 쌍이 k와 l일 경우, 선택확률의 승산비는 각 대안의 속성변수들간의 차이로 나타낸다. 그러므로 등식 (10.5.6)은 실제 자료에 쉽게 적용시킬 수 있다.

등식 (10.5.6)에서 β를 추정하는 방법에는 여러 형태가 있을 수 있다. 이 등식이 종속변수와 독립변수 사이의 관계를 선형(linear)으로 규정하고 있으므로 일반회귀분석에서 쓰이는 OLS 방식을 사용할 수도 있다. 그러나 종속변수가 그 범위가 한정된 $(0 \le p \le 1)$ 확률이기 때문에, 등식에서 비록 선형으로 규정되어 있더라도 독립변수와 종속변수의 실제적인 관계는 선형이 아니다. 따라서 선형추정 방법을 사용할 경우 정확한 추정값를 계산할 수 없다.

로짓 모형에서 설명변수 X가 분류변수(categorical variable)일 때는 일반적인 대수선형(log-linear) 모형의 관점에서 n-차 분할표(n-way contingency table)를 사용하는 범주별 연관성분석(association analysis)을 통해 β를 추정할 수 있고, 이 추정값에 의한 대안선택 예측결과를 실제의 선택 자료와 비교함으로써 모형의 적합도(goodness-of-fit)를 판정한다(Agresti, 1990: 306~313).

그러나 X가 연속변수(continuous variable)로 규정되어 있을 경우에는 이 방법을 쓸 수 없고 최대우도추정(MLE) 방식을 써야 한다. MLE 방식은 추정하고자 하는 대상 통계식의 우도함수(likelihood function)를 유도한 후 이 우도함수의 최대점(maximum)을 1차 도함수(first derivatives)를 사용한 수치분석(numerical analysis) 방법으로 계산한다(McFadden, 1984). 따라서 MLE에 의한 통계값 추정은 OLS나 다른 통계값의 계산에서와 같이 대수적 계산으로 직접 답을 찾지 못하고, 컴퓨터를 사용한 반복적 수치분석 방법을 사용해야만 추정 통계값을 계산할 수 있다. 또한 MLE 방식을 통해 계산된 추정값 β는 선택대안의 수보다 하나 작은 $(j-1)$개만큼 있게 된다.

등식 (10.5.5)와 등식 (10.5.6)에서는 다범주 로지스틱 모형의 통계적 특성을 유도해 낼 수 있다. 이것은 Luce가 등식 (10.5.5)를 만들면서 염두에 두었던 I.I.A. (independence of irrelevant alternatives) 가정으로 다범주 로지스틱 모형의 강점과 약점 모두로 작용할 수 있다. I.I.A. 가정은 등식 (10.5.6)에서 알 수 있듯이, k와 l의 선택 승산비는 제3의 선택 대안에 의해 영향을 받지 않는다는 것을 나타낸다. 이 가정의 강점으로는 등식 (10.5.5)의 분자항에 나타난 것과 같이 선택된 대안 k에 대한 개인(i)의 효용은 불변의 것으로 S_k 대안 이외에 다른 대안 S_l를 도입하여도 효용의 값은 변하지 않게 된다. 단지, 추가된 대안들로 인해 분모의 값이 변하므로 대안 k가 선택될 상대적 확률만이 변할 뿐이다. 이를 선택된 대안에 대한 '순수 효용법칙'(strict utility function)이라고 부른다. 이는 선택과정에 대한 심리학적 실험연구에서 그 불변성이 입증된 바 있다(Luce and Suppes, 1965).

I.I.A. 가정은 다범주 로지스틱 모형의 일반적 사용에 중대한 장애가 되는 약점으로도 작용한다. 앞에서 설명한 것과 같이 사람들은 어떤 대안을 선택할 때 대안 쌍을 연속적으로 비교하여 그 중 상대적으로 가장 높은 효용값을 갖는 대안을 최후로 선택한다. 따라서 최후의 선택 쌍(pair)을 비교할 때는(예를 들어, k와 l 비교) 단지 k, l만을 고려한다 하더라도, 앞에서 행한 일련의 비교과정에서 대안 k에 대한 주관적 효용이 변하지 않고 계속 일관되게 적용되어 왔다고는 생각하기 힘들다. 오히려 다른 대안들과 일련의 비교과정에서 그 효용의 정도가 수정되어 최후

의 비교 시점까지 오게 되었으며, 마지막으로 선택된 대안 k의 효용은 k, l 이외의 다른 제3의 대안에 의해 이미 영향을 받았다고 볼 수 있다.

예를 들어, 어떤 집단이 자가용을 타고 출근할 확률(P_i^k)이 2/3, 버스를 타고 출근할 확률(P_i^l)이 1/3이라 하자. 새로운 버스가 투입되었는데 이 버스의 속성변수(X_1^m) 값은 이전의 버스와 같다. 이 경우 상식적으로 생각해 집단의 자가용 출근 확률은 계속 2/3이고, 버스를 타고 출근할 확률은 각 버스가 반씩 나누어 1/6씩 합계 1/3이라고 볼 수 있다. 그러나 I.I.A.의 가정에 의하면 자가용의 버스에 대한 선택 승산비는 제3의 대안(다른 버스)이 도입된 후라도 변하지 않아야 한다. 즉, 등식 (10.5.6)에 의하면 새로운 버스가 도입되기 전의 자가용 대 버스의 승산비 2는[(2/3)÷(1/3)] 새로운 버스가 도입된 후에도 불변이라는 것이다. 따라서 자가용을 선택할 확률은 1/2로 떨어지게 되고 버스를 선택할 확률은 1/4로 늘어나게 된다. 이때 자가용과 버스의 승산비는 [(1/2)÷(1/4)]로 계속 2이다. 이렇게 상식적으로 의문을 제기할 수 있는 결과가 발생하는 것은 등식 (10.5.5)와 (10.5.6)의 비현실적인 I.I.A. 가정 때문이다. 특히 새로 도입된 대안이 기존의 대안과 비슷한 성격, 즉 유사한 속성변수를 갖고 있을 때, 실제 선택과정에서 사람들은 이 대안을 독립적인 대안으로 보지 않고 기존의 대안과 합쳐서 생각하는 경향이 있다. 그래서 I.I.A. 가정 아래서 다범주 로지스틱 모형을 사용하기 위해서는 모형에서 고려된 모든 대안들이 선택 당사자들에게 독특하고, 독립적이며 별개의 것으로 인지되어야 한다(Domencich and McFadden, 1974: 77~78). 그러나 현실의 세계에서 이러한 대안들의 집합 S_j를 찾는 것은 거의 불가능할지도 모른다.

10.5.1 다범주 로지스틱 모형의 분석사례

다범주 로지스틱 모형(multinomial logistic model)은 선택에 관련된 행태를 분석하는 여러 분야의 학문에서 사용된다. 예를 들어, Domencich와 McFadden(1974: 170~173)은 도시지역의 교통수요를 다범주 로지스틱 모형을 써서 분석하였다. 미국 Pittsburgh 지역에서 시민들이 직장으로 출퇴근하거나 시내에 쇼핑하러 갈 때 어떤 교통수단(자동차 또는 공공 교통수단)을 이용하는지, 주로 어느 시간대(번잡한 또는 한가한 시간대)에 시내로 쇼핑 가는지, 그리고 어느 지역으로 쇼핑 가는지를 여러 설명변수를 사용한 다범주 로지스틱 모형으로 설명하였다. 이 연구에서는 쇼핑장소 선택대안을 설명하는 속성변수들로서 특정 지역의 전체 취업자 중 소매업에 종사하는 취업자의 비율을 그 지역의 쇼핑기회(shopping opportunity) 변수로, 교통수단의 이용비용을 또 다른 설명변수로 사용하였다. 이 연구에서 MLE 방식으로 얻은 회귀식은 다음과 같다.

$$\ln(\pi_a / \pi_b) = -1.06(P_a - P_b) + 0.84(S_a - S_b) \qquad (10.5.7)$$

이 회귀식에서 알 수 있는 것은 특정 지역(b지역)에 비해 다른 지역(예를 들어 a지역)에 쇼핑 갈 확률은 그 지역으로 가는 교통비가 쌀 경우(−1.06)에 높아지며, 동시에 그 지역에서 쇼핑할 기회가 많으면(0.84) 커진다는 사실이다. 각 지역의 교통비(P)와 쇼핑기회(S)의 값을 알면 등식 (10.5.5)에 대입하여 소비자들이 그 지역을 선택할 확률(P_i^k)을 계산할 수 있다.

10.6 범주형 종속변수의 회귀모형을 위한 SPSSWIN의 예시 프로그램

범주형 종속변수의 회귀모형은 종속변수의 범주가 두 가지(binary)일 때와 세 가지 이상(multinomial)일 때 서로 다른 분석절차를 밟는다. 종속변수의 범주가 여러 가지인 다범주 로지스틱 모형은 SPSSWIN 9.0판에서부터 분석이 가능해졌다. 따라서 이 절에서는 SPSSWIN 12.00(한글판)을 사용해 설명할 것이다. 범주형 종속변수의 회귀모형은 SPSSWIN 12.00에서 〈분석(A)〉에서 분석이 가능하다.

〈로지스틱 회귀분석〉 대화상자를 열기 위해서는 〈그림 10-5〉의 (1)에서와 같은 순서로 진행한다. (2)와 같은 화면이 나타나면 〈종속변수(D)〉에 이분 종속변수를, 〈공변량(C)〉에 독립변수를 지정한다. 여기에서 〈저장(S)〉 단추를 누르면 (3) 대화창이 나타나고 일반 선형회귀분석(linear regression)의 경우와 같이 예측값, 영향력 척도, 잔차 등을 새로운 변수로 만들어 저장할 수 있다. 그리고 〈옵션(O)〉메뉴를 선택해 분석의 선택사양을 지정해 준 후, 〈계속〉 단추를 누르고 〈확

그림 10-5 SPSSWIN을 사용한 로짓분석(이분 종속변수)의 절차

(1) 이분 종속변수를 위한 로지스틱 회귀분석 메뉴창

(2) 이분 종속변수를 위한 로지스틱 회귀분석의 변수지정창

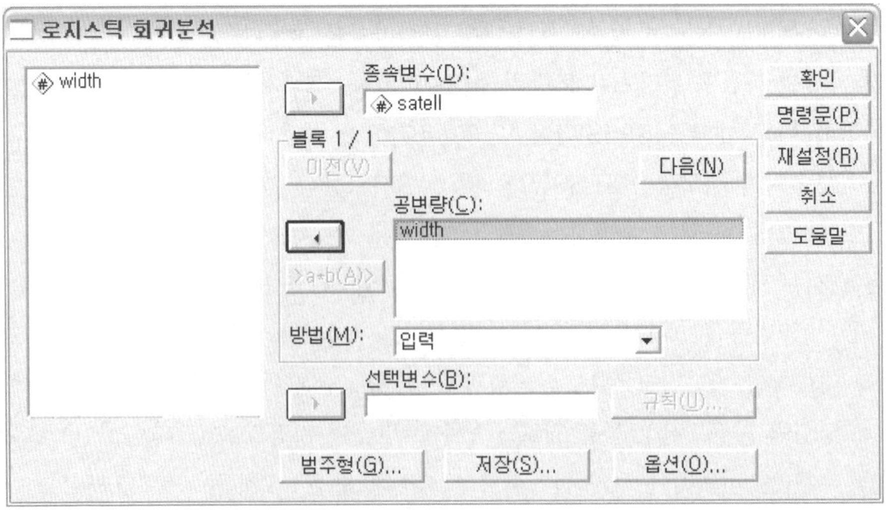

그림 10-5 SPSSWIN을 사용한 로짓분석(이분 종속변수)의 절차 (계속)

(3) 〈새 변수로 저장〉 창

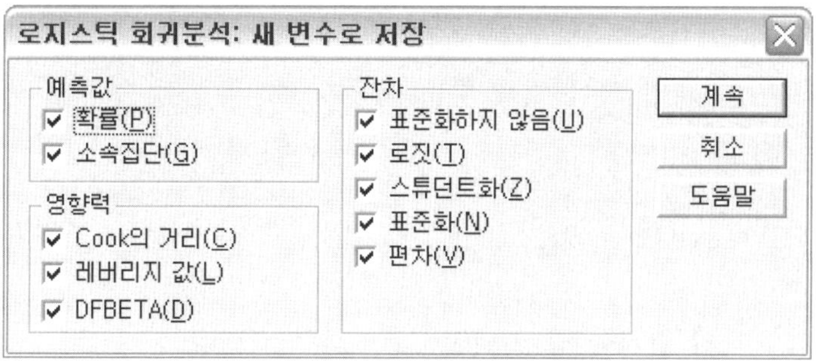

표 10-4 SPSSWIN을 사용한 로짓분석의 결과 출력

방정식에 포함된 변수

		B	S.E.	Wald	자유도	유의확률	Exp(B)
1단계 a	width	.497	.102	23.887	1	.000	1.644
	상수	−12.351	2.629	22.075	1	.000	.000

a. 변수가 1: 단계에 진입했습니다 width.

인>을 누르면 <표 10-4>와 같은 로짓분석의 결과 출력을 얻을 수 있다.

<표 10-4>에서 사용된 자료는 Agresti(1996: 82~83)에서 발췌하였으며, 말굽참게(horseshoe crab)의 기생종자(satellite) 유무와 등껍질의 너비(width)에 대한 것이다. 기생종자가 있는 경우를 1로, 없는 경우를 0으로 할 때, x cm의 등껍질을 가진 말굽참게에 기생종자가 붙어 있을 확률 $\pi(x)$는

$$\pi(x) = \frac{\exp(\alpha + \beta x)}{1 + \exp(\alpha + \beta x)} \tag{10.6.1}$$

이다. 이제 <표 10-4>의 결과를 등식 (10.6.1)에 대입하면 된다.

$$\hat{\pi}(x) = \frac{\exp(-13.442 + 0.536x)}{1 + \exp(-13.442 + 0.536x)} \tag{10.6.2}$$

여기서 회귀계수 $\beta > 0$ 이므로 예측확률 $\hat{\pi}(x)$는 x의 값이 커짐에 따라 증가한다. 즉, 등껍질의 너비가 넓어짐에 따라 기생종자가 붙어 있을 확률이 늘어난다는 것이다. 이 자료의 최소 등껍질 너비는 21.0 cm이었다. 이 경우 기생종자가 붙어 있을 확률은 다음과 같이 계산된다.

$$\begin{aligned}\hat{\pi}(x) &= \frac{\exp[-13.442 + 0.536(21.0)]}{1 + \exp[-13.442 + 0.536(21.0)]} \\ &= 0.101 \end{aligned} \tag{10.6.3}$$

즉, 21cm의 등껍질을 가진 말굽게가 기생종자를 지니고 있을 확률은 0.101이라는 것이다. 가장 큰 너비인 33.5 cm의 경우에는 $\hat{\pi}(x)$의 값이 0.989로 계산되며, 따라서 이러한 크기의 등껍질을 가진 게는 거의 모두 기생종자가 있다고 보면 된다.

그런데 이 자료를 가지고 OLS 방식으로 회귀식을 추정한 결과는 다음과 같다.

$$\hat{\pi}(x) = -2.176 + 0.107x \tag{10.6.4}$$

이 회귀식에 x의 최대값인 33.5를 대입하면 1.409가 된다. 이 값은 $\pi(x)$가 확률값으로 1.0을 넘을 수 없다는 점을 감안하면, 명백히 과대추정된 것이다. 또한, 이는 OLS 방식으로 범주형 종속변수의 회귀식을 추정하면 극단값 부근에서 문제가 발생한다는 앞에서의 설명을 뒷받침해 준다.

종속변수의 범주가 세 가지 이상일 때는 다범주 로지스틱 모형을 사용해야 하는데, 이것은 SPSSWIN 9.0부터 새로 패키지에 도입되었다. 다범주 로지스틱 모형 대화상자를 열기 위해서는 〈그림 10-6〉의 (1)과 같은 순서로 진행한다. 그리고 (2)의 화면이 나타나면 〈종속변수(D)〉에 다범주 종속변수를, 〈공변량(C)〉에 독립변수를 지정한다. 다범주 로지스틱 분석은 (3)의 대화상자를 사용해 여러 복잡한 모형으로 분석할 수 있다. 이러한 모형들에 대한 상세한 논의는 이 책의 범주를 벗어나기 때문에 여기서는 생략하기로 한다. 관심 있는 독자들은 Agresti(1990)를 참조할 것을 권한다. 다른 모형을 사용하고자 하면, (2)의 대화상자에서 〈모형(M)〉단추를 누르고 (3)에 제시된 모형지정창에서 지정해 주면 된다.

다범주 로지스틱 분석은 매우 복잡한 통계기법이기 때문에 여러 통계값을 사용해서 모형을 분석, 평가하게 되어 있다. 이에 대한 상세한 설명도 Agresti(1990, 1996)를 참조하기 바란다. 이러한 통계값들을 지정하기 위해서 (2)의 〈통계량(S)〉 선택사양을 누르면 (4)와 같은 통계값 지정창을 열 수 있다.

〈표 10-5〉는 SPSSWIN을 사용하여 다범주 로지스틱 분석을 실행한 결과로 얻게 되는 출력(output)의 일부를 제시한 것이다. 다범주 로지스틱 분석의 결과로 여러 가지 통계값을 얻게 되지만, 여기서는 이 표에 제시된 회귀계수(parameter estimates)만을 설명하고자 한다. 이 자료는 Agresti(1996: 207)에 수록되어 있는 것으로, 미국 플로리다주 야생 악어의 몸길이(m)와 주로 섭취한 먹이(primary food choice)의 관계를 분석한 것이다. 먹이의 종류는 F(Fish), I(Invertebrates) 그리고 O(Others)로 분류하였다. 이 경우, 종속변수의 범주가 3개이므로 다범주 로지스틱 분석을 하는 것이 적절하다.

다범주 로지스틱 분석에서 회귀계수가 예측하는 확률은 로그 승산비(odds ratio) $\ln\left(\frac{\pi_j}{\pi_J}\right)$, $j = 1, \ldots, J-1$이다. 즉, 기준범주(baseline category) J에 대한 각각의 로그승산비를 계산하는 것이고, 따라서 예측하는 로그승산비는 전체 범주의 수보다 1이 적은 $(J-1)$이 된다. 여기서 기준범주는 O(others)를 사용하였다. 기준범주는 특별히 지정하지 않으면 맨 마지막 범주가 자동으로 사용된다.

그림 10-6 SPSSWIN을 사용한 다범주 로지스틱 분석의 절차

(1) 다범주 로지스틱 분석의 메뉴창

(2) 다범주 로지스틱 분석의 변수지정창

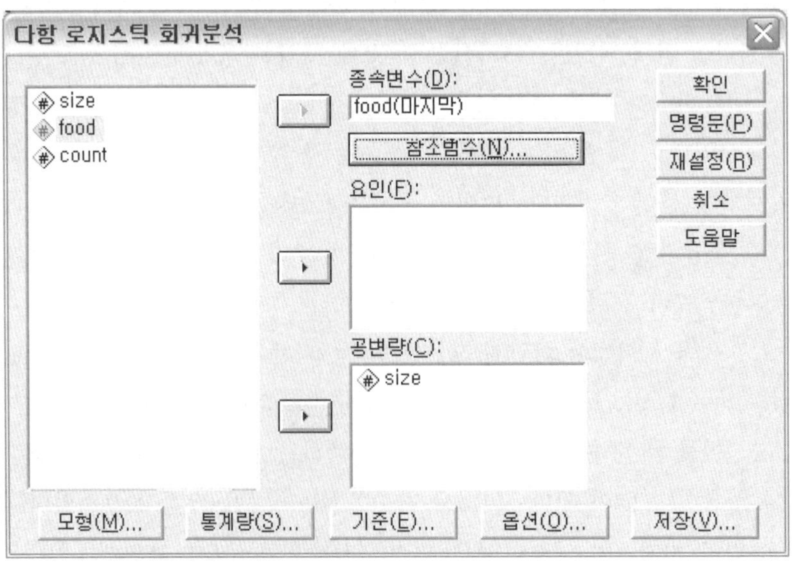

그림 10-6 SPSSWIN을 사용한 다범주 로지스틱 분석의 절차 (계속)

(3) 다범주 로지스틱 분석의 모형지정창

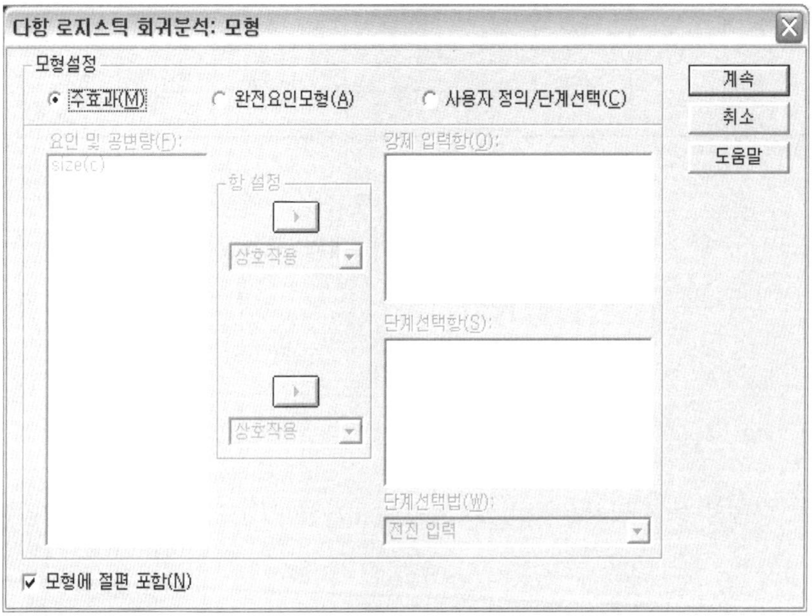

(4) 다범주 로지스틱 분석의 통계값 계산창

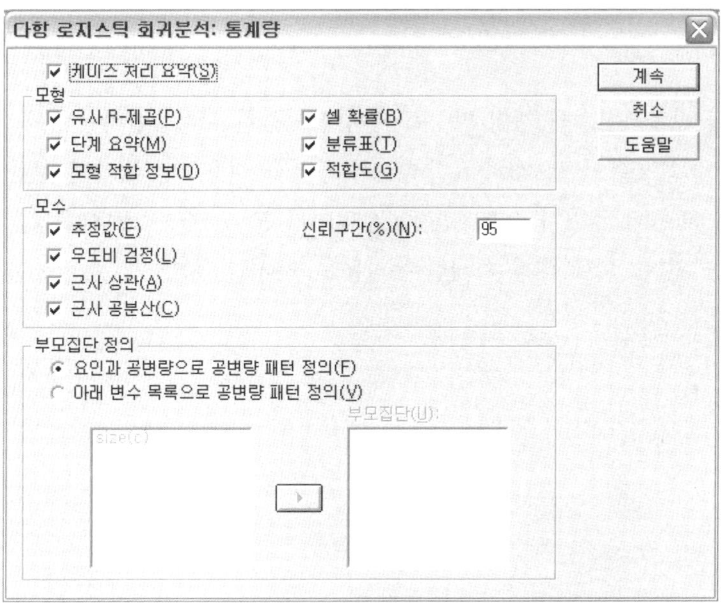

표 10-5 SPSSWIN을 사용한 다범주 로지스틱 분석의 결과 출력

모수 추정값

food[a]		B 추정값	표준 오차	Wald	자유도	유의확률	Exp(B)	Exp(B)의 95% 신뢰구간	
								하한	상한
1.00	절편	1.618	1.307	1.531	1	.216			
	size	-.110	.517	.045	1	.831	.896	.325	2.468
2.00	절편	5.697	1.794	10.088	1	.001			
	size	-2.465	.900	7.510	1	.006	.085	.015	.496

a. 참조 범주는₩ 3.00입니다.

〈표 10-5〉에 제시된 결과를 활용하면, 두 개의 로그승산비 $\log(F/O)$와 $\log(I/O)$를 계산할 수 있다. 즉,

$$\log(F/O) = 1.618 - 0.11x$$
$$\log(I/O) = 5.697 - 2.465x \tag{10.6.5}$$

그리고 다음의 등식을 사용하여 로그승산비 $\log(F/I)$도 계산할 수 있다.

$$\begin{aligned}\log\left(\frac{\pi_F}{\pi_I}\right) &= (\alpha_F - \alpha_I) + (\beta_F - \beta_I)x \\ &= (1.618 - 5.697) + [-0.11 - (-2.465)]x \\ &= -4.079 + 2.355x \end{aligned} \tag{10.6.6}$$

이런 절차를 반복하면, 세 개의 범주에 대하여 가능한 로그승산비를 모두 계산해낼 수 있다. 그리고 이 세 개의 로그승산비 공식을 사용하면 각각의 확률, 즉 일정한 길이(meter)의 악어가 섭취하는 주요 먹이가 F, I, O가 될 확률 $\hat{\pi}_F$, $\hat{\pi}_I$, $\hat{\pi}_O$를 구할 수 있다. 이에 대한 자세한 논의는 Agresti(1996: 207~209)를 참조하기 바란다.

제 11 장 경로분석

11.1 머리말

기술도구(記述道具)로서의 중다회귀분석의 또 다른 용도는 여러 변수들간의 인과적 관계를 특정화하여 논리적으로 명확한 설명을 가하는 것이다. 이러한 용도의 가장 대표적인 예로 경로분석(經路分析, path analysis)을 들 수 있다. 경로분석은 기본적으로 일단의 변수들간의 선형관계(linear relationship)를 분해하고 이를 해석하는 방법이라 할 수 있으며, 인과적 가설(causal hypothesis)의 검증에 흔히 이용된다. 경로분석은 Sewell Wright(1921, 1934, 1960a)에 의하여 최초로 소개되었으며, 사회과학 분야에서는 Peter Blau와 Otis Duncan(1967) 등이 이 분석기법을 사회계층 연구에 도입한 이래 널리 사용되고 있다.

경로분석을 통계적으로 보면 중다회귀분석을 여러 번 행하는 것에 지나지 않는다. 그러나 경로분석을 위해서는 회귀분석에 적용되는 가정들에 추가하여 다음의 몇 가지 가정이 충족되어야 한다. 즉 첫째로, 분석에 포함된 변수들간에 인과적 흐름의 순서(causal order)가 알려져 있다는 것이 전제된다. 둘째로, 이들 변수들간의 관계가 인과적으로 폐쇄성(causal closure)을 지닌다는 가정이 필요하다. 아울러 경로분석에서는 선형성(linearity), 가법성(additivity) 등 회귀분석에 적용되는

그림 11-1 교육, 직업 및 소득의 경로모형

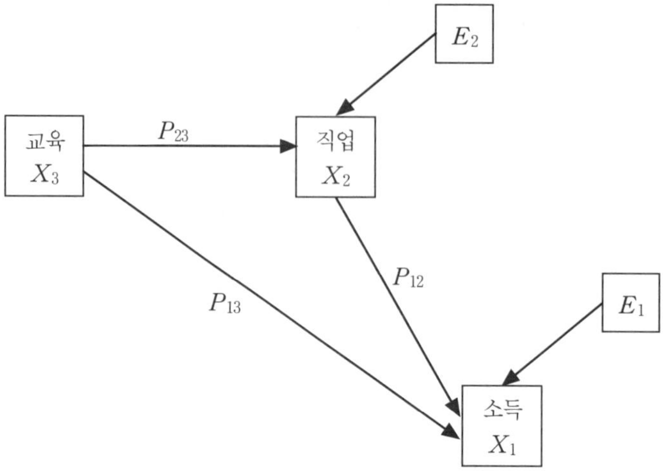

여러 가정들이 보다 엄격하게 충족되어야 한다는 것을 지적할 수 있다.

그러면 〈그림 11-1〉에 제시되어 있는 소득의 경로모형(path model)을 살펴보자. 일단 이론적으로 교육, 직업, 소득간의 인과적 흐름의 '순서'가 결정되고 나면, 우리는 이 인과적인 영향력의 흐름을 화살표로 표시하여 모형을 설정할 수 있다. 그리고 회귀분석기법을 활용하여 교육에서 인과적 흐름을 따라 직업 및 소득, 그리고 직업에서 소득으로 이어지는 각각의 경로의 강도를 측정하게 된다. 이 측정은 실제로는 일련의 회귀식을 추정하는 과정에서 얻어진 표준화회귀계수(standardized regression coefficient; *Beta*)의 값들을 이용하여 특정 변수가 후속 변수에 미치는 직접 및 간접적인 영향력의 정도를 산출하는 방식으로 이루어진다.

이 장에서는 우선 경로모형(path model)의 정립에 필요한 기본 가정 및 한계점에 대한 자세한 설명이 이루어질 것이다. 아울러 경로분석과정에서 경로계수(經路係數, path coefficient)를 산출하는 방법과, 공변량(共變量, covariation)을 분해하여 직접효과(直接效果, direct effect), 간접효과(間接效果, indirect effect) 및 비인과효과(非因果效果, non-causal effect)를 계산해내고 그 결과를 해석하는 방법이 설명될 것이다. 이 장에서는 또한 구체적인 자료를 사용한 분석 사례와 함께, 과대식별 경로모형(過大識別 經路模型, over-identified path model)에 관한 논의가 이루어진다.

11. 2 경로모형의 정립과 기본 가정

경로모형(path model)을 정립하기 위해서는 기본적으로 인과적 흐름의 순서(causal order)와 인과적 폐쇄성(causal closure) 2의 두 가정이 전제되어야 한다. 그리고 이 두 가정을 충분히 이해하기 위해서는 우선 경로분석에서 인과성(因果性, causality) 또는 인과효과(因果效果, causal effect)를 어떻게 규정하고 측정하는가에 대하여 설명할 필요가 있다.

가령 변수 X_2가 X_1의 원인이라는 인과관계가 설정되었다 하자. 이는 오직 X_2의 값이 변할 때만 X_1에 변화가 이루어지게 됨을 의미한다. 물론 그 역은 성립하지 않는다. 그런데 여기서 X_2를 변화시킬 때 X_1의 원인이 되는 다른 모든 변수들이 통제된다는 뜻은 아니다. X_2의 값이 바뀌면 X_2에 의해서 영향을 받는 다른 변수들에 변화가 초래될 것이고, 이는 다시 X_1에 영향을 미치게 된다. 따라서 경로분석에서 X_2가 X_1에 미치는 인과효과를 논할 때는 이렇게 다른 변수들에 의해서 유발되는 변화가 통제되어서는 안된다.

이제 이 두 변수간의 인과관계가 선형(linear)이고, 가법적(additive)이며, 동시에 일방적(unidirectional)이라는 조건을 충족시킨다 가정하자. X_2를 일정량 변화시킬 때(이를 x_2라 하자), X_1에 수반되는 변화량(x_1)과의 관계는 다음과 같이 선형함수로 표시될 수 있다.

$$x_1 = C_{12}\ x_2 \tag{11.2.1}$$

여기서 C_{12}는 x_2의 단위량 변화에 따른 x_1의 변화의 정도를 나타내는 상수이며, 선형인과효과계수(線型因果效果係數, linear causal effect coefficient) 또는 단순히 효과계수(效果係數, effect coefficient)로 불린다.

그런데 가령 X_1을 X_2에 회귀시켰을 때, 즉 회귀식

$$X_1 = \alpha + \beta X_2 \tag{11.2.2}$$

에서 회귀계수(regression coefficient) β는 효과계수로 해석될 수 없다. 엄밀한 의미에서 회귀계수 β는 X_2를 단위량 변화시킴에 따라 기대되는 X_1의 변화량을 측

정하는 것이 아니라, X_2의 값이 1단위량만큼 차이나는 두 개의 집단에서 기대되는 X_1 값의 차이를 측정하기 때문이다. 그러나 물론 인과적 흐름의 순서와 인과적 폐쇄성의 두 가정이 충족된다면, 이 두 계수 β와 C_{12}의 값은 같아진다. 결국 경로분석은 경로모형을 설정하여 이 두 가정을 시각적으로 명백히 전제하고 회귀계수를 효과계수로 해석하는 분석기법이라고 할 수 있다.

그러면 이제 경로분석의 첫 번째 가정, 즉 인과적 흐름의 순서(causal order)에 대하여 생각해 보자. 가령 두 개의 주어진 변수 X_1과 X_2 사이에 $X_2 \gg X_1$로 인과적 흐름의 가정이 설정되었을 때, X_2는 X_1에 영향을 미칠 수 있지만, 반대로 X_1이 X_2에 미치는 영향력의 가능성은 배제된다. 예를 들어 나이, 성, 인종과 같은 인구학적인 변수로 개인의 행동을 설명하거나, 또는 두 변수가 측정된 시점이 명백하게 차이가 있을 때에는 인과적 흐름의 순서가 명백해진다. 하지만 실제의 상황에서는 인과적 흐름의 순서가 이처럼 항상 명백한 것만은 아니다. 사회과학의 분석대상이 되는 변수들간의 관계는 인과적인 흐름이 일방적(一方的, unidirectional)이 아니라 서로 영향을 주고받는 양방적인 경우가 많으며, 또한 원인과 결과를 분간하기 힘든 모호한 인과관계도 있을 수 있다. 그러나 이 장에서의 논의는 변수들간의 인과적 흐름의 방향이 일방적인 경우에 국한되며, 변수들간에 인과적인 영향을 서로 주고받거나 반복되는 경우(reciprocal causation)는 제외된다.

경로분석을 위해서는 또한 인과적 폐쇄성(causal closure)의 가정이 필요하다. 그러나 이 가정은 종종 정당화되기 어렵다는 약점을 지닌다. 일단 $X_2 \gg X_1$로 인과적 흐름의 가정이 설정되면, 두 변수간에 관찰되는 공변량(observed covariation)의 원인은 ① X_1이 X_2에 인과적으로 종속되어 있기 때문이거나; ② X_1과 X_2 모두가 다른 변수(들)에 의해서 영향을 받기 때문에; 또는 ③ 이 두 가지 경우가 모두 해당되는 상황을 생각할 수 있다. 여기서 두 변수간의 공변량을 설명할 수 있는 인과구조의 가능한 형태를 제시하면 〈그림 11-2〉와 같다.

〈그림 11-2〉의 (a)에서 외부의 변수 Z는 X_2나 X_1과 인과적인 관계를 나타내지 않는다; (b)에서 Z는 X_1에 영향을 미치지만 X_2와는 관계가 없다; (c)에서 Z는 X_2와 X_1 모두의 원인이 된다. 그러나 Z가 X_1에 미치는 영향력은 X_2에 의해서만 전달된다. 따라서 이들 (a) (b) (c)의 인과구조는 X_2와 X_1의 두 변수간의 공변량이 외부의 영향력으로부터 폐쇄되어 있다는 공통점을 지닌다.

그림 11-2 인과구조의 형태

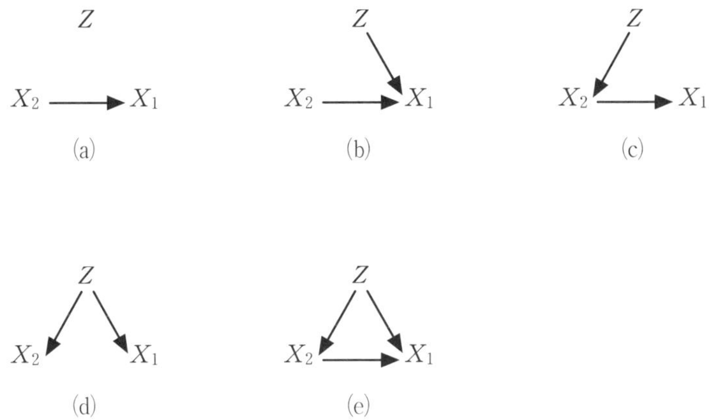

한편, 〈그림 11-2〉의 (d)에서 X_2와 X_1은 의사관계(擬似關係, spurious relationship)를 나타내고 있다. 여기서 X_2와 X_1 간에는 아무런 인과관계도 존재하지 않는다. 이 두 변수간에 관찰되는 공변량은 이들 모두가 외부의 변수 Z에 인과적으로 종속되어 있기 때문이다. 마지막으로, (e)의 경우에 X_2와 X_1의 공변량은 부분적으로는 X_2에 대한 X_1의 인과적인 종속에 기인하는 것이고, 동시에 부분적으로는 이 두 변수가 외부의 원인변수 Z를 공유하기 때문이다. 따라서 (d)와 (e)의 인과구조에서는 X_2와 X_1의 공변량이 외부의 영향력으로부터 폐쇄된 것으로 볼 수 없으며, 이러한 경우에는 경로분석을 행할 수 없다.

그러면 여기서 〈그림 11-1〉에 제시된 소득의 경로모형을 살펴보자. 일반적으로 변수들간의 인과적 흐름의 순서와 방향은 직선의 화살표로 표시된다. 따라서 이 경로모형에서 인과적 흐름의 순서는 $X_3 \gg X_2 \gg X_1$의 형태를 취하고 있다. 즉, 소득(X_1)은 교육(X_3)과 직업(X_2) 두 변수의 영향을 받는 종속변수로 설정되어 있음을 확인할 수 있다. 또한 직업(X_2)은 교육(X_3)의 영향을 받아 이를 소득(X_1)에 전달하는 매개변수(媒介變數, intermediate variable)로 설정되었다. 이 모형에서 교육(X_3)은 다른 변수의 영향을 받는 것이 아니라 이미 주어진 것으로 간주되는데, 이러한 변수를 외생변수(外生變數, exogenous variable)라 한다. 그리고 직업(X_2)이나 소득(X_1)처럼 이 모형 안에서 다른 변수(들)에 의해 설명되는 변수들을 내생변수(內生變數, endogenous variable)라 부른다.

한편 〈그림 11-1〉에서는 교육(X_3)과 E_2 및 E_1, 그리고 직업(X_2)과 E_1 사이에는 아무런 연결이 이루어지지 않고 있다. 이는 경로모형이 폐쇄된 인과구조를 지닌다는 가정을 충족시키기 위해서이다. 여기서 E_2와 E_1은 각각 직업(X_2)과 소득(X_1)의 모든 잔여원인변수(殘餘原因變數, residual causal variables)를 의미하며, 잠재변수(潛在變數, latent variable)라고도 불린다. 그리고 이들 잔여원인변수로부터 내생변수로 하나의 화살표가 이어지게 되는데, 이를 잔여경로(殘餘經路, residual path), 또는 잠재경로(潛在經路, latent path)라 한다.

경로분석을 위해서는 이상 언급된 인과적 흐름의 순서(causal order)나 인과적 폐쇄성(causal closure) 이외에도 회귀분석에 적용되는 가정들을 포함하여 아래 사항들이 엄격하게 충족되어야 한다. 이 가정들은 〈표 11-1〉에 요약 정리되어 있다.

(1) 경로모형의 설정에 오류(specification error)가 없다. 이는 매우 기본적인 가정으로서, 설정된 경로모형에 이론적 결함으로 인하여 필요한 변수가 누락되거나, 반대로 부적절한 변수가 포함되었다면 인과구조를 정확히 파악할 수 없게 된다. 또한 경로분석을 위해서는 모형에 포함되지 않은 잔여변수(residual variable)들이 선행변수들과 또는 잔여변수들끼리 상호 연관되어 있지 않다는 가정이 충족되어야 한다. 예를 들면, 〈그림 11-1〉에서 E_2와 교육(X_3), E_1과 교육(X_3) 및 직업(X_2), 그리고 E_2와 E_1은 상관관계를 보이지 않는다. 이는 설정된 경로모형에 적절한 모든 변수들이 포함되었음을 의미한다. 한편, 경로모형에서 외생변수(外生變數, exogenous variable)는 주어진 것으로 간주되며, 외생변수들간의 상관관계 역시 주어진 것으로 간주되어 분석대상에서 제외된다.

(2) 경로모형에 포함된 변수들에 측정오차(measurement error)가 없다. 변수들에 측정오차가 있으면 경로계수 및 효과계수의 추정이 부정확해진다. 특히 경로계수들을 얻기 위해 회귀분석을 반복하는 과정에서, 독립변수의 측정에 오차가 개입되면 추정된 결과는 불편성(不偏性, unbiasedness)을 상실하게 된다. 그러나 만약 종속변수에만 무작위적인 측정오차가 있는 경우에는 OLS 방식에 의하여 추정된 경로계수는 불편성을 유지하게 된다.

표 11-1 경로분석의 가정

▪ 기본 가정

1. 독립변수들간에 인과적 흐름의 순서(causal order)가 있고, 인과적 흐름의 방향이 일방적(unidirectional)이다.
2. 경로모형은 폐쇄적인 인과구조(causal closure)를 지닌다.

▪ 부수 가정

1. 경로모형 설정에 오류가 없다.
   a. 모형에 포함된 변수들은 모두 적절한 것이고, 누락된 변수가 없다.
   b. 잔여변수(residual variable)들이 선행변수들과 또는 잔여변수들끼리 상호 연관되어 있지 않다.
   c. 외생변수(exogenous variable)는 주어진 것으로 간주된다.
2. 변수들에 측정오차가 없다.
3. 변수들간의 관계가 선형(linear)이고 가법적(additive)이다.
4. 모든 변수들이 등간척도(interval scale)로 측정된다.
5. 독립변수들간에 다중공선성(multicollinearity)이 존재하지 않는다.
6. 잔차에 대한 다음의 가정들이 충족된다.
   a. 잔차의 기대값은 0이다.
   b. 잔차들은 정규분포를 이룬다.
   c. 잔차들은 동분산성(homoscedasticity)을 지닌다.
   d. 잔차들끼리 자기상관(autocorrelation)이 없다.

(3) 경로모형에 포함된 변수들간의 관계는 선형(線型, linear)이고 가법적(加法的, additive)이어야 한다. 경로모형에서는 변수들간의 비선형(非線型, non-linear) 관계, 다항회귀(多項回歸, polynomial regression), 그리고 승법적(乘法的, multiplicative)인 상호작용(相互作用, interaction) 관계를 다룰 수 없다.

(4) 경로모형에 포함되는 모든 변수들은 등간척도(等間尺度, interval scale)로 측정되어야 한다. 회귀분석에서 편법으로 사용되는 가변수(假變數, dummy variable)나 이분종속변수(二分從屬變數, dichotomous dependent variable)는 경로모형에 포함될 수 없다.

(5) 회귀식을 반복적으로 추정하는 과정에서 독립변수간에 다중공선성(多重共

線性, multicollinearity)이 존재하지 않는다. 경로분석에서는 다중공선성을 교정하거나 이에 대처하는 방안이 극히 제한을 받는다.

(6) 회귀식의 추정을 반복하는 과정에서 잔차(residual)에 관한 다음의 가정들이 충족된다. 즉 잔차의 기대값은 0이고, 정규분포(normal distribution)를 이룬다. 또한 잔차는 동분산성(同分散性, homoscedasticity)을 지니며, 잔차끼리 자기상관(自己相關, autocorrelation)을 나타내지 않는다. 이러한 가정들에 관한 상세한 논의는 제 2 장과 제 3 장에 이루어진 바 있다.

결국 경로분석은 통계적으로는 중다회귀분석을 반복하여 행하는 것이기 때문에 설정오류(specification error), 측정오차(measurement error) 등을 비롯하여 위에 요약된 회귀분석의 기본 가정들이 위반됨으로써 초래되는 결과는 경로분석에도 마찬가지로 적용되기 마련이다. 위에 제시된 가정들이 엄격히 충족되지 못하는 상황이나 그 결과에 관한 자세한 논의는 Bohrnstedt와 Carter(1971), Duncan(1975), Heise(1969, 1975), Kenny(1979), 그리고 Berry와 Feldman(1985)을 참조하면 좋을 것이다.

11.3 경로계수

일반적으로 경로모형에는 각 경로의 화살표 위에 경로계수(經路係數, path coefficient)를 표시하게 된다. 이 경로계수는 회귀식에서 얻은 독립변수의 비표준화회귀계수(unstandardized regression coefficient) 또는 표준화회귀계수(standardized regression coefficient; *Beta*)를 사용할 수 있다. 그러나 경로분석을 최초로 제안한 Wright를 비롯하여 대부분의 학자들이 관례적으로 표준화회귀계수(*Beta*)를 사용하고 있다. 표준화회귀계수를 경로계수로 사용하면 각 변수들이 다른 후속 변수에 미치는 영향력의 상대적인 크기를 나타내는 데 보다 유리하고, 따라서 분석결과의 해석이 보다 편리해지는 장점이 있다. 그러나, 표준화회귀계수를 사용하는 경우의 약점으로는 분석결과의 모집단간 비교 또는 일반화가 곤란해진다는 것을 지적할 수 있다. 이러한 장단점에 관한 상세한 논의는 Wright(1960a), Blalock(1968),

그림 11-3 두 변수로 구성된 경로모형

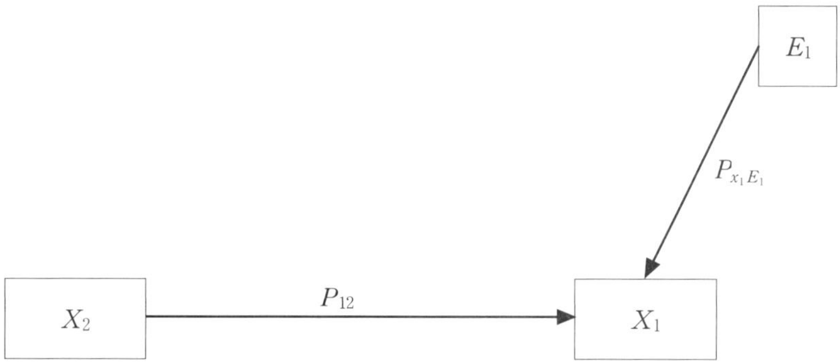

Duncan(1975), Schoenberg(1972) 및 Specht와 Warren(1976)을 참조하기 바란다.

그러면 우선 두 변수로 구성된 가장 간단한 형태의 경로모형을 살펴보자. 〈그림 11-3〉에서 경로계수 P_{12}의 값은 X_1을 X_2에 회귀시켰을 때 추정되는 회귀식에서 독립변수 X_2의 표준화회귀계수 β^*_{12}와 같다. 그리고 경로모형에 포함되는 변수가 두 개인 상황에서 경로계수 P_{12}는 X_1과 X_2 사이의 상관계수 r_{12}의 값과도 같아진다. 즉,

$$P_{12} = \beta^*_{12} = r_{12} \tag{11.3.1}$$

한편, 잔여원인변수로부터의 경로계수 $P_{x_1E_1}$은 다음과 같이 계산된다.

$$P_{x_1E_1} = \sqrt{1 - R^2_{x_1x_2}} \tag{11.3.2}$$

두 변수로 구성된 경로모형의 분석은 회귀분석에 비교하여 별다른 정보를 추가로 필요로 하거나 제공하지 않는다. 그러나 변수를 하나 더 도입하여, 〈그림 11-1〉과 같이 세 변수로 경로모형이 구성되면 상황은 달라진다. 우선 〈그림 11-1〉에 제시된 경로계수들을 구하는 방법을 생각해 보자. 경로계수 P_{23}은 X_2를 X_3에 회귀시켜 얻는 X_3의 표준화회귀계수 β^*_{23}이다.

$$\widehat{X}_2 = \beta^*_{23} X_3 \tag{11.3.3}$$

마찬가지로 P_{13}과 P_{12}는 X_1을 X_3와 X_2에 회귀시켜 얻는다.

$$\widehat{X}_1 = \beta^*_{13} X_3 + \beta^*_{12} X_2 \tag{11.3.4}$$

그러면 이를 일반화시키기 위해 경로모형에 n개의 변수가 주어지고, 인과적 흐름의 순서가 $X_n \gg X_{n-1} \gg \ldots \gg X_2 \gg X_1$과 같이 설정되었다 하자. 이 모형에 포함된 경로계수를 모두 구하기 위해서는 각각의 $(n-1)$ 하위변수(low-order variable)를 종속변수로 하고 모든 선행변수(high-order variable)를 독립변수로 하여 $(n-1)$개의 회귀식을 추정해내면 된다.

그러면 이제 구체적인 분석결과를 살펴보자. 〈그림 11-4〉에는 두 번의 회귀분석을 통하여 추정된 소득 경로모형의 경로계수들이 제시되어 있다. 직업(X_2)을 종속변수로 하고 교육(X_3)을 독립변수로 한 회귀식 (11.3.3)에서 구해진 표준화회귀계수 β^*_{23}, 즉 경로계수 P_{23}의 값은 0.5이다. 또한 소득(X_1)을 종속변수로, 그리고 교육(X_3)과 직업(X_2)을 독립변수로 삼은 회귀식 (11.3.4)에서는 P_{13}과 P_{12}의 값이 각각 0.4와 0.2로 추정되었다. 이들 경로계수의 값들은 회귀분석의 표준화회귀계수(*Beta*)와 마찬가지 방법으로 해석이 가능하다. 예를 들어, P_{23}의 추정값 0.5는 교육(X_3) 변수가 자신의 표준편차 단위로 1단위만큼 증가할 때, 직업(X_2)은 자신의 표준편차 단위로 0.5단위씩 증가하게 됨을 의미한다. 경로계수를 활용하고 해석하는 방법은 다음 절에서 상세히 논의된다.

세 변수로 구성되는 경로모형의 분석결과는 두 변수의 경로모형보다 훨씬 복잡해진다. 가령 각각의 경로계수를 단지 0과 0이 아닌 값의 두 가지로 구분한다고 하더라도, 세 변수로 구성된 경로모형에서 가능한 인과구조의 형태는 8가지가 된다(〈그림 11-2〉에는 이 중 5가지 형태만 제시되어 있다). 그리고 변수가 하나 더 추가되어 네 변수의 경로모형이 되면, 가능한 인과구조의 형태는 16가지로 늘어나게 된다. 경로분석의 가장 중요한 장점은, 앞에서 언급한 두 가지 기본 가정이 충족된다는 전제하에서, 주어진 자료가 어떤 인과구조의 형태에 부합되는가를 시각적으로 쉽게 확인할 수 있게 해준다는 것이다.

그림 11-4 소득 경로모형의 분석결과

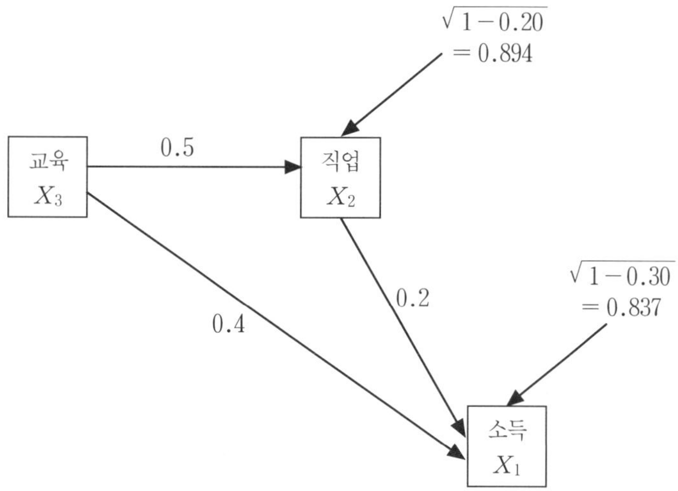

한편, 〈그림 11-4〉의 경로계수 추정을 위한 두 번의 회귀분석에서 구해진 (중다) 결정계수 R^2의 값은 각각 0.20과 0.30이다. 이는 이 경로모형에 제시된 인과구조로는 직업(X_2) 분산의 80%, 그리고 소득(X_1) 분산의 70%가 설명되지 않고 있음을 의미한다. 이에 따라 잔여원인변수로부터의 경로계수 $P_{x_2E_2}$와 $P_{x_1E_1}$는 (11.3.2)의 공식을 활용하여 각각 0.894와 0.837로 계산되었다.

11.4 공변량(covariation)의 분해

앞절에서 언급한 경로계수들은 교육(X_3)이 직업(X_2)과 소득(X_1)에, 그리고 직업(X_2)이 소득(X_1)에 미치는 직접적인 인과효과만을 측정한 것이다. 따라서 경로계수만으로는 두 변수간의 인과적 효과를 완전히 파악할 수 없다. 변수 X_i가 X_j에 미치는 효과를 측정하는 효과계수(effect coefficient) C_{ij}는 경로계수 P_{ij}와 같거나 더 큰 값을 지니게 된다. 〈그림 11-4〉의 소득 경로모형에서 효과계수는 다음과 같이 산출될 수 있다.

$$C_{23} = P_{23} = 0.5$$
$$C_{13} = P_{13} + (P_{23} \times P_{12}) = 0.4 + (0.5 \times 0.2) = 0.5$$
$$C_{12} = P_{12} = 0.2 \quad (11.4.1)$$

여기서 효과계수 C_{13}을 살펴보자. 만약 교육(X_3)을 1 표준편차 단위만큼 증가시키면 소득(X_1)은 0.4가 아닌 0.5 표준편차 단위만큼 증가하게 된다. 교육(X_3)이 소득(X_1)에 직접적으로 미치는 효과는 0.4이지만, 교육(X_3)이 직업(X_2)을 변화시키고 직업(X_2)이 다시 소득(X_1)을 변화시키는 효과가 가산되기 때문이다. 교육(X_3)에서 직업(X_2)을 거쳐 소득(X_1)으로 간접적으로 전달되는 효과를 산출하기 위해서는 단순히 두 경로계수 P_{23}과 P_{12}를 곱하면 된다.

경로분석에서 일단 인과적 흐름의 순서가 설정되면 두 변수간의 공변량(共變量, covariation)을 인과적 효과(因果的 效果, causal effect)와 비인과적 효과(非因果的 效果, non-causal effect)로 구분하고, 인과적 효과를 다시 직접효과(直接效果, direct effect)와 간접효과(間接效果, indirect effect)로 분해하는 것이 가능해진다. 즉

$$\text{공변량} = \text{인과적 효과}(\text{직접효과} + \text{간접효과}) + \text{비인과적 효과} \quad (11.4.2)$$

의 관계가 성립하게 된다. 〈그림 11-4〉의 소득 경로모형에서 상관계수 r로 표시되는 두 변수간의 공변량을 분해한 결과는 〈표 11-2〉에 제시되어 있다.

〈표 11-2〉에 제시된 처음 두 변수 교육(X_3)과 직업(X_2)의 관계는 경로모형의 기본 가정들을 재확인하는 것에 불과하다. 두 변수간의 공변량 전체가 직접적인 인과효과(0.5)로 간주되었기 때문이다. 〈표 11-2〉에서 경로모형의 기본 가정에 따라 존재가 부정된 공변량의 구성요소는 부호 −로 처리되었다. 또한, 이 표에서는 교육(X_3)과 소득(X_1)의 공변량도 모두 인과적 효과(0.5)로 밝혀졌으며, 두 변수 사이에 비인과적 효과는 존재하지 않는다. 그런데 이 인과적 효과는 직업(X_2)을 통해서 간접적으로 전달되는 효과(0.1)와 직업(X_2)을 통하지 않고 직접 전달되는 효과(0.4)로 분해되었다. 경로분석은 이처럼 인과관계의 어느 정도가 중간에 개입되는 매개변수(intermediate variable)에 의해서 전달되는가를 확인할 수 있게 해준다.

표 11-2 3변수로 구성된 소득 경로모형에서 공변량의 분해

	(직업 · 교육) $X_2\ X_3$		(소득 · 교육) $X_1\ X_3$		(소득 · 직업) $X_1\ X_2$	
(a) 공변량	r_{23}	0.5	r_{13}	0.5	r_{12}	0.4
(b) 인과효과	r_{23}	0.5	r_{13}	0.5	P_{12}	0.2
(c) 직접효과	P_{23}	0.5	P_{13}	0.4	P_{12}	0.2
(d) 간접효과	–	–	$P_{23}\ P_{12}$	0.1	–	–
(e) 비인과효과	–	–	–	–	$r_{12}-P_{12}$	0.2

우리는 또한 경로분석을 통해서 두 변수간의 관계의 인과적 폐쇄성에 대한 부분적인 검증을 할 수 있다. 〈표 11-2〉에서 직업(X_2)과 소득(X_1)의 관계는 직접적인 인과효과(0.2)와 비인과효과(0.2)로 분해되었다. 즉 두 변수간의 공변량의 50%가 비인과적인 의사관계(spurious relationship)에 의한 것임이 확인된 셈이다.

경로모형에 포함되는 변수가 늘어나면, 경로계수의 추정은 물론 공변량의 분해, 특히 간접효과의 계산과정이 더욱 복잡해진다. 그러면 여기서 변수를 하나 더 추가하여 네 변수로 경로모형을 구성하여 보자. 〈그림 11-5〉에 제시된 경로모형은 교육(X_3), 직업(X_2) 및 소득(X_1)의 세 변수로 출산력(X_0)을 설명하는 인과구조를 설정하고, 경로계수들을 추정하여 그 결과를 함께 제시한 것이다. 이 모형에서 공변량은 〈표 11-3〉의 방법에 따라 분해할 수 있으며, 실제 자료를 사용한 분해결과는 〈표 11-4〉와 같다.

〈표 11-3〉과 〈표 11-4〉에서도 부호 –로 표시된 것은 경로모형의 기본 가정에 따라 그 존재가 부정된 공변량의 구성요소를 의미한다. 따라서 직업(X_2)과 교육(X_3)의 공변량 r_{23}(0.50)은 전체가 교육(X_3)이 직업(X_2)에 미치는 직접적인 인과효과로 간주되며, 나머지 구성요소들의 값은 존재하지 않는다. 또한 〈표 11-3〉과 〈표 11-4〉에서는 (b)=(c)+(d), 그리고 (e)=(a)−(b)의 관계가 항상 성립하기 마련이다. 그러나 인과효과의 총합은 다른 방법으로도 계산이 가능하다. 예를 들면, 출산력(X_0)과 직업(X_2) 간의 인과효과 $\beta^*_{02.3}(-0.34)$는 출산력(X_0)을 직업(X_2)과 교육(X_3)에 회귀시켜 추정되는 회귀식에서 얻게 되는 직업(X_2)

그림 11-5 4변수로 구성된 출산력의 경로모형

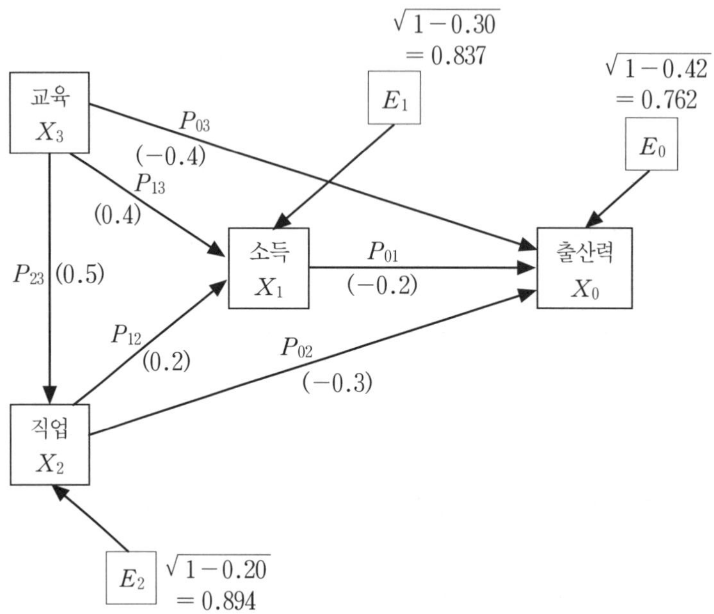

의 표준화회귀계수의 값이다. 즉,

$$\widehat{X}_0 = \beta^*_{02.3} X_2 + \beta^*_{03.2} X_3 \qquad (11.4.3)$$

이는 직업 (X_2) 이 출산력 (X_0) 에 미치는 인과효과의 총합을 계산하기 위해서는 매개변수인 소득 (X_1) 을 통제할 필요가 없다는 것을 의미한다.

지금까지 살펴본 경로모형들은 외생변수(exogenous variable)가 하나이고 나머지는 모두 내생변수(endogenous variable)로 구성되어 있다는 공통점을 지닌다. 그런데 우리는 실제로 경로모형을 설정하는 과정에서 두 개 이상의 외생변수가 포함되고, 외생변수간의 공변량이 비인과적인 상황에 흔히 접하게 된다. 〈그림 11-6〉에 제시된 경로모형에서 X_3와 X_2는 외생변수이다. 이 모형에서는 X_3와 X_2 사이에 인과관계가 설정된 대신에 두 변수가 구부러진 양방향의 화살표로 연결되어 있다. 이 경우에 이 두 변수간의 공변량은 주어진 것으로 간주되며 이들간의 인과관계는 분석대상에서 제외된다.

표 11-3 4변수로 구성된 출산력 경로모형에서의 공변량의 분해

	(직업 · 교육) $X_2\,X_3$	(소득 · 교육) $X_1\,X_3$	(출산력·교육) $X_0\,X_3$	(소득 · 직업) $X_1\,X_2$	(출산력·직업) $X_0\,X_2$	(출산력·소득) $X_0\,X_1$
(a) 공변량	r_{23}	r_{13}	r_{03}	r_{12}	r_{02}	r_{01}
(b) 인과효과	r_{23}	r_{13}	r_{03}	P_{12}	$\beta^*_{02.3}$	P_{01}
(c) 직접효과	P_{23}	P_{13}	P_{03}	P_{12}	P_{02}	P_{01}
(d) 간접효과	–	$P_{23}\,P_{12}$	$P_{23}\,P_{12}\,P_{01}$ $+P_{23}\,P_{02}$ $+P_{13}\,P_{01}$	–	$P_{12}\,P_{01}$	–
(e) 비인과효과	–	–	–	$r_{12}-P_{12}$	$r_{02}-\beta^*_{02.3}$	$r_{01}-P_{01}$

표 11-4 4변수로 구성된 출산력 경로모형에서의 공변량의 분해결과

	(직업 · 교육) $X_2\,X_3$	(소득 · 교육) $X_1\,X_3$	(출산력·교육) $X_0\,X_3$	(소득 · 직업) $X_1\,X_2$	(출산력·직업) $X_0\,X_2$	(출산력·소득) $X_0\,X_1$
(a) 공변량	0.50	0.50	−0.65	0.40	−0.35	−0.25
(b) 인과효과	0.50	0.50	−0.65	0.20	−0.34	−0.20
(c) 직접효과	0.50	0.40	−0.40	0.20	−0.30	−0.20
(d) 간접효과	–	0.5×0.2	0.5×0.2×(−0.2)+0.5×(−0.3)+0.4×(−0.2)	–	0.2×(−0.2)	–
(e) 비인과효과	–	–	–	0.20	−0.01	−0.05

〈그림 11-6〉의 경로모형에서 경로계수 P_{13}과 P_{12}는 X_1을 종속변수로 하고 X_3와 X_2를 독립변수로 하는 회귀식에서 추정된다. 그리고 P_{03}, P_{02}, P_{01}의 값은 X_0를 종속변수로 하고 X_3, X_2, X_1을 독립변수로 하는 회귀식에서 구할 수 있다. 단지, 〈그림 11-5〉에 제시된 출산력의 경로모형에 비해서, X_2를 종속변수로 하는 회귀식의 추정이 생략된다는 점이 다를 뿐이다. 그러나 X_3와 X_2 사이의 공변량 r_{23}이 주어진 것으로 간주되어 분석대상이 아니기 때문에, 〈그림 11-5〉의 모형과

비교할 때, 두 외생변수 X_3와 X_2 간의 경로를 포함하는 모든 간접효과, 인과효과 및 비인과효과의 값들이 달라지게 된다. 이 모형에 포함된 두 변수간의 공변량을 분해하는 방법은 〈표 11-5〉에 구체적으로 제시되어 있다.

그림 11-6 외생변수간의 공변량이 비인과적인 경로모형

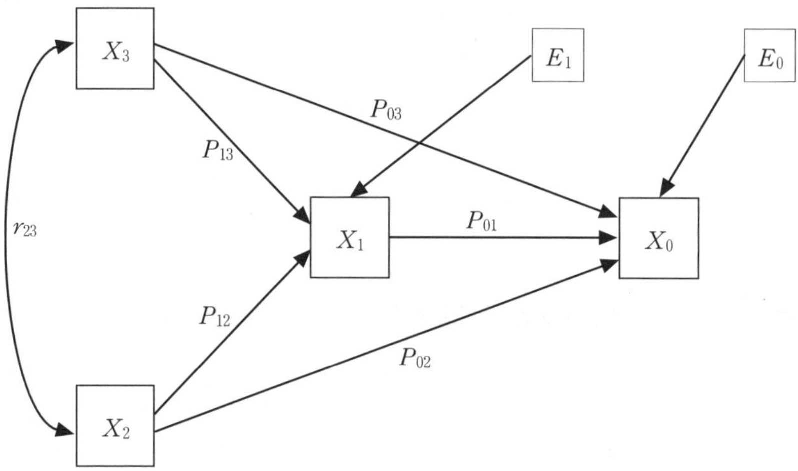

표 11-5 외생변수간의 공변량이 비인과적인 경로모형에서의 공변량의 분해

	$X_2\,X_3$	$X_1\,X_3$	$X_0\,X_3$	$X_1\,X_2$	$X_0\,X_2$	$X_0\,X_1$
(a) 공변량	r_{23}	r_{13}	r_{03}	r_{12}	r_{02}	r_{01}
(b) 인과효과	–	P_{13}	$\beta^*_{03.2}$	P_{12}	$\beta^*_{02.3}$	P_{01}
(c) 직접효과	–	P_{13}	P_{03}	P_{12}	P_{02}	P_{01}
(d) 간접효과	–	–	$P_{13}\,P_{01}$	–	$P_{12}\,P_{01}$	–
(e) 비인과효과	r_{23}	$r_{23}\,P_{12}$	$r_{23}\,P_{12}\,P_{01}$ $+r_{23}\,P_{02}$	$r_{23}\,P_{13}$	$r_{23}\,P_{13}\,P_{01}$ $+r_{23}\,P_{03}$	$P_{03}\,P_{13}$ $+P_{02}\,P_{12}$ $+P_{03}\,r_{23}\,P_{12}$ $+P_{02}\,r_{23}\,P_{13}$

11.5 경로분석의 사례

그러면 이제 이해를 돕기 위해 실제 자료를 가지고 경로분석을 하여 보자. 〈그림 11-7〉에는 Pedhazur(1982: 601)에서 인용한 학업성적을 설명하기 위한 경로모형이 제시되어 있다. 이 모형에서 사회경제적 지위(SES)와 지능은 외생변수로 간주되었으며, 모두 성취동기에 영향을 미친다. 그리고 이 세 변수는 모두 종속변수인 학업성적에 영향을 미치는 것으로 인과관계가 설정되었다. 〈그림 11-7〉에서 사회경제적 지위(SES)와 지능 사이에 수록된 계수는 두 변수간의 단순상관계수 r이며, 나머지는 경로계수의 값들로 두 번의 회귀분석을 통하여 추정된 것이다. 이 모형에 포함된 변수들간의 공변량을 분해한 결과는 〈표 11-6〉과 같다.

〈표 11-6〉에서 보는 것처럼, 사회경제적 지위(SES)와 지능 간의 공변량(0.30)은 이 두 변수가 외생변수로 경로모형에 포함되었기 때문에 주어진 것으로 간주되며, 분해될 수 없다. 그러나 사회경제적 지위(SES)와 성취동기 간의 공변량(0.41)은 사회경제적 지위(SES)가 성취동기에 미치는 직접효과(0.40)와 나머지 부분(0.01)의 두 구성요소로 분해된다. 이 나머지 부분은 사회경제적 지위(SES)와 또 다른 외생변수인 지능과의 비인과적인 공변량으로 인하여 더 이상 분석될 수 없다.

이 경로모형의 분석결과를 보면, 사회경제적 지위(SES)가 학업성적에 직접적으로 미치는 효과는 0.01로 매우 작다. 그러나, 사회경제적 지위(SES)가 성취동기를 통하여 학업성적에 간접적으로 미치는 효과는 0.17로 산출되었다. 따라서 사회경제적 지위(SES)가 종속변수인 학업성적에 미치는 효과계수는 직접효과와 간접효과를 합하여 0.18이 되며, 사회경제적 지위(SES)와 학업성적의 공변량의 나머지 부분(0.15)은 비인과효과로, 더 이상 분석되지 않은 채로 남게 된다.

이 모형에서는 또한 지능이 성취동기에 미치는 직접효과 역시 0.04로 매우 작게 나타나고 있다. 지능과 또 다른 외생변수인 사회경제적 지위(SES) 간에 나타나는 비인과적인 공변량으로 인하여 이 직접효과를 제외한 나머지 공변량(0.12)은 더 이상 설명될 수 없다. 한편 지능과 학업성적과의 공변량의 대부분은 지능이 학업성적에 미치는 직접효과(0.50)로 설명된다. 지능이 성취동기를 통해서 학업성적에 미치는 간접효과는 0.02에 불과하다. 따라서 지능이 학업성적에 미치는 효과계수는 직접효과와 간접효과를 합한 값인 0.52가 되며, 나머지 공변량 0.05는 분석

그림 11-7 학업성적 경로모형의 분석결과

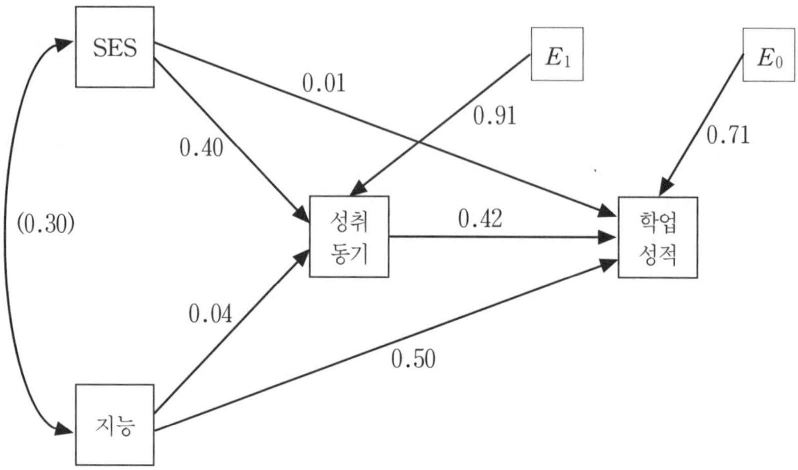

되지 않은 채로 남게 된다.

한편, 이 모형에서 성취동기가 종속변수인 학업성적에 미치는 직접효과는 0.42이다. 두 변수 사이의 나머지 공변량(0.08)은 두 변수가 외생변수인 사회경제적 지위(SES)와 지능을 공유하는 데 기인하는 의사상관(spurious correlation)으로 판명되었다.

이상에서 보는 것처럼 경로분석은 모형내의 특정 변수가 다른 변수에 미치는 직접효과를 측정해줄 뿐만이 아니라, 두 변수간의 공변량을 구성요소에 따라 분해하여 제시할 수 있기 때문에 인과구조를 파악하는 데 매우 편리한 도구가 된다.

〈표 11-6〉에서 인과효과로 분해된 공변량은 효과계수의 의미로 해석된다. 경로모형 내의 한 선행변수가 다른 변수에 미치는 영향력은 직접효과만으로는 적절히 측정될 수 없다. 직접효과의 지표인 경로계수가 산출되는 과정에서 내생변수에 영향을 미치는 모든 변수들이 통제되기 때문이다. 따라서 모형내의 다른 변수들을 매개로 하여 간접적으로 전달되는 효과가 측정에서 배제된다. 예를 들어, 〈그림 11-7〉에 제시된 경로계수(0.01)를 보면 사회경제적 지위(SES)는 학업성적에 거의 영향력을 행사하지 못한다고 결론짓기 쉽다. 그러나 〈표 11-6〉에 제시되어 있는 간접효과(0.17)를 배제한 상태에서의 영향력 논의는 인과구조의 본질을 왜곡하

표 11-6 학업성적 경로모형에서의 공변량의 분해결과

	(지능 · SES)	(성취동기 · SES)	(학업성적 · SES)	(성취동기 · 지능)	(학업성적 · 지능)	(학업성적 · 성취동기)
(a) 공변량	0.30	0.41	0.33	0.16	0.57	0.50
(b) 인과효과	–	0.40	0.18	0.04	0.52	0.42
(c) 직접효과	–	0.40	0.01	0.04	0.50	0.42
(d) 간접효과	–	–	0.4×0.42	–	0.04×0.42	–
(e) 비인과효과	0.30	0.3×0.04	0.3×0.04×0.42 +0.3×0.5	0.3×0.4	0.3×0.4×0.42 +0.3×0.01	0.01×0.4 +0.5×0.04 +0.01×0.3×0.04 +0.5×0.3×0.4

는 것이다. 경로계수만을 가지고 사회경제적 지위(SES)의 학업성적에 대한 효과로 해석하는 것은 마치 중다회귀분석을 행하는 것과 같다고 할 수 있다. 중다회귀분석에서는 모든 독립변수들이 외생변수로 간주되는 것과 마찬가지이기 때문이다.

경로분석에서 변수들이 내생변수에 미치는 영향력을 서로 비교하기 위해서는 효과계수를 이용하면 된다. 〈표 11-6〉에서 사회경제적 지위(SES), 지능, 성취동기의 학업성적에 대한 효과계수는 각각 0.18, 0.52와 0.42이다. 따라서 이 경로모형에서 학업성적에 가장 큰 영향력을 행사하는 변수는 지능이며, 다음에 성취동기, 사회경제적 지위(SES)의 순서로 영향을 미친다고 결론지을 수 있다.

이처럼 효과계수의 상호비교가 가능한 이유 중의 하나는 경로계수가 표준화회귀계수(*Beta*)로 측정되었기 때문이다. 만약, 단순히 인과법칙, 인과과정을 발견해 내거나, 한 모집단에서의 효과계수를 다른 모집단과 비교할 목적으로 경로분석을 행한다면 비표준화회귀계수를 경로계수로 사용하는 것이 보다 편리하다고 할 수 있다.

11.6 과대식별 경로모형(over-identified path model)

경로모형에서 식별(識別, identification)의 문제는 많은 학자들의 논의의 대상이 되어 왔다(Fisher, 1966; Johnston, 1972; Duncan, 1975; Heise, 1975). 경로모형은 적정식별모형(適正識別模型, just-identified model), 과대식별모형(過大識別模型, over-identified model), 과소식별모형(過小識別模型, under-identified model)의 세 가지 범주로 구분될 수 있다. 여기서 적정식별되었다는 것은 경로모형 안에서 구성되는 등식의 수가 추정할 경로계수의 수와 같음을 의미한다. 따라서 적정식별모형에서 모든 경로계수들은 하나의 값만을 갖도록 추정된다. 지금까지 이 장에서 다루어온 경로모형들은 모두 적정식별모형에 해당된다.

만약 경로계수의 추정에 필요한 것보다 더 많은 등식으로 구성되면 과대식별모형이 된다. 연구자가 특정 경로계수의 값을 0으로 설정하거나, 특정 변수들 사이에 간접적으로는 영향이 있더라도 직접효과가 없다고 가정하는 경우가 이에 해당된다.

그림 11-8 학업성적의 과대식별 경로모형

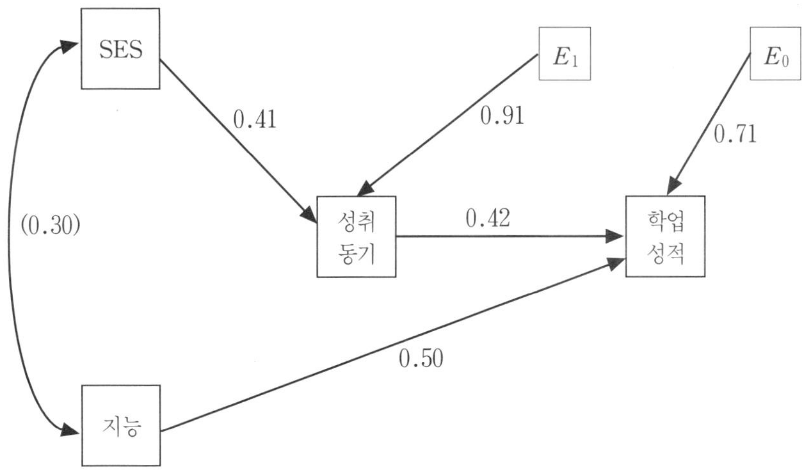

과소식별모형은 이와 반대로 경로계수의 추정에 필요한 정보가 불충분하게 주어져, 새로운 조건이 부여되지 않는 한 경로계수의 산출이 불가능한 경우이다. 따라서 실제의 분석상황에서는 활용되는 예가 아주 드문 실정이며, 여기서는 더 이상의 논의를 생략하기로 한다. 이에 관한 보다 자세한 논의는 Turner와 Stevens 1959) 또는 Duncan (1972)을 참조하기 바란다.

〈그림 11-7〉에 제시된 학업성적의 경로모형에서 사회경제적 지위(SES)가 학업성적에 미치는 직접효과는 0.01로 아주 미미한 것으로 판명되었다. 또한 지능이 성취동기에 직접적으로 미치는 영향력도 0.04로 비교적 작게 측정되었다. 여기서 이 두 개의 경로를 지운다고 가정해 보자. 즉 이 두 경로의 값이 0이라고 가정하면, 새로운 경로모형은 〈그림 11-8〉과 같이 과대식별모형(over-identified model)이 된다.

과대식별모형에서 경로계수의 산출은 지금까지 논의한 것과 마찬가지 방법으로 이루어진다. 〈그림 11-8〉에서는 성취동기를 사회경제적 지위(SES)에 회귀시켜 경로계수 0.41을 얻었고, 학업성적을 지능과 성취동기에 회귀시켜 각각 0.50과 0.42의 경로계수를 얻었다.

그러면 과연 〈그림 11-8〉에 제시된 과대식별모형은 자료와 부합하는가? 이를

표 11-7 학업성적의 과대식별 경로모형에서의 공변량의 재합성

	(지능 · SES)	(성취동기 · SES)	(학업성적 · SES)	(성취동기 · 지능)	(학업성적 · 지능)	(학업성적 · 성취동기)
(a) 공변량	0.30	0.41	0.33	0.16	0.57	0.50
(b) 인과효과	–	0.41	0.41×0.42	–	0.50	0.42
(c) 직접효과	–	0.41	–	–	0.50	0.42
(d) 간접효과	–	–	0.41×0.42	–	–	–
(e) 비인과효과	0.30	–	0.3×0.50	0.3×0.41	0.3×0.41 ×0.42	0.41×0.3 ×0.50
(f) 재합성된 공변량	0.30	0.41	0.32	0.12	0.55	0.48

확인하기 위해서는 우선 공변량, 즉 상관계수를 재합성해 볼 필요가 있다. 〈그림 11-8〉에 제시된 정보를 활용하여 상관계수를 재합성하는 과정과 결과는 〈표 11-7〉에 요약되어 있다.

과대식별 경로모형에서 〈표 11-7〉에 요약된 방법으로 직접 및 간접효과를 산출하는 것은 상당히 복잡하고 귀찮을 뿐만이 아니라 오류를 범할 가능성이 커진다. 모형에 포함되는 변수가 많을 경우에는 문제가 더욱 심각해진다. 이에 따라 과대식별모형에서의 간접효과 및 효과계수의 산출에는 Fox(1980)가 고안해낸 방법이 많이 활용되는데, 이 방법은 행렬대수(matrix algebra)를 이용하기 때문에 여기서 자세한 설명은 생략하기로 한다. 행렬대수의 운용은 SAS를 비롯한 주요 패키지 프로그램으로 쉽게 이루어질 수 있다. 구체적인 통계 프로그램의 작성을 통한 분석사례는 Pedhazur(1982: 608~614)이나 Greene(1977)을 참조하면 좋을 것이다.

〈표 11-7〉을 보면, 원래의 자료에서 관찰된 상관계수와 재합성된 상관계수 간의 차이는 비교적 미미하게 나타나고 있으며, 이 차이는 주로 표집오차(sampling error)에 기인하는 것으로 생각된다. 여기서 〈그림 11-8〉에 제시된 과대식별모형이 과연 자료에 부합하는 것인가를 통계적으로 검증하는 방법을 요약하면 아래와 같다.

일반적으로 과대식별모형의 검증은 원래의 자료에서 변수들간에 관찰되는 상관

표 11-8 학업성적의 경로모형에서 관찰된 상관관계와 과대식별모형에서 재합성된 상관관계

	SES	지능	성취동기	학업성적
사회경제적 지위(SES)	1.00	0.30	0.41	0.33
지능	*0.30*	1.00	0.16	0.57
성취동기	*0.41*	*0.12*	1.00	0.50
학업성적	*0.32*	*0.55*	*0.48*	1.00

관계와 〈표 11-7〉에서 재합성된 상관관계의 비교를 통하여 이루어진다. 〈표 11-8〉을 보면 상단에는 원래의 자료에서 관찰된 상관계수가, 그리고 하단에는 재합성된 상관계수가 이탤릭체로 제시되어 있는데, 이 상관계수의 행렬에서 χ^2의 값을 구한다. 이 때의 자유도(df)는 과대식별의 제한(over-identifying restrictions)이 가해지는 횟수가 된다. 여기서는 두 개의 경로의 값이 0으로 가정되었기 때문에 자유도는 2이다. 만약에 이렇게 구해진 χ^2의 값이 통계적으로 유의한 것으로 밝혀지면 특정 경로의 값이 0이라는 영가설은 기각되고, 과대식별모형이 자료와 부합되지 않는다고 결론지을 수 있다. 그러나 만약에 재합성된 상관계수가 원자료의 상관계수와 완전히 일치한다면 χ^2의 값은 0이 되며, 이는 과대식별모형의 적합도(goodness-of-fit)가 완벽함을 의미하는 것이다.

이제 Specht(1975)가 제시한 방법에 따라 실제로 계산을 하여보자. 제일 먼저, 과대식별의 제한이 가해지기 전인 〈그림 11-7〉의 경로모형에서 일반화제곱중다상관 R_m^2을 다음과 같이 구한다.

$$R_m^2 = 1 - (1 - R_1^2)(1 - R_2^2) \ldots (1 - R_p^2) \qquad (11.6.1)$$

단, R_i^2은 i번째 등식에서 얻은 보통제곱중다상관계수(ordinary squared multiple correlation coefficient)이다. 이 등식에서 괄호 안의 구성요소 $(1 - R_i^2)$들은 (11.3.2)에 제시된 바 있는 잔여원인변수로부터의 경로계수를 제곱한 값과 같다. 따라서 실제의 계산은 다음과 같아진다.

$$R^2_m = 1-(0.911)^2\,(0.710)^2$$
$$= 0.582 \qquad (11.6.2)$$

다음 단계는, 마찬가지 요령으로 과대식별모형 〈그림 11-8〉로부터 R^2_m에 해당하는 M의 값을 구하는 것이다.

$$M = 1-(1-R^2_1)(1-R^2_2)\ \dots\ (1-R^2_p)$$
$$= 1-(0.912)^2\,(0.710)^2$$
$$= 0.581 \qquad (11.6.3)$$

이렇게 구하는 M은 R^2_m보다는 작고 0보다는 큰 값을 지니게 된다. 과대식별모형이 완벽한 적합도를 보일 때는 $R^2_m = M$이 되며, 적합도가 떨어질수록 M의 값도 작아진다.

이제 과대식별모형의 적합도는 다음과 같이 측정될 수 있다.

$$Q = \frac{1-R^2_m}{1-M}$$
$$= \frac{1-0.582}{1-0.581}$$
$$= 0.998 \qquad (11.6.4)$$

그리고 표본이 큰 경우에는 적합도의 측정값 Q는 아래의 방법으로 유의도 검증을 하게 된다.

$$W = -(N-d)\ \ln Q$$
$$= -(N-d)\ \ln\left(\frac{1-R^2_m}{1-M}\right) \qquad (11.6.5)$$

여기서 N은 표본의 크기이다. 그리고 d는 과대식별의 제한이 가해지는 횟수, 즉 0의 값을 지니는 것으로 가정되어 모형에서 삭제된 경로계수의 수와 같다. 이렇게 구해지는 W는 자유도 d의 χ^2 분포를 지니게 된다. 그런데 실제의 자료에서 표본의 크기 N은 100이고, d의 값은 2이며, 따라서 W의 계산은 아래와 같다.

$$W = -(100 - 2) \ln (0.9976)$$
$$= 0.235 \qquad (11.6.6)$$

χ^2의 분포를 수표에서 찾아보면 0.235는 자유도 2에서 확률 0.9와 0.8 사이에 해당된다. 따라서 사회경제적 지위(SES)로부터 학업성적, 그리고 지능으로부터 성취동기로의 경로계수가 0의 값을 지닌다는 영가설을 기각할 수 없게 되며, 이 과대식별 경로모형은 자료에 부합되는 것으로 결론지을 수 있다.

그런데 여기서 한 가지 지적할 것은, 등식 (11.6.5)에서 표본의 크기 N이 커지면 적합도 Q의 값에 관계없이 χ^2 값도 증가하게 된다는 사실이다. 이는 과대식별모형이 자료에 잘 부합됨에도 불구하고, 큰 표본에서는 통계적인 검증결과에 따라 영가설이 기각되는 오류가 발생할 수 있음을 의미한다. 반대로 작은 표본에서는 모형이 자료에의 적합도가 낮음에도 불구하고 영가설을 기각할 수 없는 경우가 생길 수 있다.

따라서 표본의 크기에 영향을 받지 않는 Q의 값에 보다 관심을 기울일 필요가 있다. Q는 0~1 범위의 값을 지니며, 1에 가까울수록 적합도가 높다는 것을 뜻한다. 이 자료에서는 등식 (11.6.4)에서 Q의 값이 0.998로 계산되었으며, 〈표 11-8〉을 보아도 원자료에서 관찰된 상관계수와 재합성된 상관계수의 차이는 미미한 수준에 불과하다. 이는 이 과대식별모형의 적합도가 매우 높음을 시사하는 것이다.

경로모형의 통계적 검증은 그 결과에 따라서 연구모형의 변화를 초래하는 경우가 많다. Duncan(1975)과 Heise(1969)는 적정식별모형에서 경로계수를 산출한 후 일정 기준의 통계적인 유의도를 충족시키지 못하면 해당 경로를 제외시키고 경로모형을 새로 구성할 것을 제의하고 있다. 물론, 경로계수로 표준화회귀계수(*Beta*)를 사용하기 때문에 회귀분석에서 하는 것처럼 t 또는 F비의 값을 이용한 통계적인 검증이 가능하다. 그리고 이는 비표준화회귀계수를 경로계수로 사용하는 경우에도 마찬가지이다.

그러나 특히 다단계경로모형(multistage path model)에서 경로계수의 통계적인 유의도를 개별적으로 검증하고, 그 결과에 전적으로 의존하여 해당 경로의 삭제 여부를 결정하는 것은 결코 바람직하지 않다. 경로계수가 통계적으로 유의미하지 않다고 해서 해당 두 변수를 통과하는 간접효과의 존재까지 부정되는 것은 아니다. 그러나 경로모형에서 특정 경로를 누락시키면 직접효과뿐만이 아니라 이 경로를 통하는 모든 간접효과의 계산이 영향을 받게 된다. 따라서 경로계수에 대한 통계적 유의도를 개별적으로 검증하는 것보다는 경로모형 전체에 대한 통계적 검증을 행하는 것이 좀더 바람직한 방법이다.

물론 연구 초기의 탐색적인 단계에서 개별 경로계수에 대한 통계적인 검증을 통하여 인과구조에 대한 통찰력을 얻게 되는 경우도 많이 있을 것이다. 그러나 McPherson(1976)이 지적한 것과 같이, 분석과정의 중도에서 자료에 대한 통계적 검증결과에만 전적으로 의존하여 가설을 설정하거나 연구모형에 변경을 가하는 것은 결코 바람직한 접근방법이 아니다. 경로계수가 통계적으로 유의미하더라도 해당 경로의 논리적인 의미가 결여되었다고 생각되면 이를 모형에서 누락시켜도 무방할 것이다. 반대로, 특정 경로계수가 통계적으로 유의미하지 않은 것으로 판명되었다 하더라도 해당 경로에 대한 이론적인 의미부여가 가능하면 이를 모형에서 누락시킬 수 없는 것이다.

여기서 가장 근본적이고 중요한 사실은 가설이나 연구모형이 논리연역적으로 도출되어 설정되는 것이며, 자료는 설정된 가설이나 연구모형이 주어진 상황에서 지지되는가의 여부를 판단하는 수단을 제공하는 것에 불과하다는 점이다. 궁극적으로 가설이나 연구모형의 설정과 선택은 자료에 달린 것이 아니며, 이론적, 논리연역적으로 결정될 문제인 것이다.

마지막으로 한 가지 지적할 것은, 이 장에서 경로분석에 관한 모든 논의는 인과적 흐름이 일방적인 모형(recursive model)에 국한하여 이루어졌다는 점이다. 그러나 이 가정은 앞에서 언급한 경로분석의 두 가지 기본 가정과 함께 사회과학분야의 분석에서 현실적으로 정당화시키기 매우 어려운 것이 사실이다. 인과적 흐름이 양방성을 지니거나 반복적인 모형(non-recursive model)에 관한 논의는 Turner와 Stevens(1959), Wright(1960b) 등에 의하여 이루어진 바 있다. 또한 최근에 Jöreskog 등에 의하여 개발된 선형구조관계(LISREL: linear structural relations) 분석기법도 경로분석의 이러한 제한점을 극복한 것으로서 사회과학분야에서 널리 사용되고 있다. 요즘 널리 사용되고 있는 통계패키지인 LISREL의 예시 프로그램을 포함하여 구조방정식 모형(structural equation model)에 대한 자세한 논의는 제12장에서 이루어진다.

제 12 장 구조방정식 모형

12.1 머리말

사회과학 연구는 사회체제 내에서 서로 연관된 부분들간의 구조를 역동적 관계로 파악해야 한다. 대부분의 사회과정은 상호 관련된 개념들의 구조적 연관성(structural relation)을 고려할 때 더 잘 이해할 수 있다. 그러나 그 동안의 사회과학 연구에서는 사회과정의 구조를 한꺼번에 고려하는 구조모형(構造模型, structural model)적 연구보다는 각각의 과정에 관련되는 변수들을 따로 떼어 분석하는 분절적 연구(分節的 硏究)가 주종을 이루어 왔다. 앞의 제 11 장에서 논의된 경로분석도 이러한 분절적 연구기법의 하나라고 볼 수 있다. 사실 사회과학분야의 많은 연구모형들은 여러 단계의 변수들이 한꺼번에 상호 영향을 주고받는 역동적 구조(力動的 構造)를 상정한 것이다. 그럼에도 불구하고 그간의 사회과학 연구가 분절적이고 정태적(靜態的)일 수밖에 없었던 이유는 아마도 이러한 역동적 구조모형을 분석할 수 있는 통계적 기법이 개발되지 않았었기 때문일 것이다.

최근에 개발된 통계기법인 구조방정식 모형(構造方程式 模型, SEM: structural equation model)을 활용하면 변수들간의 과정적 상호관련성을 전체 모형의 입장에서 분석, 평가할 수 있다. 이 기법은 공분산 구조분석(共分散 構造分析, analysis of covariance structure)이라고도 불린다. 그러나 1994년 이 통계기법에 대한 전문 학술지 *Structural Equation Model*이 창간되면서 학자들 사이에서 '구조방정식 모형'(SEM)이라는 용어가 널리 사용되기 시작하였다. 일반적으로 많이 알려져 있는 LISREL(linear structural relations)은 구조방정식 모형을 다루기 위한 컴퓨터 패키지 프로그램 중에서 가장 대표적인 상표명이며, Jöreskog와 Söborm에 의하여 만들어졌다. 그밖에도 EQS, COSAN, RAMONA, AMOS, SAS의 PROC CALIS 등의 패키지 프로그램들이 구조방정식 모형을 다룰 수 있다.

구조방정식 모형은 그 이름에서 짐작할 수 있듯이 변수 사이의 구조적 관계를 밝혀주는 기법이다. 여러 변수들의 상호관련된 구조는 공분산 행렬(covariance matrix)이나 상관관계 행렬(correlation matrix)에 내포되어 있다. 즉, 변수 사이의 상호관련 구조를 나타내주는 것이 공분산 행렬 또는 상관관계 행렬이다. 예를 들어, W, X, Y, Z 네 변수의 상호관련 구조가 $W \rightarrow X$, $Y \rightarrow Z$, $W \rightarrow Z$와 같다면, 상관관계 r_{wx}, r_{yz}, r_{wz}는 크지만 r_{xy}, r_{wy}, r_{xz}는 상대적으로 작을 것이라고 예측된다. 그렇다면, 표본으로부터 관찰된 상관관계 행렬에도 이러한 형태로 상관계수가 나타나야 할 것이다. 만약 관찰된 상관계수의 값이 예측된 값과 서로 부합하지 않는다면 제안된 구조모형, 즉 $W \rightarrow X$, $Y \rightarrow Z$, $W \rightarrow Z$는 타당한 설명모형이 되지 못한다.

모형(model)은 변수 사이의 관계를 상징부호(symbol)를 사용하여 구조적 형태로 표시한 것이다. 간혹 모형을 이론과 혼동하는 경우도 있으나 일반적으로 이론보다는 약한 설명력을 갖는 것으로 간주된다. 즉, 이론처럼 넓은 영역에 적용할 수는 없지만, 특정 현상에 대한 설명에는 유효하게 사용할 수 있다. 또한 모형은 계속적인 검증(verification) 과정을 거쳐 이론으로 확장되기도 한다. 따라서 모형에 대한 검증은 이론 형성의 전 단계라고 볼 수 있다(Kitchener, 1999). 특히, 잘 정립된 이론이 존재하지 않는 상황이나, 새로운 이론의 틀을 형성하는 단계에서 구조적 모형의 검증은 아주 유용하게 활용될 수 있다.

사회과학의 연구대상인 사회현상은 구조모형으로 연구하는 것이 효율적인 경우가 많다. 특히, 이론적으로 아직 검증되지 않은 모형을 활용하여 사회적 효과에 대한 새로운 이론적 설명을 시도하는 경우에는, 변수 사이의 관계를 구조방정식 모형을 사용하여 분석하는 것이 바람직하다. 제안된 효과모형의 구조가 관찰된 자료의 공분산 행렬에서 발견되면 그 모형은 유용한 것이고, 이론으로 발전할 가능성이 높아진다.

12.2 구조방정식 모형이란?

구조방정식 모형(이후로는 SEM과 혼용하여 사용하기로 한다)은 서로 독립적이며 상호 밀접하게 연관된 두 부분으로 나누어져 있다. 첫 번째 부분은 측정모형(測定模型, measurement model)으로 관찰변수(觀察變數, observed variable)와 잠재변수(潛在變數, latent variable) 사이의 관계를 규정하고 있다. 잠재변수는 요인(要因, factor)과 같은 개념으로 관찰변수와의 관계를 미리 규정하고, 이것의 적합도(適合度, goodness-of-fit)를 확증적 요인분석(確證的 要因分析, confirmatory factor analysis)의 방법으로 파악한다. 예를 들어, X_1, X_2, X_3 변수는 잠재변수 ξ(xi)에 관련되어 있고, Y_1, Y_2, Y_3 변수는 잠재변수 η(eta)와 연결되어 있다면, 이 6개 변수에 대한 측정모형은 〈그림 12-1〉과 같이 표시될 수 있다. 〈그림 12-1〉을 보면, 잠재변수에서 관찰변수로 화살표가 나와 있는데 이는 탐색적 요인분석(探索的 要因分析, exploratory factor analysis)의 경우와 반대 방향이다. 따라서 각 관찰변수는 잠재변수, 즉 특정 개념(concept)의 영향으로 만들어진 것으로 해석된다. 이것은 측정이론에서 말하는 척도의 참값(true score)과 같은 맥락에서 해석될 수 있다. 일반적으로 측정값 X는 참값과 오차(error)로 구성되어 있다. 즉, $X=T+E$로 표시할 수 있다. 여기서 T는 그 척도의 참값이고 E는 오차를 의미한다. 그러면 $T/(T+E)$는 이 변수의 측정 신뢰도(信賴度, reliability)로 정의된다(Carmines and Zeller, 1979). 같은 맥락에서 〈그림 12-1〉의 왼쪽 측정모형에서 잠재변수 ξ와 관찰변수 X 사이의 적재치 λ_x는 관찰변수 X의 신뢰도로, X 변수의 잔차(residual) ε_i는 오차로 해석할 수 있다. 오른쪽 측정모형도 같은 방법으로 해석하면 된다.

이러한 관계를 이용하면 관찰변수들이 측정이론에서 말하는 잠재변수 ξ(참값 T)의 병렬척도(竝列尺度, parallel measure), τ 동형척도(同形尺度, tau-equivalent measure) 또는 동종척도(同種尺度, congeneric measure)인가를 검증하는 것이 가

그림 12-1 SEM의 측정모형

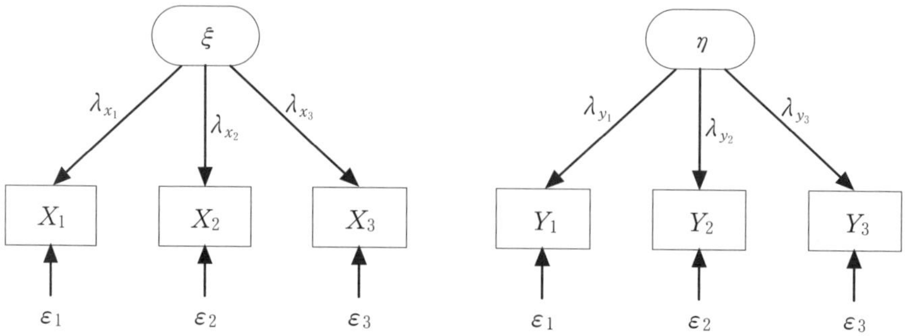

능해진다(Jöreskog and Söborm, 1999). 병렬척도는 λ_x의 값들과 ε의 값들이 모두 같을 경우이고($\lambda_x = \lambda_{x_2} = \lambda_{x_3}$, $\varepsilon_1 = \varepsilon_2 = \varepsilon_3$), τ 동형척도는 λ의 값들은 같지만 오차 ε의 값들이 서로 같지 않을 경우이다($\varepsilon_1 \neq \varepsilon_2 \neq \varepsilon_3$). 동종척도는 λ의 값과 ε의 값이 모두 다를 때를 말한다(Reuterberg and Gustafsson, 1992). 따라서 SEM의 측정모형을 사용하면 특정 개념(잠재변수)과 관찰척도의 변수들 사이의 신뢰도를 측정이론에 따라 더 정확히 추정할 수 있다.

두 번째 구조모형(structural model) 부분은 측정모형에서 만들어진 잠재변수 사이의 관계를 이론적으로 규정한 것이다. 여기서 잠재변수는 측정오차가 완전히 제거된 순수한 개념의 변량만을 가지고 있다. 따라서 일반 회귀분석에서와는 달리 변수의 낮은 측정 신뢰도 때문에 발생하는 회귀계수 추정의 문제점 등이 사라지게 된다. 잠재변수 사이의 관계는 연립방정식 모형(simultaneous equation model)의 추정에서와 같이 모든 관계식을 한꺼번에 고려하는 구조체계(structural system)로 간주된다. 따라서 모든 구조 계수들(structural coefficients)은 경로분석의 경우와는 달리 동시에 계산 추정된다. 측정모형에서와 같이 여기에서도 제안된 이론적 구조의 적합성을 통계적으로 검증할 수 있다.

SEM에서는 측정모형과 구조모형 부분을 따로따로 사용하기도 하지만, 두 부분을 한꺼번에 고려하여 이론적 모형을 검증하는 경우가 많다. 제 1 장에서 지적한 바와 같이, 이론은 추상적인 개념들 사이의 관계를 일반화시켜 규정한 것이다. 그리고 이 개념들을 실제로 측정이 가능하도록 조작화(操作化)시킨 것이 변수이다.

따라서 이론에서 제시하고 있는 개념들 사이의 관계는 SEM의 구조모형에서 검증할 수 있고, 이러한 개념들의 조작화가 갖는 타당성은 측정모형에서 평가할 수 있다. 그러므로 어떠한 이론체계를 실제 관찰변수를 사용해 검증할 경우, SEM의 두 부분을 모두 사용하는 것이 바람직하다.

12.3 구조방정식 모형의 계수추정

이론적 모형이 적합한 경우에 추정된 공분산 행렬을 $\boldsymbol{\Sigma}$라 하고, 실제 측정변수 (X, Y)들 사이에서 관찰된 공분산 행렬을 S라 하면 $S-\boldsymbol{\Sigma}$는 이론적 타당성을 추정하는 척도가 될 수 있다. 즉, 변수들간의 관계에 대한 이론적 가정에 기초하여 만들어진 $\boldsymbol{\Sigma}$와 실제 수집된 자료의 결과인 S 사이의 편차가 적으면, 제안된 이론적 모형이 타당한 것이라고 볼 수 있다. 만약 편차가 크면, 이 모형은 관찰된 자료를 만들어내는 구조모형으로 적합하지 않다. 따라서 $S-\boldsymbol{\Sigma}$의 값을 이용하면, 제안된 이론적 모형의 적합도를 통계적으로 분석하는 것이 가능해진다. SEM 기법이 갖는 가장 큰 장점이 바로 여기에 있다. 복잡한 이론적 모형의 타당성을 논리(logic)가 아니라 실제 자료를 사용해 통계적으로 검증할 수 있기 때문이다.

SEM에서 이러한 통계적 검증은 여러 가지 방법을 통해 할 수 있다. 기본적으로는 측정모형 부분과 구조모형 부분의 모든 추정계수들을 한꺼번에 추정하는 '모든 정보를 이용하는 방법'(full information method)을 사용한다. 전통적 경로분석에서는 각 경로들의 회귀식을 따로따로 계산해 추정하였다. 그러나 SEM은 전체 구조를 하나의 이론적 체계로 보고 자료에 담겨 있는 모든 정보를 한꺼번에 고려한다. 여러 개의 크고 작은 톱니가 서로 맞물려 돌아가 시간을 나타내는 시계처럼, 한 변수의 변화가 전체 이론구조에 영향을 미칠 수 있다는 것이다. 따라서 측정모형에 의해 가정된 관찰변수와 잠재변수 사이의 관계, 구조모형에서 규정한 관찰변수와 잠재변수 사이의 관계 모두를 동시에 참작해 모형의 계수를 추정한다. 이러한 변수들 사이의 관계에 대한 정보가 담겨 있는 것이 바로 공분산(상관관계) 행렬이다.

SEM의 추정계수를 계산하는 방법은 여러 학자들에 의해 각각 다른 방식으로 제안되었으나, 이들의 수리통계적 토대는 거의 유사하다(Jöreskog and Söborm, 1999; Bentler and Weeks, 1980). 실제의 계산식은 대단히 복잡하지만 그 기초는 회귀분석의 기본개념만 알면 간단히 이해할 수 있다. Browne(1984)에 의하면, 모든 SEM 추정방식은 회귀방정식에서 사용하는 편차의 최소제곱법(least squares error method)과 동일한 방식으로 일반화시킬 수 있다. 회귀방정식의 최소제곱법을 행렬식(matrix algebra)으로 나타내면 다음과 같다.

$$\mathbf{Q} = (\mathbf{Y} - \mathbf{XB})'(\mathbf{Y} - \mathbf{XB}) \tag{12.3.1}$$

여기서 Y는 종속변수의 값이고 X는 독립변수의 행렬이다. Browne에 의해 제안된 일반적 SEM 추정식은 다음과 같다.

$$F(\theta) = [S - \Sigma(\theta)]'\, U^{-1}[S - \Sigma(\theta)] \tag{12.3.2}$$

등식 (12.3.1)과 (12.3.2)는 서로 유사하다. 등식 (12.3.1)에서 **(Y−XB)**는 제 4 장의 등식 (4.4.4)를 행렬형식으로 나타낸 것으로 잔차(error)를 의미한다. **XB**는 제안된 회귀방정식 모형, 즉 회귀계수 **B**($\beta's$)에 의해 추정된 값 $\hat{Y}$를 나타낸다. 따라서 **XB**는 모형에 의해 예측된 값이고, **Y−XB = (관찰치−추정치)**가 된다. 등식 (12.3.1)의 **Q**는 잔차의 2차식 형태(quardratic form)로 회귀식의 오차제곱(ε^2)이 되며, 이 오차제곱을 합한 값을 최소로 하는 방식으로 회귀계수 **B**의 값들을 구하게 된다. 등식 (12.3.2)에서는 $\boldsymbol{\Sigma}(\theta)$가 제안된 θ 계수 모형에 의해 이론적으로 예측된 공분산 행렬이고, **S**는 관찰된 공분산 행렬이다. 그러므로 $[\mathbf{S}-\boldsymbol{\Sigma}(\theta)]$는 관찰값(**S**)에서 모형에 의해 예측된 값 $\boldsymbol{\Sigma}(\theta)$을 뺀 편차로 보아, 등식 (12.3.1)의 **(Y−XB)**와 같은 형태라고 볼 수 있다. 다시 말해, 등식 (12.3.1)이 회귀방정식에서 제안된 회귀계수 **B**에 의해 추정되는 ***F*(B)**를 최소제곱법 추정식으로 표시한 것이라면, SEM의 추정식 (12.3.2)는 측정모형과 구조모형에서 미리 규정된 관계계수 θ들에 의해 계산되는 추정값, 즉 오차의 제곱합을 최소화하는 것으로 규정할 수 있다. 이 $\mathbf{F}(\theta)$의 값이 최소화되도록 θ계수의 값들을 결정하는 것이 SEM 계수의 통계적 계산방식이다.

결국, 등식 (12.3.1)과 (12.3.2)의 괄호 안에 있는 부분은 서로 같다고 볼 수 있다. 그렇다면 이 두 수식에서의 차이점은 등식 (12.3.2)의 가운데 들어간 **U**에 있다. **U**는 가중행렬식(weight matrix)으로, 이것이 어떻게 규정되느냐에 따라 SEM의 추정방식이 달라진다(Anderson and Gerbing, 1988). 만약 **U**가 **I**(identity matrix)이면, 등식 (12.3.1)과 (12.3.2)는 서로 같아져 일반 회귀분석에서 사용하는 OLS 방식이 된다. 이 OLS 방식을 SEM에서는 ULS 방식(unweighted least squares method)이라고 부른다. 그러나 등식 (12.3.2)의 **U**가 자유추정계수(free parameter) θ의 함수로 정의되면, 일반적인 계산방법으로는 $\boldsymbol{F}(\theta)$를 최소화시킬 수 없다. 즉, **U**가 **I**일 때 ULS 방식의 추정은 함수식에서 직접 답을 얻을 수 있지만(closed solution), **U**가 θ의 함수로 정의되면 반복적 수렴(iterative convergence) 과정을 사용해야 $\boldsymbol{F}(\theta)$를 최소화시킬 수 있다. 반복적 수렴과정은 컴퓨터를 사용해 자유추정계수 θ의 값을 계속 변화시켜 가장 적절한 추정값을 얻어내는 방법이다.

반복적 수렴과정은 대상함수(target function)의 최대점 또는 최소점을 찾기 위하여 변수 값들의 여러 조합들을 대입하여 계산해 서로 비교한 후, 최대점과 최소점을 찾는 방식으로 진행된다. 그러나 이러한 방식은 임의로 변수들의 값을 대입하여 계산하는 무작위적이거나 암중모색식으로 이루어지지 않고 체계적으로 이루어진다. 예를 들어, 별도 달도 없는 깜깜한 밤에 산에서 길을 잃었다고 가정하자. 산 정상(최대점)에는 대피소가 있어 목표가 정상으로 향하는 것이다. 앞이 전혀 보이지 않는 상태에서 정상으로 올라가는 방향을 잡기 위해서는 동서남북으로 몇 발짝 걸어보아 느낌이 올라가는 것 같으면 그 방향으로 오르면 된다. 그러나 얼마 못 가 그 방향의 길이 내리막이라고 느껴지면 다시 그 지점에 서서 동서남북으로 몇 걸음 걸어 보아 오르막길의 방향을 잡아야 한다. 여기서 남과 북 모두 오르막길로 느껴졌다면, 제일 가파른 방향을 선택하는 것이 최단시간 내에 정상에 오르는 길이다. 이런 방식으로 계속 방향을 잡아 나간다면 정상에 쉽게 오를 수 있을 것이다.

반복적 수렴기법으로 주어진 함수의 최대점을 찾는 논리도 이와 비슷하다. 대상함수를 변수별로 미분하면 각 지점의 기울기를 구할 수 있고, 이를 비교하면 그 지점에서 각 변수들이 정상으로 향하고 있는가(+의 기울기), 내려가고 있는가(−의 기울기), 또는 정상인가(0의 기울기)를 알 수 있다. 그리고 모든 변수의 기울기가 0인 점이 정상(최대점)이 된다. 경우에 따라서는 정상을 발견 못하거나, 제일 높은 정상이 아닌 낮은 산봉우리(local maximum)에서 정지할 수도 있다(낮은 산봉우리에서도 모든 점의 기울기는 0이 된다). 이러한 경우에도 최정상점을 찾는 방법들이 개발되어 있다. 따라서 반복적 수렴기법은 계산이 대단히 복잡하고 양도 많아 컴퓨터를 사용하지 않으면 효율적으로 수행할 수 없다(컴퓨터는 인간과 달리 힘들어도 불평을 할 줄 모르며, 정상을 올라갈 때 낮은 능선을 타고 가지 않고 가장 빠른 가파른 계곡을 타고 최단시간 내에 정상으로 수렴한다).

등식 (12.3.2)의 **U**를 자유추정계수 θ의 함수로 정의하고 이것을 단계적으로 변화시켜 $\boldsymbol{F}(\theta)$의 값을 최소화시키면, 이 방법은 Jöreskog(1970)가 제안한 $\boldsymbol{F}(\theta)$의 최대우도추정(MLE) 방식과 점근적(asymptotically)으로 같아진다(Browne, 1974). 이외의 다른 추정법으로는 **U** 행렬을 관찰된 공분산 행렬의 점근적 분산-공분산 행렬(asymptotic variance-covariance matrix)로 가중하는 WLS(weighted least squares) 방식이 있다. 이는 분포의 정상성에 의존하는 MLE와 달리 변수의 분포와는 무관한(asymptotic distribution free) 추정법이다. 따라서 WLS는 SEM 계수의 가장 일반화된 추정방법이라 할 수 있다. 결국, MLE 방식은 점근적 분산-공분산 가중행렬을 정규이론(normal theory)에 의해 단순화시켜 가중하는 방법이라고 할 수 있다. 그리고 이를 더 간략하게 **I**(identity matrix)로 변환해 사용한 것이 ULS 방식이다.

12.4 구조방정식 모형 사용할 때 주의할 점

SEM은 사용과 해석에 많은 주의가 필요하다. 측정모형과 구조모형의 두 부분을 반복적 수치분석기법을 사용해 구조계수를 추정하기 때문에 여러 통계적 가정을 만족시켜야 하고, 또한 추정된 계수의 해석에도 주의를 기울여야 한다. SEM 모형을 사용할 때 주의해야 할 점들을 열거하면 다음과 같다.

12.4.1 표본의 크기

앞에서도 설명한 것처럼, SEM의 계수추정은 반복적 수렴기법에 의해 계산한다. 그런데 결과가 제대로 나오기 위해서는 표본의 일정한 크기가 확보되어야 한다. 표본의 크기가 작으면, $\boldsymbol{F}(\theta)$를 최소화시키는 점의 첨도(peakness)가 평평하게 되어 극소점(global minima)을 찾기 어렵다. 이 경우 SEM 모형은 적절한 값으로 수렴(converge)하지 않거나 엉뚱한 결과를 산출하게 된다(Bollen, 1989). 다시 말해, 가장 깊은 계곡으로 찾아들어 가는데 계곡이 평평한 분지로 이루어져 어디가 가장 깊은 지점인지 알 수 없다는 것이다. 또한 일반적으로 가장 많이 쓰이는 추정방법인 MLE 방식이나 일반화 최소제곱법(GLS: generalized least squares method)에 의해 추정된 계수들은 표본의 크기가 클 때에만 점근적으로 정확하다(asymptotically efficient and unbiased; Kmenta, 1971: 174~182).

그렇다면 표본의 크기가 얼마나 되어야 SEM의 계수추정에 문제가 없을 것인가? 그 동안 정확한 SEM 계수추정에 필요한 표본의 크기에 대해서는 많은 몬테카를로 시뮬레이션 연구(Monte Carlo simulation study)가 수행되어 왔다(Boomsma, 1982; Bentler and Chou, 1987; Tanaka, 1987; Hu and Bentler, 1999). 표본의 크기에 대한 초창기 시뮬레이션 연구에서 Boomsma(1982)와 Bearden 등(1982)은 MLE 방식을 사용하기 위해서는 표본의 크기가 최소한 200 이상이 되어야 한다고 하였다. 그래야 자료가 다변량 정규분포(multivariate normal distribution)를 갖는다고 생각하였기 때문이다. 그 후의 많은 시뮬레이션 연구를 종합한 결과, 자료가 다변량 정규분포를 이룰 때 사례수 150~200 이상의 표본이라면 MLE 방식의 적용에 별 문제가 없는 것으로 인식되고 있다(Hoogland and Boomsma, 1998).

만약 자료가 다변량 정규분포를 이루지 않을 때는, WLS 방식처럼 분포형태에 구속되지 않는 방법을 사용하는 것이 일반적이다. 그런데 WLS 방식을 사용하려면 표본의 크기가 아주 커야 하는데, 이에 대한 시뮬레이션 연구들의 결과는 일관성을 보이지 않는다. 즉, 최소 500 이상이면 충분하다는 주장(Curran et al., 1996)에서부터, 사례수가 적어도 2,500 이상이 되어야 안정적으로 계수를 추정할 수 있다는 주장(Bentler and Dudgeon, 1996)까지 다양하다.

12.4.2 다변량 정규분포의 가정

SEM 모형을 위한 모든 컴퓨터 패키지 프로그램에서 계수추정의 기본 선택사양(default method)은 자료의 다변량 정규분포를 가정한 MLE 또는 GLS 방식이다. 이 추정 방식들은 자료가 정규분포를 이루지 않을 때 정확한 통계값을 계산해낼 수 없다(Browne, 1984). 그러나 실제 자료가 다변량 정규분포의 가정을 만족시키기는 쉽지 않다. 따라서 SEM 분석에서 다변량 정규분포 여부를 고려하지 않고 무조건 MLE나 GLS 방식을 쓰는 것은 타당치 못하다. 더구나 LISREL이나 EQS와 같은 프로그램에서 계수추정의 방법을 따로 지정해 주지 않으면, 아무런 경고 없이 정규분포를 가정하는 MLE나 GLS 방식을 기본 선택사양으로 사용하기 때문에 문제의 소지가 더 크다. 따라서 자료를 분석하기 전에 다변량 정규분포의 가정이 충족되는가를 반드시 점검해 보아야 한다.

일반적으로 일변량 정규분포(univariate normal distribution)를 검증하기 위해서는 편포(skewness)와 첨도(kurtosis)를 사용한다. 편포는 분포의 대칭성이 찌그러진 정도를 보여주며, 첨도는 분포의 꼬리가 퍼진 정도를 나타낸다. SPSS나 SAS 같은 통계 패키지를 사용하면 변수별로 정규분포의 여부를 파악할 수 있는 일변량 편포도나 첨도의 값을 쉽게 계산할 수 있다. 이 값들을 이용하면, 각 변수별로 정규분포의 여부를 판단할 수 있으나, 모든 변수들을 한꺼번에 고려한 다변량 정규분포의 여부는 검증하기 곤란하다. 각 변수의 정규성은 다변량 정규분포의 필수조건이지만 충분조건은 아니다(D'Agostino et al., 1990). 따라서 SEM 분석을 위한 대부분의 통계 패키지에서는 다변량 편포도와 첨도(multivariate skewness and kurtosis)를 계산하여 다변량 정규성을 검증하도록 하고 있다.

그러나 Browne(1984)에 의하면, 정규분포를 근거로 한 MLE 방식은 분포가 심각하게 비정상일 경우를 제외하고는 추정값 계산의 왜곡이 그리 심하지 않다고 한다. 리커트 척도(Likert scale)의 변수를 사용한 시뮬레이션 연구에서도 같은 결론이 내려졌다(Muthén and Kaplan, 1985). 특히 표본의 사례수가 400 이상이면, 편포도와 첨도가 지나치게 심하지 않은 한, 정규분포에 근거한 MLE와 GLS 방식으로 추정한 통계값이 별로 부정확하지 않은 것으로 확인되었다(Boomsma, 1982; Bentler and Chou, 1987).

최근 Satora와 Bentler(1988)는 정규성에 근거한 MLE 방식으로 계산된 모형적합도 지수 χ^2 값과 각 계수의 점근 표준오차(asymptotic standard error)에 일정한 상수 c를 곱하여 수정하는 방법을 제안한 바 있다. 일반적으로, 자료가 정규성을 충족시키지 못하면 MLE 방식으로 추정한 통계값과 각 계수의 표준오차는 크게 부풀려지는 경향이 있기 때문에, 이렇게 수정한 χ^2 값이 더 정확하다고 할 수 있다(Bentler and Dudgeon, 1996).

12.4.3 모형적합도 검증과 해석

SEM이 지니는 커다란 장점은 제안된 모형의 적합도를 수집된 자료를 사용하여 검증할 수 있다는 점이다. 어떤 추정방법을 사용하든 등식 (12.3.2)의 $\boldsymbol{F}(\theta)$ 값을 최소화시키는 점이 모형의 통계적 수렴점이고, 이때 마지막 수치분석 반복단계(last iterative stage)에서 사용된 모형의 계수값들이 최종 추정값이 된다. 이때 얻은 $\boldsymbol{F}(\theta)$의 최소점 값(minimum fit function value)에 표본의 크기에서 1을 뺀 $(n-1)$의 값을 곱해 주면, 이 통계값은 $1/2(k)(k+1)-t$의 자유도(df)를 가진 χ^2 분포를 따르게 된다(Bollen, 1989: 110~115). 여기서 k는 모형에 사용된 모든 측정변수의 수이고, t는 모형에서 추정할 자유추정계수(free parameter)의 개수이다.

수렴된 $\boldsymbol{F}(\theta)$의 최소점이 χ^2 분포를 따른다면, $\mathbf{S}-\boldsymbol{\Sigma}(\theta)=0$이라는 영가설을 통계적으로 검증할 수 있다. 이것이 SEM의 전체 모형적합도에 대한 χ^2 검증이다. 그런데 일반 χ^2 검증에서와 같이 표본의 크기가 커지면, 아주 작은 편차인 $\mathrm{S}-\Sigma(\theta)$도 통계적으로 유의해지기 때문에 영가설을 기각할 확률이 높아지고, 따라서 χ^2 값에 의존한 모형검증은 타당성을 상실하게 된다. 또한, 이 χ^2 값은 표본의 크기가 클 때만 점근적으로 정확하게(asymptotically correct) 계산할 수 있기 때문에 표본의 크기가 작을 경우에는 사용할 수 없다. 따라서 χ^2 검증을 대신할 적합도 검증지수가 필요하다. 이러한 적합도 지수는 여러 학자들에 의해 끊임없이 제안되어 왔고 아직도 계속 개발중에 있다(Bentler, 1990). 그 결과로, 오늘날 대부분의 SEM 패키지는 적어도 10개 이상의 적합도 지수를 계산하여 제시해 준다.

여러 가지 적합도 지수를 해석하고 선택할 때, 각 적합도 지수가 갖는 의미를 정확하게 이해하고 사용하는 것이 매우 중요하다. 적합도 지수는 크게 다음의 여섯 종류로 나눌 수 있다(Marsh and Hau, 1996).

(1) χ^2 값과 그 값을 직접 사용한 지수.
(2) 모형추정의 결과로 발생한 오차 $\mathbf{S}-\Sigma(\theta)$의 근사값 지수(error-of-approximation indices); 예를 들어 RMR 또는 RMSEA.
(3) 여러 개의 하위내포 모형(nested model)과 비교하여 최적 모형을 찾아내는 데 유용한 정보비교 지수(information criterion indices).
(4) Jöreskog와 Söborm(1984)에 의해 제안된 분산/전체분산의 비율로 해석할 수 있는 GFI 계열의 지수.
(5) Bentler와 Bonnet(1980)에 의해 제안되고 Bollen(1986)이 수정한 것으로, 변수 사이의 관계를 전혀 가정하지 않은 기초모형(independent base model 또는 null model)과 비교해 제안된 모형이 얼마나 자료와의 적합도(fit)를 증가시켰는가를 보는 적합도증가 지수(IFI: incremental fit indices).
(6) 모형에서 추정하는 자유추정계수의 수가 증가하면 모형이 복잡해지기 때문에 이에 대한 벌점(penalty)을 주는 단순도 지수(parsimony indices).

이러한 여섯 종류의 적합도 지수는 검증하려는 모형의 속성에 따라 달리 선택해 사용하는 것이 바람직하다. 그러나 이들 중에서도 GFI 계열의 지수와 IFI 지수들이 가장 많이 사용된다. 적합도 지수를 선택할 때 유의할 점은 지수가 표본의 크기 n과 모형의 자유도 df에 영향을 받는가를 사용 전에 먼저 점검해야 한다는 것이다(Bentler and Kano, 1992).

앞에서도 논의한 것처럼, 적합도 지수 χ^2의 값이 n과 df에 영향을 받으면 지수 해석에 문제가 생기기 때문에, n과 df의 영향을 받지 않는 중립적(neutral) 지수들이 개발되었다. 대표적인 예가 설명된 분산의 개념인 GFI 계열의 지수이다. Jöreskog와 Söborm(1984)은 이 지수가 n과 df의 영향을 받는 χ^2 값을 지수계산 공식에서 전혀 사용하고 있지 않기 때문에 표본의 크기와 상관없이 정확한 적합도를 계산할 수 있다고 주장하였다. 그러나 많은 시뮬레이션 연구 결과, 이 지수도 실제에 있어서는 n과 df의 영향을 받는 것으로 밝혀졌다(Bentler and Dudgeon, 1996; Bollen, 1990; Gerbing and Anderson, 1993). 따라서 모형의 적합도를 판단할 때는 이러한 점들을 감안하여 적절한 지수를 선택해 사용해야 한다.

적합도 지수의 크기가 얼마나 클 때 제안된 모형이 자료와 부합하느냐는 것은 경우에 따라 다르다고 할 수 있다. 그러나 일반적으로, (2)의 지수 RMSEA는 0.05 이하(Steiger, 1990); (4)와 (5) 계열의 지수들은 0.90 이상; (6)의 단순도 지수는 0.80 이상(Mulaik et al., 1989)을 적절한 임계값(cut-off point)으로 본다. 그리고 적합도 지수는 하나만 사용하는 것보다는 서로 다른 종류의 지수 여러 개를 선택하여 종합적으로 판단하는 것이 바람직하다(Hu and Bentler, 1995).

제안된 모형의 적합도를 판단하기 위하여, 위에서 설명한 전체 적합도 지수(overall goodness-of-fit index)만을 사용하면 경우에 따라 엉뚱한 결론을 내릴 위험성이 있다. 즉, 적합도 지수가 아주 높아도 추정된 모형의 공분산과 관찰된 자료의 공분산 사이의 오차가 클 수 있다. 표본의 크기가 작은 경우에는 특히 그러하다. 따라서 최종 추정된 $\mathbf{S}-\Sigma(\theta)$의 오차값이 각 변수별로 어떻게 분포되어 있는가를 살펴보아야 한다. 이는 컴퓨터 출력표(output)에서 RMR을 보면 알 수 있다. 공분산 행렬을 관찰자료로 사용할 경우에는 각 변수의 분산이 서로 다르기 때문에 행렬 각 항의 오차 크기를 직접 서로 비교하기 곤란하다. 따라서 상관관계 형태로 표준화된 SRMR을 사용하면 오차의 크기를 편리하게 상호 비교할 수 있다. 이 경우 상관관계의 계수는 최대 1.0의 값을 갖기 때문에 표준잔차(SRMR)의 값이 0.05 미만이 되어야 모형에 의해 추정된 $\boldsymbol{\Sigma}(\theta)$가 S와 전체적으로 유사하다고 인정된다. $\boldsymbol{\Sigma}(\theta)$와 S가 유사하다는 것은 모형의 적합도가 높음을 의미한다.

12.4.4 모형설정의 오류

SEM 모형을 만들 때 처음부터 완벽한 이론적 모형을 만들어 검증하는 것은 거의 불가능하다. 따라서 처음에 제시된 모형은 불완전하고 모형설정의 오류(specification error)가 수반되기 마련이다. ANOVA나 회귀분석에서와 마찬가지로, 모형에서 제외된 변수(omitted variable)는 이론적으로 풀어야지 통계적으로는 그 해결방법이 제한되어 있다. 물론, 모형에서 제외된 변수 때문에 발생한 설정오류가 구조계수의 추정에 미치는 영향에 대한 연구도 있다(Long and Trivedi, 1993). 그러나 모형설정의 오류는 제외된 변수의 관점보다는, 현재 포함되어 있는 변수들의 관계가 모형에서 제대로 설정(specify)되어 있는가의 여부를 논의하는 것이 더 생산적이다. 다시 말해, 특정 변수와 변수 사이의 관계가 제안된 모형에서 잘못 설정되었을 때 나타나는 문제점이 SEM에서 통계적으로 해결하기가 더 쉽다는 것이다.

변수 사이의 관계가 SEM에서 잘못 설정되는 경우는 두 가지 형태가 있다. 하나는 특정 변수들 사이의 관계를 자유추정계수(free parameter)로 규정하였는데, 실제로는 이 관계가 모집단에서 0, 즉 아무런 관련이 없는 경우이다. 반대로, 모형에서는 관계가 없다고 상관관계를 0, 즉 고정추정계수(fixed parameter)로 규정하였는데 실제는 그렇지 않은 경우도 있을 수 있다. 전자의 경우에는 추정모형에서 고정추정계수로 만들어야 하는데 자유추정계수로 만들어 설정오류가 생긴 경우이고, 후자는 자유추정계수를 고정추정계수로 잘못 규정하여 발생한 오류이다. LISREL에서는 MI 지수(modification index)에 의해 고정추정계수로 취급된 구조관계를 풀어놨을 때(즉, 자유추정계수로 만들었을 때), 전체 χ^2 적합도의 값이 얼마나 감소하는가를 계산하여 모형을 수정할 수 있는 방법이 마련되어 있다.

그러나 이러한 방식의 모형 수정에 대해서는 학자들이 비판적이다(MacCallum et al., 1992). MI 지수에 의한 모형 수정은 그것이 단지 통계적 허구일 수도 있으며, 모형이 정말로 개선되었는지는 아무도 모른다는 것이다. 따라서 MI 지수에만 의존하여 이루어지는 모형 수정은 의미가 없으며, 수정된 모형이 이론적으로 합당하여야 한다. MI 지수에 의한 모형 수정은 전형적인 사후분석(post-hoc analysis)으로, 만약 수정된 모형이 자료와 잘 부합된다면 왜 이러한 모형을 사전에(*a priori*) 생각해내지 못했는가에 대한 의문을 제기할 수 있다.

그러나 SEM 기법이 갖는 장점 중의 하나가 자료와 가장 잘 부합하는 최선의 모형을 찾는 것이므로 ANOVA의 사후검증(multiple comparison of means)과 같은 모형 수정이 나쁘지 않다는 주장도 있다(MacCallum, 1986). 이 경우 다음의 네 가지 조건이 만족되면 MI를 사용한 모형 수정도 가능하다고 한다: ① 최초에 제안된 모형이 최적모형(best model)에 접근해 있어야 한다; ② 통계적으로 적합한, 즉 적합도 지수가 높은 모형이 발견되었더라도 MI를 사용해 계속 모형을 수정해 나간다; ③ 표본의 크기가 클 경우에만 사용한다; 그리고 ④ 강력한 이론적 근거가 없으면 단순히 MI 지수에 의해 모형을 수정하는 것보다 최초의 모형을 받아들이는 것이 더 유리하다.

MacCallum 등(1992)은 MI 지수를 사용해 모형을 수정한 100개의 연구결과를 토대로 다음의 조건들을 추가로 주장하였다: 즉, ⑤ 한 번에 하나의 MI 지수만 사용하여 모형을 수정하고; ⑥ 이론적으로 설명되지 않으면 아무리 모형이 통계적으로 적합하게 수정이 되더라도 받아들이지 말아야 하며; 그리고 ⑦ 최종적으로 수정된 구조모형을 독립표본(independent sample)을 사용해 교차확인하여야 한다(Cudeck and Browne, 1983; Browne and Cudeck, 1989). 하지만 가장 좋은 방법은 모형을 검증하기 전에, 제안된 모형과 비슷한, 즉 이론적으로 동등(equivalent)하거나 내포(nested)된 모형을 여러 개 만들어 검증을 통해 자료와 가장 잘 부합되는 모형을 선택하는 것이다. 이것이 모형설정의 오류에 대한 최선의 대응책이라고 판단된다(MacCallum et al., 1993).

12.4.5 입력자료로서의 공분산 행렬과 상관관계 행렬의 차이점

SEM은 다른 명칭(analysis of covariance structure)이 의미하는 바와 같이, 공분산 행렬에 내재된 변수들간의 구조관계가 연구자에 의해 제안된 모형과 어느 정도 합치하는가를 분석하는 기법이다. 따라서 SEM은 이론적으로 공분산 행렬을 기본으로 하여 발전해 왔다(Bentler, 1986; Hayduck, 1996). 앞에서도 설명한 바와 같이 공분산 행렬과 상관관계 행렬의 차이는, 전자가 변수의 측정척도(measurement scale)를 보존하고 있다면, 후자는 변수 자신의 분산을 1.0으로 고정시키고, 변수간의 공분산도 상관관계 계수로 표준화시킨 것이다. 따라서 측정척도가 갖는 계량적 속성(scale property)이 별 의미가 없는 사회과학에서 사용하는 척도는 상관관계를 사용해도 변수 사이의 관계를 충분히 설명할 수 있다(Kim and Feree, 1981).

그러나 구조모형에서는 상관관계 행렬 내에서 발견할 수 있는 변수들간의 구조관계가 공분산 행렬의 그것과 같지 않을 수도 있다(Bollen, 1989; Browne, 1974). 만약, 규정된 모형이 척도와 무관한(scale invariant) 속성을 지닌다면, 상관관계 행렬을 써도 별다른 문제가 발생하지 않는다. 그러나 그렇지 않은 경우에는 다음의 세 가지 오류가 발생할 가능성이 있다(Cudeck, 1989). 첫째, 변수 사이의 구조가 상관관계 행렬에서 다르게 나타날 수 있다. 둘째, 전체 모형적합도 지수인 χ^2 값을 정확히 계산할 수 없다. 셋째, 구조계수의 표준오차가 크게 달라진다.

척도와 무관한 속성을 검증하는 방법은 복잡하므로 여기서는 자세한 논의를 생략하기로 한다. 간단히 예를 들면, 측정모형에서 한 관찰변수가 둘 이상의 잠재변수와 연결되어 있으면 이 모형의 척도는 척도종속(尺度從屬, scale dependent)의 속성을 갖는다고 본다. 따라서 일반적으로 측정모형에서 관찰변수가 하나의 잠재변수에만 귀속하도록 모형을 만들면 상관관계 행렬을 써서 SEM 분석을 해도 큰 문제가 없다. 그러나 이러한 조건을 충족시키지 못할 때, 상관관계 계수를 사용한 구조모형의 분석 결과는 위의 세 가지 오류를 범할 가능성이 있다.

12.4.6 구조계수의 인과적 해석에 따른 문제점

많은 연구자들이 SEM 기법을 인과관계 구조모형으로 설명하고 있고(Bentler and Dudgeon, 1996), 실제로 구조계수를 인과관계지수로 해석하고 있다(Bentler and Speckart, 1979; Huba et al., 1981). 앞에서도 설명한 것처럼, SEM의 구조모형은 경로분석과 거의 같아 구조계수를 인과관계의 관점에서 해석할 여지가 있는 것도 사실이다. 유전학(genetics)에 그 기원을 둔 경로분석에서의 경로계수는 유전인자가 아버지 세대에서 자식 세대로 흘러가는 분명한 인과관계를 나타낸다. 이 기법을 사회과학에 도입한 Duncan(1966)도 아버지의 직업이 자식의 직업 선택에 미치는 영향을 인과관계적 입장에서 분석하였다. 여기서 분명한 것은 원인변수와 결과변수의 구조적 관계가 통계적 모형에 의해 제안된 것이 아니라 모형 밖의 다른 근거, 즉 선대에서 후대로 유전자가 전이되거나 아버지의 영향력이 자식에 미친다는 '인과구조'(因果構造)에 의해 설명되고 있다는 점이다. 다시 말해, 인과적 설명이 자료나 모형에 의하기보다는 자료의 통시적(longitudinal)인 특성 때문에 정당화되는 것이다. 따라서 SEM의 구조계수를 인과적으로 해석하는 것에는 문제를 제기할 수도 있다(Cliff, 1983). 특정 시점에서 수집한 횡단적 자료(cross-sectional data)에 SEM 기법을 적용하여 인과관계 모형의 적합성을 검증하는 것은, 비록 그 모형이 자료와 잘 부합하더라도 모형에 내재되어 있는 관계가 원인 ⇒ 결과의 관계라고 단언할 수 없다(MacCallum and Browne, 1993).

SEM의 구조계수를 인과적으로 해석하는 데 있어서 또 다른 문제점은 제안된 모형이 여러 개의 상정 가능한 모형 중의 하나라는 것이다. 예를 들어, X와 Y 두 변수의 상정 가능한 동등(equivalent) 구조모형은 $X \rightarrow Y$, $X \leftarrow Y$ 두 가지가 된다. 이 두 가지 모형은 모형적합도 지수, 예를 들어 χ^2, GFI, NNFI 등이 서로 같다. 즉, 이들 두 모형은 자료와의 적합도에서 통계적으로는 서로 구별할 수 없다는 것이다. 물론, $X \Rightarrow Y$의 계산된 구조계수와 $X \Leftarrow Y$의 구조계수가 서로 다를 수 있기 때문에 이론적으로 어느 모형이 더 적합한지를 판단할 수 있으나, 통계적 관점에서는 구별하지 못한다는 것이다. 따라서 이론적 구조를 가진 모형이 검증 결과, 자료와 잘 부합한다고 하더라도 이것이 자료가 갖고 있는 최선의 구조라고는 확신할 수 없다(MacCallum et al., 1993).

비슷한 관점에서 Rogosa(1987)는 모형을 사용한 통계적 검증은 과연 그 모형이 관찰된 자료를 잘 만들어(generating) 내느냐의 여부이지, 모형이 내포하고 있는 변수간의 인과적 관계는 아니라고 주장한다. 한 걸음 더 나아가, '멘델의 유전학'적 연구 같은 사례를 제외하고는 통계분석에서 엄격한 의미로 '인과관계의 검증이라는 말은 사용할 수 없다'고 주장하기도 한다. 이는 결국, SEM이 여러 변수가 얽혀 있는 복잡한 관계식을 줄여서 간단한 모형으로 바꾸는 통계기법 이상도, 이하도 아니라는 것을 의미한다.

12.4.7 측정수준의 문제

SEM은 기본적으로 연속변수(continuous variable)를 사용해야 한다. SEM 기법이 분포의 적률구조(積率構造, moment structure)를 이용하고, 구조계수의 추정에서도 반복적 수렴기법을 사용하기 때문에 측정척도가 연속적이지 않으면 계산이 불가능하다. SEM은 두 공분산 간의 잔차 $\mathbf{S}-\boldsymbol{\Sigma}$를 최소화시키기 위해 반복적 추정법(iterative estimation method)을 쓴다. 이 때 추정함수 $\boldsymbol{F}$는 θ 파라미터 벡터상의 감소함수로 정의되는데, 이 함수의 최소점을 찾기 위해서는 θ에 대한 추정함수의 1차, 2차 편미분을 해야 한다. 이때 θ를 규정하는 변수가 연속적이지 않으면 원칙적으로 미분을 할 수 없다.

그러나 사회과학에서 일반적으로 사용되는 변수들은 서열척도(ordinal scale)가 대부분이다. 본질적으로 불연속 척도인 서열척도를 사용하게 되면, SEM 계수의 추정에 문제가 있을 수 있다(Muthén, 1984). 서열척도의 변수들로 구성된 모형에서 Pearson의 적률상관관계 계수 r을 구하여 SEM 분석을 하게 되면 r의 값이 하향추정되는 경향이 있다(Bollen and Barb, 1981). 서열척도간의 상관관계를 측정하기 위해서 Spearman의 ρ나 Kendal의 $\tau-b$ (tau$-b$)를 사용하기도 하지만, 일반적으로 서열척도의 변수들은 이 두 계수들의 통계적 가정을 만족시키지 못한다. SEM에 대한 시뮬레이션 연구에서는 Pearson의 r을 사용할 때보다도 더 나쁜 결과가 나타났다(Jöreskog and Söborm, 1999). 일반적으로, 측정변수가 서열척도인 경우 SEM에서는 polychoric 상관계수가 가장 적절한 것으로 인정된다(Brown, 1989; Rigdon and Ferguson, 1991).

Polychoric 상관계수는 Pearson에 의해 '조야하게 범주화된'(coarsely categorized) 변수들에 대한 상관관계계수로 개발되었다. 여기서의 통계적 가정은 사용된 척도가 사실상 정규분포의 형태를 갖는 연속적 변수인데도 불구하고, 측정의 조작적인 문제 때문에 '조야하게', 즉 몇 개의 수준으로밖에 측정되지 못했다는 것이다. 일반적으로 측정이론에 관점에서 보면 리커트 척도는 이런 가정하에서 만들어져야만 한다. 만약 리커트 척도의 서열변수가 이 가정을 만족시킨다면 polychoric 상관계수를 구할 수 있고, 제안된 모형이 척도와 무관하다면 상관관계 행렬을 SEM의 입력 자료로 이용할 수 있을 것이다(Rigdon and Ferguson, 1991). SEM 분석에서 서열척도의 변수를 사용할 때는 polychoric 상관계수 행렬을 입력자료로 사용해야 한다. 그러나 사회과학에서 사용하는 서열척도는 내재하는(underlying) 정규분포 척도의 대응(proxy) 척도라고 볼 수 없는 경우가 많다. 예를 들어, 마약에 대한 선호도를 1(사용해도 좋다)에서 5(사용하면 안된다)로 측정했다고 하자. 이런 척도는 근본적으로 정규성을 지니지 않고 '사용하면 안된다' 쪽으로 편포되기 마련이다. 물론, 변수 변환을 통해서 정규성을 회복할 수도 있으나, 이런 경우 원래 척도의 성질을 잃어버리게 되어 계수 해석에 문제가 발생할 수도 있다.

여기서 한 가지 지적할 것은 polychoric 상관계수 행렬을 사용해 SEM 계수를 추정할 때, 정규성에 근거한 MLE 방식은 추정편차가 크기 때문에 사용할 수 없다는 점이다(Hoogland and Boomsma, 1998; Brown, 1989). 몬테카를로 시뮬레이션 연구에 의하면 WLS 방식이 가장 편차가 적은 것으로 밝혀졌다. 그러나 polychoric 상관계수의 점근적 분산-공분산 행렬(asymptotic variance-covariance matrix)을 구해 이것을 등식 (12.3.2)의 가중행렬(**U**)로 사용해 $\boldsymbol{F}(\theta)$를 최소화시키는

WSL 추정법은 표본의 크기가 대단히 커야 한다. 표본의 크기는 사례수가 500 이상이면 충분하다는 주장에서부터 최대 2,500 이상이 되어야 한다는 견해까지 다양하다(Curran et al., 1996). 일단, 표본의 사례수가 500 이상이 되어야 한다는 Curran 등(1996)의 주장을 수용하더라도, 대부분의 연구에서 사용하는 표본보다 2배 이상 큰 표본을 써야 되는 것이므로 WLS 방식의 사용은 쉽지 않다. 그리고 WLS 방식의 사용을 힘들게 하는 또 다른 이유는 다른 추정법에 비해 계산이 무척 복잡하다는 것이다. 강력한 컴퓨터의 힘을 빌리더라도 현실적으로 PC에서는 관찰변수가 20개 이하, 그리고 대용량 컴퓨터를 사용하더라도 40개 정도가 상한선으로 알려져 있다.

12.5 구조방정식 모형의 분석사례

이 절에서는 LISREL 8.30(Jöreskog and Söborm, 1999)을 사용하여 SEM 모형을 분석하는 프로그램 작성과 출력을 살펴보기로 하자. LISREL의 사용법에 대한 자세한 설명은 지침서(manual)를 참조하기 바란다. 여기서 예제로 사용한 자료는 Wheaton 등(1977)에서 발췌하였으며, LISREL을 단순화시킨 SIMPLIS 프로그램을 사용하여 분석하였다. LISREL 프로그램은 모두 8개의 행렬(matrices)을 사용해 작성(coding)해야 하기 때문에 SEM 기법에 대해 많은 배경지식 없이는 사용하기 힘들다. 이러한 단점을 보완하여, 모든 SEM 모형을 선형모형(linear model)의 형태로 표시하여 추정할 수 있도록 만든 프로그램이 SIMPLIS이다. LISREL과 SIMPLIS는 사실상 같은 프로그램이며, 출력의 형태도 서로 같다.

이 자료는 소외(alienation) 변수의 안정성에 관한 것으로, 1967년에 측정한 소외변수의 값이 1971년에도 변하지 않고 그대로 유지되는가를 분석하였다. 소외는 아노미(ANOMIA)와 무력감(POWERL)으로 구성된 잠재변수(latent variable)로 규정하였다. 소외변수에 영향을 미치는 배경변수(background variable)는 Duncan의 사회경제적 지수(SEI)와 응답자의 교육수준(EDUC)으로 만들어진 외생 잠재변수(exogenous latent variable)인 사회경제적 변수(Ses)로 설정하였다. 〈그림 12-2〉에는 이에 대한 측정모형과 구조모형이 포함된 SEM 경로도가 제시되어 있다. 여

그림 12-2 소외변수의 구조방정식 모형도

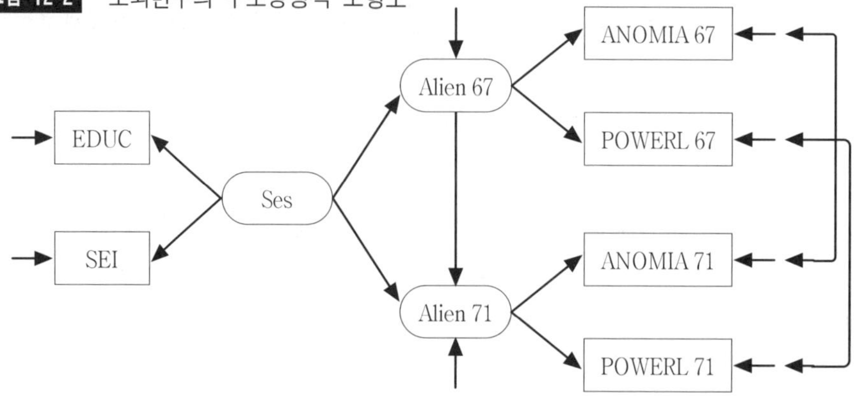

기서 타원형으로 표시된 Ses와 Alien은 잠재변수(latent variable)이고, 직사각형으로 표기된 것은 관찰변수(observed variable)이다. 따라서 관찰변수와 잠재변수 사이의 관계를 설정한 부분은 측정모형이고, 잠재변수 사이의 관계를 규정한 부분은 구조모형이 된다.

〈그림 12-2〉에서 특이한 것은 ANOMIA 67 변수의 오차항과 ANOMIA 71 변수의 오차항을 상호관련시켰다는 점이다. ANOMIA 변수는 1967년과 1971년 두 시점에 같은 척도를 사용하여 동일 응답자를 대상으로 측정한 것이다. 따라서 이 자료는 시계열(time series)의 형태를 띠고 있기 때문에, 제 6 장에서 논의한 것과 같이, 오차분산 사이에 자기상관(autocorrelation)이 존재할 가능성이 높다. 이러한 자기상관의 가능성을 고려하여 〈그림 12-2〉의 SEM 모형에서는 오차분산 사이에 양방향 화살표를 표시하였다.

이 모형의 입력자료로 사용할 932명 응답자들의 측정변수(measured variables) 사이의 공분산 행렬(covariance matrix)은 〈표 12-1〉에 제시되어 있다. 〈표 12-2〉는 〈그림 12-2〉의 SEM 모형을 분석하는 SIMPLIS 예시 프로그램이다. LISREL과 달리 SIMPLIS는 행렬 형태로 변수 사이의 관계를 표시하지 않고, 회귀방정식과 비슷한 선형모형으로 변수들 사이의 관계를 나타낼 수 있어 사용하기가 편리하다. 이 프로그램의 실행 결과는 〈표 12-3〉에 제시되어 있다(이 출력에서도 불필요한 부분들은 편집 또는 삭제되었다). 분석결과 제안된 모델은 자료와 잘 부합되는 것으로

표 12-1 소외변수 SEM 모형의 공분산 행렬

	ANOMIA 67	POWERL 67	ANOMIA 71	POWERL 71	EDUC	SEI
ANOMIA 67	11.834					
POWERL 67	6.947	9.364				
ANOMIA 71	6.819	5.091	12.532			
POWERL 71	4.783	5.028	7.495	9.986		
EDUC	−3.839	−3.889	−3.841	−3.625	9.610	
SEI	−2.190	−1.883	−2.175	−1.878	3.552	4.503

밝혀졌다. 〈표 12-3〉의 음영처리( )된 부분에 나타나 있는 것처럼 모형의 적합도(goodness-of-fit index)는 대단히 높다. 많은 경우 적합도 지수가 1.0으로 이것은 제안된 모델에서 추정된 공분산 행렬 Σ와 〈표 12-1〉에 제시된 관찰된 공분산 행렬 **S**가 거의 비슷하게 부합한다는 것을 보여준다. 또한, 이는 표준화된 평균표준잔차(standardized RMR)가 .0074로 아주 작다는 점에서도 확인된다. 〈그림 12-3〉은 〈표 12-3〉에 수록된 SEM의 추정계수를 직접 표시한 경로모형도이다.

〈그림 12-3〉에서 측정모형 부분의 계수를 살펴보면, 사회경제적 변수(Ses)를 결정하는 두 요인, 즉 교육수준(EDUC)과 사회경제적 지수(SEI) 중에서는 SEI가 EDUC에 비해 2배만큼 더 중요하다는 것을 보여준다(EDUC=2.61, SEI=1.36). Alien 67의 잠재변수를 구성하는 ANOMIA 67과 POWERL 67의 계수를 비교해 보면 2.66과 2.61로 거의 비슷한 수준이다. 이는 Alien 71의 잠재변수인 ANOMIA 67과 POWERL 71의 경우에도 마찬가지이다(ANOMIA 71= 2.85, POWERL 71= 2.63).

〈그림 12-3〉을 보면, 잠재변수 사이의 관계를 설명하는 구조모형의 계수는 이론적 예측과 같은 방향으로 나타났다. 즉, 사회경제적 변수(Ses)는 1967년과 1971년의 소외변수(Alien 67, Alien 71)와 부적인 관계를 지니는 것으로 밝혀졌다(−0.56, −0.21). 이는 사회경제적 지위가 낮을수록 사회에 대한 소외감이 더 높아진다는 의미로 해석할 수 있다. 마지막으로, 이 SEM 모형에서 주 검증가설이라 할 수 있는 소외변수(Alien)의 통시적인 안정성과 관련해서는 Alien 67과 Alien 71 간의 구조계수가 0.57로 추정되었다. 이에 따라 사회에 대한 개인의 소외감은 짧은 기간에 변하지 않는 안정적인 구조를 갖고 있다고 결론 내릴 수 있다.

표 12-2 소외변수 모형의 분석을 위한 LISREL(SIMPLIS)의 예시 프로그램

```
Stability of Alienation

Observed Variables
   ANOMIA67   POWERL67   ANOMIA71   POWERL71   EDUC  SEI

Covariance Matrix
   11.834
    6.947      9.364
    6.819      5.091     12.532
    4.783      5.028      7.495      9.986
   -3.839     -3.889     -3.841     -3.625      9.610
   -2.190     -1.883     -2.175     -1.878      3.552    4.503

Sample Size 932
Latent Variables  Alien67 Alien71 Ses

Relationships
   ANOMIA67 POWERL67 = Alien67
   ANOMIA71 POWERL71 = Alien71
   EDUC SEI = Ses

   Alien67 = Ses
   Alien71 = Alien67 Ses

Let the Errors of ANOMIA67 and ANOMIA71 Correlate
Let the Errors of POWERL67 and POWERL71 Correlate

End of Problem
```

표 12-3 LISREL(SIMPLIS)을 이용한 소외변수 모형의 분석결과

```
The following lines were read from file

Stability of Alienation
Observed Variables
ANOMIA67   POWERL67   ANOMIA71   POWERL71   EDUC  SEI
Covariance Matrix
11.834
6.947      9.364
6.819      5.091      12.532
4.783      5.028      7.495      9.986
-3.839     -3.889     -3.841     -3.625     9.610
-2.190     -1.883     -2.175     -1.878     3.552    4.503
Sample Size 932
Latent Variables  Alien67 Alien71 Ses
Relationships
ANOMIA67 POWERL67 = Alien67
ANOMIA71 POWERL71 = Alien71
EDUC SEI = Ses

Alien67 = Ses
Alien71 = Alien67 Ses

Let the Errors of ANOMIA67 and ANOMIA71 Correlate
Let the Errors of POWERL67 and POWERL71 Correlate

End of Problem

Sample Size =   932

Stability of Alienation

Covariance Matrix to be Analyzed

           ANOMIA67  POWERL67  ANOMIA71  POWERL71      EDUC       SEI
           --------  --------  --------  --------  --------  --------
ANOMIA67     11.83
POWERL67      6.95      9.36
ANOMIA71      6.82      5.09     12.53
POWERL71      4.78      5.03      7.50      9.99
    EDUC     -3.84     -3.89     -3.84     -3.63      9.61
     SEI     -2.19     -1.88     -2.17     -1.88      3.55      4.50


Stability of Alienation

Number of Iterations = 19
```

표 12-3 LISREL(SIMPLIS)을 이용한 소외변수 모형의 분석결과 (계속)

```
LISREL Estimates (Maximum Likelihood)


ANOMIA67 = 2.66*Alien67, Errorvar.= 4.74 , Rý = 0.60
                                   (0.45)
                                    10.43

POWERL67 = 2.61*Alien67, Errorvar.= 2.57 , Rý = 0.73
           (0.16)                  (0.40)
            15.89                   6.36

ANOMIA71 = 2.85*Alien71, Errorvar.= 4.40 , Rý = 0.65
                                   (0.52)
                                    8.54

POWERL71 = 2.63*Alien71, Errorvar.= 3.07 , Rý = 0.69
           (0.17)                  (0.43)
            15.49                   7.07

    EDUC = 2.61*Ses, Errorvar.= 2.81 , Rý = 0.71
           (0.12)              (0.51)
            20.94               5.52

     SEI = 1.36*Ses, Errorvar.= 2.65 , Rý = 0.41
           (0.079)             (0.18)
            17.22               14.59


Error Covariance for ANOMIA71 and ANOMIA67 = 1.62
                                            (0.31)
                                             5.17
Error Covariance for POWERL71 and POWERL67 = 0.34
                                            (0.26)
                                             1.30


 Alien67 =  - 0.56*Ses, Errorvar.= 0.68  , Rý = 0.32
             (0.047)             (0.066)
             -12.09               10.35

 Alien71 = 0.57*Alien67 - 0.21*Ses, Errorvar.= 0.50  , Rý = 0.28
           (0.048)        (0.046)              (0.050)
            11.89         -4.52                 10.10
```

표 12-3 LISREL(SIMPLIS)을 이용한 소외변수 모형의 분석결과 (계속)

```
        Correlation Matrix of Independent Variables

                     Ses
                --------
                    1.00


        Covariance Matrix of Latent Variables

                 Alien67    Alien71        Ses
                --------   --------   --------
  Alien67           1.00
  Alien71           0.68       1.00
      Ses          -0.56      -0.53       1.00


                          Goodness of Fit Statistics

                            Degrees of Freedom = 4
               Minimum Fit Function Chi-Square = 4.73 (P = 0.32)
      Normal Theory Weighted Least Squares Chi-Square = 4.72 (P = 0.32)
               Estimated Non-centrality Parameter (NCP) = 0.72
          90 Percent Confidence Interval for NCP = (0.0 ; 10.50)

                    Minimum Fit Function Value = 0.0051
             Population Discrepancy Function Value (F0) = 0.00077
          90 Percent Confidence Interval for F0 = (0.0 ; 0.011)
         Root Mean Square Error of Approximation (RMSEA) = 0.014
         90 Percent Confidence Interval for RMSEA = (0.0 ; 0.053)
             P-Value for Test of Close Fit (RMSEA < 0.05) = 0.93

              Expected Cross-Validation Index (ECVI) = 0.042
        90 Percent Confidence Interval for ECVI = (0.041 ; 0.052)
                    ECVI for Saturated Model = 0.045
                    ECVI for Independence Model = 2.30

    Chi-Square for Independence Model with 15 Degrees of Freedom = 2131.40
                        Independence AIC = 2143.40
                             Model AIC = 38.72
                           Saturated AIC = 42.00
                       Independence CAIC = 2178.42
                            Model CAIC = 137.95
                          Saturated CAIC = 164.58
```

표 12-3 LISREL(SIMPLIS)을 이용한 소외변수 모형의 분석결과 (계속)

```
Normed Fit Index (NFI) = 1.00
Non-Normed Fit Index (NNFI) = 1.00
Parsimony Normed Fit Index (PNFI) = 0.27
Comparative Fit Index (CFI) = 1.00
Incremental Fit Index (IFI) = 1.00
Relative Fit Index (RFI) = 0.99

Critical N (CN) = 2611.90

Root Mean Square Residual (RMR) = 0.057
Standardized RMR = 0.0074
Goodness of Fit Index (GFI) = 1.00
Adjusted Goodness of Fit Index (AGFI) = 0.99
Parsimony Goodness of Fit Index (PGFI) = 0.19
```

그림 12-3 계수 추정값이 삽입된 소외변수 모형의 경로도

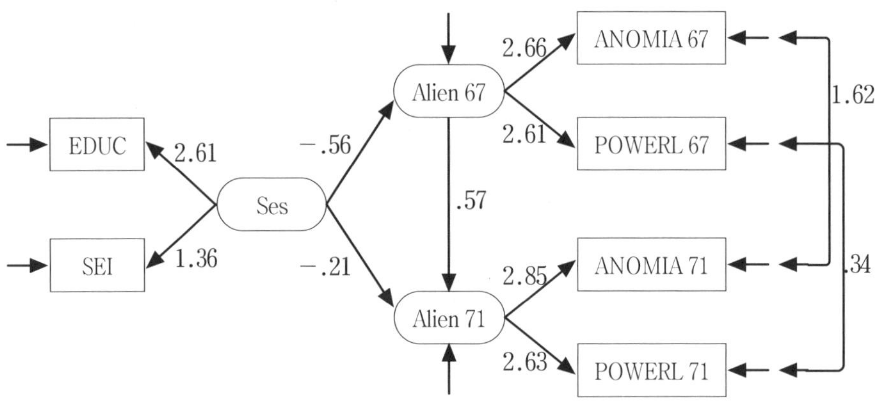

제 13 장 다층모형

13.1 머리말

컴퓨터 기술의 발전으로 통계기법은 눈부시게 발전하고 있다. 이번 장에서 설명할 다층모형(MLM: multi-level modeling)이 그 대표적인 예라 할 수 있다. 다층모형은 Ronald Fisher 경(卿)이 실험통계기법과 디자인을 개념화했던 1940년대부터 이론적으로 제안되었다. 그러나 컴퓨터 기술이 획기적으로 발전하고 개인용 컴퓨터가 일반 이용자들에게 확산되기 시작한 1980년부터 본격적인 알고리즘이 개발되었고 자연과학과 사회과학의 여러 분과에서 본격적으로 연구되기 시작하였다. 특히 사회과학에서는 이용자들이 쉽게 이용할 수 있는 통계패키지들—이를테면 HLM, MLwiN, AMOS, LISREL MPlus 등—의 보급으로 다층모형의 이용이 확산되고 있다(Bryk and Raudenbush, 1992; Goldstein, 1995; Raudenbush and Bryk, 2002).

사실 이 장에서 채택하고 있는 다층모형이라는 용어는 엄밀한 '학술용어'라기보다 수학적으로 동등한 통계기법에 대한 여러 분야의 학자들의 상이한 접근법을 뭉뚱그려 설명하는 '절충적 용어'이다. 다층모형(MLM)은 위계적 선형모형(hierarchical linear model), 랜덤계수모형(random coefficient model) 혹은 기울기예측모형(slope-as-outcome model) 등으로 불리기도 한다(Bryk and Raudenbush, 1992; Longford, 1993; Raudenbush and Bryk, 2002). 특히 개인들의 관측값이 시간에 따라 반복적으로 측정되었을 경우(이를테면, 패널 자료), 개체성장곡선모형(individual growth curve model) 혹은 개체변화모형(individual change model) 등으로 지칭되기도 한다(Singer and Willet, 2003). 하지만 서로 다른 이름에도 불구하고, 다음과 같은 몇 가지 특성들이 공유되고 있다.

첫째, 다층모형에서는 '개념적,' '이론적' 혹은 '경험적'으로 관측값들의 측정수준이 구별된다. 반면, 일반적 회귀분석에서는 모든 관측값들은 하나의 측정수준을 갖는다고 가정한다. 예로 들 수 있는 것이 '교실내 학생'(students within classes)이다. 어떤 교육학자가 학생들이 공부하는 시간과, 교사들의 교육스타일(강의 위주 대 토론 위주)로 초등학생들의 성적을 측정한다고 가정하자. OLS에서는 학생들의 성적을 종속변수로 그리고 학생의 공부시간과 담당교사의 교육스타일을 가변수로 하여 중다회귀분석을 실시할 것이다. 하지만 학생들의 공부시간은 개인수준(individual level)에서 측정되었지만, 교사들의 교육스타일은 학급수준, 즉 집단수준(group level)에서 측정되었다는 점에서 '개념적'으로 구분된다. 특히 '이론적'으로는 똑같이 5시간을 공부한 학생이라고 하더라도 토론 위주의 수업을 실시한 교사의 지도를 받은 학생들이 강의 위주의 수업을 받았던 학생에 비해 보다 높은 (혹은 보다 낮은) 학습성과를 보일 것으로 예측할 수 있다. 특히 '경험적'으로는 같은 교사에게 수업을 받은 학생들은 학습태도나 공부방식이 서로 비슷한 모습을 보일 가능성이 높다. 다층모형은 이렇게 이론적, 경험적, 혹은 개념적으로 구분되는 관측값의 측정수준을 구분할 수 있는 통계기법이다.

둘째, 일반적인 회귀모형(OLS 혹은 로짓/프로빗 모형)들이 오직 하나의 오차항(error term)[1]을 가정하는 반면, 다층모형에서는 측정수준별로 여러 개의 오차항들(error terms)을 갖는다. 복수의 오차항을 갖는다는 점은 다층모형의 장점이면서 동시에 단점이기도 하다. 복수의 오차항들을 설정함으로써 보다 정확한 모형추정(estimation)과 예측(prediction)이 가능하지만, 동시에 계산속도가 느려지며, 복잡한 모형의 이용으로 불필요한 오해를 불러오는 등의 단점이 있다. 예로 들어 언

1) 로짓/프로빗 모형은 오차항이 고정되어 있는 반면, OLS는 오차항이 가변적이다. 그러나 두 가지 모형들 모두 오차항은 단 하나이다.

급한 사례의 경우 개인변수의 오차항(학생 개인의 성적)과 집단수준의 오차항(학급의 성적)을 구분하며, 분산의 분해(variance decomposition)가 매우 중요하다. OLS에서는 설명분산(R^2)이 모형적합도를 설명하는 정도에 그치는 데 반해, 다층모형의 설명분산 분해는 모형적합도는 물론 '경험적 현실에 대한 통계적 묘사'라는 점에서도 매우 중요한 위치를 차지하고 있다. 이 장에서는 설명분산 분해에 관한 구체적인 설명을 제시하지 않지만, 다층모형의 완전한 이해를 위해서는 반드시 필요하다.

셋째, 다층모형의 모수추정은 모두 반복적 수렴(iterative convergence) 과정을 통해서 추정된다. 쉽게 말하면 다층모형의 추정은 일반적인 회귀모형인 OLS나 로짓/프로빗 모형과는 달리 연구자들에 따라, 또한 통계분석 패키지에 따라 약간씩 상이할 수 있다. 예를 들어서, 어떤 절단점(cut-off value)에서 계산을 중지할 것인지, 그리고 어떤 알고리즘(최대우도 추정 혹은 제한적 최대우도 추정)을 이용하는지에 따라 같은 모형이라도 약간씩 상이한 결과를 낳을 수 있다. 특히 표본의 크기가 작거나 혹은 상위수준의 개체수가 충분하지 않을 경우 분석기준과 통계패키지에 따른 차이는 점점 더 심해진다. 앞의 예를 들면, 개인수준에서 300명의 학생들의 자료를 모았다고 하더라도, 그 학생들이 15개의 학급(1학급 = 20명)에 배속되어 있는지, 아니면 5개의 학습(1학급 = 60명)에 배속되어 있는지에 따라 모수 추정값은 연구자와 분석 패키지에 따라 해석에 영향을 줄 정도로 달라질 수도 있다.

결국, 다층모형은 일반 회귀모형을 보다 정교화시킨 모형이라고 할 수 있다. 정교화시킨 모형이기에 일반적 회귀분석에 비해 우월하며 때로는 이론적으로 중요한 함의를 갖는 발견으로 이어질 수 있다. 하지만 동시에 해석이 번거로우며, 통계적으로 많은 훈련을 받지 않은 독자들에게는 오해와 혼란을 가중시킬 수도 있다는 문제점이 있다. 다시 말해 다층모형을 사용하고자 하는 사회과학도들은 반드시 연구자가 당면한 경험적 문제를 분석하고 해결책을 제시하는데, 왜 다층모형이 여타의 분석에 비해 우월한가에 대해 '이론적'으로 숙고할 필요가 있다.

이 장은 회귀분석의 기본 가정들과 계수의 해석, 그리고 구조방정식 모형에 대한 기본적 지식을 갖고 있는 독자들이 이해할 수 있는 수준에서 다층모형을 설명하는 것이 목적이다. 다층모형에 대한 전문적인 지식을 기대하는 독자들은 이 장 말미에 각주로 제시된 문헌들을 참조할 것을 권한다. 이 장에서는 단지 사회과학 여러 분야에서 널리 쓰이는 두 가지 유형의 다층모형을 제시할 것이다. 첫째 유형은 패널 자료를 이용한 다층모형으로 흔히 개체성장모형으로도 불린다. 둘째 유형은 언급했던 사례('교실내 학생')처럼 '집단내 개인'으로 개인의 관측값이 위계적으로 배속된 집단에 따라 군집(群集, cluster)을 이루는 경우이다. 편의상 이 장에서는 첫 번째 유형을 변화(變化) 모형(change model)으로, 두 번째 유형을 배속(配屬) 모형(embedded model)으로 약칭하기로 한다.

13.2 다층모형과 회귀분석 가정들의 재검토

다층모형이 일반 회귀분석모형에 비해서 우월한 점을 이해하기 위해서는 먼저 일반 회귀분석의 가정들을 살펴볼 필요가 있다. 회귀분석의 오차항들은 다음과 같은 가정들을 갖는다. (회귀분석의 가정들은 이 책의 제 2 장과 제 3 장에 자세히 설명되어 있다.)

첫째, 오차항들의 기대값(즉, 평균)은 0이다. $E(\varepsilon_i) = 0$

둘째, 오차항들은 동분산성(homoscedasticity)을 지닌다. $\text{Var}(\varepsilon_i) = \sigma^2$

셋째, 오차항들간에는 자기상관(autocorrelation)이 없다.

$\text{Cov}(\varepsilon_i \cdot \varepsilon_j) = 0$, 단 $(i \neq j)$

넷째, 오차항은 독립변수와 선형독립(linearly independent)이다.

$\text{Cov}(\varepsilon_i \cdot X_i) = 0$

다섯째, 오차항들은 정규분포를 이룬다.

이중 첫째와 다섯째의 가정들은 다층모형에서도 그대로 적용된다. 그러나 다층모형은 두 번째, 세 번째, 그리고 네 번째 가정의 위배에 따른 회귀분석의 문제점을 수정할 수 있으며, 가정들의 위배가 모형의 추정에 어떠한 영향을 미치는지 분석할 수 있다.

우선 두 번째의 동분산성 가정을 살펴보자. 변화모형의 경우 한 개인의 변화추이는 다른 개인의 변화추이와 반드시 같을 수 없다. 예를 들어, 남아들의 키 성장 패턴은 여아들의 키 성장 패턴과 확연히 구별된다. 비록 여아와 남아들 모두 S자 형태의 성장곡선을 따르지만, 대개의 경우 남아들의 키 성장속도가 여아들에 비해서 빠르다. 마찬가지로 배속모형의 경우, 농어촌 등에 거주하는 사람들의 인구통계학적 배경은 도시에 거주하는 사람들에 비해서 동질적이기 마련이다. 만약 연구자의 자료가 동분상성 가정을 심하게 위반하였을 경우, 다층모형은 좋은 분석적 대안을 제공해 줄 수 있다.

세 번째의 자기상관은 두 번째의 동분산성 가정과도 긴밀히 연관되어 있다. 변화모형의 경우 자기상관 패턴은 직관적으로도 명백하다. 예를 들어 3년 동안 어떤 개인, 갑(甲)의 1999년, 2000년, 2001년 관측값을 모았다고 가정하자. 이들 세 관측값들은 '갑'이라는 동일한 사람에게서 측정된 것이기에, '갑'이 갖고 있는 어떤 특정한 특성, 혹은 성향을 반영하고 있을 것이다. 다시 말해, 이들 세 관측값들은 상호연관되어 있다. 배속모형도 비슷하다. 거시적으로, 일본인들과 중국인들은 어떠한 종류의 정체성(identity)을 갖고 있다고 볼 수 있다. 쉽게 말해서, 일본인들 간, 혹은 중국인들 간에는 민족적 특질이라는 자기상관관계를 갖고 있다. 만약 연구자의 분석자료가 시계열로 구성되어 있거나(longitudinal data) 혹은 집단별(subsample)로 이질적인 자료가 모여져 있다면, 다층모형 분석은 일반적 회귀분석에 비해 보다 정확한 예측값을 제공해 줄 수 있다.

네 번째의 오차항과 독립변수 관계의 가정 위반은 약간 더 복잡한 설명을 요구한다. 이 가정의 위배를 이해하기 위해서는 예측되는 종속변수의 오차항이 단수(單數)가 아닌 복수(複數)라는 점을 먼저 유의해야 한다. 우선 변화모형에서 독립변수가 시간에 따라서 변하지 않는 개체의 속성이라고 가정하자. 예를 들어 유아들의 키 성장 패턴을 예측한다고 할 때, 시간의 흐름은 '시간수준'(상위수준)의 독립변수인 반면, 개별적 유아의 성별은 시간에 따라서 변하지 않는 '개인수준'(하위수준)의 독립변수가 된다. 여기서 성별이라는 독립변수는 '시간에 따른 오차항'과 '개별적인 유아의 특성에 따른 오차항'의 두 가지 오차항을 갖는다. 다층모형에서는 '개별적 유아의 특성에 따른 오차항'과 '성별'의 선형독립은 가정하지만, '시간에 따른 오차항'과 '성별'의 선형독립은 별도로 가정하지 않는다. 다시 말해 하위수준과 상위수준의 오차항에 선형독립 가정이 충족되지 않을 경우, 다층모형은 좋은 분석틀을 제공할 수 있다. 배속모형의 경우도 변화모형과 마찬가지로 상위수준의 오차(개인별 오차항)와 하위수준(집단수준)의 독립변수의 선형독립 가정이 어긋날 경우 다층모형은 좋은 대안이 될 수 있다.

정리하자면, 다층모형은 일반 회귀분석의 가정들이 충족되지 않는 현실적 혹은 경험적 자료를 분석하기 위한 정교화된 모형이다. 우선 다층모형은 회귀분석의 오차항들의 가정들 — 동분산성, 자기상관, 그리고 독립변수와 오차항의 선형독립 — 이 위배되었을 경우 이론적, 경험적으로 보다 엄밀한 결과를 산출할 수 있는 장점이 있다. 하지만 앞의 세 가지 가정들이 보여주듯이, 모든 가정들은 분산 혹은 공분산에 관한 것들이다. 다시 말해, 다층모형과 일반적인 회귀분석 모형은 회귀계수 값의 예측이라는 점에서는 그다지 많은 차이를 보이지 않지만, 회귀계수의 표준오차(standard error) 그리고 이에 따른 유의도 검증에서는 많은 차이를 보인다. 연구자들은 다층모형이 (공)분산을 조정해준다는 점을 반드시 명심해야 한다. 다층모형을 적용하고 결과를 산출하기 이전에 연구자는 자료의 구조와 자료가 묘사하는 현실의 구조가 과연 다층적(multi-level)인가를 확인하고, 그러한 다층적 구조가 회귀분석의 기본적 가정들에 어떤 영향을 끼치는지 충분히 숙고하여야 한다. 만약 회귀분석의 가정들이 심각하게 위반되지 않았거나, 혹은 (공)분산의 조정이 연구의 주목적이 아니라면 반드시 다층모형을 적용할 필요는 없다.

13.3 다층모형의 등장배경과 발전

다층모형의 분석 알고리즘은 다양한 학문분과에서 개별적으로 제시되고 개발되어 왔다. 최근 사회과학 분과에서는 HLM(hierarchical linear Model)이나 MLwiN(multi-level window) 등의 프로그램들이 개발되면서 다층모형이 점차 확산되는 추세이다. 그러나 다층모형에 대한 이론적 접근이나 분석모형의 개발은 상당히 오랜 역사를 갖고 있다. 이 장에서는 어떻게 여러 학문분과들이 다층모형을 개념화하고 발전시켰는지를 간략하게 살펴보기로 한다.

13.3.1. 실험설계와 분산분해: 고정효과와 가변효과

다층모형은 이미 실험설계(experimental design) 및 분산분석(ANOVA)의 아버지라 할 수 있는 Fisher로부터 시작되어 왔다. 실제로 농업통계학이나 생물통계학 등에서는 고정효과(fixed effect)와 가변효과(random effect)에 의한 분산분해(variance decomposition)를 통해 다층모형의 이론적 기초를 제공하였다. 대부분의 통계패키지들에 탑재되어 있는 혼합모형(mixed model)은 농업이나 생물통계학자들의 관점에서 계발되고 발전되어 왔다.[2)]

단순화시켜 설명하면, 고정효과는 연구자가 연구자의 임의로 조작할 수 있는 변수에 의해 설명되는 효과이다. 예를 들어, 어떤 연구자가 비료의 효과를 알아보고자 한다고 가정하자. 실험을 위하여 연구자는 10헥타르의 땅 40개를 선정한 후 20개의 땅에는 새로운 비료를 사용하였으나, 20개의 땅에는 어떠한 비료도 사용하지 않았다고 가정하자. 비료의 고정효과는 비료를 사용한 땅에서 추출된 농산물양의 평균과 사용하지 않은 땅에서 산출된 농산물 평균을 비교하면 쉽게 알 수 있다. 그러나 농산물의 산출량은 비료 외에 토질, 배수시설 등 토양별 특성에 영향을 받을 수 있다. 따라서 토양별로 상이한 요인들이 없으면 없을수록 가변효과는 0에 가까워질 것이다. 약물실험을 위해서 사용되는 모르모트들의 경우 동종교배를 통해서 유전적, 생물학적인 특성들이 매우 유사한데, 이러한 경우는 실험대상이 되는 모르모트들 사이에 가변효과가 거의 없을 것으로 가정할 수 있다. 다시 말해 실험처치된 20개의 땅들 사이에 연구자가 '고정화시킬 수 없는' 어떠한 종류의 효과가 발생하였다고 보는 것이 보다 현실적이다. 흔히 실험설계에서 사용되는 구획화(blocking), 혹은 공분산분석(ANCOVA)은 가변효과로 분류될 수 있는 특정 변

---

2) 관심이 있는 독자는 Kreft, deLeeuw, and Aiken (1995)을 참조할 것. 구체적인 사례를 원하는 독자들은 또한 Latour, Latour, and Wolfinger (1994)를 볼 것. 구체적인 분석방법은 SPSS의 경우 〈분석(A)〉에서 〈혼합모형(X)〉을, SAS 이용자들은 PROC MIXED (혹은 PROC GLIMMIX), STATA 이용자들은 -xtmixed-, 혹은 -xtreg-의 명령문으로 고정효과와 가변효과를 추정할 수 있다. 만약 종속변수가 정규분포를 가정할 수 있는 연속형 변수가 아닐 경우 SAS 이용자들은 PROC NLMIXED 혹은 PROC GLIMMIX를, STATA 이용자들은 -xtlogit-, -xtpoisson-, -xtnb- 등을 이용할 수 있다. 자세한 방법은 해당 통계패키지의 매뉴얼을 참조할 수 있다.

수를 고정화시켜 새로운 '고정효과'를 만들어낸 것이다.

분산분해(variance decomposition)는 전체분산 중, 고정효과와 가변효과에 의해서 설명되는 분산, 혹은 분산의 비율을 파악하는 것을 의미한다. 앞에서는 분산분해의 한 예로써 설명분산(R^2) 개념을 설명한 바 있다. 실험자료의 분석에서 흔히 인용되는 상대적 효과값(effect size)들인 에타제곱(η^2), 오메가제곱(ω^2) 등은 모두 독립변수, 즉 설명요인별로 설명분산을 0부터 1까지의 상대적인 값으로 나타낸 것이라고 볼 수 있다. 이들에 대한 설명은 이 책의 범위를 벗어나지만, 실험자료 분석에 익숙한 독자들은 어떻게 실험설계분석과 다층모형이 이론적으로 연관되는가를 쉽게 연결시킬 수 있을 것이다.

가령 농산물의 산출을 고정효과(시비(施肥) 여부)와 가변효과로 파악한다고 가정하자. 이 경우 우리는 세 종류의 분산을 고려할 수 있다.

(1) 고정효과에 의해 설명되는 분산 (σ^2_{Fixed})
(2) 가변효과에 의해 설명되는 분산 (σ^2_{Random})
(3) 고정효과와 가변효과의 상호작용에 의해 설명되는 분산 ($\sigma^2_{Interaction}$)

따라서 전체분산(σ^2_{Total})은 다음과 같이 분해될 수 있다.

$$\sigma^2_{Total} = \sigma^2_{Fixed} + \sigma^2_{Random} + \sigma^2_{Interaction}$$

여기서 주목해야할 사실은 고정효과와 가변효과의 측정수준이 서로 다르다는 사실이다. 고정효과의 경우 '비료가 투입된 토양들' 대(對) '비료가 투입되지 않은 토양들'을 측정수준으로 갖지만, 가변효과의 경우는 개별적인 토양들이 측정수준이 된다. 수학적으로는 고정효과의 자유도(degree of freedom)는 1 이지만, 가변효과의 자유도는 39 가 된다.[3] 고전적인 실험자료 분석에서는 모든 가변효과를 오차항에 포함시키며, 가변효과에 의해서 발생하는 효과는 무선배치(random assignment)를 통해서 상쇄시킨다. 하지만 Fisher의 말처럼 연구자가 가변효과를 일으

3) 대조되는 집단이 2개이기에 고정효과는 1의 자유도를 가지며, 가변효과는 40개의 구획된 땅들이 모두 개별적으로 독특하다는 점에서 39 (=40-1)가 된다. 자유도 계산은 고정효과와 가변효과를 동시에 고려한 것이 아님을 밝혀둔다.

키는 속성을 알 수 있다면, 실험연구에 새로운 요인으로 연구에 포함시킬 수 있다. 실험설계에서 흔히 언급하는 블록화(blocking)는 이론적으로 고정시킬 수 있는 가변효과 요인을 연구설계에 포함시키는 것이다. 개념적으로 가변효과는 고정효과에 내포되어 있는 구조를 갖는다. 즉 고정효과와 가변효과를 구별하는 모형은 '개념적'으로 다층모형의 특성을 갖는다.[4)]

13.3.2. 오차항의 구조: 시공간(時空間) 오차구조 대(對) 사회문화적 오차구조

시계열 모형을 주로 다루는 경제학자들은 실험통계학자들과는 다른 관점에서 다층모형의 발전에 기여했다. 이 책의 제 6 장에서 살펴보았듯이 시계열 자료는 자기상관(autocorrelation)을 갖는 측정값들을 갖는다. 쉽게 말하자면 어제의 측정값은 오늘의 측정값에 명백하게 영향을 끼칠 가능성이 아주 높다. 따라서 시계열 자료의 관점에서는 오차항들간의 자기상관을 어떻게 통제할 것인가의 문제가 예측의 성패를 좌우하기 쉽다. 시계열 자료의 구조를 '시간수준'과 '개체수준'으로 파악할 때, 시계열 모형은 다층모형의 개념틀로 쉽게 전환된다. 일례로 어떤 학자가 3년 동안 두 회사 X_1 과 X_2의 매출액 자료를 모았다고 가정하자. 이 경우 시간에 따른 3개의 분산('시간수준')을 갖고 있을 것이다. 만약 시간에 따른 효과가 선형적이라 가정한다면, 2년 동안의 변화는 1년간의 변화가 2회 반복된 것으로 개념화할 수 있다. 〈그림 13-1〉에서 〈시간자기상관〉은 시계열 자료에서의 오차항들간의 관계를 시각적으로 표현한 것이다.

공간에 대한 분석이 주된 관심인 지리학 혹은 기상학(氣象學)의 경우는 시계열과는 다른 관점에서 오차항들의 구조를 파악하고 있다. 예를 들면, 서울의 기온은 춘천이나 개성의 기온과 약간 다른 정도이지만, 개마고원의 기온이나 서귀포의 기온과는 큰 차이를 보일 것이다. 통계적으로 서울, 춘천, 개성, 개마고원 및 서귀포 5개의 기온 관측값은 통계적으로 독립적이지 않으며 이 다섯 지역의 관측 값들

---

4) 따라서 분산분해의 모형은 다음과 같이 표현될 수도 있다. 흔히 P(A|B)는 B라는 사건이 주어졌을 경우 사건 A가 발생할 확률을 의미한다. $\sigma^2_{Total} = \sigma^2_{Fixed} + \sigma^2_{Random}|\sigma^2_{Fixed}$

그림 13-1 시계열자기상관, 공간자기상관과 집단내 이분산성의 비교

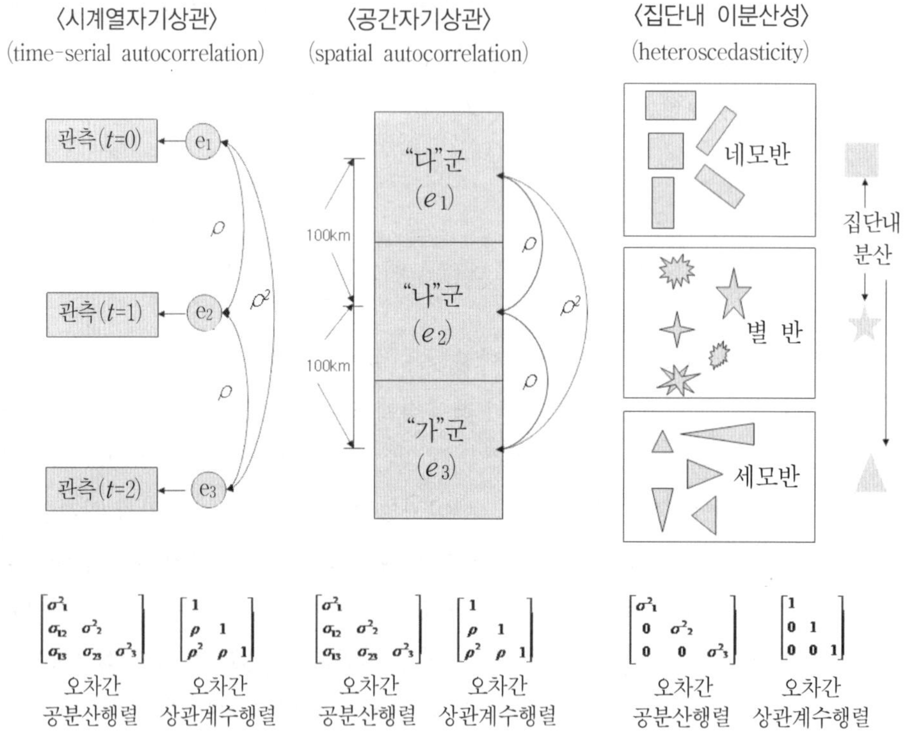

은 지역적 거리의 함수로 표현되는 것이 자연스럽다. 만약 지리적 자료의 구조를 '공간수준'과 '개체수준'으로 파악하면 공간모형 역시 다층모형으로 개념화할 수 있다. 〈그림 13-1〉에서 〈공간자기상관〉은 공간수준에서의 오차항들간의 관계를 시각적으로 표현한 것이다.

경제학이나 지리학 등이 시간과 공간 속에서의 인간 혹은 인간사회를 다루고 있는 반면, 교육학, 사회학 혹은 조직학 등에서는 상대적으로 문화적이며 사회적인 조건을 보다 강조한다. 시간이나 공간의 경우 그 변화는 대개 선형적인 반면, 문화나 사회적인 조건들의 경우 비선형적이며 자의적으로 결정되었다는 점에서 매우 대조적이다. 교육학이나 사회학, 조직학의 경우에는 오차항들간의 관계보다는 특정집단 내부의 동질성(homogeneity) 혹은 이질성(heterogeneity)을 분석하는 데 더 많은 관심을 갖고 있다. 보다 통계적으로 이야기하면, 교육학 등에서는 상이한 집

단내 오차항들의 이분산성(heteroscedasticity)을 측정 혹은 통제하고자 한다. 〈그림 13-1〉에서 〈집단내 이분산성〉은 사회내부의 집단구성이나 조직구성에 따른 이분산성을 시각적으로 표현한 것이다. 오차항의 구조 중 〈집단내 이분산성〉은 실험분석법에서 언급하는 가변효과와 매우 흡사하며 수학적으로는 동등하다.

〈그림 13-1〉이 보여주는 것처럼, 시계열 구조의 자료나 공간자료의 경우는 상이한 관점에서 오차항을 파악하지만, 오차항들의 개념화는 구조적으로 매우 유사하다. 시공간 자료의 경우 오차항들의 구조는 등간변수 혹은 서열변수의 구조로 개념화할 수 있다. 그러나 사회학과 교육학의 오차항들의 구조는 명목변수의 구조와 매우 흡사하다.

13.4 다층모형의 구성과 추정

다층모형의 구성과 추정은 학자들에 따라서 조금씩 다르지만, 흔히 다음의 세 단계로 구성되어 있다(Bryk and Raudenbush, 1992; Raudenbush and Bryk, 2002; Singer and Willet, 2003).

(1) 측정수준별로 개별방정식들을 구성
(2) 개별방정식들을 하나의 통합방정식으로 구성
(3) 통합방정식 내에서 상위 및 하위 수준의 효과를 통계적으로 구분

이 장의 서술은 다층모형을 설명하는 일반적 다층모형 소개서적과는 다르게 진행될 것이다. 첫째, 대개의 입문서들은 다층모형을 순차적으로 구성하고 검증하게 되어있다. 예를 들어 첫 단계로 기초모형(unconditional model)을 구성하여 분석하는데, 이는 종속변수를 상위수준과 하위수준의 절편(상수항)들만으로 예측한 것이다. 이 단계를 통해서 자료가 일반적인 회귀분석의 가정들이 위반되었는지를 검증한다(이를테면 이분산성, 자기상관 등). 흔히 다층모형 문헌에서 언급되는 급내(級內)상관계수(ICC, intraclass correlation)는 전체분산 중에서 상위수준 변수에 의해서 설명될 수 있는 분산의 비율을 의미한다. 만약 급내상관계수가 크지 않다

고 판단되면, 다층모형과 일반적 회귀분석과는 별다른 차이를 보이지 않는다. 만약 충분히 큰 급내상관계수를 발견하였다면, 이후 상위수준(시간수준, 혹은 개인수준)의 독립변수를 투입하고, 다음으로는 하위수준(변화모형에서 개인수준, 배속모형에서 집단수준)의 독립변수를 순차적으로 투입하여 가장 설명력이 높은 모형을 찾을 것을 권하고 있다. 하지만 이 책에서는 이러한 순차적인 모형구성을 예시하지는 않을 것이다. 이 책의 목적이 다층모형을 개략적으로 설명하는 것이라는 점, 그리고 이러한 방식의 서술은 모형의 적합도(model-fit index), 그리고 우도비 검증(likelihood ratio test) 등 추가적인 통계적 지식을 요구한다는 점에서 이 장의 설명범위를 넘어선다. 다층모형을 보다 심층적으로 이해하고자 하는 독자들은 해당 전문서적을 참고하길 바란다.

다음으로 이 장에서는 수학적 수식을 통한 설명보다는 실제 자료분석을 위주로 다층모형을 소개할 것이다. 보통의 입문서에서 다층모형의 구성은 일반 독자들이 이해하기 어려운 복잡한 수식으로 제시되어 있는 것이 보통이다. 다층모형의 경우 수식의 사용은 회귀분석과의 차이점을 이해하기 위해서 필수적이기에 최소한의 내용은 빠뜨릴 수는 없다. 이 절에서는 독자들의 이해를 돕기 위해서 단계별로 변화모형과 배속모형의 구체적 사례를 제시하기로 한다. 수식이 까다롭고 이해하기 번거롭다고 하더라도 구체적 사례와 병행하여 이해하면 따라가기 어렵지는 않을 것이다. 지난 12장까지의 수식 설명을 이해한 독자라면 수식과 구체적 분석사례의 병행이 그다지 어렵지 않을 것이다.

이 장에서는 변화모형의 사례 자료로 Curran, Hartford, 그리고 Muthén의 연구(1996)[5]를 재분석할 것이다. Curran 등의 연구는 패널 자료에 기반하고 있으며, 총 3년에 걸쳐 82명의 청소년들을 대상으로 그들의 음주행위를 1년 단위로 설문조사한 결과를 분석한 것이다. 청소년들은 모두 14세에 설문조사에 참가하였고, 16세에 마지막 설문조사가 실시되었다. 이 장에서는 Curran 등의 자료에서 다음의 네 변수를 이용할 것이다.

---

5) Curran 등(1996)의 자료는 www.stata-press.com/data/mlmus에서 'alcuse.dta' 화일을 클릭하면 다운로드가 가능하다. SPSS나 SAS, R, SPlus등의 이용자는 STATA 화일을 변환하여 분석할 수 있다.

- *id*: 설문조사된 청소년들의 개인 ID (=82×3)
- *alcuse* (종속변수): 음주행위 빈도 (네 가지 음주행위들의 평균 점수에 제곱근을 취한 값)
- *age_14* (독립변수, 시간수준): 첫 설문조사 후 몇 번째 해 (연령에서 14를 빼준 값)
- *male* (독립변수, 개인수준): 청소년 개인들의 성별 (1=남성; 0=여성)

배속모형의 사례는 가장 널리 알려진 다층모형 통계패키지인 HLM의 개발자들인 Raudenbush와 Bryk (1992, 2002)의 예시자료를 이용할 것이다. 이 자료는 160개의 초등학교 내 7,185명의 학생들의 수학성적과 학생들 부모들의 사회경제적 지위(SES, socioeconomic status) 등을 측정하였다. 이 자료에서는 아래의 다섯 가지 변수들을 이용할 것이다.

- *school*: 설문조사된 초등학생들(총 7,185명)의 학교 ID (총 160개)
- *mathach* (종속변수): 학생 개인의 수학성적
- *meanses* (독립변수, 개인수준): 개별학교 내 학생들의 평균 SES
- *cses* (독립변수, 개인수준): 중심화된 학생 SES[6] (=개별학생의 SES - 전체평균 SES)
- *sector* (독립변수, 집단수준): 학교의 특성 (가톨릭계 사립=1; 공립=0)

사례분석을 위한 통계패키지로는 SPSS 12.00(15.00), SAS 9.1, STATA 10.00, HLM 6.02, 그리고 변화모형의 경우는 추가적으로 구조방정식모형 패키지인 LISREL 8.20을 이용하였고, 다층모형의 장점을 이해하기 위해 OLS의 결과를 덧붙여 두었다. 두 분석자료 모두 인터넷에서 다운로드가 가능하며, HLM

6) 중심화(centering)는 다층모형 추정에서 매우 자주 등장하는 논란 중의 하나이다. 중심화를 찬성하는 학자들은 (1) 이론적으로는 절편(상수항)과 독립변수의 해석이 용이하다는 점과, (2) 모형의 수렴이 빠르다는 것을 장점으로 든다. 일례로 Singer와 Willet(2003)은 심지어 이분변수(dichotomous variable)도 중심화할 것을 권하고 있다. 하지만 중심화에 반대하는 학자들은 중심화는 독립변수의 계수추정과 오차항의 추정에 영향을 미치기 때문에 연구자가 추정하고자 하는 모형을 추정할 수 없다고 반박한다. 중심화를 둘러싼 논란에 대해서는 Kreft, deLeeuw, 그리고 Aiken(1995)를 참조하라.

과 LISREL의 경우 학생판(student version)은 무료로 다운로드할 수 있다.[7] 관심 있는 독자는 이 책의 설명을 따라서 직접 분석을 해본다면 다층모형을 보다 잘 이해할 수 있을 것이다.

13. 5 측정수준별 개별방정식의 구성

13.5.1 변화모형

Curran 등(1996)의 분석자료를 통해서 다음과 같은 모형을 구성한다고 가정하자. 첫째, 나이가 들어가면서 청소년들의 음주행태 역시 증가할 것이다. 둘째, 설문조사 초기의 경우 남자와 여자의 음주행태는 별다른 차이를 보이지 않을 것이다. 셋째, 그러나 음주행태는 남자 청소년들에게서 보다 비약적으로 증가할 것이다. 우선 첫 번째 예측은 아래와 같은 방정식을 갖는다.

시간수준 (Level-1):

$$alcuse = \beta_0 + \beta_1(age\_14) + \varepsilon, \quad \varepsilon \sim N.I.D.(0,\ \sigma^2) \qquad (13.5.1)$$ [8]

공식 (13. 5. 1)에서 β_0와 β_1은 서로 다른 의미를 갖는다. 기본적으로 β_0는 첫 번째 설문조사 시기, 즉 14세의 음주행태 수준을 나타낸다. 다시 말해서 β_0는 음

7) HLM과 LISREL 학생판은 www. ssicentral. com을 통해 다운로드 할 수 있다. Raudenbush와 Bryk(2002)의 예시자료는 HLM을 다운로드한 후 예제 화일 중 Chapter 2 폴더에 SPSS화일 형식으로 저장되어 있다.

8) 엄밀한 의미에서 오차항은 $\varepsilon \sim N.I.D.(0,\ \sigma^2)$이라고 할 수 없다. 특히 시간이나 공간의 경우 자기상관이 자주 발견되며, 만약 자기상관(1)의 오차항을 반영한다면 오차항의 표시는 다음과 같아진다.

$$\varepsilon \sim N.I.D.\left(\begin{vmatrix} 0 & & \\ 0 & 0 & \\ 0 & 0 & 0 \end{vmatrix},\ \begin{vmatrix} \sigma^2 & & \\ \rho^2 & \sigma^2 & \\ \rho^4 & \rho^2 & \sigma^2 \end{vmatrix} \right)$$

그러나 이 책에서는 일반 독자들의 이해를 돕기 위해 $\varepsilon \sim N.I.D.(0,\ \sigma^2)$을 가정한다. 실제로 Curran 등(1996)의 자료에서 유의미한 자기상관계수(ρ, AR(1))는 발견되지 않았다 (ρ = 0. 13, t = 1. 40).

주행태의 시작점이다. 하지만 β_1은 연령이 증가하면서 변화하는 음주행태의 변화율이다. 따라서 두 번째의 예측은 공식 (13.5.1)의 절편값인 β_0에만 해당된다. 방정식은

개인수준 (Level-2):

$$\beta_0 = \pi_{00} + \pi_{01}(male) + u_0, \quad u_0 \sim N.I.D.(0, \tau_{00}^2) \tag{13.5.2}$$

마찬가지로 세 번째의 예측은 공식 (13.5.1)의 'age_14'의 계수값인 β_1에 해당된다. 따라서

개인수준 (Level-2)[9]:

$$\beta_1 = \pi_{10} + \pi_{11}(male) + u_1, \quad u_1 \sim N.I.D.(0, \tau_{11}^2) \tag{13.5.3}$$

문제는 개인수준의 두 방정식, 공식 (13.5.2)와 공식 (13.5.3)에 있는 오차항 u_0와 u_1의 공분산(τ_{01})이 유의미할 수 있다는 점이다. 보다 수학적으로 표시하면 개인수준의 오차항들의 행렬은 단위행렬(I)이 아닐 수 있다는 사실이다. 이에 대해서는 제2장의 자기상관에 관한 서술을 참조하면 이해에 도움이 될 것이다.

$$\begin{pmatrix} \tau_{00}^2 & \\ \tau_{01} & \tau_{11}^2 \end{pmatrix} \tag{13.5.4}$$

13.5.2 배속모형

Raudenbush와 Bryk(1992, 2002)의 자료를 통해서 다음과 같은 모형을 구성한다고 가정하자. 첫째, 부모의 SES가 높을수록 학생들의 수학성적이 높을 것이다. 둘째, 학교수준에서 사립학교 학생들의 수학성적이 높을 것이다. 셋째, 그러나 개개 학생 부모의 SES의 효과는, 흔히 말하는 천정효과(ceiling effect)에 의해, 사립학교에서 보다 둔화될 것이다.

---

9) 제 1수준의 기울기가 제 2수준의 방정식에서 결과변수(outcome variable, 종속변수)가 되기 때문에 다층모형은 기울기 예측모형(slope-as-outcome model)으로 불리기도 한다.

우선 첫 번째 예측은 아래와 같은 방정식을 갖는다.

개인수준 (Level-1) :

$$mathach = \beta_0 + \beta_1(cses) + \varepsilon, \quad \varepsilon \sim N.I.D.(0, \sigma^2) \tag{13.5.5}$$

변화모형에서와 마찬가지로 공식 (13.5.5)에서 β_0와 β_1은 서로 다른 의미를 갖는다. 기본적으로 β_0은 전체 표본의 평균값을 의미한다. 다시 말해서 β_0는 수학성적의 평균이다. 하지만 β_1은 학생부모의 SES가 증가, 혹은 감소하면서 설명되는 회귀계수이다. 만약 β_1이 양수(陽數)라면 부모의 SES는 학생의 수학성적 증가에 영향을 미친다고 볼 수 있다. 변화모형과 마찬가지 방식으로 두 번째의 예측은 공식 (13.5.5)의 절편(상수항)값인 β_0에만, 그리고 세 번째의 예측은 SES의 회귀계수인 β_1에만 해당된다. 변화모형과 차이가 있다면, 학교내 학생부모들의 평균 SES(즉 *meanses*)를 통제변수로 투입했다는 점이다.

집단수준 (Level-2) :

$$\beta_0 = \pi_{00} + \pi_{01}(sector) + \pi_{02}(meanses) + u_0, \quad u_0 \sim N.I.D.(0, \tau_{00}^2) \tag{13.5.6}$$

마찬가지로,

집단수준 (Level-2) :

$$\beta_1 = \pi_{10} + \pi_{11}(sector) + \pi_{12}(meanses) + u_1, \quad u_1 \sim N.I.D.(0, \tau_{11}^2) \tag{13.5.7}$$

변화모형에서와 마찬가지로 집단수준의 두 방정식, 공식 (13.5.6)과 공식 (13.5.7)에 있는 오차항 u_0와 u_1의 공분산(τ_{01})은 유의미할 수 있다. 마찬가지로 집단수준의 오차행렬은 아래의 공식 (13.5.8)과 같이 표시될 수 있다.

$$\begin{pmatrix} \tau_{00}^2 & \\ \tau_{01} & \tau_{11}^2 \end{pmatrix} \tag{13.5.8}$$

이상 살펴본 것처럼, 변화모형과 배속모형은 상이한 개념틀에도 불구하고 모형의 추정이나 개별방정식의 구성이 매우 유사하다. 변화모형에서의 시간 변수는 배속모형에서의 집단 변수(즉, 학교)와 유사하다. 또한 변화모형에서 시간에 따른 청소년들의 음주형태는 배속모형에서의 집단에 따른 초등학생들의 성적과 비슷하게 추정된다. 그러나 상위수준과 하위수준 관측값의 관계라는 점에서 변화모형과 배속모형은 서로 구분된다. 변화모형의 경우 개인들이 동일한 수의 관측값을 갖는 반면 (모든 82명의 개인은 세 번의 관측값을 갖는다), 배속모형의 경우 각 집단은 서로 다른 수의 관측값을 갖는다(160개의 학교별로 표집된 학생들의 수가 서로 다르다). 다층모형 문헌에서는 전자와 같은 자료의 구조를 균형설계(balanced design)라 하고, 후자와 같은 구조를 비균형설계(unbalanced design)라 한다. 분석자료의 구조가 균형 잡혀 있다는 점에서 변화모형의 추정이 배속모형보다 빠른 것이 보통이다. 특히 배속모형에서 통계적으로 안정된 추정값을 얻기 위해서는 표본의 크기가 충분히 커야 한다.

13. 6 개별방정식들의 통합

13.6.1 변화모형

두 번째 단계는 개인수준에서 구성된 두 방정식을 시간수준에서 구성된 방정식에 삽입하는 것이다. 따라서 예측방정식은,

$$alcuse = \pi_{00} + \pi_{01}(male) + \pi_{10}(age\_14) + \pi_{11}(male \times age\_14) + u_0 + u_1 + \varepsilon$$

$$\varepsilon \sim N.I.D.(0, \sigma^2)$$

$$T \sim \begin{pmatrix} \tau_{00}^2 & \\ \tau_{01} & \tau_{11}^2 \end{pmatrix} \qquad (13.6.1)$$

과 같은 형태를 갖는다. 다층모형의 한 형태인 변화모형이 OLS와 다른 점은 공식

에서 쉽게 발견된다. OLS의 경우 오차항이 ε 하나인 반면, 다층모형의 경우는 세 개의 오차항들(ε과 u_0, u_1)을 가진다는 점이 다르다. 오차항을 뺀 나머지 항들은 기본적으로 OLS의 형태와 그다지 다르지 않다. 유일하게 다른 점은 각 회귀계수의 표준오차(standard error)와 그에 따른 유의도 검증(significance test)의 결과이다. 회귀계수라고 볼 수 있는 π값들의 해석 역시 OLS의 그것과 똑같다.

13.6.2 배속모형

변화모형과 마찬가지로 두 번째 단계는 집단수준에서 구성된 두 개의 방정식을 개인수준에서 구성된 방정식에 투입하는 것이다. 통합된 방정식은 아래의 형태를 갖는다.

$$
\begin{aligned}
mathach = {} & \pi_{00} + \pi_{01}(sector) + \pi_{02}(meanses) \\
& + \pi_{10}(cses) + \pi_{11}(sector \times cses) + \pi_{12}(meanses \times cses) \\
& + u_0 + u_1 + \varepsilon
\end{aligned}
$$

$$
\begin{aligned}
& \varepsilon \sim N.I.D.(0, \sigma^2) \\
& T \sim \begin{pmatrix} \tau_{00}^2 & \\ \tau_{01} & \tau_{11}^2 \end{pmatrix} \qquad (13.6.2)
\end{aligned}
$$

통합방정식의 의미와 각 회귀계수의 해석은 변화모형과 동일하다.

13.7 사례분석

13.7.1 사례분석 I: Curran 등의 자료를 이용한 변화모형

이미 제12장에서 구조방정식 모형을 접한 독자들은 Curran 등(1996)의 분석자료를 이용한 변화모형을 이해하기 쉬울 것이다. 제11장의 경로분석에서 이용된 다이어그램을 빌리면 변화모형은 〈그림 13-2〉와 같다.

그림 13-2 변화모형의 예시

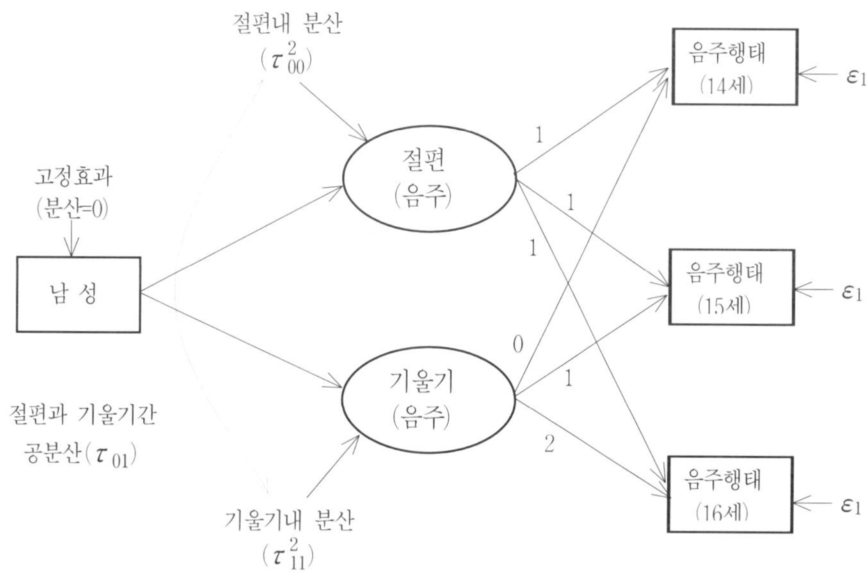

구조방정식 모형에 기반한 다층모형이 보통의 구조방정식 모형과 다른 점은 다층모형의 가정에 맞도록 몇몇 부분에 제한조건(constraint)을 부여한다는 점이다.[10] 구체적으로 살펴보면,

(1) 시간수준 방정식의 절편(상수항)에서 각 시간대별 측정값으로 이동하는 경로에 모두 상수 1 을 부여한다. 따라서 '절편'(상수항)이라고 나타난 요인은 시간변화와 관계없이 일정한 값을 부여받는다.

(2) 시간수준 방정식의 기울기, 즉 변화패턴 부분은 시간에 따라 각기 상수 0, 1, 2의 값을 부여받는다. 다시 말해 '기울기'로 명명된 요인은 시간변화에 따른 음주행태를 반영한다.

(3) 각 연령대별 음주행태 변수는 동일한 크기의 분산을 갖는다. 앞에서 언급한 것처럼, 시간수준의 방정식은 시간에 관계없이 동일한 오차항, 즉 ε을 갖는다.

(4) 개인수준의 변수인 '성별'(male)은 오차가 존재하지 않는다. 개인수준의 두

10) 동등성 제한을 부여하는 방법은 LISREL 명령문을 참조하라. 보통의 경우 ST, VA, EQ 등의 명령문으로 동등성제한을 부여할 수 있다.

방정식에서 보는 것처럼 성별은 '고정효과'를 반영하는 독립변수로 측정오차가 존재하지 않는다고 가정한다.

구체적인 LISREL 프로그램은 명령문은 〈표 13-1〉에 제시되어 있다. 그리고 분석결과의 출력물은 〈표 13-2〉와 같다. 출력물의 분량을 줄이기 위해 여기에서는 다층모형의 해석과 관련되는 부분만을 선택하였다. 보다 세부적인 분석결과는 독자들이 직접 확인하기 바란다.

LISREL 결과물에서 주목할 부분은 고정효과로써 Γ(Gamma)와 A(Alpha) 행렬, 그리고 추정된 오차항들로 Ψ(Psi, 개인수준)와 Θ−E(Theta-Eps, 시간수준)이다. 보다 구체적으로 위의 공식 (13.6.1)의 모수들은 아래와 같이 추정된다.

$$\widehat{alcuse} = 0.75 - 0.18 \times (male) + 0.12 \times (age\_14) + 0.29 \times (male \times age\_14)$$

$$\varepsilon \sim N.I.D.(0,\ 0.34)$$

$$T \sim \begin{pmatrix} 0.62 & \\ -0.06 & 0.13 \end{pmatrix} \qquad (13.7.1)$$

개인수준의 두 방정식에서 $\tau_{01}(-0.06)$의 t값은 -0.81로 통상적 수준($p=0.05$)에서 유의미하지 않다. 다시 말해 절편(상수항)과 기울기의 오차항은 상호독립적이라고 볼 수 있다. 모형의 간명성(parsimony)라는 점에서 τ_{01}은 제거될 수 있다. τ_{01}을 0으로 고정시킨 후, 일반적인 통계패키지를 이용하여 변화모형을 추정할 때는 각 패키지별로 〈표 13-3〉과 같은 명령문을 이용하면 된다.

〈표 13-3〉을 살펴보면, 서로 다른 통계분석 패키지라고 하더라도 옵션의 정의나 용어는 유사하다는 것을 알 수 있다. 단 공분산구조의 경우 COVTYPE(VC), TYPE=VC, cov(ind)는 모두 τ_{01}를 0으로 가정한 것을 의미한다. 다른 형태의 공분산구조 옵션들(이를테면 VC, AR, FA 등)에 대해서는 해당 통계패키지들의 매뉴얼을 참조하기 바란다. 통계패키지별 그리고 HLM의 결과는 제시하지 않았다. 또한 HLM을 이용한 변화모형의 추정 역시 따로 제시하지는 않았다. HLM을 이용한 다층모형의 추정은 배속모형을 참조한 후 응용하여 적용하면 된다. 구체적인 추정값과 그 결과에 대해서는 이 장의 후반부에서 다시 언급할 것이다.

표 13-1 변화모형 추정을 위한 LISREL 프로그램의 예시

```
TI Curran et al. 1996
 DA NO=82 NI=4 MA=CM
 ME
 .6304662 .9636295 1.1717690 .5121951
 SD
 .9389120 1.0473735 1.1353495 .5029273
 LA
 alc14 alc15 alc16 male
 KM
 1.0000000
 .6381012 1.0000000
 .4105957 .6077940 1.0000000
 -.0463504 -.0421475 .2200144 1.0000000
 MO NY=3 NE=2 NX=1 NK=1 LX=ID LY=FU,FI PS=FU,FI PH=FU,FR
TD=FU,FI TE=FU,FI GA=FU,FR BE=FU,FI KA=FR AL=FR
 ST 1.00 LY 1 1 LY 2 1 LY 3 1
 ST 0.00 LY 1 2
 ST 1.00 LY 2 2
 ST 2.00 LY 3 2
 FR TE 1 1 TE 2 2 TE 3 3
 FR PS 1 1 PS 2 2 PS 2 1
 EQ TE 1 1 TE 2 2 TE 3 3
 LE
 INTRCP SLOPE
 PD
 OU SC
```

표 13-2 LISREL(〈표 13-1〉)을 이용한 변화모형 추정의 결과

```
         GAMMA

                    male
                --------
  INTRCP           -0.18
                  (0.21)
                   -0.87
   SLOPE            0.29
                  (0.12)
                    2.40

           PSI

                  INTRCP      SLOPE
                --------   --------
  INTRCP            0.62
                  (0.15)
                    4.17
   SLOPE           -0.06       0.13
                  (0.07)     (0.05)
                   -0.81       2.41

           THETA-EPS

                   alc14      alc15      alc16
                --------   --------   --------
                    0.34       0.34       0.34
                  (0.05)     (0.05)     (0.05)
                    6.36       6.36       6.36

           ALPHA

                  INTRCP      SLOPE
                --------   --------
                    0.75       0.12
                  (0.15)     (0.09)
                    4.93       1.39
```

표 13-3 변화모형 추정을 위한 SPSS, SAS 및 STATA 프로그램의 예시

/*SPSS의 경우*/

```
MIXED alcuse BY male  WITH age_14
/FIXED = male age_14 male*age_14
/METHOD=ML
/PRINT=SOLUTION
/RANDOM = intercept age_14 | SUBJECT(id) COVTYPE(VC)
```

/*SAS의 경우*/

```
PROC MIXED DATA=Curran METHOD=ML COVTEST;
CLASS male;
MODEL alcuse = male age_14 male*age_14 / SOLUTION;
RANDOM INTERCEPT age_14 / TYPE=VC SUBJECT=id;
RUN;QUIT;
```

/*STATA의 경우(반드시 소문자를 이용할 것)*/

```
generate maleage14 = age_14*male
xtmixed alcuse male age_14 maleage14 || id: age_14, variance
cov(ind) mle
```

13.7.2 사례분석 II: Raudenbush와 Bryk의 자료를 이용한 배속모형

변화모형의 추정과 마찬가지 방식으로 일반 통계패키지를 이용하여 Raudenbush와 Bryk(1992, 2002)의 자료를 분석하는 프로그램은 〈표 13-4〉와 같다. 여기에서는 출력물의 분량을 줄이기 위하여 SAS 분석결과물만을 선택적으로 제시하기로 한다. 관심이 있는 독자는 〈표 13-4〉에 제시된 명령문을 이용하면 세부적인 다른 정보 역시 얻을 수 있을 것이다. 우선 〈표 13-4〉에 제시된 SAS 프로그램 명령문 대신 〈표 13-5〉와 같은 명령문을 입력하면 τ_{01}, 즉 절편(상수항)과 SES의 기울기를 종속변수로 하는 두 개의 집단수준의 방정식간 오차항의 공분산이 유의미한지를 검증할 수 있다.

표 13-4 배속모형 추정을 위한 SPSS, SAS 및 STATA 프로그램의 예시

```
/*SPSS의 경우*/
MIXED mathach BY school sector WITH meanses cses
/FIXED = sector meanses cses sector*cses meanses*cses
/METHOD=REML
/PRINT=SOLUTION
/RANDOM = intercept cses | SUBJECT(school) COVTYPE(VC).

/*SAS의 경우*/
PROC MIXED DATA=HSB NOCLPRINT COVTEST;
CLASS school sector;
MODEL mathach = sector meanses cses sector*cses
meanses*cses /SOLUTION DDFM=BW;
RANDOM INTERCEPT cses /TYPE=VC SUBJECT=school;
RUN;QUIT;

/*STATA의 경우(반드시 소문자를 이용할 것)*/
gen sectorses = sector*cses
gen meansescses = meanses*cses
xtmixed mathach sector meanses cses sectorses meansescses
 || school: cses, variance cov(ind) reml
```

표 13-5 오차항의 공분산 유의미 검증을 위한 SAS 프로그램의 예시

```
PROC MIXED DATA=HSB NOCLPRINT COVTEST;
CLASS school sector;
MODEL mathach = cses /SOLUTION DDFM=BW;
RANDOM INTERCEPT cses /TYPE=UN SUBJECT=school;
RUN;QUIT;
```

표 13-6 SAS 프로그램을 이용한 배속모형 추정의 결과

Covariance Parameter Estimates

Cov Parm	Subject	Estimate	Standard Error	Z Value	Pr Z
Intercept	school	2.3764	0.3710	6.41	<.0001
cses	school	0.09783	0.2129	0.46	0.3229
Residual		36.7233	0.6262	58.65	<.0001

Fit Statistics

-2 Res Log Likelihood	46504.6
AIC (smaller is better)	46510.6
AICC (smaller is better)	46510.6
BIC (smaller is better)	46519.8

Solution for Fixed Effects

Effect	Estimate	Standard Error	DF	t Value	Pr > |t|
Intercept	12.1138	0.1986	157	60.98	<.0001
sector	1.2146	0.3061	157	3.97	0.0001
meanses	5.3430	0.3690	157	14.48	<.0001
cses	2.9345	0.1550	7022	18.93	<.0001
sector*cses	-1.6388	0.2396	7022	-6.84	<.0001
meanses*cses	1.0342	0.2987	7022	3.46	0.0005

이 자료의 분석결과 τ_{01}는 0.05 (SE=0.40)로 매우 미미한 것으로 판명되었다. 따라서 여기에서는 TYPE=VC로 하여 τ_{01}을 0으로 설정한 결과물을 <표 13-6>에 제시하였다. 이 분석결과를 바탕으로 통합방정식을 완성하면 아래와 같다.

$$\begin{aligned}\widehat{mathach} = &\ 12.11 + 1.21 \times (sector) + 5.34 \times (meanses) \\ &+ 2.94 \times (cses) - 1.64 \times (sector \times cses) \\ &+ 1.03 \times (meanses \times cses) + u_0 + u_1 + \varepsilon \\ &\qquad \varepsilon \sim N.I.D.(0,\ 36.72) \\ &\qquad T \sim \begin{pmatrix} 2.38 & \\ 0 & 0.10 \end{pmatrix} \end{aligned} \tag{13.7.2}$$

<표 13-6>의 중간부에 있는 Fit Statistics는 모형의 적합도를 나타낸다. 모형적합도 검증은 이 책의 범위를 벗어나지만, -2 로그우도(-2 Res Loglikelihood)[11] 간의 차이가 유의미한지를 카이제곱(x^2) 검증을 통해 알아봄으로써 추가된 고정효과나 오차항들이 '모형을 개선시켰는지를 밝히는 것'이 주목적이다. 단순화시켜 이야기하면, -2 로그우도가 적으면 적을수록 모형과 분석자료 사이의 적합도가 높다고 볼 수 있다.

HLM의 경우는 <그림 13-3>과 같은 순서를 따른다. HLM의 경우 연구자가 상정하는 측정수준의 수만큼 파일을 저장해야 한다. 이를테면, 2계층모형은 2개의 독립된 파일로 구성되어야 한다. 그리고 반드시 아이디(identifier)를 설정해야 하며, 모든 분석자료는 설정된 아이디로 정렬되어야만(sorted) 한다.

---

11) 이 장에서 변화모형의 경우는 최대우도추정법(maximum likelihood estimation)을 그리고 배속모형의 경우는 제한적 최대우도추정법(restricted maximum likelihood estimation)을 적용하였다. 이들 두 추정법은 다층모형에서 광범위하게 이용되는 추정법이며, 어떤 추정법이 더 나은지에 대해서는 학자들마다 의견이 분분하다.

그림 13-3 HLM을 이용한 다층모형의 구축

(1) HLM 초기화면

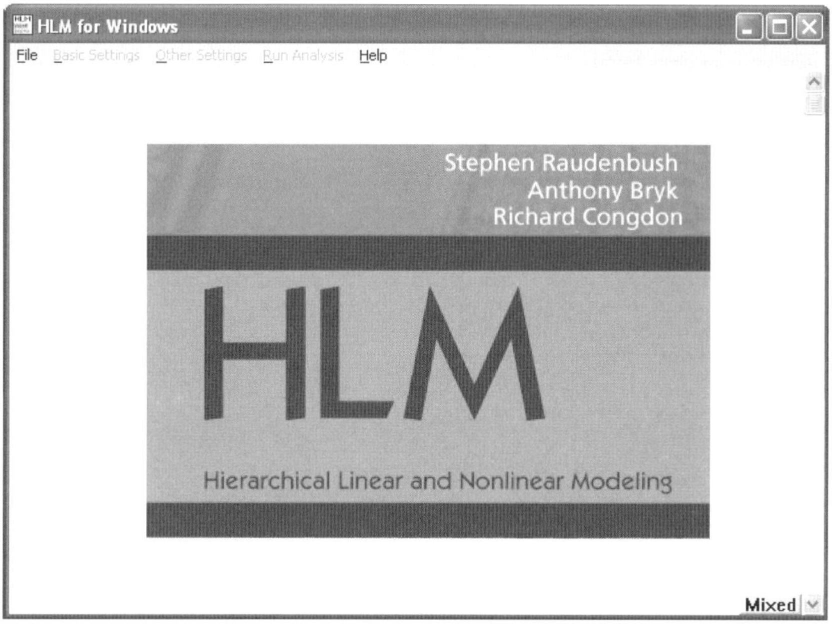

(2) 〈File〉 → Make new MDM file → Stat package input

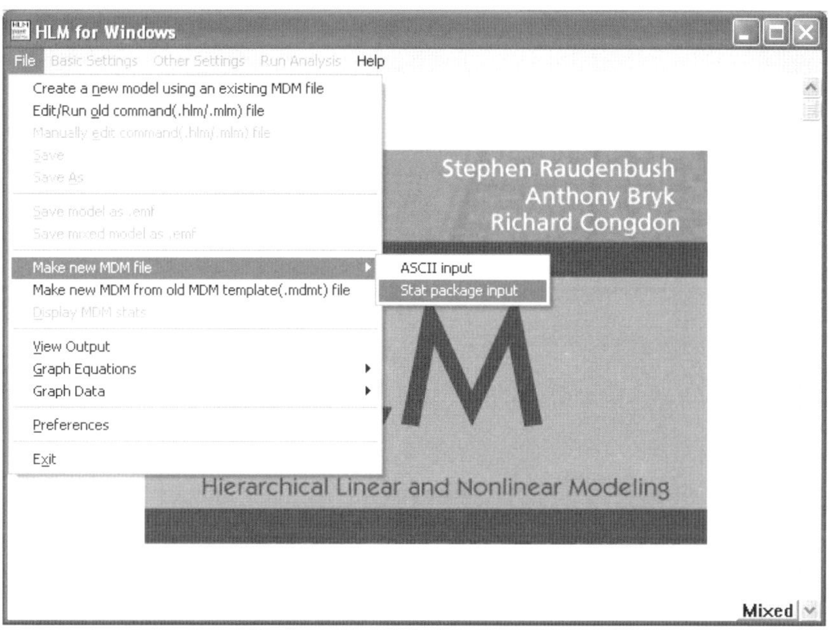

그림 13-3 HLM을 이용한 다층모형의 구축 (계속)

(3) 〈HLM2〉를 선택

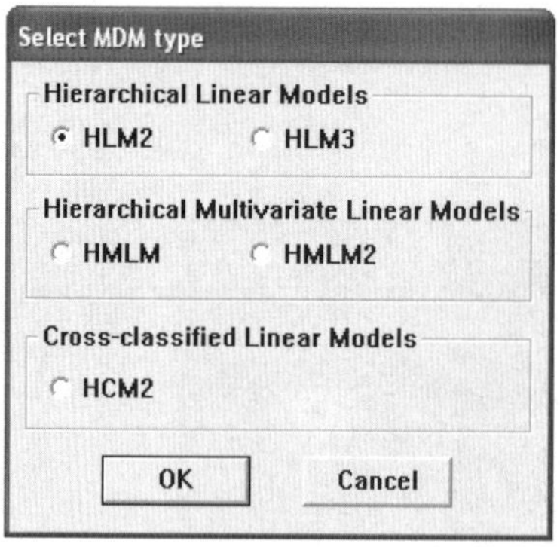

(4) (a) MDM File Name에 연구자가 원하는 파일이름을 작성.

(b) Input File Type에 연구자가 저장한 통계패키지를 클릭.

(c) Nesting of input data에서 〈persons within groups〉를 클릭. 만약 변화모형일 경우에는 〈measures within persons〉를 클릭.

(d) Level-1 Specification에서 Browse를 클릭.

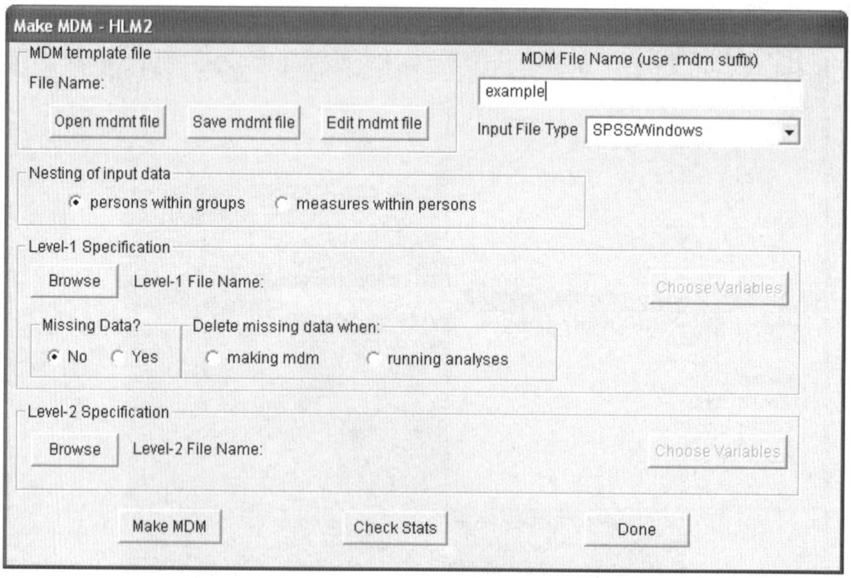

그림 13-3 HLM을 이용한 다층모형의 구축 (계속)

(5) 제 1수준, 즉 개인수준의 분석자료를 클릭

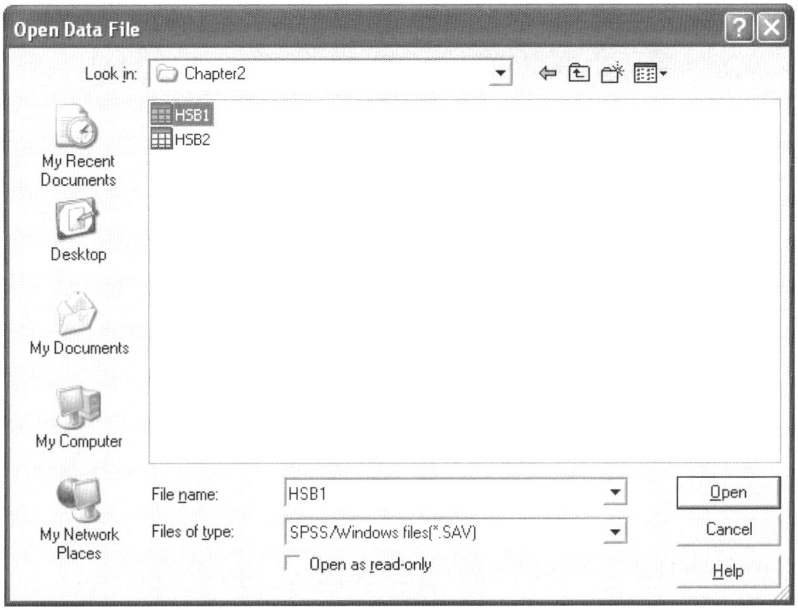

(6) 아이디인 id는 〈ID〉에 맞게 클릭하고, 나머지 변수들은 〈in MDM〉으로 분류하도록 클릭

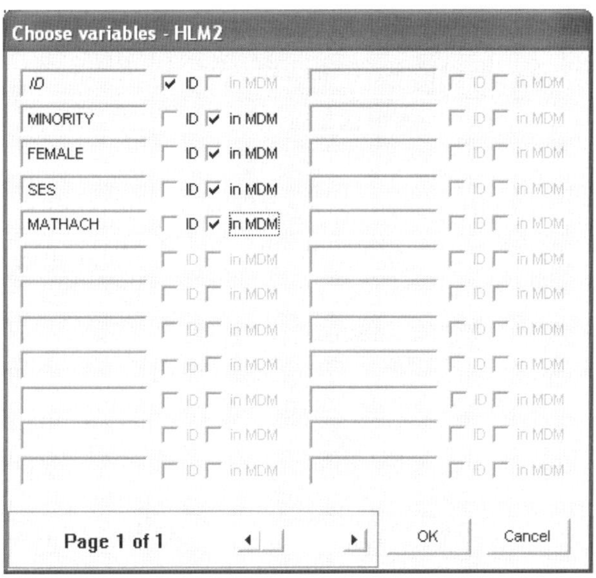

그림 13-3 HLM을 이용한 다층모형의 구축 (계속)

(7) 마찬가지로 제 2수준, 즉 집단(학교) 수준의 분석자료를 클릭하고 (6)에서와 마찬가지 방식으로 변수들을 설정

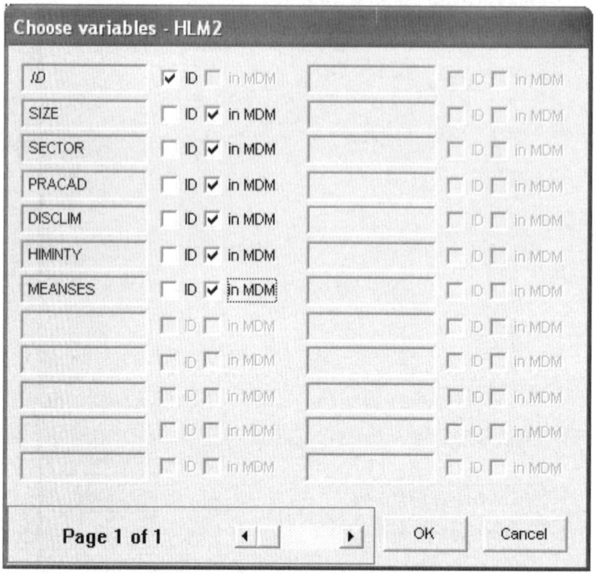

(8) 〈MDM template file〉에서 〈Save mdmt file〉을 클릭

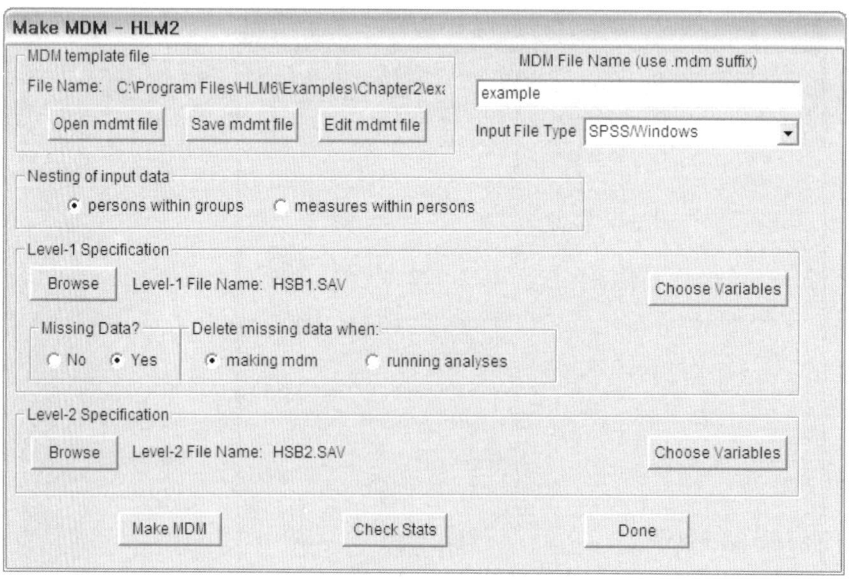

그림 13-3 HLM을 이용한 다층모형의 구축 (계속)

(9) MDM Template File의 이름을 입력하고 저장

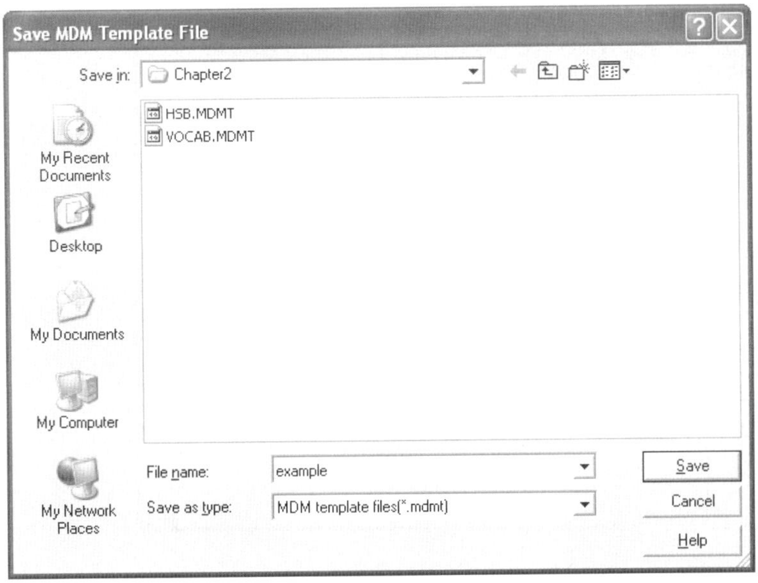

(10) 단계 (8)의 화면에서 <Make MDM>을 클릭한 후 <Check Stats>를 클릭

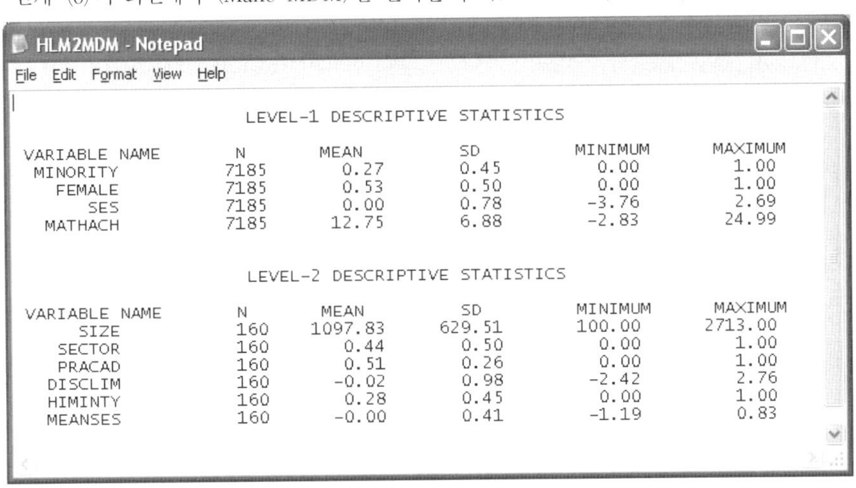

LEVEL-1 DESCRIPTIVE STATISTICS

VARIABLE NAME	N	MEAN	SD	MINIMUM	MAXIMUM
MINORITY	7185	0.27	0.45	0.00	1.00
FEMALE	7185	0.53	0.50	0.00	1.00
SES	7185	0.00	0.78	-3.76	2.69
MATHACH	7185	12.75	6.88	-2.83	24.99

LEVEL-2 DESCRIPTIVE STATISTICS

VARIABLE NAME	N	MEAN	SD	MINIMUM	MAXIMUM
SIZE	160	1097.83	629.51	100.00	2713.00
SECTOR	160	0.44	0.50	0.00	1.00
PRACAD	160	0.51	0.26	0.00	1.00
DISCLIM	160	-0.02	0.98	-2.42	2.76
HIMINTY	160	0.28	0.45	0.00	1.00
MEANSES	160	-0.00	0.41	-1.19	0.83

그림 13-3 HLM을 이용한 다층모형의 구축 (계속)

(11) 분석자료의 기술통계값을 확인한 후 단계 (8)의 〈Done〉을 클릭하면 다음의 화면이 나옴

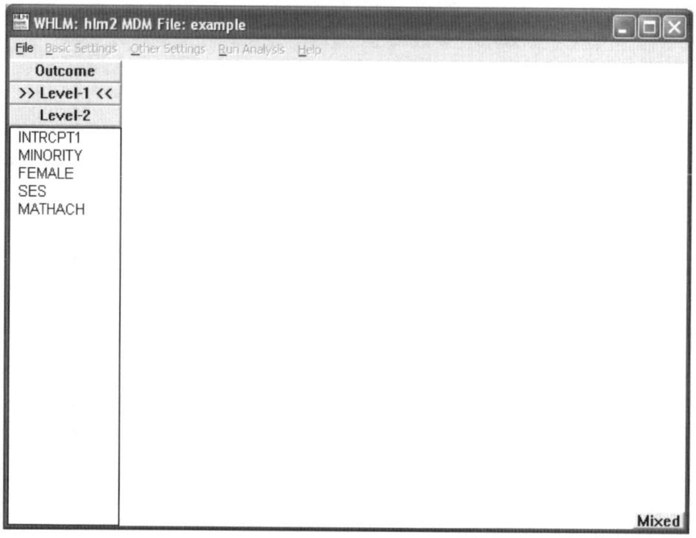

(12) (a) 왼쪽의 〈Level-1〉 단추를 클릭
(b) MATHACH를 종속변수(Outcome variable)로 설정
(c) SES변수를 〈add variable group centered〉로 설정하여 투입
* 중심화 변환을 원하지 않을 경우 〈add variable uncentered〉를 설정

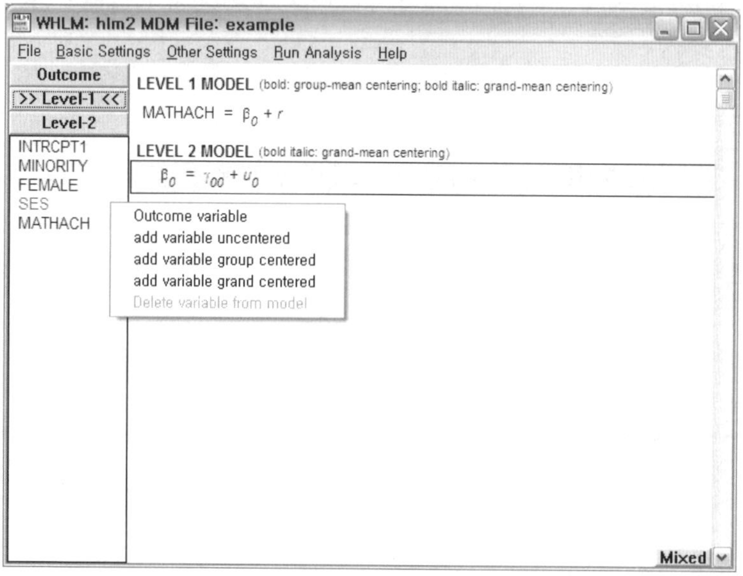

그림 13-3 HLM을 이용한 다층모형의 구축 (계속)

(13) (a) 왼쪽의 〈Level-1〉 단추를 클릭

(b) β_0과 β_1에 SECTOR 변수를 〈add variable uncentered〉로 투입

(c) β_0과 β_1에 MEANSES 변수를 〈add variable grand centered〉로 투입

* 중심화 변환을 원하지 않을 경우 〈add variable uncentered〉를 설정

(d) 〈Run Analysis〉를 클릭하고 모형을 추정

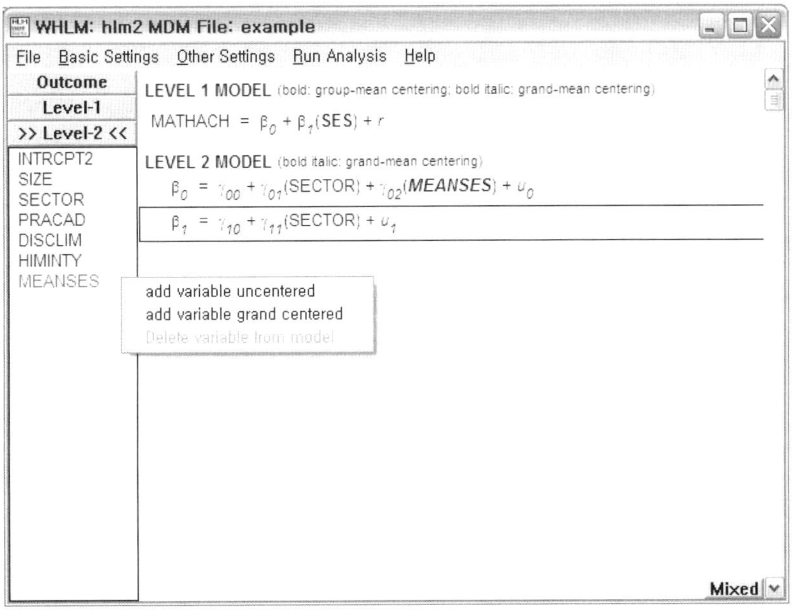

13.8 모형추정의 결과

〈표 13-7〉과 〈표 13-8〉은 각각 변화모형과 배속모형을 분석한 결과이다. 우선 변화모형을 살펴보자. 먼저 OLS와 다층모형을 비교하면, 절편(상수항: β_0)과 기울기항(β_1)에 대한 표준오차에서 많은 차이를 발견할 수 있다. 다시 말해 시간수준의 독립변수들의 경우 OLS에서 다층모형에 비해 현격하게 큰 표준오차를 보이고 있음을 알 수 있다. 표준오차는 표준편차(또는 분산)와 표본의 크기의 함수라는 사실을 감안할 때, 다층모형이 OLS에 비해서 우월한 점은 '(공)분산'을 보다 정확하게 수정한다는 사실이다. 그러나 모수의 추정이라는 점에서는 다층모형과 OLS는 그다지 차이를 보이지 않는다. 요약하자면 계수의 추정이라는 점에서는 OLS와 다층모형은 비슷하지만, 유의도 검증이라는 점에서는 다층모형과 OLS는 다르다.

다음으로 다층모형의 모수추정 결과를 살펴보면, SPSS와 다른 통계 패키지들 사이의 차이점이 확연하게 나타남을 알 수 있다. 우선은 개인수준의 독립변수, 즉 '남성'과 '기울기×남성'의 모수추정은 통계패키지들 사이에 차이를 보이지 않지만, 절편(상수항: β_0)과 기울기항(β_1)의 모수추정이 많은 차이를 보인다. SPSS의 경우 절편(상수항) 값이 상대적으로 낮고 기울기값이 상대적으로 높게 나타나고 있다. 그러나 오차항들의 경우는 HLM이 다른 통계 패키지들에 비해 상이한 패턴을 보여주고 있다.

〈표 13-8〉의 결과를 살펴보아도 역시 유사하다. 집단수준에서의 독립변수인 '사립학교' 그리고 '학교평균SES'의 경우 OLS의 표준오차와 다층모형의 표준오차는 거의 2배 정도 차이가 나타나고 있다. 그러나 변화모형과 마찬가지로 추정된 모수의 값들은 OLS와 별반 다르지 않음을 알 수 있다. 배속모형에서도 계수의 추정이라는 점에서는 OLS와 다층모형은 비슷하지만, 유의도 검증이라는 점에서는 다층모형과 OLS는 현격히 다를 수 있다. 마찬가지로 SPSS는 제 1수준, 즉 개인수준에서의 독립변수들의 모수추정 결과가 서로 다른 것을 발견할 수 있다. 변화모형과는 반대로 절편(상수항: β_0)이 상대적으로 높은 반면, 기울기항(β_1)은 상대적으로 낮게 나타나고 있다. 마찬가지로 HLM의 경우 u_1의 분산인 τ_{11}을 상대적으로 크게 추정하고 있음을 발견할 수 있다.

표 13-7 일반 회귀분석(OLS)과 다층모형(변화모형)의 분석결과 비교

	SPSS 12.0/15.0	SAS 9.1	STATA 10.0	LISREL 8.20	HLM 6.02	OLS
절편(상수)	0.56***	0.75***	0.75***	0.75***	0.75***	0.75***
	(0.14)	(0.15)	(0.15)	(0.15)	(0.15)	(0.21)
남성	-0.18	-0.18	-0.18	-0.18	-0.18	-0.18
	(0.20)	(0.20)	(0.20)	(0.20)	(0.20)	(0.21)
기울기	0.41***	0.12	0.12	0.12	0.12	0.12
	(0.08)	(0.08)	(0.08)	(0.08)	(0.08)	(0.16)
기울기 × 남성	0.29*	0.29*	0.29*	0.29*	0.29*	0.29†
	(0.12)	(0.12)	(0.12)	(0.12)	(0.12)	(0.16)
절편내 분산(단위=개인)	0.57***	0.55***	0.55***	0.56***	0.62***	
기울기내 분산(단위=개인)	0.11*	0.10*	0.10*	0.10*	0.13***	
잔차분산	0.36	0.36	0.36	0.36	0.34	1.06
-2 로그우도	631.66	631.66	631.66	-	630.94	

주: 1) 통계적으로 유의미한 자기회귀상관계수가 발견되지 않았기에 (ρ = 0.13, t = 1.40), 시간수준 오차항들 사이의 자기상관은 가정되지 않았음. 또한 개인수준 오차항들간의 공분산(τ_{01}) 역시 유의미하지 않기에 0으로 가정하였음.

2) 괄호 안은 표준오차(standard error)를 나타냄.

3) 최대우도추정(maximum likelihood) 방법을 이용하였음.

4) † $p < 0.1$; * $p < 0.05$; *** $p < 0.001$.

표 13-8 일반 회귀분석(OLS)과 다층모형(배속모형)의 분석결과 비교

	SPSS 12.0/15.0	SAS 9.1	STATA 10.0	HLM 6.02	OLS
절편(상수)	13.33***	12.11***	12.11***	12.10***	12.10***
	(0.22)	(0.20)	(0.20)	(0.20)	(0.16)
사립학교	1.21***	1.21***	1.21***	1.23***	1.27***
	(0.31)	(0.31)	(0.31)	(0.31)	(0.16)
학교평균SES	5.34***	5.34***	5.34***	5.33***	5.17***
	(0.37)	(0.37)	(0.37)	(0.33)	(0.19)
개인SES	1.30***	2.93***	2.93***	2.94***	2.94***
	(0.17)	(0.16)	(0.15)	(0.15)	(0.16)
개인SES × 사립	-1.64***	-1.64***	-1.64***	-1.64***	-1.64***
	(0.24)	(0.24)	(0.24)	(0.24)	(0.24)
개인SES × 학교평균SES	1.03**	1.03**	1.03**	1.03**	1.03**
	(0.30)	(0.30)	(0.30)	(0.33)	(0.30)
절편내 분산(단위=학교)	2.38***	2.38***	2.38***	2.38***	
개인SES내 분산(단위=학교)	0.10	0.10	0.10	0.15	
잔차분산	36.72	36.72	36.72	36.70	39.01
-2 로그우도	46504.57	46504.57	46504.57	46501.88	

주: 1) 집단수준 오차항들간의 공분산(τ_{01})이 유의미하지 않기에 0으로 가정하였음.
2) 괄호 안은 표준오차(standard error)를 나타냄.
3) 제한적 최대우도추정(restricted maximum likelihood) 방법을 이용하였음.
4) ** $p < 0.01$; *** $p < 0.001$.

〈표 13-7〉과 〈표 13-8〉은 OLS에 비해서 다층모형이 다른 점이 무엇인지 명확하게 보여준다. 첫째, 모수의 추정값은 그다지 다르지 않지만, 추정된 모수의 유의도를 검증할 경우 다층모형은 OLS의 문제점을 수정 혹은 해결할 수 있다. 둘째, 다층모형의 경우 연구자가 어떤 분석 패키지를 쓸 것인지에 따라서 결과가 조금씩 상이할 수 있다. 여기서는 특정한 통계패키지에서 산출된 결과가 다른 패키지가 계산한 결과에 비해서 우월 혹은 열등하다고 주장하는 것이 결코 아니다. 단지 다층모형의 특성상 연구자는 연구결과를 보고할 때 반드시 어떤 통계 패키지를 이용하였으며 어떠한 알고리즘에 기반하였는지 등을 반드시 밝힐 필요가 있음을 강조하고자 한다.

13.9 다층모형, 과연 필요한가?

이 절에서는 다층모형을 둘러싼 논쟁과 그 단점을 정리하고자 한다. 이 장의 목적이 회귀분석의 맥락에서 다층모형을 설명하는 데 있는 만큼, 다층모형에 대한 비판과 이를 둘러싼 논쟁들을 일반적인 수준에서 언급하는 데 그칠 것이다. 다층모형의 단점과 이를 둘러싼 논쟁에 대한 전문적인 지식을 얻고자 하는 독자는 해당 전문서적이나 1995년도 *Journal of Educational and Behavioral Statistics*, 20권을 참조하기 바란다.[12)]

---

12) a. 실험데이터의 분석방법과 관련한 다층모형 소개 참고문헌:

Cox, D. R. and N. Reid. 2000. *Theory of the Design of Experiments.* New York: Chapman and Hall.

Latour, D., K. Latour, and R. D. Wolfinger. 1994. *Getting Started with PROC MIXED.* Cary, NC: SAS Institute, Inc.

Littell, R. C., G. A. Miliken, W. W. Stroup, and R. D. Wolfinger. 1996. *SAS System for Mixed Models.* Cary, NC: SAS Institute, Inc.

McLean, R. A., W. L. Sanders, and W. W. Stroup. 1991. "A Unified Approach to Mixed Linear Models." *The American Statisticians,* Vol. 45, pp. 54~64.

b. 변화모형 혹은 배속모형과 관련한 다층모형 소개 참고문헌:

Conger, R. D., F. O. Lorenz, and K. A. S. Wickrama. 2004. *Continuity and Change in Family Relations: Theory, Methods, and Empirical Findings.* Mahwah, NJ: Lawrence Earlbaum Associates.

Diggle, P. J., K. Y. Liang, S. L. Zeger. 1994. *Analysis of Longitudinal Data.* New

다층모형의 이용을 둘러싼 가장 큰 논란은 복잡성이다. 보통의 사회과학 연구들은 가변효과에 대해 그다지 많은 관심을 기울이지 않는다. 사회과학도들이 관심을 갖는 것은 고정요인에 의한 고정효과이며, 오차(error)로 처리되는 오차항들이 사회과학적 지식의 증진을 위해 얼마나 많은 기여를 할지는 미지수다. 물론 다층모형에서 분석하는 복수의 오차항들의 분석이 결코 유해하거나 무용하다는 것은 아니다. 많은 경우 오차항의 분석은 계량사회과학을 전문적으로 하는 몇몇 학자들을 제외하고는 그다지 학술적 관심을 끌지는 않는다. 다시 말해, 다층모형은 유용한 사회과학 지식을 끌어내기에 지나치게 복잡하다는 것이 주요 비판 중 하나이다. 그러나 다층모형을 옹호하는 학자들은 오차항들의 분석이 사회과학 지식을 증진시키는데 유용하다고 반박한다. 만약 연구자가 이론적으로 확인가능한 고정효과변

York: Oxford University Press.

Hedeker, D. 2006. *Applied Longitudinal Data Analysis.* Chichester. UK: Wiley.

Goldstein, H. 1995. *Multilevel Statistical Models.* New York: Halsted.

Laird, N. M. and H. Ware. 1982. "Random Effects Models for Longitudinal Data." *Biometrics,* Vol. 38, pp. 963~974.

Longford, N. T. 1993. *Random Coefficient Models.* Oxford, UK: Clarendon.

Muthén, B. 1994. "Multilevel Covariance Structure Analysis." *Sociological Methods and Research,* Vol. 22, pp. 376~399.

Raudenbush, S. W. and A. S. Bryk. 2002. *Hierarchical Linear Models.* Thousand Oaks, CA: Sage.

Singer, J. D. 1998. "Using SAS PROC MIXED to Fit Multilevel Models, Hierarchical Models, and Individual Growth Models." *Journal of Educational and Behavioral Statistics,* Vol. 23, pp. 323~355.

Singer, J. D. and J. B. Willet. 2003. *Appled Longitudinal Data Analysis: Modeling Change and Event Occurrence.* New York: Oxford University Press.

Snijder, T. A. B. and R. J. Bosker. 1999. *Multi-level Analysis: An Introduction to Basic and Advanced Mutilevel Modelling.* Thousand Oaks, CA: Sage.

c. 다층모형을 둘러싼 논쟁을 다룬 참고문헌:

deLeeuw, J. and I. G. G. Kreft. 1995. "Questioning Multilevel Models." *Journal of Edcuational and Behavioral Statistics,* Vol. 20, pp. 171~189.

Diez-Roux, A. V. 2000. "Muti-level Analysis in Public Health Research." *Annual Review of Public Health,* Vol. 21, pp. 171~192.

Kreft, I. G. G. 1995. "Hierarchical Linear Models: Problems and Prospects." *Journal of Edcuational and Behavioral Statistics,* Vol. 20, pp. 109~113.

Kreft, I. G. G., J. deLeeuw, and L. S. Aiken. 1995. "The Effects of Different Forms of Centering in Hierarchical Linear Models." *Multivariate Behavioral Research,* Vol. 30, pp. 1~22.

수가 있다고 가정하자. 이 이론적 예측이 옳다면 하위수준에서의 오차항이 유의미하게 감소하면서 고정효과의 모수추정이 유의미할 것이다. 대표적인 예가 앞에서 배속모형의 사례로 언급했던 Raudenbush와 Bryk의 분석(2002)이다. 만약 연구자가 *cses*의 기울기를 예측할 때, *sector*와 *meanses*를 투입하지 않는다면, 그때의 τ^2_{11}은 0.69 (SE=0.28, $p < 0.01$)로 유의미하지만, 집단수준에서의 두 변수를 투입하면, τ^2_{11}은 0.10 (SE=0.22, $p = 0.32$)로 유의미하지 않게 된다. 다시 말해, 연구자가 상정했던 *sector*와 *meanses*는 *cses*의 학교별 기울기의 변화를 거의 완전하게 설명할 수 있다고 볼 수 있다.

두 번째로 생각할 수 있는 논쟁거리는 독립변수의 중심화(centering) 변환이다. 사실 독립변수의 중심화 변환은 다층모형에만 국한된 문제가 아니라, 회귀분석 전반에서 찬반이 엇갈리는 부분이다. 다층모형에서 중심화 변환이 문제가 되는 이유는, 중심화 변환 없이 모형의 수렴(convergence)이 때때로 일어나지 않기도 한다는 점이다. 정확한 설명은 아니지만, 변화모형의 경우는 상위수준(즉 시간수준)에서 중심화 변환을 하지 않는 반면, 배속모형의 경우는 상위수준(즉 개인수준)에서 중심화 변환을 하는 경우가 많다. 실제로 이 장에 언급된 사례들에서도 변화모형의 경우는 중심화 변환을 하지 않은 반면, 배속모형은 중심화 변환을 실행하였다. 중심화 변환과 모형의 수렴에 대해서는 복잡한 수학적 설명이 요구되기에 자세한 언급은 하지 않는다. 하지만 다층모형을 사용하려는 연구자들은 다층모형을 추정할 때에 중심화 변환을 할 때와 하지 않을 때 심지어 같은 데이터를 이용하여도 결과가 달라지는 경우가 종종 보고되고 있음을 반드시 유념해야 할 것이다.

세 번째로 생각할 수 있는 문제는 배속모형에서의 집단수준의 표본사례수와 집단의 특성이다. 변화모형과는 달리 배속모형은 집단내에 배속되어 있는 개인들의 수가 천차만별일 경우가 많다. 예를 들어, 인구밀집 지역의 학교는 인구과소(寡少) 지역에 비해 학생 수가 많을 것이며, 대개의 경우 전자에 보다 많은 학생들이 표집되기 쉽다. 만약 후자의 학생 수가 충분히 확보되지 않을 경우, 모형의 추정은 안정적이지 못할 수 있다. 또한 집단수준의 사례수 자체가 적을 경우, 예를 들어 학생수는 8,000명으로 같다고 하더라도, 학교 수가 80에서 40으로 줄었을 경우 모형의 추정은 불안정해지게 된다. 이론적으로도 연구자가 상정한 집단의 카테고리가 실제 개인들의 상호작용 집단과 일치하는지도 문제가 될 수 있다. 보통의 다층모형은 행정적인 집단 카테고리, 즉 학교 혹은 지역(구(區)나 군(郡) 등)을 군집으로 상정하는데, 실제적으로는 생활세계(life world)가 군집이 될 가능성이 높을 수 있다. 실례로 '화개장터'에 모인 전라도민 혹은 경상도민을 생각해 보자. '행정적인 군집'으로 각 개인들은 경상도 혹은 전라도로 별개로 군집화될 수 있지만, '생활세계의 군집'이라는 점에서는 별개의 군집화가 불가능할 수도 있다. 다시 말해 연구자의 편의에 따라서 상정된 집단 ID를 매개로 추정된 다층모형은 현실을 왜곡할 가능성도 배제할 수 없다.

네 번째로 자주 언급되는 논란은 모형추정방법이다. 다층모형에서 흔히 사용되는 모형추정방법으로는 최대우도 추정(maximum likelihood estimation), 제한적 최대우도추정(restricted maximum likelihood estimation), 그리고 경제통계학(econometrics)에서 주로 이용하는 일반화 최소제곱법(GLS: generalized least squares estimation)을 꼽을 수 있다. 모형추정방법간의 차이는 높은 수준의 수학적 지식을 요구하기에 여기에서 자세히 언급하지는 않는다. 지금껏 알려진 바에 따르면, 분석대상 자료가 균형설계(balanced design)를 따를 경우 세 가지 모형추정방법은 그다지 큰 차이를 보이지 않는다고 한다. 그러나 대부분의 배속모형처럼 자료의 구조가 비균형설계(unbalanced design)를 따르면서 집단내 개인들의 사례수가 충분히 보장되지 않을 경우, 세 가지 모형추정방법은 매우 상이한 것으로 알려져 있다. 세 가지 방법들 중에서는 제한적 최대우도추정법이 가장 널리 이용되고 있다. 중요한 사실은 다층모형을 이용하려는 연구자는 모형을 추정할 때 어떤 추정방법을 이용했는지를 분명히 밝혀야 한다는 점이다.

마지막 비판은 다층모형의 과용(過用)이다. 최근 다층모형이 인기를 얻으면서, 다층모형이 지나치게 과용되고 남용되고 있는 것이 사실이다. 회귀분석 가정들의 위반이라는 점에서 다층모형은 좋은 대안을 제공해줄 수 있지만, 분명한 사실은 다층모형이 유일한 해결책은 결코 아니라는 사실이다. 특히 배속모형의 군집화(clustering), 혹은 변화모형의 반복측정(repeated measures)에 따라 발생하는 자기상관(autocorrelation)의 문제는 다층모형이 아닌 다른 대안적 통계분석이 훨씬 간단하고, 통계적으로 강건할(robust) 수 있다. 예로 들 수 있는 것이 샌드위치 표준오차(Sandwich estimates, Huber-White errors, 혹은 empirical standard errors)이다. 이외에도 일반화 추정방정식(GEE, generalized estimating equation) 역시 회귀분석 가정의 위반에 따른 문제점을 수정, 혹은 해결할 수 있다.

다층모형은 통계적으로 복잡한 모형이며, 따라서 다른 통계분석에 비해서 계산 시간이 길며, 모수의 추정이 상대적으로 안정적이지 못하다. 그러나 많은 경험적인 사회현상들이 다층적으로 구성되어 있다는 점, 그리고 고정효과와 가변효과를 동시에 추정할 수 있다는 점에서 확실한 매력을 갖고 있다는 점을 부인할 수 없다. 이론적으로 잘 유도되고, 경험적으로 잘 정립된 다층모형은 사회과학지식의 증진에 기여할 것이다. 이를 위해서는 다층모형에 대한 정확한 이해가 선행되어야 하며, 이 장이 다층모형을 이해하는 좋은 입문 역할을 할 수 있기를 기대한다.

〈부표 1〉 표준정규분포표

〈부표 2〉 t 분포표

〈부표 3a〉 F 분포표: 5% 유의수준

〈부표 3b〉 F 분포표: 1% 유의수준

〈부표 4a〉 Durbin-Watson의 d 통계량: 5% 유의수준

〈부표 4b〉 Durbin-Watson의 d 통계량: 2.5% 유의수준

〈부표 4c〉 Durbin-Watson의 d 통계량: 1% 유의수준

부표 1 표준정규분포표

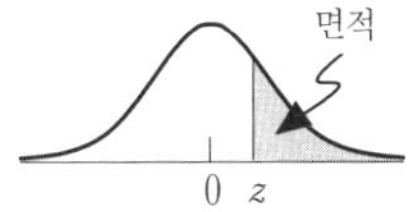

z	.00	.01	.02	.03	.04	.05	.06	.07	.08	.09
.0	.5000	.4960	.4920	.4880	.4840	.4801	.4761	.4721	.4681	.4641
.1	.4602	.4562	.4522	.4483	.4443	.4404	.4364	.4325	.4286	.4247
.2	.4207	.4168	.4129	.4090	.4052	.4013	.3974	.3936	.3897	.3859
.3	.3821	.3873	.3745	.3707	.3669	.3632	.3594	.3557	.3520	.3483
.4	.3446	.3409	.3372	.3336	.3300	.3264	.3228	.3192	.3156	.3121
.5	.3085	.3050	.3015	.2981	.2946	.2912	.2877	.2843	.2810	.2776
.6	.2743	.2709	.2676	.2643	.2611	.2578	.2546	.2514	.2483	.2451
.7	.2420	.2389	.2358	.2327	.2296	.2266	.2236	.2206	.2117	.2148
.8	.2119	.2090	.2061	.2033	.2005	.1977	.1949	.1922	.1894	.1867
.9	.1841	.1814	.1788	.1762	.1736	.1711	.1685	.1660	.1635	.1611
1.0	.1587	.1562	.1539	.1515	.1492	.1469	.1446	.1423	.1401	.1379
1.1	.1357	.1335	.1314	.1292	.1271	.1251	.1230	.1210	.1190	.1170
1.2	.1151	.1131	.1112	.1093	.1075	.1056	.1038	.1020	.1003	.0985
1.3	.0968	.0951	.0934	.0918	.0901	.0885	.0869	.0853	.0838	.0823
1.4	.0808	.0793	.0778	.0764	.0749	.0735	.0721	.0708	.0694	.0681
1.5	.0668	.0655	.0643	.0630	.0618	.0606	.0594	.0582	.0571	.0559
1.6	.0548	.0537	.0526	.0516	.0505	.0495	.0485	.0475	.0465	.0455
1.7	.0446	.0436	.0427	.0418	.0409	.0401	.0392	.0384	.0375	.0367
1.8	.0359	.0351	.0344	.0366	.0329	.0322	.0314	.0307	.0301	.0294
1.9	.0287	.0281	.0274	.0268	.0262	.0256	.0250	.0244	.0239	.0233
2.0	.0228	.0222	.0217	.0212	.0207	.0202	.0197	.0192	.0188	.0183
2.1	.0179	.0174	.0170	.0166	.0162	.0158	.0154	.0150	.0146	.0143
2.2	.0139	.0136	.0132	.0129	.0125	.0122	.0119	.0116	.0113	.0110
2.3	.0107	.0104	.0102	.0099	.0096	.0094	.0091	.0089	.0087	.0084
2.4	.0082	.0080	.0078	.0075	.0073	.0071	.0069	.0068	.0066	.0064
2.5	.0062	.0060	.0059	.0057	.0055	.0054	.0052	.0051	.0049	.0048
2.6	.0047	.0045	.0044	.0043	.0041	.0040	.0039	.0038	.0037	.0036
2.7	.0035	.0034	.0033	.0032	.0031	.0030	.0029	.0028	.0027	.0026
2.8	.0026	.0025	.0024	.0023	.0023	.0022	.0021	.0020	.0020	.0019
2.9	.0019	.0018	.0018	.0017	.0016	.0016	.0015	.0015	.0014	.0014
3.0	.0013	.0013	.0013	.0012	.0012	.0011	.0011	.0010	.0010	.0010

자료: Kane (1968).

부표 2 t 분포표

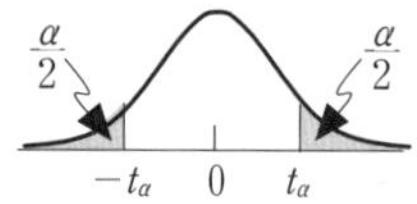

df	Pr .80	.60	.40	.20	.10	.05	.02	.01
1	.325	.727	1.376	3.078	6.314	12.706	31.821	63.657
2	.289	.617	1.061	1.886	2.920	4.303	6.965	9.925
3	.277	.584	.978	1.638	2.353	3.182	4.541	5.841
4	.271	.569	.941	1.533	2.132	2.776	3.747	4.604
5	.267	.559	.920	1.476	2.015	2.571	3.365	4.032
6	.265	.553	.906	1.440	1.943	2.447	3.143	3.707
7	.263	.549	.896	1.415	1.895	2.365	2.998	3.499
8	.262	.546	.889	1.397	1.860	2.306	2.896	3.355
9	.261	.543	.883	1.383	1.833	2.262	2.821	3.250
10	.260	.542	.879	1.372	1.812	2.228	2.764	3.169
11	.260	.540	.876	1.363	1.796	2.201	2.718	3.106
12	.259	.539	.873	1.356	1.782	2.179	2.681	3.055
13	.259	.538	.870	1.350	1.771	2.160	2.650	3.012
14	.258	.537	.868	1.345	1.761	2.145	2.624	2.977
15	.258	.536	.866	1.341	1.753	2.131	2.602	2.947
16	.258	.535	.865	1.337	1.746	2.120	2.583	2.921
17	.257	.534	.863	1.333	1.740	2.110	2.567	2.898
18	.257	.534	.862	1.330	1.734	2.101	2.552	2.878
19	.257	.533	.861	1.328	1.729	2.093	2.539	2.861
20	.257	.533	.860	1.325	1.725	2.086	2.528	2.845
21	.257	.532	.859	1.323	1.721	2.080	2.518	2.831
22	.256	.532	.858	1.321	1.717	2.074	2.508	2.819
23	.256	.532	.858	1.319	1.714	2.069	2.500	2.807
24	.256	.531	.857	1.318	1.711	2.064	2.492	2.797
25	.256	.531	.856.	1.316	1.078	2.060	2.485	2.787
26	.256	.531	.856	1.315	1.706	2.056	2.479	2.779
27	.256	.531	.855	1.314	1.703	2.052	2.473	2.771
28	.256	.530	.855	1.313	1.701	2.048	2.467	2.763
29	.256	.530	.854	1.311	1.699	2.045	2.462	2.756
30	.256	.530	.854	1.310	1.697	2.042	2.457	2.750
40	.255	.529	.851	1.303	1.684	2.021	2.423	2.704
60	.254	.527	.848	1.296	1.671	2.000	2.390	2.660
120	.254	.526	.845	1.289	1.658	1.980	2.358	2.617
∞	.253	.524	.842	1.282	1.645	1.960	2.326	2.576

자료: Fisher and Yates(1964).

부표 3a F 분포표: 5% 유의수준

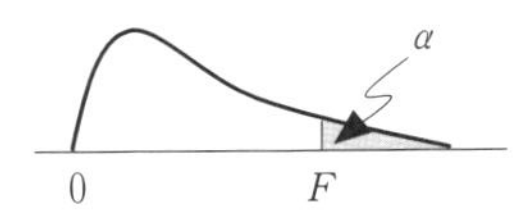

분자의 자유도 Degrees of freedom for numerator (columns); 분모의 자유도 Degrees of freedom for denominator (rows)

	1	2	3	4	5	6	7	8	9	10	12	15	20	24	30	40	60	120	∞
1	161	200	216	225	230	234	237	239	241	242	244	246	248	249	250	251	252	253	254
2	18.5	19.0	19.2	19.2	19.3	19.3	19.4	19.4	19.4	19.4	19.4	19.4	19.5	19.5	19.5	19.5	19.5	19.5	19.5
3	10.1	9.55	9.28	9.12	9.01	8.94	8.89	8.85	8.81	8.79	8.74	8.70	8.66	8.64	8.62	8.59	8.57	8.55	8.53
4	7.71	6.94	6.59	6.39	6.26	6.16	6.09	6.04	6.00	5.96	5.91	5.86	5.80	5.77	5.75	5.72	5.69	5.66	5.63
5	6.61	5.79	5.41	5.19	5.05	4.95	4.88	4.82	4.77	4.74	4.68	4.62	4.56	4.53	4.50	4.46	4.43	4.40	4.37
6	5.99	5.14	4.76	4.53	4.39	4.28	4.21	4.15	4.10	4.06	4.00	3.94	3.87	3.84	3.81	3.77	3.74	3.70	3.67
7	5.59	4.74	4.35	4.12	3.97	3.87	3.79	3.73	3.68	3.64	3.57	3.51	3.44	3.41	3.38	3.34	3.30	3.27	3.23
8	5.32	4.46	4.07	3.84	3.69	3.58	3.50	3.44	3.39	3.35	3.28	3.22	3.15	3.12	3.08	3.04	3.01	2.97	2.93
9	5.12	4.26	3.86	3.63	3.48	3.37	3.29	3.23	3.18	3.14	3.07	3.01	2.94	2.90	2.86	2.83	2.79	2.75	2.71
10	4.96	4.10	3.71	3.48	3.33	3.22	3.14	3.07	3.02	2.98	2.91	2.85	2.77	2.74	2.70	2.66	2.62	2.58	2.54
11	4.84	3.98	3.59	3.36	3.20	3.09	3.01	2.95	2.90	2.85	2.79	2.72	2.65	2.61	2.57	2.53	2.49	2.45	2.40
12	4.75	3.89	3.49	3.26	3.11	3.00	2.91	2.85	2.80	2.75	2.69	2.62	2.54	2.51	2.47	2.43	2.38	2.34	2.30
13	4.67	3.81	3.41	3.18	3.03	2.92	2.83	2.77	2.71	2.67	2.60	2.53	2.46	2.42	2.38	2.34	2.30	2.25	2.21
14	4.60	3.74	3.34	3.11	2.96	2.85	2.76	2.70	2.65	2.60	2.53	2.46	2.39	2.35	2.31	2.27	2.22	2.18	2.13
15	4.54	3.68	3.29	3.06	2.90	2.79	2.71	2.64	2.59	2.54	2.48	2.40	2.33	2.29	2.25	2.20	2.16	2.11	2.07
16	4.49	3.63	3.24	3.01	2.85	2.74	2.66	2.59	2.54	2.49	2.42	2.35	2.28	2.24	2.19	2.15	2.11	2.06	2.01
17	4.45	3.59	3.20	2.96	2.81	2.70	2.61	2.55	2.48	2.45	2.38	2.31	2.23	2.19	2.15	2.10	2.06	2.01	1.96
18	4.41	3.55	3.16	2.93	2.77	2.66	2.58	2.51	2.46	2.41	2.34	2.27	2.19	2.15	2.11	2.06	2.02	1.97	1.92
19	4.38	3.52	3.13	2.90	2.74	2.63	2.54	2.48	2.42	2.39	2.31	2.23	2.16	2.11	2.07	2.03	1.98	1.93	1.88
20	4.35	3.49	3.10	2.87	2.71	2.60	2.51	2.45	2.39	2.35	2.28	2.20	2.12	2.08	2.04	1.99	1.95	1.90	1.84
21	4.32	3.47	3.07	2.84	2.68	2.57	2.49	2.42	2.37	2.32	2.25	2.18	2.10	2.05	2.01	1.96	1.92	1.87	1.81
22	4.30	3.44	3.05	2.82	2.66	2.55	2.46	2.40	2.34	2.30	2.23	2.15	2.07	2.03	1.98	1.94	1.89	1.84	1.78
23	4.28	3.42	3.03	2.80	2.64	2.53	2.44	2.37	2.32	2.27	2.20	2.13	2.05	2.01	1.96	1.91	1.86	1.81	1.76
24	4.26	3.40	3.01	2.78	2.62	2.51	2.42	2.36	2.30	2.25	2.18	2.11	2.03	1.98	1.94	1.89	1.84	1.79	1.73
25	4.24	3.39	2.99	2.76	2.60	2.49	2.40	2.34	2.28	2.24	2.16	2.09	2.01	1.96	1.92	1.87	1.82	1.77	1.71
30	4.17	3.32	2.92	2.69	2.53	2.42	2.33	2.27	2.21	2.16	2.09	2.01	1.93	1.89	1.84	1.79	1.74	1.68	1.62
40	4.08	3.23	2.84	2.61	2.45	2.34	2.25	2.18	2.12	2.08	2.00	1.92	1.84	1.79	1.74	1.69	1.64	1.58	1.51
60	4.00	3.15	2.76	2.53	2.37	2.25	2.17	2.10	2.04	1.99	1.92	1.84	1.75	1.70	1.65	1.59	1.53	1.47	1.39
120	3.92	3.07	2.68	2.45	2.29	2.18	2.09	2.02	1.96	1.91	1.83	1.75	1.66	1.61	1.55	1.50	1.43	1.35	1.25
∞	3.84	3.00	2.60	2.37	2.21	2.10	2.01	1.94	1.88	1.83	1.75	1.67	1.57	1.52	1.46	1.39	1.32	1.22	1.00

자료: Merrington and Thompson (1943).

부표 3b F 분포표: 1% 유의수준

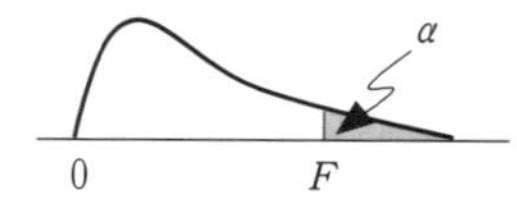

분모의 자유도 Degrees of freedom for denominator	분자의 자유도 Degrees of freedom for numerator																		
	1	2	3	4	5	6	7	8	9	10	12	15	20	24	30	40	60	120	∞
1	4,052	5,000	5,403	5,625	5,764	5,859	5,928	5,982	6,023	6,056	6,106	6,157	6,209	6,235	6,261	6,287	6,313	6,339	6,366
2	98.5	99.0	99.2	99.2	99.3	99.3	99.4	99.4	99.4	99.4	99.4	99.4	99.4	99.5	99.5	99.5	99.5	99.5	99.5
3	34.1	30.8	29.5	28.7	28.2	27.9	27.7	27.5	27.3	27.2	27.1	26.9	26.7	26.6	26.5	26.4	26.3	26.2	26.1
4	21.2	18.0	16.7	16.0	15.5	15.2	15.0	14.8	14.7	14.5	14.4	14.2	14.0	13.9	13.8	13.7	13.7	13.6	13.5
5	16.3	13.3	12.1	11.4	11.0	10.7	10.5	10.3	10.2	10.1	9.89	9.72	9.55	9.47	9.38	9.29	9.20	9.11	9.02
6	13.7	10.9	9.78	9.15	8.75	8.47	8.26	8.10	7.98	7.87	7.72	7.56	7.40	7.31	7.23	7.14	7.06	6.97	6.88
7	12.2	9.55	8.45	7.85	7.46	7.19	6.99	6.84	6.72	6.62	6.47	6.31	6.16	6.07	5.99	5.91	5.82	5.74	5.65
8	11.3	8.65	7.59	7.01	6.63	6.37	6.18	6.03	5.91	5.81	5.67	5.52	5.36	5.28	5.20	5.12	5.03	4.95	4.86
9	10.6	8.02	6.99	6.42	6.06	5.80	5.61	5.47	5.35	5.26	5.11	4.96	4.81	4.73	4.65	4.57	4.48	4.40	4.31
10	10.0	7.56	6.55	5.99	5.64	5.39	5.20	5.06	4.94	4.85	4.71	4.56	4.41	4.33	4.25	4.17	4.08	4.00	3.91
11	9.65	7.21	6.22	5.67	5.32	5.07	4.89	4.74	4.63	4.54	4.40	4.25	4.10	4.02	3.94	3.86	3.78	3.69	3.60
12	9.33	6.93	5.95	5.41	5.06	4.82	4.64	4.50	4.39	4.30	4.16	4.01	3.86	3.78	3.70	3.62	3.54	3.45	3.36
13	9.07	6.70	5.74	5.21	4.97	4.62	4.44	4.30	4.19	4.10	3.96	3.82	3.66	3.59	3.51	3.43	3.34	3.25	3.17
14	8.86	6.51	5.56	5.04	4.70	4.46	4.28	4.14	4.03	3.94	3.80	3.66	3.51	3.43	3.35	3.27	3.18	3.09	3.00
15	8.68	6.36	5.42	4.89	4.56	4.32	4.14	4.00	3.89	3.80	3.67	3.52	3.37	3.29	3.21	3.13	3.05	2.96	2.87
16	8.53	6.23	5.29	4.77	4.44	4.20	4.03	3.89	3.78	3.69	3.55	3.41	3.26	3.18	3.10	3.02	2.93	2.84	2.75
17	8.40	6.11	5.19	4.67	4.34	4.10	3.93	3.79	3.68	3.59	3.46	3.31	3.16	3.08	3.00	2.92	2.83	2.75	2.65
18	8.29	6.01	5.09	4.58	4.25	4.01	3.84	3.71	3.60	3.51	3.37	3.23	3.08	3.00	2.92	2.84	2.75	2.66	2.57
19	8.19	5.93	5.01	4.50	4.17	3.94	3.77	3.63	3.52	3.43	3.30	3.15	3.00	2.92	2.84	2.76	2.67	2.58	2.49
20	8.10	5.85	4.94	4.43	4.10	3.87	3.70	3.56	3.46	3.37	3.23	3.09	2.94	2.86	2.78	2.68	2.61	2.52	2.42
21	8.02	5.78	4.87	4.37	4.04	3.81	3.64	3.51	3.40	3.31	3.17	3.03	2.88	2.80	2.72	2.64	2.55	2.46	2.36
22	7.95	5.72	4.82	4.31	3.99	3.76	3.59	3.45	3.35	3.26	3.12	2.98	2.83	2.75	2.67	2.58	2.50	2.40	2.31
23	7.88	5.66	4.76	4.26	3.94	3.71	3.54	3.41	3.30	3.21	3.07	2.93	2.78	2.70	2.62	2.54	2.45	2.35	2.26
24	7.82	5.61	4.72	4.22	3.90	3.67	3.50	3.36	3.26	3.17	3.03	2.89	2.74	2.66	2.58	2.49	2.40	2.31	2.21
25	7.77	5.57	4.68	4.18	3.86	3.63	3.46	3.32	3.22	3.13	2.99	2.85	2.70	2.62	2.53	2.45	2.36	2.27	2.17
30	7.56	5.39	4.51	4.02	3.70	3.47	3.30	3.17	3.07	2.98	2.84	2.70	2.55	2.47	2.39	2.30	2.21	2.11	2.01
40	7.31	5.18	4.31	3.38	3.51	3.29	3.12	2.99	2.89	2.80	2.66	2.52	2.37	2.29	2.20	2.11	2.02	1.92	1.80
60	7.08	4.98	4.13	3.65	3.34	3.12	2.95	2.82	2.72	2.63	2.50	2.35	2.20	2.12	2.03	1.94	1.84	1.73	1.60
120	6.85	4.79	3.95	3.48	3.17	2.96	2.79	2.66	2.56	2.47	2.34	2.19	2.03	1.94	1.86	1.76	1.66	1.53	1.38
∞	6.63	4.61	3.78	3.32	3.02	2.80	2.64	2.51	2.41	2.32	2.18	2.04	1.88	1.79	1.70	1.59	1.47	1.32	1.00

자료: Merrington and Thompson (1943).

부표 4a Durbin-Watson의 d 통계량: 5% 유의수준

n	$k=1$		$k=2$		$k=3$		$k=4$		$k=5$	
	d_L	d_U	d_L	d_U	d_L	d_U	d_L	d_U	d_L	d_U
15	1.08	1.36	0.95	1.54	0.82	1.75	0.69	1.97	0.56	2.21
16	1.10	1.37	0.98	1.54	0.86	1.73	0.74	1.93	0.62	2.15
17	1.13	1.38	1.02	1.54	0.90	1.71	0.78	1.90	0.67	2.10
18	1.16	1.39	1.05	1.53	0.93	1.69	0.82	1.87	0.71	2.06
19	1.18	1.40	1.08	1.53	0.97	1.68	0.86	1.85	0.75	2.02
20	1.20	1.41	1.10	1.54	1.00	1.68	0.90	1.83	0.79	1.99
21	1.22	1.42	1.13	1.54	1.03	1.67	0.93	1.81	0.83	1.96
22	1.24	1.43	1.15	1.54	1.05	1.66	0.96	1.80	0.86	1.94
23	1.26	1.44	1.17	1.54	1.08	1.66	0.99	1.79	0.90	1.92
24	1.27	1.45	1.19	1.55	1.10	1.66	1.01	1.78	0.93	1.90
25	1.29	1.45	1.21	1.55	1.12	1.66	1.04	1.77	0.95	1.89
26	1.30	1.46	1.22	1.55	1.14	1.65	1.06	1.76	0.98	1.88
27	1.32	1.47	1.24	1.56	1.16	1.65	1.08	1.76	1.01	1.86
28	1.33	1.48	1.26	1.56	1.18	1.65	1.10	1.75	1.03	1.85
29	1.34	1.48	1.27	1.56	1.20	1.65	1.12	1.74	1.05	1.84
30	1.35	1.49	1.28	1.57	1.21	1.65	1.14	1.74	1.07	1.83
31	1.36	1.50	1.30	1.57	1.23	1.65	1.16	1.74	1.09	1.83
32	1.37	1.50	1.31	1.57	1.24	1.65	1.18	1.73	1.11	1.82
33	1.38	1.51	1.32	1.58	1.26	1.65	1.19	1.73	1.13	1.81
34	1.39	1.51	1.33	1.58	1.27	1.65	1.21	1.73	1.15	1.81
35	1.40	1.52	1.34	1.58	1.28	1.65	1.22	1.73	1.16	1.80
36	1.41	1.52	1.35	1.59	1.29	1.65	1.24	1.73	1.18	1.80
37	1.42	1.53	1.36	1.59	1.31	1.66	1.25	1.72	1.19	1.80
38	1.43	1.54	1.37	1.59	1.32	1.66	1.26	1.72	1.21	1.79
39	1.43	1.54	1.38	1.60	1.33	1.66	1.27	1.72	1.22	1.79
40	1.44	1.54	1.39	1.60	1.34	1.66	1.29	1.72	1.23	1.79
45	1.48	1.57	1.43	1.62	1.38	1.67	1.34	1.72	1.29	1.78
50	1.50	1.59	1.46	1.63	1.42	1.67	1.38	1.72	1.34	1.77
55	1.53	1.60	1.49	1.64	1.45	1.68	1.41	1.72	1.38	1.77
60	1.55	1.62	1.51	1.65	1.48	1.69	1.44	1.73	1.41	1.77
65	1.57	1.63	1.54	1.66	1.50	1.70	1.47	1.73	1.44	1.77
70	1.58	1.64	1.55	1.67	1.52	1.70	1.49	1.74	1.46	1.77
75	1.60	1.65	1.57	1.68	1.54	1.71	1.51	1.74	1.49	1.77
80	1.61	1.66	1.59	1.69	1.56	1.72	1.53	1.74	1.51	1.77
85	1.62	1.67	1.60	1.70	1.57	1.72	1.55	1.75	1.52	1.77
90	1.63	1.68	1.61	1.70	1.59	1.73	1.57	1.75	1.54	1.78
95	1.64	1.69	1.62	1.71	1.60	1.73	1.58	1.75	1.56	1.78
100	1.65	1.69	1.63	1.72	1.61	1.74	1.59	1.76	1.57	1.78

자료: Durbin and Watson(1951).

부표 4b Durbin-Watson의 d 통계량: 2.5% 유의수준

n	$k=1$		$k=2$		$k=3$		$k=4$		$k=5$	
	d_L	d_U	d_L	d_U	d_L	d_U	d_L	d_U	d_L	d_U
15	0.95	1.23	0.83	1.40	0.71	1.61	0.59	1.84	0.48	2.09
16	0.98	1.24	0.86	1.40	0.75	1.59	0.64	1.80	0.53	2.03
17	1.01	1.25	0.90	1.40	0.79	1.58	0.68	1.77	0.57	1.98
18	1.03	1.26	0.93	1.40	0.82	1.56	0.72	1.74	0.62	1.93
19	1.06	1.28	0.96	1.41	0.86	1.55	0.76	1.72	0.66	1.90
20	1.08	1.28	0.99	1.41	0.89	1.55	0.79	1.70	0.70	1.87
21	1.10	1.30	1.01	1.41	0.92	1.54	0.83	1.69	0.73	1.84
22	1.12	1.31	1.04	1.42	0.95	1.54	0.86	1.68	0.77	1.82
23	1.14	1.32	1.06	1.42	0.97	1.54	0.89	1.67	0.80	1.80
24	1.16	1.33	1.08	1.43	1.00	1.54	0.91	1.66	0.83	1.79
25	1.18	1.34	1.10	1.43	1.02	1.54	0.94	1.65	0.86	1.77
26	1.19	1.35	1.12	1.44	1.04	1.54	0.96	1.65	0.88	1.76
27	1.21	1.36	1.13	1.44	1.06	1.54	0.99	1.64	0.91	1.75
28	1.22	1.37	1.15	1.45	1.08	1.54	1.01	1.64	0.98	1.74
29	1.24	1.38	1.17	1.45	1.10	1.54	1.03	1.63	0.96	1.73
30	1.25	1.38	1.18	1.46	1.12	1.54	1.05	1.63	0.98	1.73
31	1.26	1.39	1.20	1.47	1.13	1.55	1.07	1.63	1.00	1.72
32	1.27	1.40	1.21	1.47	1.15	1.55	1.08	1.63	1.02	1.71
33	1.28	1.41	1.22	1.48	1.16	1.55	1.10	1.63	1.04	1.71
34	1.29	1.41	1.24	1.48	1.17	1.55	1.12	1.63	1.06	1.70
35	1.30	1.42	1.25	1.48	1.19	1.55	1.13	1.63	1.07	1.70
36	1.31	1.43	1.26	1.49	1.20	1.56	1.15	1.63	1.09	1.70
37	1.32	1.43	1.27	1.49	1.21	1.56	1.16	1.62	1.10	1.70
38	1.33	1.44	1.28	1.50	1.23	1.56	1.17	1.62	1.12	1.70
39	1.34	1.44	1.29	1.50	1.24	1.56	1.19	1.63	1.13	1.69
40	1.35	1.45	1.30	1.51	1.25	1.57	1.20	1.63	1.15	1.69
45	1.39	1.48	1.34	1.53	1.30	1.58	1.25	1.63	1.21	1.69
50	1.42	1.50	1.38	1.54	1.34	1.59	1.30	1.64	1.26	1.69
55	1.45	1.52	1.41	1.56	1.37	1.60	1.33	1.64	1.30	1.69
60	1.47	1.54	1.44	1.57	1.40	1.61	1.37	1.65	1.33	1.69
65	1.49	1.55	1.46	1.59	1.43	1.62	1.40	1.66	1.36	1.69
70	1.51	1.57	1.48	1.60	1.45	1.63	1.42	1.66	1.39	1.70
75	1.53	1.58	1.50	1.61	1.47	1.64	1.45	1.67	1.42	1.70
80	1.54	1.59	1.52	1.62	1.49	1.65	1.47	1.67	1.44	1.70
85	1.56	1.60	1.53	1.63	1.51	1.65	1.49	1.68	1.46	1.71
90	1.57	1.61	1.55	1.64	1.53	1.66	1.50	1.69	1.48	1.71
95	1.58	1.62	1.56	1.65	1.54	1.67	1.52	1.69	1.50	1.71
100	1.59	1.63	1.57	1.65	1.55	1.67	1.53	1.70	1.51	1.72

자료: Durbin and Watson(1951).

부표 4c Durbin-Watson의 d 통계량: 1% 유의수준

n	$k=1$		$k=2$		$k=3$		$k=4$		$k=5$	
	d_L	d_U	d_L	d_U	d_L	d_U	d_L	d_U	d_L	d_U
15	0.81	1.07	0.70	1.25	0.59	1.46	0.49	1.70	0.39	1.96
16	0.84	1.09	0.74	1.25	0.63	1.44	0.53	1.66	0.44	1.90
17	0.87	1.10	0.77	1.25	0.67	1.43	0.57	1.63	0.48	1.85
18	0.90	1.12	0.80	1.26	0.71	1.42	0.61	1.60	0.52	1.80
19	0.93	1.13	0.83	1.26	0.74	1.41	0.65	1.58	0.56	1.77
20	0.95	1.15	0.86	1.27	0.77	1.41	0.68	1.57	0.60	1.74
21	0.97	1.16	0.89	1.27	0.80	1.41	0.72	1.55	0.63	1.71
22	1.00	1.17	0.91	1.28	0.83	1.40	0.75	1.54	0.66	1.69
23	1.02	1.19	0.94	1.29	0.86	1.40	0.77	1.53	0.70	1.67
24	1.04	1.20	0.96	1.30	0.88	1.41	0.80	1.53	0.72	1.66
25	1.05	1.21	0.98	1.30	0.90	1.41	0.83	1.52	0.75	1.65
26	1.07	1.22	1.00	1.31	0.93	1.41	0.85	1.52	0.78	1.64
27	1.09	1.23	1.02	1.32	0.95	1.41	0.88	1.51	0.81	1.63
28	1.10	1.24	1.04	1.32	0.97	1.41	0.90	1.51	0.83	1.62
29	1.12	1.25	1.05	1.33	0.99	1.42	0.92	1.51	0.85	1.61
30	1.13	1.26	1.07	1.34	1.01	1.42	0.94	1.51	0.88	1.61
31	1.15	1.27	1.08	1.34	1.02	1.42	0.96	1.51	0.90	1.60
32	1.16	1.28	1.10	1.35	1.04	1.43	0.98	1.51	0.92	1.60
33	1.17	1.29	1.11	1.36	1.05	1.43	1.00	1.51	0.94	1.59
34	1.18	1.30	1.13	1.36	1.07	1.43	1.01	1.51	0.95	1.59
35	1.19	1.31	1.14	1.37	1.08	1.44	1.03	1.51	0.97	1.59
36	1.21	1.32	1.15	1.38	1.10	1.44	1.04	1.51	0.99	1.59
37	1.22	1.32	1.16	1.38	1.11	1.45	1.06	1.51	1.00	1.59
38	1.23	1.33	1.18	1.39	1.12	1.45	1.07	1.52	1.02	1.58
39	1.24	1.34	1.19	1.39	1.14	1.45	1.09	1.52	1.03	1.58
40	1.25	1.34	1.20	1.40	1.15	1.46	1.10	1.52	1.05	1.58
45	1.29	1.38	1.24	1.42	1.20	1.48	1.16	1.53	1.11	1.58
50	1.32	1.40	1.28	1.45	1.24	1.49	1.20	1.54	1.16	1.59
55	1.36	1.43	1.32	1.47	1.28	1.51	1.25	1.55	1.21	1.59
60	1.38	1.45	1.35	1.48	1.32	1.52	1.28	1.56	1.25	1.60
65	1.41	1.47	1.38	1.50	1.35	1.53	1.31	1.57	1.28	1.61
70	1.43	1.49	1.40	1.52	1.37	1.55	1.34	1.58	1.31	1.61
75	1.45	1.50	1.42	1.53	1.39	1.56	1.37	1.59	1.34	1.62
80	1.47	1.52	1.44	1.54	1.42	1.57	1.39	1.60	1.36	1.62
85	1.48	1.53	1.46	1.55	1.43	1.58	1.41	1.60	1.39	1.63
90	1.50	1.54	1.47	1.56	1.45	1.59	1.43	1.61	1.41	1.64
95	1.51	1.55	1.49	1.57	1.47	1.60	1.45	1.62	1.42	1.64
100	1.52	1.56	1.50	1.58	1.48	1.60	1.46	1.63	1.44	1.65

자료: Durbin and Watson(1951).

참고문헌

김두섭. 1993. 《사회과학을 위한 회귀분석》, 법문사.

金寅鎬. 1987. 《社會科學을 위한 回歸分析論》, 比峰出版社.

유석춘 (譯). 1991. 《예를 중심으로 한 회귀분석》, (Chatterjee and Price, *Regression Analysis by Example*, 1977, New York: John Wiley), 한국학술진흥재단 번역총서 No. 81, 대광문화사.

李永俊. 1991. 《SPSS/PC+를 이용한 多變量分析》, 도서출판 石井.

韓國統計學會 (編). 1987. 《統計用語辭典》, 自由아카데미.

洪斗承. 1987. 《社會調査分析》, 茶山出版社.

黃潤植 · 黃太均 · 李時映. 1986. 《財務와 會計를 위한 回歸分析論》, 三英社.

Agresti, A. 1990. *Categorical Data Analysis*, New York: John Wiley.

Agresti, A. 1996. *An Introduction to Categorical Data Analysis*, New York: John Wiley.

Allison, Paul D. 1978. "Testing for Interaction in Multiple Regression," *American Journal of Sociology*, Vol. 83. 1, pp. 144~153.

Althauser, Robert P. 1971. "Multicollinearity and Non-Additive Regression Models," in H. M. Blalock, Jr. (ed.), *Causal Models in the Social Sciences*, Chicago: Aldine-Atherton, pp. 453~472.

Amemiya, T. 1973. "Regression Analysis When the Dependent Variable is Truncated Normal," *Econometrica*, Vol. 41, pp. 997~1016.

Anderson, J. C. and D. W. Gerbing. 1988. "Structural Equation Modeling in Practice: A Review and Recommended Two-Step Approach," *Psychological Bulletin*, Vol. 103. 3, pp. 411~423.

Anscombe, F. J. 1960. "Rejection of Outliers," *Technometrics*, Vol. 2, pp. 123~147.

Anscombe, F. J. 1973. "Graphs in Statistical Analysis," *American Statistician*, Vol. 27, pp. 17~21.

Anscombe, F. J. and J. W. Tukey. 1963. "The Examination and Analysis of Residuals," *Technometrics*, Vol. 5, pp. 141~160.

Balestra, P. 1970. "On the Efficiency of Ordinary Least Squares in Regression Models," *Journal of American Statistical Association*, Vol. 65, pp. 1330~1337.

Barnett, V. D. 1970. "Fitting Straight Lines—the Linear Functional Relationship with Replicated Observations," *Applied Statistics*, Vol. 19, pp. 135~144.

Barnett, V. and T. Lewis. 1978. *Outliers in Statistical Data*, New York: John Wiley.

Bearden, W. O., S. Sharma, and E. Teel. 1982. "Sample Size Effects upon Chi-square and Other Statistics Used in Evaluating Causal Models," *Journal of Marketing Research*, Vol. 19, pp. 425~430.

Belsley, D. A., E. Kuh, and R. E. Welsch. 1980. *Regression Diagnostics: Identifying Influential Data and Sources of Collinearity*, New York: John Wiley.

Bentler, P. M. 1986. "Structural Equation Modeling and Psychometrika: A Historical Perspective on Growth and Achievements," *Psychometrika*, Vol. 31, pp. 35~51.

Bentler, P. M. 1990. "Comparative Fit Indexes in Structural Models," *Psychological Bulletin*, Vol. 107, pp. 238~246.

Bentler, P. M. and D. G. Bonnet. 1980. "Significance Tests and Goodness of Fit in the Analysis of Covariance Structure," *Psychological Bulletin*, Vol. 88, pp. 588~606.

Bentler, P. M. and C. Chou. 1987. "Practical Issues in Structural Modelling," *Sociological Methods and Research*, Vol. 16, pp. 78~117.

Bentler, P. M. and P. Dudgeon. 1996. "Covariance Structure Analysis: Statistical Practice, Theory and Direction," *Annual Review of Psychology*, Vol. 47, pp. 563~592.

Bentler, P. M. and Y. Kano. 1992. "Can Test Statistics in Covariance Structure Analysis be Trusted?" *Psychological Bulletin*, Vol. 112, pp. 351~362.

Bentler, P. M. and G. Speckart. 1979. "An Evaluation of Models of Attitude-Behavior Relations," *Psychological Review*, Vol. 86, pp. 452~464.

Bentler, P. M. and D. G. Weeks. 1980. "Linear Structural Equations with Latent Variables," *Psychometrika*, Vol. 45, pp. 289~308.

Berry, William D. and Stanley Feldman. 1985. *Multiple Regression in Practice*, Quantitative Applications in the Social Sciences: Series No. 50, Newbury Park, CA: Sage.

Bibby, J. 1977. "The General Linear Model—A Cautionary Tale," in C. A. O'Muircheartaigh and Clive Payne (eds.), *The Analysis of Survey Data(Vol. 2): Model Fitting*, New York: John Wiley, pp. 35~79.

Blalock, H. M., Jr. 1965. "Theory Building and the Concept of Interaction," *American Sociological Review*, 30(June), pp. 374~381.

Blalock, H. M., Jr. 1968. "Theory Building and Causal Inferences," in H. M. Blalock and A. B. Blalock (eds.), *Methodology in Social Research*, New York: McGraw-Hill.

Blau, Peter. 1960. "Structural Effects," *American Sociological Review*, Vol. 25, pp. 178~193.

Blau, Peter and Otis Dudley Duncan. 1967. *The American Occupational Structure*, New York: Free Press.

Bohrnstedt, G. W. and T. M. Carter. 1971. "Robustness in Regression Analysis," in Herbert Costner (ed.), *Sociological Methodology 1971*, San Francisco: Jossey-Bass, pp. 118~146.

Bollen, K. A. 1986. "Sample Size and Bentler and Bonnet's Nonnormed Fit Index," *Psychometrika*, Vol. 51, pp. 375~377.

Bollen, K. A. 1989. *Structural Equations with Latent Variables*, New York: John Wiley.

Bollen, K. A. 1990. "Overall Fit in Covariance Structure Models: Two Types of Sample Size Etcs," *Psychological Bulletin*, Vol. 107, pp. 256~259.

Bollen, K. A. and K. H. Barb. 1981. "Pearson's r and Coarsely Categorized Data," *American Sociological Review*, Vol. 46, pp. 232~239.

Boomsma, A. 1982. "The Robustness of LISREL against Small Sample Size in Factor Analysis Models," in K. G. Jöreskog and H. Wold (eds.), *Systems under Indirect Observation* (Part 1), Amsterdam: North-Holland, pp. 149~173.

Box, George E. P. 1966. "Use and Abuse of Regression," *Technometrics*, Vol. 8, pp. 625~629.

Box, George E. P. 1980. "Sampling and Bayes' Inference in Scientific Modelling and Robustness (with Discussion)," *Journal of the Royal Statistical Society*, Series A, 143, No. 4, pp. 383~430.

Box, George E. P. and D. R. Cox. 1964. "An Analysis of Transformations (with Discussion)," *Journal of the Royal Statistical Society*, Series B, Vol. 26, pp. 211~246.

Box, George E. P. and G. M. Jenkins. 1970. *Time Series Analysis, Forecasting and Control*, San Francisco: Holden-Day.

Brown, R. L. 1989. "Using Covariance Modeling for Estimating Reliability on Scales with Ordered Polytomous Variables," *Educational and Psychological Measurement,* Vol 49, pp. 385~398.

Browne, M. W. 1974. "Generalized Least Squares Estimators in the Analysis of Covariance Structures," *South African Statistical Journal,* Vol. 8, pp. 1~24.

Browne, M. W. 1984. "Asymptotic Distribution Free Methods in Analysis of Covariance Structures," *British Journal of Mathematical and Statistical Psychology,* Vol. 37, pp. 62~83.

Browne M. W. and R. Cudeck. 1989. "Single Sample Cross-Validation Indices for Covariance Structures," *Multivariate Behavioral Research,* Vol. 24, pp. 445~455.

Bryk, A.S. and S.W. Raudenbush. 1992. *Hierarchical Linear Model: Applications and Dana Analysis Methods.* Newburry park, CA: Sage.

Carmines, E. G. and R. A. Zeller. 1979. *Reliability and Validity Assessment,* Sage University Paper Series on Quantitative Applications in the Social Sciences, 07-017, Beverly Hills, CA: Sage.

Chatterjee, J. M. and A. S. Hadi. 1988. *Sensitivity Analysis in Linear Regression,* New York: John Wiley.

Chatterjee, Samprit and Bertram Price. 1977. *Regression Analysis by Example,* New York: John Wiley.

Chiang, A. 1974. *Fundamental Methods of Mathematical Economics,* 2nd Ed., New York: McGraw-Hill.

Cliff, N. 1983. "Some Cautions Concerning the Application of Causal Modeling Methods," *Multivariate Behavioral Research,* Vol. 18, pp. 115~126.

Cochrane, D. and G. H. Orcutt. 1949. "Application of Least Squares Regressions to Relationships Containing Autocorrelated Error Terms," *Journal of the American Statistical Association,* Vol. 44, pp. 32~61.

Conger, R. D., F. O. Lorenz, and K. A. S. Wickrama. 2004. *Continuity and Change in Family Relations: Theory, Methods, and Empirical Findings.* Mahwah, NJ: Lawrence Earlbaum Associates.

Cook, D. 1977. "Detection of Influential Observations in Linear Regression," *Technometrics,* Vol. 19. pp. 15~18.

Cook, R. D. and S. Weisberg. 1982. "Criticism and Influence Analysis in Regression," *Sociological Methodology,* San Francisco: Jossey-Bass.

Cook, R. D. and S. Weisberg. 1983. "Diagnostics for Heteroscedasticity," *Biometrica,* Vol. 70, pp. 1~10.

Cox, D. R. and D. V. Hinkley. 1968. "A Note on the Efficiency of Least Squares Estimates," *Journal of the Royal Statistical Society*, Vol. B-30, pp. 284~289.

Cox, D. R. and E. J. Snell. 1971. "On Test Statistics Calculated from Residuals," *Biometrika*, Vol. 58, pp. 589~594.

Cox, D. R. and N. Reid. 2000. *Theory of the Design of Experiments*. New York: Chapman and Hall.

Cudek, R. 1989. "Analysis of Correlation Matrices Using Covariance Structure Models," *Psychological Bulletin*, Vol. 2, pp. 317~327.

Cudeck, R. and M. W. Browne. 1983. "Cross-Validation of Covariance Structures," *Multivariate Behavioral Research*, Vol. 18, pp. 147~167.

Curran, P. J., T. Hartford, and B. Muthén. 1996. "The Relation between Heavy Alcohol Use and Bar Patronage: A Latent Growth Model." *Journal of Studies on Alcohol*, Vol. 57, pp. 410~418.

Curran, P. J., S. G. West, and J. F. Finch. 1996. "The Robustness of Test Statistics to Nonnormality and Specification Error in Confirmatory Factor Analysis," *Psychological Methods*, Vol. 1, pp. 16~29.

D'Agostino, R. B., A. Belanger, and R. B. D'Agostino. 1990. "A Suggestion for Using Powerful and Informative Tests of Normality," *American Statistician*, Vol. 44, pp. 316~321.

Daniel, C. and F. S. Wood. 1971. *Fitting Equations to Data*, New York: John Wiley.

deLeeuw, J. and I. G. G. Kreft. 1995. "Questioning Multilevel Models." *Journal of Edcuational and Behavioral Statistics*, Vol. 20, pp. 171~189.

Diez-Roux, A. V. 2000. "Muti-level Analysis in Public Health Research." *Annual Review of Public Health*, Vol. 21, pp. 171~192.

Diggle, P. J., K. Y. Liang, S. L. Zeger. 1994. *Analysis of Longitudinal Data*. New York: Oxford University Press.

Dillon, William R. and Matthew Goldstein. 1984. *Multivariate Analysis: Methods and Applications*, New York: John Wiley.

Dixon, W. J. (ed.). 1985. *BMDP Statistical Software: 1985*, Berkeley: University of California Press.

Domencich, T. A. and D. McFadden. 1974. *Urban Travel Demand: A Behavioral Analysis*, Amsterdam: North Holland.

Draper, Norman and Harry Smith. 1981. *Applied Regression Analysis*, 2nd Ed., New York: John Wiley.

Duncan, Otis Dudley. 1966. "Path Analysis: Sociological Example," *American Journal of Sociology*, Vol. 72, pp. 177~192.

Duncan, Otis Dudley. 1969. "Inheritance of Poverty or Inheritance of Race ?" in D. P. Moynihan (ed.), *On Understanding Poverty: Perspectives from the Social Sciences*, New York: Basic Books.

Duncan, Otis Dudley. 1970. "Partials, Partitions, and Paths," in E. F. Borgatta and G. W. Bohrnstedt (eds.), *Sociological Methodology 1970*, San Francisco: Jossey-Bass.

Duncan, Otis Dudley. 1972. "Unmeasured Variables in Linear Models for Panel Analysis," in H. L. Costner (ed.), *Sociological Methodology 1972*, San Francisco: Jossey-Bass.

Duncan, Otis Dudley. 1975. *Introduction to Structural Equation Models*, New York: Academic Press.

Duncan, Otis Dudley, D. L. Featherman and B. Duncan. 1972. *Socioeconomic Background and Achievement*, New York: Seminar Press.

Dunn, O. J. and V. A. Clark. 1974. *Applied Statistics: Analysis of Variance and Regression*, New York: John Wiley.

Durbin, J. and G. S. Watson. 1951. "Testing for Serial Correlation in Least Squares Regression II," *Biometrika*, Vol. 38, pp. 159~178.

Durbin, J. and G. S. Watson. 1971. "Testing for Serial Correlation in Least Squares Regression III," *Biometrika*, Vol. 58, pp. 1~19.

Ellenberg, J. H. 1976. "Testing for a Single Outlier from a General Regression," *Biometrics*, Vol. 32, pp. 637~645.

Farebrother, R. W. 1976. "BLUS Residuals," *Applied Statistics*, Vol. 25, pp. 317~322.

Fisher, F. M. 1966. *The Identification Problem in Econometrics*, New York: McGraw-Hill.

Fisher, R. A. and F. Yates. 1964. *Statistical Tables for Biological, Agricultural and Medical Research*, 6th Ed., New York: Hafner Publishing Co.

Folks, J. L. 1967. "Straight Line Confidence Regions for Linear Models," *Journal of American Statistical Association*, Vol. 62, pp. 1365~1374.

Fox, J. 1980. "Effect Analysis in Structural Equation Models," *Sociological Methods and Research*, Vol. 9, pp. 3~28.

Fox, J. 1991. *Regression Diagnostics: An Introduction*, Sage University Paper Series on Quantitative Applications in the Social Sciences, 070-079, Newbury Park, CA: Sage.

Fox, T., D. Hinkley, and K. Larntz. 1980. "Jackknifing in Nonlinear Regression,"

Technometrics, Vol. 22, pp. 29~33.

Friedrich, C. 1982. "In Defense of Multiplicative Terms in Multiple Regression Equations," *American Journal of Political Science*, Vol. 26, pp. 797~833.

Frisch, Ragnar. 1934. "Statistical Confluence Analysis by Means of Complete Regression Systems," University Institute of Economics, Oslo, Publication 5.

Gallant, A. R. 1975. "Nonlinear Regression," *American Statistician*, Vol. 29, pp. 73~81.

Gerbing, D. W. and J. C. Anderson. 1993. "Monte Carlo Evaluations of Goodness-of-Fit Indices for Structural Equation Models," in K. A. Bollen and J. S. Long (eds.), *Testing Structural Equation Models*, Newbury Park, CA: Sage.

Gnanadesikan, R. 1977. *Methods for Statistical Analysis of Multivariate Data*, New York: John Wiley.

Goldberger, A. S. 1962. "Best Linear Unbiased Prediction in the Generalized Linear Regression Model," *Journal of American Statistical Association*, Vol. 57, pp. 369~375.

Goldfeld, S. M. and R. E. Quandt. 1965. "Some Tests for Homoscedasticity," *Journal of the American Statistical Association*, Vol. 60, pp. 539~547.

Goldstein, H. 1995. *Multilevel Statistical Models*. New York: Halsted.

Goldstein, M. and A. F. M. Smith. 1974. "Ridge-Type Estimators for Regression Analysis," *Journal of the Royal Statistical Society*, Vol. B-36, pp. 284~291.

Gordon, Robert A. 1968. "Issues in Multiple Regression," *American Journal of Sociology*, Vol. 73, pp. 592~616.

Green, Paul E. 1978. *Analyzing Multivariate Data*, Illinois: Dryden Press.

Greene, V. L. 1977. "An Algorithm for Total and Indirect Causal Effects," *Political Methodology*, Vol. 4, pp. 369~381.

Griliches, Z. and P. Rao. 1969. "Small-Sample Properties of Several Two-Stage Regression Methods in the Context of Autocorrelated Errors," *Journal of the American Statistical Association*, Vol. 64, pp. 253~272.

Gujarati, D. 1978. *Basic Econometrics*, New York: McGraw-Hill.

Gunst, R. F. and R. L. Mason. 1980. *Regression Analysis and Its Application: A Data-Oriented Approach*, New York: Marcel Dekker.

Habibagahi, H. and J. L. Pratschke. 1972. "A Comparison of the Power of the Von Neumann Ratio, Durbin-Watson and Geary Tests," *Review of Economics and Statistics*, May, pp. 179~185.

Haitovsky, Yoel. 1969. "Multicollinearity in Regression Analysis: Comment," *The Review of Economics and Statistics*, Vol. 51, pp. 486~489.

Hanushek, Eric A. and John E. Jackson. 1977. *Statistical Methods for Social Scientists*, New York: Academic Press.

Hawkins, D. M. 1980. *Identification of Outliers*, London: Chapman and Hall.

Hayduck, L. A. 1996. *LISREL: Issues, Debates, and Strategies*, Baltimore, MD: Johns Hopkins University Press.

Heckman, J. 1976. "The Common Structure of Statistical Models of Truncation, Sample Selection and Limited Dependent Variables and a Simple Estimator for Such Models," *Annals of Economic and Social Measurements*, Vol. 5, pp. 475~492.

Hedeker, D. 2006. *Applied Longitudinal Data Analysis*. Chichester. UK: Wiley.

Heise, D. R. 1969. "Problems in Path Analysis and Causal Inference," in E. F. Borgatta and G. W. Bohrnstedt (eds.), *Sociological Methodology 1969*, San Francisco: Jossey-Bass.

Heise, D. R. 1975. *Causal Analysis*, New York: John Wiley.

Hibbs, D. 1974. "Problems of Statistical Estimation and Causal Influence in Dynamic Time Series Methods," in Herbert Costner (ed.), *Sociological Methodology 1973/1974*, San Francisco: Jossey-Bass, pp. 252~308.

Hill, R. C., G. G. Judge, and T. B. Fomby. 1978. "On Testing the Adequacy of a Regression Model," *Technometrics*, Vol. 20, pp. 491~494.

Hoaglin, D. C. and R. E. Welsch. 1978. "The Hat Matrix in Regression and ANOVA," *The American Statistician*, Vol. 32, pp. 17~22.

Hocking, R. R. and O. J. Pendleton. 1983. "The Regression Dilemma," *Communications in Statistics*, A12, pp. 497~527

Hoerl, A. E. and R. W. Kennard. 1970. "Ridge Regression: Biased Estimation for Nonorthogonal Problems," *Technometrics*, Vol. 12, pp. 69~82.

Hoogland, J. and A. Boomsma. 1998. "Robustness Studies in Covariance Structure Modeling: An Overview and A Meta-Analysis," *Sociological Methods and Research*, Vol. 26, pp. 329~333.

Hu, L. T. and P. M. Bentler. 1995. "Evaluating Model Fit," in R. H. Hoyle (ed.), *Structural Equation Modeling: Concepts, Issues, and Application*, Newbury Park, CA: Sage, pp. 76~99.

Hu, L. T. and P. M. Bentler. 1999. "Cutoff Criteria for Fit Indexes in Covariance Structure Analysis: Conventional Criteria Versus New Alternatives," *Structural Equation Modeling*, Vol. 6. 1, pp. 1~55.

Huba, G. J., J. A. Wingard, and P. M. Bentler. 1981. "A Comparison of the Latent Variable Causal Models for Adolescent Drug Use," *Journal of Personality and*

Social Psychology, Vol. 40, pp. 180~193.

Hull, C. H. and N. H. Nie. 1981. *SPSS Update 7~9*, New York: McGraw-Hill.

John, J. A. and N. R. Draper. 1978. "On Testing for Two Outliers or One Outlier in Two-Way Tables," *Technometrics*, Vol. 20, pp. 69~78.

John, J. A. and N. R. Draper. 1980. "An Alternative Family of Transformation," *Applied Statistics*, Vol. 29, pp. 190~197.

Johnston, J. 1972. *Econometric Methods*, 2nd Ed., New York: McGraw-Hill.

Johnston, J. 1984. *Econometric Methods*, 3rd Ed., New York: McGraw-Hill.

Jöreskog, K. 1970. "A General Method for Analysis of Covariance Structure," *Biometrika*, Vol. 57, pp. 239~251.

Jöreskog, K. and D. Söborm. 1984. *LISREL 6*, Scientific Software.

Jöreskog, K. and D. Söborm. 1999. *LISREL 8: User's Reference Guide*, Scientific Software.

Kane, Edward J. 1968. *Economic Statistics and Econometrics: An Introduction to Quantitative Economics*, New York: Harper & Row.

Kelejian, H. H. and W. E. Oates. 1974. *Introduction to Econometrics: Principles and Applications*, New York: Harper & Row.

Kitchener, R. F. 1999. *The Conduct of Inquiry*, Lanham, MD: University Press of America.

Kmenta, J. 1971. *Elements of Econometrics*, New York: Macmillan.

Kendall, M. G. 1957. *A Course in Multivariate Analysis*, London: Charles Griffin.

Kenny, D. A. 1979. *Correlation and Causality*, New York: John Wiley.

Kerlinger, F. N. and E. J. Pedhazur. 1973. *Multiple Regression in Behavioral Research*, New York: Holt, Rinehart & Winston.

Kim, Doo-Sub. 1983. "The Curvilinearity between Income and Fertility: Evidence from Korea," *Bulletin of the Population and Development Studies Center*, Vol. 12, Seoul National University, pp. 1~20.

Kim, Doo-Sub. 1985. "On the Relationships among Economic Dependence, Urbanization and Development," *The Journal of Social Science Studies*, Vol. 4, Hanyang University, pp. 159~186.

Kim, Doo-Sub. 1987. *Socioeconomic Status, Inequality and Fertility*, The Population and Development Studies Center, Seoul National University.

Kim, Jae-On and G. Donald Ferree, Jr. 1981. "Standardization in Causal Analysis," in Peter Marsden (ed.), *Linear Models in Social Research*, Newbury Park, CA: Sage, pp. 22~43.

Kleinbaum, D. G. and L. L. Kupper. 1978. *Applied Regression Analysis and Other*

Multivariate Methods, North Scituate, MA: Duxbury Press.

Kreft, I. G. G. 1995. "Hierarchical Linear Models: Problems and Prospects." *Journal of Edcuational and Behavioral Statistics*, Vol. 20, pp. 109~113.

Kreft, I. G. G., J. deLeeuw, and L. S. Aiken. 1995. "The Effects of Different Forms of Centering in Hierarchical Linear Models." *Multivariate Behavioral Research*, Vol. 30, pp. 1~22.

Laird, N. M. and H. Ware. 1982. "Random Effects Models for Longitudinal Data." *Biometrics*, Vol. 38, pp. 963~974.

Land, Kenneth C. 1969. "Principles of Path Analysis," in E. F. Borgatta (ed.), *Sociological Methodology 1969*, San Francisco: Jossey-Bass, pp. 3~37.

Latour, D., K. Latour, and R. D. Wolfinger. 1994. *Getting Started with PROC MIXED.* Cary, NC: SAS Institute, Inc.

Lewis-Beck, Michael S. 1980. *Applied Regression: An Introduction*, Quantitative Applications in the Social Sciences: Series No. 22, Newbury Park, CA: Sage.

Littell, R. C., G. A. Miliken, W. W. Stroup, and R. D. Wolfinger. 1996. *SAS System for Mixed Models.* Cary, NC: SAS Institute, Inc.

Long, S. J. and P. K. Trivedi. 1993. "Some Specification Tests for The Linear Regression Model," in S. C. Long and K. Bollen (eds.), *Testing Structural Equation Models*, Newbury Park, CA: Sage.

Longford, N. T. 1993. *Random Coefficient Models.* Oxford, UK: Clarendon.

Lubin, A. 1961. "The Interpretation of Significant Interaction," *Educational and Psychological Measurement*, Vol. 21, pp. 807~817.

Luce, R. D. 1959. *Individual Choice Behavior*, New York: John Wiley.

Luce, R. D. and P. Suppes. 1965. "Preference, Utility, and Subjective Probability," in R. Luce, R. Bush, and E. Galanter (eds.), *Handbook of Mathematical Psychology*, New York: John Wiley.

MacCallum, R. C. 1986. "Specification Searches in Covariance Structure Modeling," *Psychological Bulletin*, Vol. 100, pp. 107~120.

MacCallum, R. C. and M. W. Browne. 1993. "The Use of Causal Indicators in Covariance Structure Models: Some Practical Issues," *Psychological Bulletin*, Vol. 114, pp. 533~541.

MacCallum, R. C., M. Roznowski, and L. B. Necowitz. 1992. "Model Modifications in Covariance Structure Analysis: The Problem of Capitalization on Chance," *Psychological Bulletin*, Vol. 111, pp. 490~504

MacCallum, R. C., D. T. Wegener, B. N. Uchino, and L. R. Fabrigar. 1993. "The

Problem of Equivalent Models in Applications of Covariance Structure Analysis," *Psychological Bulletin*, Vol. 114, pp. 185~199.

Markus, Gregory B. 1979. *Analyzing Panel Data*, Quantitative Applications in the Social Sciences: Series No. 18, Newbury Park, CA: Sage.

Marsh, H. W. and K-T. Hau. 1996. "Assessing Goodness of Fit: Is Parsimony Always Desirable?" *Journal of Experimental Education*, Vol. 64, pp. 364~390.

McFadden, D. 1974. "Conditional Logit Analysis of Qualitative Choice Behavior," in Paul Zarembka (ed.), *Frontiers in Econometrics*, New York: Academic Press.

McFadden, D. 1984. "Econometric Analysis of Qualitative Response Models," in Zvi Griliches and M. D. Intrilgator (eds.), *Handbook of Econometrics*, Amsterdam: North-Holland.

McLean, R. A., W. L. Sanders, and W. W. Stroup. 1991. "A Unified Approach to Mixed Linear Models." *The American Statisticians*, Vol. 45, pp. 54~64.

McPherson, J. M. 1976. "Theory Trimming," *Social Science Research*, Vol. 5, pp. 95~105.

McCallum, B. T. 1970. "Artificial Orthogonalization in Regression Analysis," *Review of Economics and Statistics*, Vol. 52, pp. 110~113.

Merrington, M. and C. M. Thompson. 1943. "Tables of Percentage Points of the Inverted Beta(F) Distribution," *Biometrika*, Vol. 33, p. 73.

Meyer, John and Edwin Kuh. 1957. "How Extraneous are Extraneous Estimates?" *Review of Economics and Statistics*, November.

Mosteller, F. and J. W. Tukey. 1977. *Data Analysis and Regression*, Reading, MA: Addison-Wesley.

Mulaik, S. A., L. R. James, J. Van Alstine, N. Bennett, S. Lind, and C. D. Stilwell. 1989. "Evaluation of Goodness-of-Fit Indices for Structural Equation Models," *Psychological Bulletin*, Vol. 105, pp. 430~445.

Mullet, G. M. 1976. "Why Regression Coefficients have the Wrong Sign," *Journal of Quality Technology*, Vol. 8, pp. 121~126.

Muthén, B. 1984. "A General Structural Equation Model with Dichotomous, Ordered Categorical and Continuous Latent Variable Indicators," *Psychometrika*, Vol. 49, pp. 115~132.

Muthén, B. 1994. "Multilevel Covariance Structure Analysis." *Sociological Methods and Research*, Vol. 22, pp. 376~399.

Muthén, B. and D. Kaplan. 1985. "A Comparison of Some Methodologies for the Factor Analysis of Non-Normal Likert Variables," *British Journal of Mathe-*

matical and Statistical Psychology, Vol. 38, pp. 171~189.

Nerlove, M. and K. F. Wallis. 1966. "Use of the Durbin-Watson Statistic in Inappropriate Situations," *Econometrica*, Vol. 34, pp. 235~238.

Neter, J. and W. Wasserman. 1974. *Applied Linear Statistical Models*, Homewood, Ill. : Irwin.

Nie, Norman H., C. Hadlai Hull, Jean G. Jenkins, Karin Steinbrenner, and Dale H. Bent. 1975. *Statistical Package for the Social Sciences*, 2nd Ed., McGraw-Hill.

Norusis, M. J. 1985. *SPSS^x: Advanced Statistics Guide*, New York: McGraw-Hill.

Ostrom, Charles W., Jr. 1978. *Time Series Analysis: Regression Techniques*, Quantitative Applications in the Social Sciences: Series No. 9, Newbury Park, CA: Sage.

Pedhazur, Elazar J. 1982. *Multiple Regression in Behavioral Research: Explanation and Prediction*, 2nd Ed., Fort Worth, Texas: Holt, Rinehart & Winston.

Pindyck, Robert S. and Daniel L. Rubinfeld. 1981. *Econometric Models and Economic Forecasts*, 2nd Ed., New York: McGraw-Hill.

Plackett, R. L. 1960. *Regression Analysis*, Oxford, England: Clarendon Press.

Press, S. James. 1972. *Applied Multivariate Analysis*, New York: Holt, Rinehart & Winston.

Raudenbush, S. W. and A. S. Bryk. 2002. *Hierarchical Linear Models*. Thousand Oaks, CA: Sage.

Rao, P. and R. L. Miller. 1971. *Applied Econometrics*, Belmont, CA: Wadsworth.

Repetto, Robert. 1979. *Economic Equality and Fertility in Developing Countries*, Johns Hopkins University Press.

Reuterberg, S. E. and J. E. Gustafsson. 1992. "Confirmatory Factor Analysis and Reliability: Testing Measurement Model Assumptions," *Educational and Psychological Measurement*, Vol. 52, pp. 795~811.

Rigdon, E. E. and C. E. Ferguson, Jr. 1991. "The Performance of the Polychoric Correlation Coefficient and Selected Fitting Functions in Confirmatory Factor Analysis with Ordinal Data," *Journal of Marketing Research*, Vol. 28, pp. 491~497.

Rogosa, D. 1987. "Casual Models Do Not Support Scientific Conclusions: A Comment in Support of Freedman," *Journal of Educational Statistics*, Vol. 12, pp. 185~195.

Rosner, B. 1975. "On the Detection of Many Outliers," *Technometrics*, Vol. 17, pp. 221~229.

SAS Institute Inc. 1985. *SAS User's Guide: Statistics, Version 5 Edition*, Cary, NC: SAS Institute.

Satora, A. and P. M. Bentler. 1988. "Scaling Corrections for Statistics in Covariance Structure Analysis," *UCLA Statistics Series 2.*

Schoenberg, R. 1972. "Strategies for Meaningful Comparison," in H. L. Costner (ed.), *Sociological Methodology 1972*, San Francisco: Jossey-Bass.

Seber, G. A. F. 1977. *Linear Regression Analysis*, New York: John Wiley.

Silvey, S. D. 1969. "Multicollinearity and Imprecise Estimation," *Journal of the Royal Statistical Society*, Vol. 31, pp. 539~552.

Singer, J. D. 1998. "Using SAS PROC MIXED to Fit Multilevel Models, Hierarchical Models, and Individual Growth Models." *Journal of Educational and Behavioral Statistics*, Vol. 23, pp. 323~355.

Singer, J. D. and J. B. Willet. 2003. *Appled Longitudinal Data Analysis: Modeling Change and Event Occurrence.* New York: Oxford University Press.

Snee, R. D. 1977. "Validation of Regression Models: Methods and Examples," *Technometrics*, Vol. 19, pp. 415~428.

Snijder, T. A. B. and R. J. Bosker. 1999. *Multi-level Analysis: An Introduction to Basic and Advanced Mutilevel Modelling.* Thousand Oaks, CA: Sage.

Specht, D. A. 1975. "On the Evaluation of Causal Models," *Social Science Research*, Vol. 4, pp. 113~133.

Specht, D. A. and R. D. Warren. 1976. "Comparing Causal Models," in D. R. Heise (ed.), *Sociological Methodology 1976*, San Francisco: Jossey-Bass.

Sprent, P. 1971. "Parallelism and Concurrence in Linear Regression," *Biometrics*, Vol. 27, pp. 440~444.

SPSS Inc. 1986. *SPSS^x User's Guide*, 2nd Ed., New York: McGraw-Hill.

Steiger, J. 1990. "Structure Model Evaluation and Modification: An Interval Estimation Approach," *Multivariate Behavioral Research*, Vol. 25, pp. 173~180

Stimson, James A., Edward G. Carmines, and Richard A. Zeller. 1981. "Interpreting Polynomial Regression," in Peter Marsden (ed.), *Linear Models in Social Research*, Newbury Park, CA: Sage, pp. 88~96.

Swed, Frieda S. and C. Eisenhart. 1943. "Tables for Testing Randomness of Grouping in a Sequence of Alternatives," *Annals of Mathematical Statistics*, Vol. 14, pp. 66~87.

Tabachnick, Barbara G. and Linda S. Fidell. 1989. *Using Multivariate Statistics*, 2nd Ed., New York: Harper & Row.

Tanaka, J. S. 1987. "How Big is Big Enough?: Sample Size and Goodness of Fit in Structural Equation Models with Latent Variables," *Child Development*, Vol. 58, pp. 134~146.

Theil, H. 1971. *Principles of Econometrics*, New York: John Wiley.

Theil, H. and A. L. Nagar. 1961. "Testing the Independence of Regression Disturbances," *Journal of the American Statistical Association*, Vol. 56, pp. 793~806.

Tobin, J. 1950. "A Statistical Demand Function for Food in the U.S.A.," *Journal of the Royal Statistical Society*, Ser. A, pp. 113~141.

Tobin, J. 1958. "Estimation of Relationships for Limited Dependent Variables," *Econometrica*, Vol. 26, pp. 24~36.

Tufte, E. R. 1974. *Data Analysis for Politics and Policy*, Englewood Cliffs, NJ: Prentice-Hall.

Turner, M. E. 1960. "Straight-Line Regression through the Origin," *Biometrics*, Vol. 16, pp. 483~485.

Turner, M. E. and C. D. Stevens. 1959. "The Regression Analysis of Causal Paths," *Biometrics*, Vol. 15, pp. 236~258.

Weisberg, S. 1980. *Applied Linear Regression*, New York: John Wiley.

Wesolowsky, G. O. 1976. *Multiple Regression and Analysis of Variance*, New York: John Wiley.

Wheaton, B., B. Muthén, D. Alwin, and G. Summers. 1977. "Assessing Reliability and Stability in Panel Models," in D. R. Heise (ed.), *Sociological Methodology 1977*, San Francisco: Jossey-Bass.

Willan, A. R. and D. G. Watts. 1978. "Meaningful Multicollinearity Measures," *Technometrics*, Vol. 20, pp. 407~412.

Wonnacott, Ronald J. and Thomas H. Wonnacott. 1977. *Introductory Statistics for Business and Economics*, 2nd Ed., New York: John Wiley.

Wonnacott, Ronald J. and Thomas H. Wonnacott. 1979. *Econometrics*, 2nd Ed., New York: John Wiley.

Wonnacott, Ronald J. and Thomas H. Wonnacott. 1981. *Regression: A Second Course in Statistics*, New York: John Wiley.

Wright, Sewell. 1921. "Correlation and Causation," *Journal of Agricultural Research*, Vol. 20, pp. 557~585.

Wright, Sewell. 1934. "The Method of Path Coefficients," *Annals of Mathematical Statistics*, Vol. 5, pp. 161~215.

Wright, Sewell. 1960a. "Path Coefficients and Path Regressions: Alternative or

Complementary Concepts?" *Biometrics*, Vol. 16, pp. 189~202.
Wright, Sewell. 1960b. "The Treatment of Reciprocal Interaction, with and without Lag, in Path Analysis," *Biometrics*, Vol. 16, pp. 423~445.

찾아보기

국문 사항

〈ㄱ〉

〈ㄴ〉

〈ㄷ〉

〈ㄹ〉

〈ㅅ〉

〈ㅇ〉

〈ㅈ〉

〈ㅎ〉

영문 사항

인 명